博学之，审问之，慎思之，明辨之，笃行之。有弗学，学之弗能弗措也；有弗问，问之弗知弗措也；有弗思，思之弗得弗措也；有弗辨，辨之弗明弗措也；有弗行，行之弗笃弗措也。人一能之，己百之；人十能之，己千之。果能此道矣，虽愚必明，虽柔必强。

——《中庸》

华夏道善人与经典文库

易经日讲

中

爱新觉罗·毓鋆 口述

陈䌷 整理

图书在版编目（CIP）数据

易经日讲. 中 / 爱新觉罗·毓鋆口述；陈䌹整理. -- 北京：华夏出版社有限公司，2024.1
ISBN 978-7-5222-0508-3

Ⅰ. ①易… Ⅱ. ①爱… ②陈… Ⅲ. ①《周易》—研究 Ⅳ. ① B221.5

中国国家版本馆 CIP 数据核字（2023）第 072595 号

目录

☷☰ 泰卦第十一　393

☰☷ 否卦第十二　421

☰☲ 同人卦第十三　439

☲☰ 大有卦第十四　463

☷☶ 谦卦第十五　495

☳☷ 豫卦第十六　521

☱☳ 随卦第十七　561

☶☴ 蛊卦第十八　585

☷☱ 临卦第十九　615

☴☷ 观卦第二十　643

☲☳ 噬嗑卦第二十一　665

☲ 贲卦第二十二　693

☶ 剥卦第二十三　723

☷ 复卦第二十四　743

☰ 无妄卦第二十五　777

☰ 大畜卦第二十六　807

☶ 颐卦第二十七　823

☱ 大过卦第二十八　847

☵ 习坎卦第二十九　871

☲ 离卦第三十　899

泰卦第十一

（地天泰 坤上乾下）

泰，三阳开泰，正月之卦。一元复始，二仪呈祥，三阳开泰，四季平安，五福临门，六和同春，七星高照，八仙过海，九如三多，十分春色。

十字，十字架，《易经》到十之后即泰，满了。泰接着否，天道恶盈。泰（☷☰）、否（☰☷）为综卦，地天泰，天地否。

《红楼梦》中元妃省亲为伏笔，贾家自此否。清亡，非始于道光，是始于乾隆。十全老人，就快完了！泰中含着隐忧即"否"，最危险！清亡于恭亲王。杀肃顺，肃顺临终喊："鬼子六！代代不得善终。"人的德特别重要，人算不如天算。人算事，天算德。一个家的好坏在贤内助，娶妻以德。要贤贤易色。我天天训练脑子，比你们灵活。

《序卦》:"履而泰,然后安,故受之以泰。泰者,通也。"

行能安,即履而泰。履能泰,中间得经过多少层次,然后安,故受之以泰。三阳开泰,二仪呈祥。对联左右两边,上面横批四个字。王府、皇宫用立匾。民间用横匾,但庙的正门可用立匾。

"泰者,通也","三年之丧,乃天下之通丧"(《论语·阳货》),从天子到庶人,皆服父母之丧三年。郑玄家乡立有"通德门",黄巾进青州,不入通德门。通,无所阻。天地阴阳相交。行得通然后安。大环境不好,哪个能安?"虽有粟,吾得而食诸?"(《论语·先进》)

《杂卦》:"否泰,反其类也。"

泰、否两卦,为祸、福之转捩点。祸、福完全在一念之间,二卦互为印证。六十四卦,一卦接着一卦,有其层次。

"泰"与"太"有何不同?国泰民安;康泰,向父母请安。达到泰不易,但转眼间即成否,就一转眼的工夫。到泰时,千万不能骄泰,要"泰而不骄"(《论语·子路》),如不能"保合太和",转眼即成否。中国从被瓜分豆剖,到今天成为强国,不容易!

要自识微、察微开始。万般不与政事同,读书、作书堆积如山没用。李大侠、李大儒,真身临其境又如何?前言后语不像李。没经过政治训练不能搞政治,绍兴师爷是师徒制。

明清时期,从督抚到州县皆聘有幕宾。清代的幕友多来自绍兴府八县，所以称绍兴师爷。他们形成了一个庞大的地域性"师爷帮"。绍兴地狭人稠，绍兴人不得不大批外出谋生。因其精细谨严、善于谋划，师爷成为绍兴人的职业。师爷又分数类，熟谙《大清律例》者，称为"刑名师爷"；办理财政、赋税的幕僚，称为"钱谷师爷"；起草奏疏的幕友称为"折奏师爷"；专管书信的幕友称为"书启师爷"。师爷一职竞争激烈，自小要拜师学艺。辛亥革命后，绍兴师爷彻底退出历史舞台。

我什么都对你们说，但你们什么也不会用。大多数人都过时，但孔子不过时。

没有经验，焉能搞政治？小医生经验愈少，下药愈大胆；老医生则不然，谨小慎微。培智，非吹牛即可完事。针不可乱针，（如有误）一针即死人。中药犹不至于如此。

你们应看《大忠臣藏》。国家亡了，大家研究怎么切腹。

《大忠臣藏》的故事，以四十七赤穗浪士袭击吉良宅邸的事件为题材，以背负着"逃跑"的恶名，为执行主君的秘密任务而苟且偷生的两个男人十六年后的情景为核心。濑尾孙左卫门的秘密任务是"养育内藏助的私生子可音"，而寺阪吉右卫门的秘密任务则是"将袭击事件的事实传诸后世"。两人为了执行任务而顽强地活了下去。

不要糊里糊涂读书，不能跟着打烂仗，否则最后将体无完肤。事情没有想通，怎么处理事情？有思想，境界高低不论，何以仍下不了马？你们有些人连字都不认识，就自欺。面临燃眉之急，犹不自知！你们要深深觉悟。一无所知、盲从、骄傲！万般不与政事同。如对什么问题都似是而非，焉是真学问？真学问，得解决实际的问题。位正当，未必成功，甚至死无葬身之地。要用智慧与经验应世。

和，发而皆中节。懂"和"字，即可治国平天下。每天做事是否"发而皆中节"？全人类想和平，得解决族群问题。

养正，非用嘴说，千万不可忽略这个"正"字。覆巢之下焉有完卵？冷静、智慧、识微、察微。合才能成事，唯中国人有这个智慧，"阴阳合德，刚柔有体"，生生不息。什么事都必须"发而中节"，发而不中节，是非就来了。

要随时留心，无论看报或做事。一个人最低限度也必为另一个人谋幸福。人人如此，怎能不泰？为人师的，对学生讲人道了吗？应说人话、做人事。把社会事看得太简单，一定灭亡。天天耍嘴皮、口水战，有没有提政策？治国之策有无尽其详？选的是谁能为仆，并非选入圣庙的。自己真能了，就可以接班。君子与小人，是指成德与否。君子在内，小人在外，"贤者在位，能者在职"，天下绝对泰。

你们对不合理事不指陈，老百姓焉能明白？如一言不发，老百姓永不明白。要随时用心卜，小可以卜大。遇事，要识微、察微。一个人如天天喝酒，头脑绝对不会清楚。做主管的必须有德，绝不可以吃"凤梨宴"。

泰，小往大来，吉亨。

小大，指阴阳；往来，象内外。
"亨"，通，吉，亨通，人事当然之道，给人希望。

小往而大来，君子视其大者，小人视其小者。人皆有死，荣华富贵，过眼云烟。一己之荣华富贵事小，要视其大，不必求，儿孙自有儿孙福。

如何"惠而不费"，花费少而收获多？"生之者众，食之者寡，为之者疾，用之者舒，则财恒足矣。"(《大学》) 串在一起，一以贯之。

钱穆将庄子置于老子前，否定老子。其实，谁写不重要，话最重要。悟通"治大国，若烹小鲜"，自非常体悟，可得出奇。小孩抢，教其有机术，不要吵哭，不必装让，"小往大来"正常，反常即"否"。

《彖》曰：泰，小往大来，吉亨。则是天地交而万物通也，上下交而其志同也。

"小往大来"总不赔，当然"吉亨"。"小往大来"，给人无穷的盼望，故"吉亨"。

泰时，可有贡献，如能有大贡献，将来可能就不否了。

经书是智慧的产物，不是文字。每天都得有每天的工作，一天天地不用脑能发挥作用？就像机器，不用很快就锈了。

北京故宫前三大殿——保合、太和、中和，可太不容易。后三大殿——乾清宫、交泰殿、坤宁宫，交泰殿是皇上的洞房，"天地交而万物通也"，"物"，包含人、事；"万物"，包含一切。

"天地"，以造化言；"上下"，以人事言。交则气和，其志同矣。天圆地方(仿)，因坤顺承乾，"天地交"即"阴阳合德"。"上下交而其志同"，同声相应、同气相求则可与之生、可与之死。

我讲帝王之术，帝，主宰义；王，天下所归往。不懂的人还批评我落伍。上下其志不同，能归往你？领导人得了解自然性质。裁缝师如不知布料性质，又如何裁成衣服？没有专学，就无法"财（裁）成天地之道，辅相天地之宜"。水土在流失，环保问题要如何解决？

内阳而外阴，内健而外顺，内君子而外小人。

"内阳而外阴"，乾居内故健，坤居外故顺。"内健而外顺"，乾居内则健，坤居外则顺。"内君子而外小人"，君子居内，小人居外。居内则健而道长，居外则顺而道消。

做人应"内阳而外阴，内健而外顺"，为达目的必用非常手段，目的在成功而非较量，故得"内健而外顺，内君子而外小人"。如"外健"，则到处碰壁。

"道不同，不相为谋。"（《论语·卫灵公》）不识其人，则视其友，了解一个，可以了解多人。好喝茶，可以组茶友，其志同也，志同道合，慢慢组合。组织之术：三三两两。没做，永远自己一个。

人的出身背景不一样，绝不一样。自人的一举一动，你能判断他是哪种人才不失败。学我的做人，做一个有主张的人。我净道你们的短，是要发你们的深省。

中国人完全以柔取胜。当位者必是君子，（知）做哪件事，用哪种人。既无智又无知，不过糊口而已。造就一个人，必了解之。

君子道长，小人道消也。

此泰卦之宗旨。"君子道长，小人道消"，君子居内则道长，小人居外则道消。"不仁者远矣"（《论语·颜渊》），不仁者变成仁者了。小人天天进德至君子，则人人皆有士君子之行。

读书要细心、有耐心。担大任没有修为，绝对不行，要贤者在位。行行出状元。小人能显能，慢慢地可变成君子。"人人皆可为尧舜"，多勉人的话！读经，要抓住精华。

"阴阳合德，刚柔有体"，生男育女，不合德，就不发挥作用，"保合太和，乃利贞"。想做事，必求处处和合。搞组织必用此。

履卦《大象》曰："上天下泽，履。君子以辨上下定民志。"如无"辨上下"的能力，绝无"定民志"的功夫。"定民志"，则可以与之生、与之死。详读，每字皆金科玉律。中国文化无尽藏，你们不过碰个边而已。人无豪志，焉能为往圣继绝学？

一个人如真有用，不要浪费天才，等人用我才发挥作用就坏了。"赵孟贵之，赵孟贱之"，由有价变成无价。做大事业无废才，愈老智慧愈致密，愈有作用，愈值钱，升华到最后，可得和平奖。有才华者应好好发挥，不要糟蹋了。

我要慢慢恢复人参王国，开发长白山参，设法超越韩国。如真恢复人参事业，中国可得好处。种人参是女人的副业，应将技术传下去，回东北即研究此事。怎么用脑也争不过天，同学死了，但七月仍照常进行，到北京医学院找人。要做自己能发挥能力的事。

《象》曰：天地交，泰。后以财（裁）成天地之道，辅相天地之宜，以左右民。

"君"，群之首，导民者；"后"，主事者，没说是国君、天子。"左右"，助也。

天地交泰，万物无隔绝、闭塞之患，则生生不息。主事者以智周万物而裁成之，辅助天地所生之万物，使各尽其用，乃道济天下也。"以左右民"，扶之、导之，则民无苦厄矣，此乃"天工人代"也。

"裁成"，智；"辅相"，德。"大易"之道裁成辅相、天工人代，用人的智慧，以人工补天工之不足。"以左右民"，扶之、持之，以帮助民。

智周万物，得到的方法即"道"。处世乃有方法。智周、裁成、御天，皆非空的。许多事必得有智慧，一个人必得有智慧。许多人不坏，是智慧不足，所见不同。智慧特别重要，必须培养，任何事都要用。要懂得怎么用智慧，第一件事得"财成天地之道，辅相天地之宜"。什么东西种在这儿最合适？"社"即今天的农业试验所。"泰"是自实行长的，并不是讲的。办一件事，得用多少工具？"工欲善其事，必先利其器"，器为事之所依。

泰之时来了，要裁成天地之道，就要看怎么治泰、保泰。有功夫、有环境很重要。想有好的成就，必得有好环境，并抓住好时机。有智，可以应无穷。育种，是在裕后，必须抓住泰之时。能支配自然，"乃统天"。如不能支配、控制自己，还能控制谁？大智者，可以支配自然。自己应好好左右自己。

裁成天地之道，辅相万物之宜；智周万物，道济天下；贵通天下之志，贵除天下之患。此六句话都弄好了，人生毕矣！

将善良的百姓与无恶不作的政客分开，此为下手处。要道济，不要慈济。主其事的必选好人。

你们不知把自己造就成伟大、爱国的人。和谐，保有自己的文化。"均无寡"，均就无多、少的观念，《周官》(《周礼》)讲一"均"字。联与均，社会上真做到此，绝对太平！中国有系统的思想。我天天为人类的未来忙。

恋爱得"无邪"，要正大光明。《关雎》乃恋爱哲学，从想到达到目的，中间要用多少心思？

培智，嗜欲深者，天机浅。人最重要的是个"伦"。"《诗》三百，一言以蔽之，曰：'思无邪。'"(《论语·为政》)一邪，不知耗费多少智慧。"不贰过"，包含太多。中国无尽的思想，全视智慧如何发挥。

我年轻时，有叛性。讲熊子之学，至少趣味相投，如饮醇酒，越久越香。老学长承家、继绝学。

初九。拔茅茹(根)**，以其汇**(类)**，征吉。**

自大过卦"初六""藉用白茅，无咎"，可知那时的环境。"茅"是草中较有用处的。

"拔茅茹"，"茹"，根，连根拔；"以其汇"，以其类也。拔茅，连根拔起，因为物以类聚。"汇"字示人深意，故吉。

拔茅之根，必以其类之大小而进行之，则易竟全功。于人事上，欲除所阻，必先类之，使无遗而尽去之也。

做事，必得有辨别能力。"不识其人，视其友"，必有相近之处，才会凑在一起。

裁成辅相即"征"，付诸行动才"吉"。应自多方面了悟事理，不要以自己的主观见解东拉西扯，要多接纳别人的见解作参考。

"拔茅茹，以其汇"，是谁拔的？"六四"。必得有拣选的功夫，拔一得三。想为国家做事，必用群力，按其类进行之。得其同类，往前奋斗，亨。同学也有不同德，成敌人的，如孙膑与庞涓。

人世除恶务尽，必连根拔起，绝不能留一点，否则终为后患。稍有保留，春风吹又生。

天灾来了，人祸继之，要如何整理？首先，要培养读书的智慧。"养浩然气，读有用书"，怎么发现是有用书？中国历史书中，最难读的是哪一部？读书，要以史为经，以诸子百家为纬。历史记载人每天生活之事，即人生。中国最了不起的地方，即历史清楚，每句话于人生都有切身关系。

《宋史》特别麻烦，丢了燕云十六州。

燕云地区，介于华北平原和蒙古高原之间，为北方战略要地，是华北平原门户，具有战略价值。石敬瑭于936年反唐自立，向契丹求援。契丹扶植其建立后晋。天福三年（938），石敬瑭按照契丹的要求，把燕云十六州割让给契丹。往后，中原数个朝代都没能将燕云十六州完全收复，中原政权备受威吓，持续长达近两百年。

为政在人，文化并非一天能明白的。王安石思救亡图存，欲改弦更张，作《周官新义》，为其变法张本。司马光写《资治通鉴》，与王安石对立，不足法也。读一部《宋史》，得参考多少书？

你们太傻了，连门都没进来。那篇《性与独》是侨生写的。事业成了，也可以做事了，此即"读有用书"。每天接触民生——历史。都研究《宋史》，但是着重点不同，结论乃不同。三不朽——立德、立言、立功。你们的老师告诉你们怎么读书了？读历史，并非讲评词。

《象》曰：拔茅征吉，志在外也。

"初九"有知人之明，弄清了主从。没有主，就永远一个人。哪个团体要空降部队？物以类聚，愈多愈好。三个一组，一拔就多，拉帮。搞组织必明白此爻。需要而有用，就天天找你。

"志在外"，志在外之坤土，尽去其秽，以成外王之业。有内圣之功，给人信心，大家才跟着你跑，含一帮志同道合者，结之以德。"志在外"，志不在外，能够成就外王之业？外王之业，即利他。我以外，即"外"，完全为别人谋幸福。

"以其汇"，以类进行，按其类而进行之。借泰时，拼命奋斗，"征吉"。看思想是怎么构成的，了解了，就能建树。

君子拉帮，泰；小人拉帮，否。有一最丰盛的君子团体，"志在外也"，必帮外——不泰的地方。

在泰时，连小人（"六四"）都懂得用君子。本身软弱，找一个君子，君子都来，"西伯善养老"（《孟子·离娄上》）。知自己有所不足，虚心。泰了，也得养泰，要懂得"志在外"。处泰时，得保这个泰。帮别人忙，得拿出良知来。人到较好时，要素其位而行。

看你找的是何许人也，否则，可能白跑。自己好好学做人，不要白跑一生。

九二。包荒，用冯河，不遐遗，朋亡，得尚于中行。

荒者，大也，无边无际。未开垦的地，荒地。"包荒"，表容德，无所不包。开始要有量，故连荒都包了，有宰相可撑船之量。"九二"正中，阳居阴位，在中间。"君子不器"（《论语·为政》），因器有定量。

"用冯河"，表健德。用世时得有勇，无舟渡河、暴虎冯河，有胆。大老粗有勇，多半无谋。有量，才能容无谋之人。智仁勇、胆量识，缺一不可。

"不遐遗"，只要是有一技之长的都用，野无遗贤，无论多远都不遗弃，能知人。知人者智，远近大小若一，不能因远而有所弃。

"朋亡"，亡其朋比之私，没有朋党，"群而不党"（《论语·卫灵公》）。无私比，"比而不周"（《论语·为政》）。得朋、丧朋，朋比为奸，黑道。自己的修为特别重要，鬼鬼祟祟的人，焉有度量可言？

没有朋党，好人都用了。既为国家的领导者，可不能有朋党之论。欧阳修有《朋党论》。一有权势就拉帮，坏。如野有遗贤，则必有朋党。

"得尚于中行"，尚，配也；"中行"，必具"智、仁、勇"三达德。得包含一切，不结党营私。

"不得中行而与之。"（《论语·子路》）颜渊死，孔子找不到此种标准人才，故而感慨！其余弟子多为狂狷之士，"狂者进取，狷者有所不为"（《论语·子路》）。有所不为最难，我来台没做一件坏事。

条件是"尚于中行"。有中行者，才能牺牲自己，造就别人。"不得中行而与之，必也狂狷乎。"到一团体，没有德会被淘汰。

一、除恶务尽。二、智仁勇，缺一不可。三、不可拉帮，必具中行之德。

泰保不住，马上就否，"否泰，反其类也"。除恶人、恶事、恶俗、恶习，除恶务尽。

《象》曰：包荒，得尚于中行，以光大也。

中行，是中国人就做中国事。何不做力之所及的事？自批"不是人"！孔子弟子除颜回外，皆狂狷之士。

德是行，非讲的。亡天下，乃因积怨在民。

包得愈大，愈得配"中行"。中行，性之行为表现，"喜怒哀乐之未发，谓之中"，含于性之中，无分别、选择。能"包荒"，因本身崇尚中行，野无遗贤，朋党没了。

"以光大也"，光被四表，如日中天，尽烛隐私，以进大同。容光必照，光大天地之德，必知天地之德。大，至大无外，无所不包、无所不容。光这个大之德，天地之间为大，善恶、是非、黑白、美丑都包。中华，将中道华于天下，远近大小若一，没有战争。日月之德是光华，将光华于天下。中国，入中国则中国之，没有国界，中华了即华夏，大同的别名。

谁修到中？喜怒哀乐之未发，就是中国人。

堂堂大国要领导，非靠物资，是靠中道华于天下。

泰卦第十一

九三。无平不陂，无往不复，艰贞无咎。勿恤(忧)**其孚**(诚信)**，于食有福。**

"陂"，颠簸。"陂"从哪儿来，最值得警醒。生病了，病从哪儿来？健康时没注意，病忽然来了。没有不生病的。非没病，而是有小病。

泰卦，日正当中。穷人是自富人来的，富不过三代。

看似"陂"，但视自哪一角度看。"无平不陂"，没有"平"不接着"陂"。看山是"陂"，但落脚处是平的才可以登上。如何使之"平而不陂"，必善用智慧。有些青年有不要命的精神。

没有陂，不显平地。家有陂，就有不平。不要使小孩有"重男轻女"的感觉，会有不平之鸣。父母说话要特别小心，别净说喜爱哪一个，否则家中即出偏颇。有不平，就应调整调整。应做，愈做愈有趣味。"无平不陂"予人很大的启示。今天社会之所以热闹，即因不平则鸣。

"无往不复"，终始，生生不息。"无往不复"，此为定理。"无往不复"，只要没死，往必复，来回票。"无往不复"，往而不复是死，有往必复。平地也不能总平，往也必回来。知"九三"爻，则对社会事能处之泰然。

一事，有利就有弊。决定一事，要知其反面，要防未然。防敌人破之术，如早说出，则敌人难以造谣。

"艰贞无咎"，无论怎么艰，守着正固，就无咎。能艰守正固之道，非易事。经过造次、颠沛、患难，犹守住正固之道，凭什么？守贞，没有不"艰贞"的。苏武牧羊，持节十九年。

"庶几乎"，可以保泰，无咎。

《系辞传下·第五章》:"颜氏之子,其殆庶几乎?有不善未尝不知,知之未尝复行也。《易》曰:'不远复,无祗悔,元吉。'"

人守正道,天经地义,不过无咎。人生,有荣华富贵,就有苦乐。人修之,只能到无咎。

"天禄永终"(《论语·尧曰》),把自己的福都消灭了。人何以不想想吃甘薯的日子?小孩的环境要特别注意,说话得看环境。"积德载",未闻积钱载!

"勿恤其孚",不忧己信,做事必发之至诚,为所当为;"于食有福",自食其福,自求多福,以此养德。食,代表一切,用度、享受、食禄。"于食有福",在自己所应享受的都有福。应本良知良能做事。

"于食有福",我自有之福。观自在,非自外找来的,天天察己之自在,就不自欺。每个人都有自在,察己之自在即菩萨。个人之自在不同,或好吃,或好色。

以前的东西,现在都变成宝物了,即"于食有福"。今天扔的比吃的多,将来即劫,劫在业力,孽。告诉我们不要吃生猛海鲜,现再不环保,后世子孙就不能生存。"艰贞",才能"无咎"。消耗既有之福,将来即劫。

做事业必须有一套办法,第一步要做什么?做领导人企划:第一筹钱,第二培植人才,第三不可缺德。大事都没做,光骂人,是空想。想成功得有术,现成才的没有几个。开口就攻击别人,渐渐地也变成流氓级。应保持清醒,显出自己与别人不同。不懂观自在,不懂自食有福。各人都有自在,但不同,因习不同、长短不同。每个人皆有所长,无一弃人。

一个名词在每个人身上所起的作用绝对不同，看任何一名词，都应受启示。无他法，随时受启示，得细心。

办事，得先学会用脑，不是先学仁义道德。《人物志》《孙子兵法》得玩味，才用得上。《战国策》一定要好好琢磨，才能用事。"老不看《三国》，少不看《西游》"，《西游记》是佛教重要的一本书，看《三国演义》学斗智。

《象》曰：无往不复，天地际也。

"天地际也"，何以到际才有"复"？到边必回，因为想活。到际必回，否则就掉下去了。碰到事时，以此作标准。超过际，绝对得牺牲。

往复中间，必有际。像一个但非一个，中间有际。人无论怎么近，得有所守，只要是两个，无论怎么密，中间必有际。

"天地际"，际，分野，天地有际，最为清楚，互不侵害。山东有"天尽头"碑，秦始皇到过秦皇岛，以为到尽头了。

天地否泰之交际，正在"九三""六四"。怎么守分寸、分际？该守则守。不是一个东西，无论怎么近仍有际，必须重交之际。际用得好，就成功了。宇宙就是天地。天地有际，男女亦有际。想要白头偕老，得先自"际"下手，夫妇相敬如宾为第一步。能各守分际，就能相敬如宾。际永远有，做事要有分际。

自然，天地；人，男女。"君子之道，造端乎夫妇"，谁处理得好，谁成功。夫妇既是"一体"，就不能说"我们"；是"如一体"，必守分际。"男有分（半），女有归"，一半加上一半，阴阳合德。

中国人最懂伦理。儿女，父母身上的肉；一奶同胞，兄弟。除此之外，皆有分际。

人在边际上最可怕，"天地际"。接近成功，偶一不慎，就失败了。不懂得保济，没有守住分际。守中，造次、颠沛、患难皆必于中，守中是保泰的方法。保泰不易，必于中。在分际时，必要执中。

遇事，坐着好好想，不要先考虑自己。人要知如何死里求生。读完一部历史，笔记也做好了，绝对成事。

六四。翩翩，不富以（及）其邻，不戒以孚。

"六四"当位，阴居阴位。怎么做？其德行如何？坐着静静读书。

"翩翩"，飞动貌，时上时下、或东或西、忽南忽北，不定的，此境界如同观自在，自自在在，很舒服，不受约束。原有的皆在，绝不受外诱之私的捆绑。食不求饱美，否则不自在。镜子，迎而不将，过去绝不留痕迹，如同照相机。本性永在，不受外诱之私，过去就过去，不着相，无相，无所住而生其心。天天自自在在，不受约束。有所求就不自在。应修养到无可、无不可。观自在菩萨，无所系念，不着相。想助人，应有"观自在"之能，寻声救苦，即翩翩不安。

"不富以其邻"，"不富"，约也。人只要懂得想就有私心，不必责备，以"大道之行也，天下为公"化之。懂得私的，什么也没有留下。把自己的宝贝给别人，因为有虚，所以可以"拔茅茹"。人人都有邻，"德不孤，必有邻"（《论语·里仁》）。

"不戒以孚"，以诚信做事，不必天天警戒自己。不用告诫提醒，以诚信应事。

《象》曰：翩翩不富，皆失实也；不戒以孚，中心愿也。

"翩翩"，泰之象；"不富"，为其邻而不富。把东西给人，"失实"。

"不戒以孚"，恤其孚，乃有戒；"中心愿也"，心以为然，发于至诚，一点假都没有。到泰时必如此。一个人能在自由自在的环境中不自满、不论名利，能想到别人，出自心中之愿，非别人戒之。"失实"，每个人都把实拿出给人，"中心愿也"。

泰卦每一爻都要深深推敲。在泰时，更要谨慎小心。天道恶盈，月盈则亏。人欲喜盈，到老才说"人生不如意事，十常八九"。我这一生，没一件事是我满意的。人都坐这山望那山高。人人都能观自在，人人都能发挥己长。

六五。帝乙归妹，以祉元吉。

"六五"柔中，贵而居尊，必顺道求归，自然之应也，以之得福，乃本天元而获吉也，示常道以为矩，人无生而贵者。

"帝乙归妹"，帝乙（商朝第三十代国王，姓子名羡，纣王之父）也要归妹，就是王妹也得下嫁，因是人。女子嫁曰"归"。

"以祉元吉"，"祉"，《说文》（《说文解字》简称，下同）云："福也。"以福善吉。阴下降，阳上升，合德有体，"以贵下贱"之道。顺天元吉，人事之吉，吉而尽善也，故曰"泰"。反之成"否"，乃人之为道，而远人性也。

帝乙嫁妹，如何告诉其妹？尧将二女下嫁舜。高到多高的地方，也不敢违背人之性，"率性之谓道"，金枝玉叶也得下嫁。

非以位为贵，以性为贵也。道义之交，才是真交情；势利之交，无不凶终隙末。

《打金枝》，公主不懂夫妇之道。

汾阳王郭子仪八旬寿辰，八子七婿纷纷前去拜寿，唯三子郭暧之妻升平公主恃贵不至，郭暧心下愧怨，回去怒打公主。公主哭诉于帝，郭子仪亦亲缚其子上殿请罪。唐代宗非但不加责罚，反而温语相慰，还给郭暧升官进阶。最后，在代宗和沈皇后的共同劝解下，小夫妻重归于好。

《象》曰：以祉元吉，中以行愿也。

"内无怨女，外无旷男"（《孟子·梁惠王下》）才是王道。

"以祉元吉"，这个福祉是她本有的。"中以行愿也"，顺中道以行人之所愿。示常道，以性为贵，本着天性以行愿也。

看文字运用之妙！我要讲得中学生都能用上。

好好努力，别想入非非。学问，可不是三五天学来的。不知怎么读书，学问哪儿来？以史为经，出门就用上。持之以恒，必有超凡的成就。研究多少得多少，人智慧一高，就没有什么不能的事。

上六。城复于隍，勿用师。自邑告命，贞吝。

修城为福国。修城必用土，就地取土，城墙高，外用砖，里面灌土，这些土即挖隍之土；筑城又有深沟，城墙外有护城河。护城河，河上桥可以启动。等城圮了，就"城复于隍"。

县府各有其城隍，城隍不是神。修城要费许多人力，因此要祭功,故有"城隍庙"。"城复于隍",复其原。没有不倒的城,城破则国亡。

"城复于隍",当其安泰之时,怠忽所守,日耗其成,而不知有所补,久则城必倾。危机已伏,不猛于自奋,而尽毁所成,及至险境,方仓促用众,以图济危,但失所据。乃退邑自守,力图复城,然其势已乱,大势已去,难达复城之志。

"勿用师",在此环境警告大家,不必兴师动众,勿违时势,不急于用众力扶颓势。"自邑告命",从现在的城邑告知百姓,国到险境了,以图复城,亦吝,不及时也。没吝?"贞吝",正于吝。必有自知之明,才懂"勿用师,自邑告命"。

如有"城复于隍"的那一天,千万别动兵,应"自邑告命",告诉百姓是怎么失败的,再慢慢地步入正轨。最高峰过了,由泰入否之际,必须懂"自邑告命",千万不能胡扯。

《象》曰:城复于隍,其命乱(治)也。

"城复于隍",民心一散,不能用兵,因大势已乱,无补于事矣。邑虽属自己所有,不失为正,但难达复城之志,其势已乱。泰卦之用,不在"居泰",而在"诫复隍"也。

"其命乱也",命,"可以寄百里之命"(《论语·泰伯》),正命。"乱",一解"治",《尔雅·释诂》称:"乱,治也。"其命治也,因"自邑告命"。守贞,只达吝道而已,没有凶,因其命治发生了效力。一解"乱",《尔雅·释训》称:"梦梦,讻讻,乱也。""其命乱也",政令不出于君,而出于朝廷大夫。不识时,否已临了,还以为是建国之初。"虽曰天命,岂非人事哉!"

究竟是泰还是否？必须认识清楚，但是，认识清楚很难。如是泰，就要按泰做事，否则，会愈走愈远，如"否之匪（非）人"，岂不是更糟？识时太重要，时看错了，则奋斗会适得其反。不知是泰是否，不知谁是标准的人。今天谁是准，可以使四海见贤思齐？时之用大矣哉！"天地交""天地际"，多大的转变！

人必须有责任感，社会黑暗，必得发光作盐。有盐则物不腐；发光则有光明，可离黑暗。儒家讲"守死善道"（《论语·泰伯》），否则善道无从表现。

总说"知时"，那要怎么知时、识时？处泰有处泰的步骤，处否亦然。什么时候"守死善道"？什么时候发光作盐？只有每个人头脑都清楚，才能建设美好的未来。冷眼旁观，必须看得清楚。

拨乱反正，必须"守死善道"。只要是善道，就守到死，甚至死而不已。在黑暗中有光，即有目标。修城建敌楼，有许多作用。

识时不易！不识时，则"时之义""时之用"都用不上。

每天喝茶、想问题，练习动脑子。留心时事，活的课本。了解人与事、事与时，再冷静衡量这个时代。

中国人奋斗的目标，儒家"与天地合其德，与日月合其明"。自一点开始，到普天下之境界，中间必经过造次、颠沛、患难。

我所言，把"四书"、《易经》都温习了，别轻忽过。静静味玩，此即实学。所学过的智慧，都不是空的，天下绝无白捡的事。在乱世，焉有标准可言？此时，只有发光作盐、守死善道，才能拨乱反正。孔子即"死而后已"。

熊十力的《体用论》，我感到有自然之美！绝对超过程、朱、陆、王，时代的产物，现代的一盏明灯，是用尽脑筋的结果，以之当光、作盐看。

人有崇高的目标，但必自一个点奋斗起。"为政在人"（《中庸》），得好好造就人，故少者必怀之。我要讲到高中程度能懂的境界。我讲完，他再看书，可以明白。必须每个人都可以看得懂。

写三百字小文，写心得，可以补记忆之不足，也可以练习为文。勤，好好弄上一年，可以有个样子。灯下回想，写。看完，可以有个观念。休闲，练习为文，日积月累则可观。养成文笔流利，也有责任感，必得用心。

《论语》什么都讲，写真也可论。这社会，大家必尽点力量，年轻人可以受启示。如同存钱，自一毛开始。《奉元论语》绝对依经解经，不说废话。

"在明明德"，"在"字意义特别深。朱注总有禅机，但遇事用不上。"大明终始"，明的本能即终始，生生之德，终而又始，包含一切，即本性。尊生、人道，自根上来的。明"生生之德"、率性于天下，即大家都尊生。

一个东西叫人接受不易！真明白，自己就能读，仁者见仁，智者见智。脑子简单，就看什么都简单。

《系辞传上·第五章》："仁者见之谓之仁，知（智）者见之谓之知（智）。百姓日用而不知，故君子之道鲜矣。"

必须深入，当活学问。千载难逢的时机，每天都可以学到不少智慧。

否卦六爻，没几爻与《象传》相合。何以能挽狂澜于既倒？"时乘六龙以御天"。六变，经几个步骤、智慧，乃统天。御天，必知怎么御。乘龙，非负龙。能驾驭变局，就能御天；被变局支配，就毁灭。那边放一口枪，这边就顺风转，不能自主。低调些，违时、负龙，早晚自毁。

书自正面读，再从反面印证。懂转机就是乘龙。否则，就是负龙。"时乘六龙以御天"，裁成、辅相。看《孙子》（《孙子兵法》简称，下同），活用，言术之书。

社会上遇事，必须懂得用思想。现在事令人眼花缭乱，如何拨乱反正？什么坏事来了，都得懂来龙去脉。

如何了残局最重要。旁观者清，沾事者迷。

人必到无我，所以忘食（物质）、忘忧。"小人长戚戚"，忧己之私；"仁者不忧"，已至无我、忘我。我忧天下，其中物我两忘。

我的批评，在提醒你们，看你们头脑致密否。办"易学周"，没脑，应称"学易（《易经》）周"。易学，与你有何关系？又不是要卖书。称"学易周"，即要学《易》的都来。时代何以至此？一字之差，天天都"易学"，不通。《易》为智海，如读《易》都如此呆，焉能不成"呆胞"？"易学"，一点劲都没有；"学易"，士别三日，刮目相看。

先时、治时、因时、违时。会用智慧，放诸四海而皆准。有实学，活学问，才可为别人出主意。吃一顿，出主意，几十年功夫换来的。

在事至前，能先时，即知哪一阶段要如何办，懂得治时之道。裁、成均为功夫，功夫不同，结果不同。切磋琢磨，初即裁成。有了裁成，必有辅相之术。但你们有辅相之术，人亦有破你术之术，所以要防未然。

破坏之言，一句就完。想得再万全，别人仍有破之术。

治国平天下，何等不易！泰都如此，况否乎？圣人"知其不可为而为之"(《论语·宪问》)。处于否时，焉能"俭德辟(避)难"，躲避灾难？

应做活学问。年轻什么都要知，尤其对于时代的变迁、重要的问题，必须知，要研究实学。

21世纪是中国人的世纪，应不是念咒。21世纪，中国人如何自理？如何理世？倡华夏思想，即世界大同。自然竞争，肚子饿不得。

三优政策：优生、优育、优教。中国必先自理，要防患于未然。举世之处女地，自然环境造成的。应知道问题之所在，人口问题、土地政策、经济发展、农业生产。

要裁成大问题。要懂得方向，知道努力的目标。要以聪明睿智，而非刀枪剑戟。应知自己的价值、为何而活，研究实际问题。

"裁成、辅相"如明白，忙都忙不过来。教书不容易，"温故而知新，可以为师矣"(《论语·为政》)。裁，是损中求益，有牺牲才有享受。各有所求，各有所志，应在自己所学上下功夫。如能认真研究中国社会问题，亦有实际贡献。自哲学入手即培智，才不空想。

要往前走。会背书没有用，应有先时、治时的智慧。讲中国文化，应成为智慧的力量。文化政策，在促进世界和平。华夏文化，奉"元"。因一而统，一统，皆奉"一"。王道，人性。

习性,"性相近,习相远",应成立"习远研究院",因为人往往因自然地理环境不同而相远。研究"习远",才可以"奉元"。习性不等于人性。习性何以不好?乃环境造成的。

中国有祖先留下的无尽藏,文化是最丰富的遗产。要会用智,术都为我们预备好了。

先以一子为基,一法通百法通。《老子》"天得一以清,地得一以宁",《易经》"天下之动,贞夫一者也",正固于一。孔子"吾道一以贯之"。

"元者,善之长也",止于至善。《诗》云:"缗蛮黄鸟,止于丘隅。"那人应止于什么?可能于帝王不利,后面被删了。

元,含乾坤,故曰乾元、坤元。"含弘光大。"发掘良知良能、性智性能,无尽藏,性生万法,从根发掘。"为天地立心,为生民立命",复,一阳生,见天地之心,率天命之性。

元,一、正,"蒙以养正","子帅以正,孰敢不正"(《论语·颜渊》),"孰能一之","不嗜杀人者能一之"。"吾道一以贯之",即仁以贯之。

找一,孔子、老子都用一。孟子"不嗜杀人者能一之",孔子"改一为元",《易经》《春秋》用元。思想是进步的,应往前走。识元,则中国学问成一套。

要知怎么办事,绝非一日之功。做事何以没有章法?没学章法,章法何来?"不成章,不达"(《孟子·尽心上》),想达事,必成章法。

年末,第二年的过家企划就应做好,量入再支出。自小事就应有企划。应教小孩做企划,养成每天行动都有企划的习惯,以此作为审计、考核的手段。什么都不要浪费,都在企划之内。

习惯成自然，皆非一日之功。

人要过智慧的生活，一举一动都要用智慧。做事以德为本，有对象，如不信你，如何表现？你们正在最好的时候，千万不要再浪费。无目标，为人扯一辈子，只是"雅奴"。一辈子做一件事，老了就有成绩。

前后要照应，来龙去脉要懂。泰、否二卦重要，配屯（☳）、革（☲）、既济（☵）、随（☱）、临（☷）、无妄（☰）。讲义理，非讲卜筮，讲治事之道。

"为往圣继绝学，为万世开太平"要经过什么步骤？什么是"天地之心"？读书人得游刃有余，才有资格谈其他，"行有余力，则以学文"（《论语·学而》）。

《庄子·养生主》："彼节者有间，而刀刃者无厚；以无厚入有间，恢恢乎其于游刃必有余地矣。是以十九年，而刀刃若新发于硎。"

"复其见天地之心乎"，复，非人能立。坤，纯母，是人能制造的？与生俱来的。一阳生，地雷复（☷），没有人能为天地立心，是自然形成的，非人所能控制的。

"复"与"明"有什么区别？你们怎么想很重要，也很可怕。读《易经》，真明白很不容易。

"屯"与"复"有什么不同？"复其见天地之心"，是个生机。刚柔始交，屯，"动乎险中，大亨贞"，才有形，万物自此来。有生机，必有对象。动乎险中，才有形形色色，所以乾、坤之后接着的是屯，不是复。可见深入其中，并不易。

"四书"懂了？"在新民"，经"苟日新，日日新，又日新"的功夫，才能"做新民"。但距离"龙的传人"还远。应先讲"八骏图"，我称"八骏三图"(《大学》的三纲领、八条目)。

必须有专学。学什么？找你的专学。《易经》为智海，立本，为一个精神，能使你做什么。好自为之。人若无志，什么也成不了，故曰"士尚志"(《孟子·尽心上》)。你们生逢中国盛世，应有眼光往前奋斗。不到万不得已，绝不言牺牲。要利用机会，否则，岂不是白老了？要懂一个人的价值，也要看地方、对象。

中国东西都能整理在一起，《易经》亦然。有时间就多看书，有系统地读才有所得。以熊十力做参考，熊先生提总纲，我讲的亦不同，接着讲。熊十力有超人之智、笔墨之美！

一本书必经看、读、念才有所得，不要受邪风而影响自己的学习。

应有研究的目标，幼儿教育亦值得研究。不下功夫就会肤浅，要深入。不要随波逐流，看过历史应明白一切。一笑置之，从吾所好。学文史哲，负道统责任。讲学传道，必先有德，因要影响人。

中国智慧宝藏多，取之不尽，用之不竭。熊十力智高，成就非凡。求学问必自求，强制没有用。不发心看，难以了解深意。

学术是跑接力的，必须有目标。

决定一事时，必须知其反面。要防未然，防敌人破之术。如早说出，则敌人难以造谣。人若贪得无厌，则易被利用。脑子要致密，要想得周全，国事、家事都一样，应防未然。

少说一句，会占便宜；多说一句，则生是非。有时是善意，人却听反了。人总有隐私，一辈子不喜人知；正中其隐私，有戒心，则记恨在心。乱讲，讲多了，碰了别人的毛病，说"真的吗"，下次绝不和你来往了。不以为是，犯忌。应说"是"，信不信没关系。要有心机，但不是害人的。家中东西找不到，不可以说，要慢慢找，说了伤人，只有反效果。无心机、没修养，惹是生非。一家之主要有担当，想太平，要用心机，嘴如破车则不宁。想安宁，一切不平事都得担下，到此为止，就平了。做一家的杠杆，就可以平而不陂。

否卦第十二

（天地否　乾上坤下）

否卦，七月之卦。

否，乾上坤下，乾坤各顺其性，不能合德，天地否，"虽曰天命，岂非人事哉"？

《序卦》："泰者，通也。物不可以终通，故受之以否。"

如何保泰？泰保不住，即否了。

《杂卦》："否泰，反其类也。"

泰否是一个机，否泰皆由人，是人的事，人之所为，非天意，所用非人，一事乃弄垮。故识人极重要，"贤者在位，能者在职"，外行人不能做内行事。

泰，"天地交，泰。后以财成天地之道，辅相天地之宜，以左右民"。在泰时要用致密的头脑，那在否时岂不更要用致密的头脑？"休否""倾否"，"先否后喜"，否卦得比泰卦加倍负责、细致。那否卦《大象》"君子以俭德辟难，不可荣以禄"，岂不成问题？

好好读《乾坤衍》，才知熊子真是天生奇人。我自《乾坤衍》得启示。万物并育而不相害，智慧愈低则愈嫉妒，应学人之所长。抓住要点就能读书，放诸四海而皆准。把此东西一放，四海之人都以此为准，言为世法，行为世表，见贤思齐。应学会怎么用智慧。读书应有深透字面的功力。光字面解释，就一点力量都没有。

看书、读书、念书，必得认真。唐诗到了化境，唐玄宗（685—762）蒙古风，知晓音律，擅长作曲，真有才华。要看每个时代的精英。应往前开拓，既赶上了时代，就不能让它白过。要写《奉元录》，开拓未来的时代。将相本无种，人人当自强。糊涂，焉能奉元？要有精神。

要有器识。要改变器质，练习正知正见，在乎修为。自己应知怎么做事。是做，不是说。念佛的人，绝不在屋中坐，得天天跑。证严有菩萨心肠，寻声救苦，满街跑。要念佛，佛怎么办就怎么办，念念不忘佛。

普贤，使普天下之人皆贤。如果念完一经，吃晚饭时，照骂媳妇，就根本没有懂真理。钱有数，但人力无尽。连良知都没有，读什么书？一人定国，一言偾事。

华夏学苑、儒林敬老院、耆德研究所，我都有通盘计划，慢慢修。"前人种树，后人乘凉"，此即中国文化。要发掘自己，"率性之谓道"。要讲得活泼，不要书呆子似的。

"九五"，"休否，大人吉。其亡其亡，系于苞桑"。否卦"九五"，仅是"休否"。卦，不可为典要。否卦，并非"九五"好，"倾否"的是"上九"，"九五"仅能"休否"，不能"倾否"。小心谨慎，戒惧行事，"其亡其亡，系于苞桑"，不是系于磐石，而是有"系于苞桑"之危险。《象》曰："大人之吉，位正当也。""九五"当位，但"倾否"的绝非当政者。

"上九"，"倾否，先否后喜"。《象》曰："否终则倾，何可长也！"乾卦的"上九"是"亢龙有悔"。"倾否"的是华夏基金会，所以给你们关羽印。

批评时政，在使你们明白事。天下无长久之事。什么是永恒？永恒的就是真理、良知、率性。人性没有变，违背良知，心里不舒服。国有危难，挽救者既非皇帝，也非亲王。救亡的都是一帮老百姓。

"九五""休否"，并非有先时之智。否的"上九"，是救世主，要造就一帮"倾否"之士。既然"上九"可以"倾否"，何以否卦《大象》均未提及"倾否之术"？动动你们的脑子，可以想得比我成功。

泰卦《大象》"后以财成天地之道，辅相天地之宜"，"后"，领导人，没说是国君、天子。泰都要裁成、辅相，那"倾否"岂不是更要出绝招？如果如《大象》所言俭德避难，焉能"倾否"？否卦，除"初六""上九"以外，其他爻也不知要干什么。只有看到文下面的深意了，才可以用世。

要利用时间，《诗三百》(《诗经》)，一年即可背完。不用拉架子，《诗经》之后，背唐诗，提笔绝对动情，就是真，"人之视己，如见其肺肝然"。道家最高境界是真人，即道人。

否卦第十二

我号"安仁居士"，六十岁后每十年换一个。每天善用智慧，自己考验自己，活得愈长，号愈多。谱名，除父母外，外人不能叫。谱名、名、字、号。号，十年改一个，视自己训练到何程度。修到六十有号，十年一个境界，代表文化。使用筷子、见面作揖，亦文化。这百年，中国人曾失去信心，今天恢复信心了。

请关羽帮忙，印一万张关羽印，本钱一万四。太阳不在一家红，唯德长存，孝为德之本。

所用非人，当然不利君子，但也得守其正。

泡茶，得有特殊技术。什刹海，原先每家小吃都不一样。地安门，北京小吃街，什么都有，但味不对。以前，吃喝都一定。今天懂得吃的少。

"初六""贞吉"，"贞"字最难，男女都得守。中国人的屋子都有名，合院大。罗振玉有"贞松堂"，取自"岁寒，然后知松柏之后凋也"，"岁寒"，包含一切不好的。旧观念是"一日为君，终身为主"。南明朱一贵，活得长，有完整的经历，南朝遗民、南明之民。练习必守贞。要有德与能。每天时泰时否，不知有多少。看一天自己多少次做君子、多少次做小人？利己即为小人，反之即为君子。泰否，亦在一念。

否之匪（非）人，不利君子贞，大往小来。

"否之匪人"：一、因为否时，群中无好人，故君子否；二、否，并非人的关系，乃是天运所致。

天下事哪有不受障碍的？如有所准备，则吃什么苦，都不以为苦。何以都弄得如此糟？就因为没有好人，君子之道站不住。

好好考核自己，也考核别人。我将同学先分"元、亨、利、贞"四个类，如元字号，再看其"智、仁、勇"，成十二级，其余，为习，得实习。我的原则：宁缺毋滥、群而不党、神武不杀。

叫人做事，绝不教他怎么做。谁做事不想成功？成功得有术，即步骤。谈得来，不一定能做事；能做事，不一定谈得来。朋友在一起，诤友，不一定说好听话。唯智与理，才永久。理，天理之节文，有理行得通。自小不要净学为人跑腿，要做中流砥柱。

将一时之选的人才，分成十二级，下"密语"之评语，以此练习识人、知人。较够水准的，不出二十个。随时取才，时时留心。内外往来看。做任何事业，绝非一人能成功。有志，得识时、知人。有时判断错，则南辕北辙。

来老夫子是学究，一生一部《周易集注》，入门书。先以来氏易为入门书，再发挥自己的想法。

"为往圣继绝学"，既是绝学，何以能继？应是"继毓学"之类。"为万世开太平""首出庶物，万国咸宁"，此为中国知识分子的梦想。

《象》曰：否之匪人，不利君子贞，大往小来，则是天地不交而万物不通也，上下不交而天下无邦（没有政府）也。

"非我同类，其心必异"。你能，人家就不要你；你非核心，就不要想打入核心。你关系不够，就不要太表现自己。你有君子之正固，但在小人当政的时代，就不利于你的正固。

否之非人，事在人为，视如何做。"人之有技，若己有之；

否卦第十二

人之彦圣,其心好之",君子与小人的分野,"忌者不能修,怠者畏人修"(韩愈《原毁》)。

"万物不通"即万事不通,物包含人、事。我强调《大学》,自"正心"入手,格致诚正。

"上下不交而天下无邦",在上与在下中间若有隔阂,不能交通,天下就没这个国存在。"礼之用,和为贵",没你这个邦,非天地毁灭了。人若无上下之交,就有难!

仁者爱人,仁者无不爱。既是爱人,何不先爱家人?知此,没有是非,就愉快。自根本着手,本立而道生。

内阴而外阳,内柔而外刚,内小人而外君子。

刚者绝不做邪僻事,中国人办事绝不单用刚。刚柔并济,因会周旋、折旋,故能中规中矩。孔方兄"外圆内方"。

老百姓已经进步。书呆子最没用,脑子不必用在无用之地。

你们智慧之低!连自己的老婆都没了解,还能懂得国家大事?结婚如后悔,可见智慧太低!近事都不了解,国家大事更是遥遥万里。不能齐家,焉能治国?一个家都各自为政,还能治国?《大学》好好研究,对一个人太重要了。家都没弄好,其他甭谈。

人要聪明外露,绝对失败,必得内敛。应给人而不给人,即吝。所用纯小人,多可怕!

小人道长,君子道消也。

一开始私,就坏!应实至名归。走正路,多一分公,就多一分成就;多一分私,就多一分失败。贞,就能亨通,恒久之道。"虽曰天命，岂非人事哉？"无病不死人，应研究致病之因。在泰时，怎么做皆左右逢源；在否时，怎么做皆受苦。所用皆小人，能利于正固之君子？"小人道长，君子道消"，何必伤心！

看人世之参差不齐，并非代表真理。"守死善道"，并不代表善终。

无论做什么事，从起点开始到达目的，中间必历经苦难，绝非借人际关系成功的。

熊十力的书，真是"用心深细"！救亡的目的，就是继绝，包含太多。你们要继绝，所以我天天唱高调。你们用功要有步骤，读书要有经纬。

兵法，有兵篇、武篇，"孙吴兵法"。读兵法而求和平。棋逢对手了，谁也不打谁。什么都有一定的步骤。

一个团体就怕有内奸，有内奸必然否，防内奸特别重要。"二人同心，其利断金"，对一人若无真认识，绝不能叫他到核心中来。组织愈严密愈成功，没到境界永不能到核心中来。你们应有大志，"不在其位，不谋其政"；反之，在其位，必谋其政。

《象》曰：天地不交，否。君子以俭德辟（避）难，不可荣以禄。

"俭德辟难"，不显自己有德，出头的椽子先烂。行的事绝不叫外边知，才能躲避有人"荣之以禄"。

我始终不懂否卦，如是俭德避难，又如何"守死善道"、发光作盐，"仁以为己任，死而后已"（《论语·泰伯》）？显然有问题，如此，又如何"倾否"？

有德者必有言,"言者,智之表也"。

造就倾否之士,要养倾否之智、修倾否之德。

学《易》,何以"可以无大过"?"倾否",非但无大过,尚有大功,即"乃其仁,乃其仁"。人就是人,管仲有"三归"。孔子晚而喜《易》,说"五十以学《易》,可以无大过"(《论语·述而》)。"倾否",有大功即无大过。你们以什么立大功?

训练你们怎么用脑。大过,有害于人。无大过但仍有小过,是没有"定"的功夫。我来台,至少没做过一件坏事,在屋中读五十年书。在书中想,依经解经。我每天睡三个小时,忙。你们应三二人研究,才会有进步。

我从"倾否"讲,即要你们了解立场。要培养渔人之智,以得渔人之利。你们要立功,不要叫人白捡了。君子不党,有党就有所偏。"君子不器","器",专用,做别的用就不行;"不器",则放诸四海皆准。器一过时,就入博物馆成古董。中国思想太完整。

羲皇不识字,所以画八卦。

"行有余力,则以学文","文",文宣王,"法其生,不法其死"。"子所雅言,诗书执(艺)礼"(《论语·述而》),"求也艺,于从政乎何有"(《论语·雍也》)。

当政者最高境界只能到"休否"。"不可荣以禄",不担责任,就逃跑。了解得再多,如无行之勇也没用,胆、量、识缺一不可。没胆怕负责任,能坐而言不能起而行。见义必为,或是见义必逃?

否卦的《大象》有问题。"上九"既是可以"倾否",何以《彖》和《大象》均未提及"倾否之术"?"倾否",必赖群众,政权以外的人。必群智群力，才能"倾否"。

孙子专找我的麻烦，所以我到台大念书去。旁有小孩，我谈念书，念书才有境界，如念佛，念兹在兹，将脑子动起来。读书没别的，就是要详。书，念念不忘，散步时，一两句在脑子里盘桓。

有人批评，讲错有根据，是法施。依经解经，正是注解，串在一起看。要读到文章的后面去。要养成会想的习惯。

存三统："周监于二代，郁郁乎文哉，吾从周。"（《论语·八佾》）"殷因于夏礼，所损益可知也……文献不足故也。"（《论语·为政》）夏、商、周，通三统，此制度一直到清。

张三世：据乱世、升平世、太平世；所见、所闻、所传闻。

诚三辞：所见都异辞，所闻、所传闻当然亦异辞，应诚三辞，"修辞立其诚"（《易经·乾卦·文言》），"不诚无物"（《中庸》）。"名不正，则言不顺；言不顺，则事不成"，"必也正名乎"（《论语·子路》）。

黜三贵："贬天子，退诸侯，讨大夫"（《史记·太史公自序》），人无生而贵者，"首出庶物，万国咸宁"（《易经·乾卦·彖传》）。

革命家得内方外圆，不要什么都不怕。成功者皆敬慎戒惧，如临渊履薄。

书院得有新的布局。"四书"真好好讲，得讲四年，问题太多。夏、诸夏、华夏，有层次。《中庸》讲"舟车所至，人力所通，天之所覆，地之所载，日月所照，霜露所队（坠），凡有血气者，莫不尊亲"，因为"与天地合其德，与日月合其明，与四时合其序，与鬼神合其吉凶"，"入中国则中国之"。智慧的东西，不可为典要，要四海皆准，必伸缩自如。智慧是无形的。

初六。拔茅茹，以其汇，贞吉，亨。

"拔茅茹"，连根拔。"以其汇"，比类丑物，按类进行。中国人在几千年前，就有此种组织的思想。

"贞吉"，乱世以"正固"为亨。做应做的事，不要净往小人堆里挤。不是没成德的，就没一个好人。没成德，可慢慢进于德。

永远有主流、非主流，要怎么判断？除恶务尽，我提醒你们，一个都不许留，否则留后患。

泰的"初九""拔茅、征吉"，国家太平时，人才济济。否的"初六""拔茅、贞吉"，环境再坏，仍要站住脚，不可以跟着跑。除小人，亦除恶务尽。想投机，必须预备逃亡费。

《象》曰：拔茅贞吉，志在君（群）也。

"拔茅贞吉"，在否时，要守正固之道。与志同道合者守贞，吉。倾否的第一步，必须除小人。

"志在君"，志在群，"君者，群也"。"君者，群之首也"，领一帮人的头。一开始，就"志在群"，有此，群众才可以倾否，此解有深意。

如志在君，就不能不清君侧。得深思熟虑，非读文章而已。

"信则人任焉"（《论语·阳货》），德不可不重视。想要人不知，就不要出口，一出口人即知。要你们少说。我至今还都能把持自己，谁也不靠。

只有修口德，将来才能做核心人物。不要傻里傻气的。

不希望你们入黑名单，不要乱搞，所以重泰、否二卦，要好自为之。

讲书的目的是讲习智慧，用不上就失败。圣人太多用不上，万般不与政事同，搞政治非常人能办。

时代的否，究竟是天意，还是否之非人？有两种情形。《尚书·泰誓》"天听自我民听"，《尚书·皋陶谟》"天明畏自我民明威"。民否，天才否。此即依经解经。找思想的根据，得找最古的。

所有的神佛都是人造的。万物之灵的人是自哪儿来的？道教最高神"元始天尊"，修真人。佛教传入中国，关公也成为护法（中国人）。信宗教，感情问题。人活着，就是要懂得用智慧，用在生活上。智慧的产物值得看，有高的情操。

否，完全是自找的，无得善之人，虽曰天命，岂非人事哉？我对社会事，相信因果。

过智慧生活，或是随俗。要面子，也是贪。性也者，不可离也；可离，非性也，因"率性之谓道"。原则："己所不欲，勿施于人。"（《论语·颜渊》）"不恒其德，或承之羞"，因为装不了几天。满街泰士，当然泰；团体、环境，"性相近，习相远也"。

讲书得有术，有时必自后边讲。

以"大易"与《春秋》为主经，夏学皆为其注解。一个东西看久了，前后就会通了。为人师表可不易。

六二。包承，小人吉，大人否亨。

"包承"，包蓄承欢。小人趋炎附势，唯利是趋，承欢于君，以达己之贪欲。大人有所守，以否为亨，不荣以禄。

"包承"，助人为恶，仰人鼻息，没有人格。有高位而居否时，无济否之才能，包一帮奉承的人，给人歌功颂德，尸位固宠。在否的时代，必须培养正知正见，这样社会才会上轨道。如何显出大家都像个人样？

《象》曰：大人否亨，不乱群也。

大人不乱于群，使群小把持一切。"不易乎世，不成乎名"，在家放羊，也比做狗奴好，否则，如有儿女，要怎么解释？孔子"危邦不入，乱邦不居，天下有道则见，无道则隐"（《论语·泰伯》），藏道于民，周游列国，有阿Q精神。

大人有所守，不乱群。有时，否才亨，"岁寒，然后知松柏之后凋也"，"不荣以禄"。"不乱群"，即在群。

在否时，有些情形无助于"倾否"，只有群众才可以"倾否"。"六二""六三""九四"已经背离否卦的精神了。

熊十力说：必自片言只字见《周易》之真。

六三。包羞。

"六三"阴居阳位，又居小人之头，位高荣显，无济否之才，又无济否之心，唯命是从，如庸庸碌碌，又欲固位荣宠，就与小人一起混，同流合污，否上加否，故可羞。终日羞羞，就给人歌功颂德。

"包羞"，人奉承己意，己就包之，不能守正固。就想承欢于君，以固位荣宠，故"包羞"。群小必承欢于其主管，讨主管的欢心。

《象》曰：包羞，位不当也。

职位无贵贱，就看当位与否。"六三"，阴居阳位，"包羞，位不当也"。

做事看当位不当位，职位并无贵贱。净为荣华富贵，儿女日后懂事，亦觉不值。我一生没过太平日子，一个人在台过了五十年。对事要以智，而非用感情。人就是人，没有超人。

九四。有命无咎，畴离（丽）祉（福）。

"九四"阳居阴位，受"九五"之命，国之重臣，非宠臣，但近君"多惧"，伴君如伴虎。

"有命"与"受命"有何不同？"有命无咎"，有天子之命，能按之行，即"无咎"。或承命，而无命之观念，专断跋扈，乃成权臣，能不危险？

"畴离祉"，来子解"同类亦并受其福"。既是同类亦一同受福，何以"上九"要"倾否"？讲得乱七八糟。

"畴离祉"，值否之时，人相疑重，谁也不信谁，地位再怎么高，也不拉帮，才有福。

《象》曰：有命无咎，志行也。

臣之德，"无成有终"，己无成就之名，但有终事之绩。年轻人切勿抢功。

"九四"处阴极，与阳相交，是重臣。有什么、无什么，要好好深入追究，了解其深意了，方懂得层次。

如何济否？得群阳，绝不能有阴。《论语·先进》称："以道事君，不可则止。"

泰、否时，特别重视"群"，看是群小，或是群君子、群大人。你们要干什么、应该做什么，两者不同。经什么步骤，才能达什么目的。

九五。休（止）否，大人吉。其亡其亡，系于苞桑。

《系辞传下·第五章》子曰："危者，安其位者也；亡者，保其存者也；乱者，有其治者也。是故，君子安而不忘危，存而不忘亡，治而不忘乱，是以身安而国家可保也。《易》曰：'其亡其亡，系于苞桑。'""苞桑"，丛生的桑树。"系于苞桑"则危如累卵。深思熟虑很重要，"高而必危，满而必溢"，使"高而不危，满而不溢"，所以长保贵也。

做事业要先考虑失败，"其亡其亡，系于苞桑"，"夕惕若，厉无咎"，要居安思危。"危者使平，易者使倾"（《系辞传下·第十一章》），治起于衰乱之中。"其亡其亡"，时时怀一个"亡"的观念，故能"休否"。

做事，"休"很重要。一个人累了，靠木停一停，连蹲都不敢蹲下，休息休息而已。"休否"，并非完全没否了。

《象》曰：大人之吉，位正当也。

"九五"责在"休否"，"大人吉"，大德之人才吉。"位正当也"，正当其位。

无德，焉能号召群众？领导群众必须有德，天下有志之士才归焉。济否并非一人之事。

上九。倾否，先否后喜。

最好的一爻，"倾否"。"先否后喜"，"先难而后获"（《论语·雍也》），仁者也。

"休否"与"倾否"有何不同？社会事，总是一治一乱。"休否"，一治一乱，平天下；"倾否"，有治无乱，天下平。

"倾否，先否后喜"，"先天下之忧而忧，后天下之乐而乐"，"天道无亲，常与善人"（《老子·第七十九章》），"道善则得之，不善则失之"（《大学》）。儿女不必管，全靠德行感，以身作则。自己先不做，再告诉小孩不做。

我家中有界说：不许看到打牌。失常，最大的是伦常。

"上九"，否之终，"倾否"，否极泰来，故"先否后喜"。"否极泰来"，"山重水复疑无路，柳暗花明又一村"。受苦时，必须有此观念。

《象》曰：否终则倾，何可长也！

其多少含有"天运"之意。不能终否，由否到"倾否"，中间经过了多少患难？"虽曰天命，岂非人事哉？"后唐庄宗及身而亡，是开创者，也是结束者。

欧阳修于《五代史·伶官传序》中，以五代后唐庄宗李存勖的事迹，说明盛衰乃取决于人事，并非尽由于天命。

唐玄宗如能保持开始时的精神，依然是"开元之治"。
否卦以"初六""九五""上九"三爻为要，道尽否的精神。

必一个一个解开，才能将真理讲出。

《杂卦》称"否泰，反其类也"，不是否就是泰，否、泰两卦重要。读《易经》而观泰、否之卦象，则知所以泰、否之由，泰卦坤居上，由泰而否；否卦乾居上，由否而泰。故反危为安，易乱为治，必待阳刚而中正之才，方克（能）有济；泄泄沓沓（懈怠涣散）者，所以致危滋乱也。故否卦"上九"能"倾否"，泰卦"上六"不能变屯。没有吃不了的苦，不要悲观，留得青山在，不怕没柴烧！

泰时，必以聪明睿智治泰，所以，否时更应用智慧。否的"初六""志在群"，"九五""休否"，"上九""倾否"，近乎"治否"。此外，均不合。标的先立了，再看否卦究竟丢了多少。俭德避难，俭德，能领导群众？避难，能"倾否"？

有工夫应练习写，放久后再改。看《读经示要》与《原儒》，熊十力改了多少！

要点记住，知道学《易经》的要领。自强不息，还休息？来日方长，能干几年？

《奉元书院院志》将来可以依时间先后列表。真是不容易，所以要"诚三辞"，"修辞立其诚"。以什么方法达成？写小册子，自"元"了解。《易经》《春秋》是书院的本经。

年轻必须培己。你们最大的毛病在于知足、自满，一到社会了，方知"书到用时方恨少"。读史，直截了当，切身人事（世），否则不知人世之长短。

《庄子》的《养生主》及《人间世》完全非空话，要好好深琢磨。游于艺，庖丁解牛何以刀不受损？此游刃有余也。骨与骨之间有余，刀于此游。游刃，既不伤刃，亦不伤骨，牛解了还有余，可以转圜。游刃有余，得有多大的修养与包容，既不伤敌人，自己也未受伤，达到目的犹有余，此即高手，乃《孙子》之"全敌"。净斗狠，能有余？从上至下均斗狠，什么也不怕！"游刃有余"悟通了，就可以达"元亨利贞"。

有余，才有转圜的空间。"必也临事而惧，好谋而成"，哀兵才能求胜，要低调。有些年轻人心无所主，不知要干什么好，没有找到正路。学术，学了就有术。现在人类多么空虚！生活有生活的规范，今天私德更为重要。你们如肯努力，前途绝对无量。为何不走海阔天空的路子？做事于人有好处，就是仁。小孩不知干什么，但必得动。何不修有文化、有智慧的东西？学术，有学有术，博学之、审问之、明辨之，所经过的都是术。

有大志要好好读《易经》，万国皆宁才能大同。讲完，回去就用上，才是真懂。

同人卦第十三

（天火同人 乾上离下）

天火同人：天，公也；火，明也。明为初步，进而求公。天火同人，皇帝与叫花子用的火都同。

上与天同，天道尚公，大公无私。离，代表光明，心中不能怀有半点私意，否则人必知之。必以"公而明"才能同人。如天地之大公无私、如离之光明，天下无私、光明。同于人之大公，天下才能大同。

《序卦》："物不可以终否，故受之以同人。"

不终否，必救此否，要有同人之德。挽否，即以同人。同人以求和，才能大有。

《杂卦》:"同人,亲也。"

同人者,与人同也,"亲也"。同人,是主动地与人同,而不是强迫别人。度对方,要抱"我不入地狱,谁入地狱"之心。人如主动与你同,不得了!见贤思齐。

公而无私,才能同人。同人之道,天下才能大同。大处同,非小处同,因人性都一样。找其大同处,人性同,尽己之性,则能尽人之性。小处同,以自己为标准,人家与你不同的皆不可以。人之所以会招妒忌,乃想使别人同你。

想和人处得愉快的不二法门,即与人同。无我,就很愉快。天性,看别人高兴,自己也快乐,同乐。社会何以有问题?叫别人同你。不懂"同人是与人同",结果失败了。同人可不易,有许多不同人的环境。但与人同,可不能苟且相同,必以中正相同。

中国有许多先知先觉者极了解人性之道。"克己复礼"最难。克己多苦!己之所好,过量都得克。同于人,才能亲近别人。必有济世之心,"一日克己复礼,天下归仁焉"(《论语·先进》)。

人与生俱来的,即情与欲。喜怒哀乐必发,要发得中节,必须有修为的功夫。颜回到了"不迁怒,不贰过"(《论语·雍也》)的境界,太好了。

同人于野,亨,利(用)涉大川,利君子贞。

门、宗、郊、野。国之外,郊;郊之外,野,旷外、远方,与天相对。天有多大,野就有多大;天无私覆,野无私载,公乃亨。

人无生而贵者,"同人于野",渐进大同,"君之始年",群之始年,"成公意也"(《春秋公羊传·隐公元年》),天下为公,得其大同之境、大同之道,无贵贱之分,太平世。

"同人于野",野,"质胜文则野"(《论语·雍也》),"礼失求诸野",此野能保持礼,与我们渡过难关。

我总往乡下跑,礼失求诸野。想要发挥作用,得"同人于野"。能"同人于野"谈何容易。能"同人于野"才能亨。

"利涉大川",古之大川吓人!用涉艰险,众志成城,用众人之志,渡一切险难。

"利君子贞",得是正固君子。守君子正固之道,恒德,此为本钱,没有白捡的。你自己必须是一流的,人才会把你放在一流。无一字落空,要仔细印证。

《彖》曰:同人,柔得位,得中而应乎乾,曰同人。

"同人",与人同,能了解天下人之性。"柔得位",一阴五阳,与人同也。六爻中就一阴,即"六二",阴居阴位,至高之柔。"得中",中正。"而应乎乾",下离(明)上乾(天,公),明理而后能公,无私。

人之最要在不缺德,不钻尖取巧,应乎乾。德好,术亦好。深意要明白,处世之术——"柔得位,得中而应乎乾"。

圣人贵通天下之志、贵除天下之患。通天下之元,乃为大同。"奉元"是个标准,志才能一。"志,心之所主。"元,是志之体;志,为元之用。大家都有奉元之志,才是大同。读书人的责任,在拨乱反正,即止于至善。至道,至德,至善。

同人曰（此三字为衍文），**同人于野，亨。利涉大川，乾行也。**

"同人于野"，就走遍天下，亨。见彖辞，思过半矣！

"利涉大川"，天下人皆合作，则能渡一切艰险；"乾行"，具有刚健中正纯粹精之德，这样的人能像天之行健。

不懂"乾行"，专投机，奸行也。一步走错，在这个圈就完了。自己有毛病，为人抬轿，把自己都抬光了。没有人看你有德。

造次、颠沛、患难皆艰险，以"乾行"渡过艰险。"乾行"才能涉大川，如光有位而无德，也不能济险难。"天德不可为首"，天道尚公。

文明以健，中正而应，君子正也。

"文"，经纬天地；"明"，离也，光、火；"健"，"天行健"，实行文明的力量。"文明以健"，非文明一天而已，必如天之行健。

"中正而应"，"六二"与"九五"，中正且相应，第一拍即合。只有"与天地合其德，与日月合其明"，才能中正而应。

"正"的功夫太重要！"蒙以养正"，怕动偏了。正自哪儿来？"各正性命"，人正人的性，狗正狗的性。"保合太和，乃利贞"，"保合太和"是修养的功夫。

奉元，自根上明白，因枝叶完全错了，失之毫厘，差以千里。虽蒙，但骨子里有正，故能养。不说学正，而说养正，养人之正，所以最后成其圣功，"蒙以养正，圣功也"。不是正外有至善，至善就是道，一也。立说，要拨乱反正，即返回与生俱来的性命，"率性之谓道"。将中国文化从根上清理一遍。

"君子正"，本身不正，如何正天下？贞，正也，即君子贞，有"文明以健，中正而应"的美德。我所言，无一空言，皆经书之言。

无论什么事，必先想到最艰深处，才能解决问题。要怎样用脑？我的脑子天天唱戏，将之系统化。难，才说"羊羹虽美，众口难调"。孔子之所以为至圣，在此。

唯君子为能通天下之志。

能通天下之志，才能除天下之患。《春秋》之道，圣人贵通天下之志、贵除天下之患。"安仁者，天下一人"，没有分别心，才能"天下一家，中国一人"。

许多大师讲完，自己也不懂。必须讲到中学程度的都听得懂。

通天下之志，才能合作；没能通志，则各行其是。

你们要好好看书、读书、念书，不能光知表面，而不知其所以。要熟，闭上眼，就能想出。

《象》曰：天（公）与火（明），同人。君子以类族（尽人之性）辨物（尽物之性）。

"大易"法天之道，称"君子以"。"大象"有功夫，故曰"君子以"。"以"，用也。

人一天也离不开水火，天与火两个并行。"天"，公；"火"，明。《尚书·洪范》是中国第一部宪法，"洪范九畴"初一曰五行，"火曰炎上"。天火同人，公而无私。尽性，所以求同；尽情，所以求用。智周万物，道济天下。

同人，必与世人同，与外面打成一片，"人同此心，心同此理"，是天下之志同也。如天之公、火之明，尽己之性了，才能与天下人一同合作。

无大公无私者，不能尽己之性。"类族"，尽人之性；"辨物"，尽物之性。此两步功夫自哪儿来？从尽己之性来的。尽己之性，把己性之本能完全发挥出来。尽己之性，而后能尽人之性；尽人之性，而后能尽物之性，则天下无一废物，"天下一家，中国一人"。如有私心，就不能尽己之性。"率性之谓道"，一点私心都没有，才能像天、如火。以光明、无私来"类族辨物"，此为将来办事最重要的步骤。

"类族"者，非族类也，乃一视同仁，没有分别心，平等。以同人之德，才能"类族辨物"。爱之欲其生、恶之欲其死，既爱其生又欲其死，如何能"类族辨物"？下"类"的功夫，才能找出"同"。

礼，同中求异。自伦常的称呼，即可看出中国人的智慧、"类族"的功夫。同族而类之，况不同乎？北京养金鱼，可以串种，如同移花接木，各有其名。头脑必须致密，方能至此程度。我爱菊、兰，可能与我父亲有关。

"类族辨物"，都是一个族，还得类一类，大和大、小和小，经过辨物的功夫了，才知其所以然。类之，乃同人所同之入德处，由近及远、由小及大，及其至一也，远近大小若一。

"人人皆有士君子之行"之前，先"类族辨物"，但不可以主观，否则有轻物之嫌。人不主观不易，真客观得有大智慧。

同人卦的《彖》与《象》，都比否卦有劲。"类族辨物"，以真知才能百发百中。

培大公无私的智、分别的德行，类其所类，辨其所辨。"同人于野"，野，大地。天有多大，地就有多大。

孙武（约前545—约前470，后人尊其为孙子、兵圣）出身于军事世家。有"止戈"之德，才有资格论兵。学《孙子兵法》的目的，在"全"德。

初九。同人于门，无咎。

"门"，所以限外。"出门如见大宾"（《论语·颜渊》），出了门，就不是家。

"同人于门"，知门外有人，还有别人。初步，要和外面打交道，主动同于人，"出则悌"就无咎。出门，要谨慎小心，同人就无咎。

《象》曰：出门同人，又谁咎也？

出门无所系念。想同于人，一开始就要无所私系。走出家门，就一视同仁，大公无私，哪有咎？"出门同人，又谁咎也？"无私，无偏比。所同者广，而无偏党之私，又有谁咎你？敬慎，谁对你反感？

同人，非人同，懂得有别人。同人，同于人也，不要有别于人。

一层一层地，第一步，出门就得同人。

六二。同人于宗，吝。

"六二"阴居阴位，居下卦离之中，应乎上卦乾之"九五"。

二、五相应与，本最好，但同人卦讲同，不讲应与，因相应就画小圈子，不好。

"同人于宗"，私情，私于一人或一家，于"同人"上皆不好，故曰"同人于宗，吝"。

"六二"与"九五"，有如夫妇，有所亲就有所私，此私为正常的私，尚不至于凶，故曰"吝"。人生最亲者，生我者及我生者，孝与慈的对象。

祖宗，人祖羲皇、人宗女娲。祖宗之分释义深，言"同人于宗"，而不言"同人于祖"，发人深省。以狭义而言，人类同祖而异宗。

没有私心是一回事，有无大的爱力又是一回事。私心的层次与爱心的层次，所得不同。从族到宗，从门到野。

《象》曰：同人于宗，吝道也。

都一门宗，"吝道"。"同人于宗"，私情，乃"大同世"最大的障碍，要打破此，必"不独亲其亲，不独子其子"。中国人感到私之为害，故希望都能行公。同于人，非人同于我，层次多么分明，世界大同就知如何做。以进大同，"民吾同胞，物吾与也"，乃不吝。

我想要以术取天下——"长白又一村"。"又一村"，就得出门同于人。

九三。伏戎于莽，升其高陵，三岁不兴。

"六二""九五"合德，中间有"九三"。

"伏戎于莽"，伺机而动，拿着武器，伏于莽，动坏心眼；"升其高陵"，登高远望，看环境不对；"三岁不兴"，有智，不斗狠，三年不敢动手。有歹意，但无歹行。

什么时候都有捣蛋的。《易经》读明白后，什么都学去了。

《象》曰：伏戎于莽，敌刚也；三岁不兴，安行也。

"六二"有对象"九五"，"九三"仍不放过。"伏戎于莽"，隐伏。"戎"为"九三"的心理状态，"莽"为其环境。隐藏的动机，在对付"六二"。有时还往高处爬，看它出来否。

但有耐力，三岁不敢动，没有兴其邪念。因为"敌刚"，敌人强，"九五"不比"九三"软弱，这事安能做？看描写得多么深刻！

我不惹你，你不能找上门，所以始终没敢动手，不贸然行动，安己之所行。

此爻脑子会动，绝非"控固力"。天下人皆有志，但不能以力解决，必须以德服人。

九四。乘其墉（墙），弗克攻，吉。

"九四"也打主意，但多一道墙，乃骑在墙上，骑墙。

拿山当墙，但环境不许，不可轻举妄动。"弗克攻"，不能打胜，不能攻。因胆小，而成圣人了，吉。

《象》曰：乘其墉，义弗克也；其吉，则困而反（返）则（名词）也。

"义弗克也"，在大义上就不能攻，想到义，不敢做了。

还得回到规则，"困而反则"，"先迷失道，后顺得常"。理、欲相斗，困于心、困于欲。"困而反则"，出去避避，返则。干不了，不做，"反则也"，比"困而不学"进步太多！

"吉"怎么来的？知困难，赶快不做，返回人应行之则（道），在说"义"字。用理智想，海阔天空。读历史，可使自己有悔过的机会。知环境，则不困。困于心、困于欲，总想什么都比别人好，就苦。人皆自困，既得之又患失之，患得患失则无不为矣！

看三爻、四爻，描写得多通神！空想没有用，必须下实际的功夫，人世不也是如此？何以古人在那么单纯的环境里，能把世事认识得层次那么分明？越懂得深思的，成就越大。

九五。同人，先号咷而后笑，大师克相遇（合）。

同人卦"九五"不谈君。有同人之智者，恒明。

《系辞传上·第八章》称："'同人，先号咷而后笑。'子曰：'君子之道，或出或处，或默或语。二人同心，其利断金。同心之言，其臭如兰。'""号咷"，一发脾气，就刺激人的情感。"先号咷而后笑"，有智。"先号咷"，许多事开始时，遇到许多的不合理，创业维艰；"后笑"，"言相克"。"先号咷而后笑"，"仁者先难而后获"，"先天下之忧而忧，后天下之乐而乐"，善始诚终。

"出""处""默""语"，几个动作。"二人同心，其利断金"，二人就有这么大的作用，那三人同心更不易，更有大作用。做事业不在多，而在乎精，要有真正志同道合之士。趣味相投，就可以在一起做事；乌合之众，不足以成事。

"大师克相遇"，相障碍，得除之，故用大师。用重兵，一举成功,不可以有妇人之仁。攻无不克,攻必克。克而后遇,不等于遇相克。"大师",堂堂之师,师出有名。势相均,力乃相敌;势均力敌,就没有战争了。谁也不输谁,谁敢动手?强权国家,势均力敌。相克,接着相生了。

《象》曰:同人之先,以(用)中直也;大师相遇,言相克(胜)也。

虽用大师,但最终仍须以"中直"。

中,直的用。中国人一开始就是性善论,"继之者善也,成之者性也"。过,发而失中;大过,有害于人。"五十以学《易》,可以无大过",但没敢说无小过,还遮着地说"过则勿惮改"(《论语·学而》)。

同人之先,有一本钱——中直。中,性之未发,人之生也直。完全不离人性,故曰"率性之谓道"。大同,同元,奉元。

"言相克",以言语相胜,相克就相生,社会就没有一个铤而走险的。都相克,就太平,大同世之入手。

熊子《周易新论》没出,可惜!讲《易》,应讲到人人能懂,人能弘道。千言万语,有体必有用,没有用就不是真学问。如教育失败,则在于什么都讲,就没有本立,净走偏锋,直到无以复加的地步。

成功以德,不以盗。好好组织自己的,不要净想捡便宜。"人之视己,如见其肺肝然",谁会受你要?何以书白读了?做事,别人会不知?到社会如此做人,一生完了!要不自欺。你做事不正经,人马上看不起你。造就自己,不要巧取豪夺,要为子孙谋。

真看懂《易》,多有趣!我的注解一出,老太太一定都争着看。习气一染,必须改造,否则没办法。习气太坏了,习相远也。

势均力敌,决之于天命。休养两天,卜一卦,看灵不灵。用你们的智慧再想,人的智慧是无穷的。

人心之邪!"阴疑于阳,必战"。"疑",拟,必战。"四十而不惑",四十能不惑于欲。疑,属智;惑,属欲。疑,加上惑,可知宇宙之可怕!人不惑,太难了!

要造智者,但不能不教你们一点"术"。学、术,两件事。好好努力,要成点形。欣逢盛世,何以不求大成就?为何不学"率性之谓道",而专学"大盗盗国"?

读每一卦,做小笔记,写心得。

上九。同人于郊,无悔。

国之外曰郊,郊之外曰野,郊小于野。野,旷远之地。

《周礼·秋官·士师》:"正岁,帅其属而宪禁令于国,及郊野。"郑玄注:"去国百里谓之郊,郊外谓之野。"

"上九"未亢,志未得"同人于野"。既无所同,亦无所悔。"无悔",近乎吉,未达吉。

《象》曰:同人于郊,志未得也。

"同人于郊",没到境界就停止,知足了。"同人于郊",则"志未得也"。"管仲之器小哉!"(《论语·八佾》)

"同人于野，亨"，得"同人于野"才亨。每个人都有志，如总"同人于郊"，净抄小径，则志白立了。人家的成就，偷偷地弄来。得"行不由径"。少走一步，就志未伸也，还敢行必由径？一步一脚印，一步一莲花。

如见利、见异就思迁，那我也不要。是忠臣，你在他面前耍小手段，他就一辈子看不起你。中国人有历史观，时间观念清楚，有文化。"大易"讲生生之道，专讲"死而后已"（《论语·泰伯》）。孔子作《春秋》，改为"死而无已"。

《春秋公羊传·哀公十四年》："制《春秋》之义，以俟后圣，以君子之为，亦有乐乎此也。"何休注："孔子仰推天命，俯察时变，却观未来，豫解无穷。"

修齐治平，乃自同人始。同人卦，不骄不亢，讲人际关系，斗智。大同了，非无法，五根指头亦不齐。"上九"，志未得"同人于野"，但给人无限的盼望！如"贵而无位，高而无民，贤人在下位而无辅"，孤高自赏，则剩下自己，一事无成。道尽天下事。

讲书时，先讲卦的大意，再讲重要的。

"亨"，通天下之志，只是一半的成就。性相近也，尽己之性，而后尽人之性；尽人之性，而后尽物之性，"类族辨物"。

"柔得位得中"，中道，中从哪儿来？不能只懂文字的表面。"六二"与"九五"，相应与；"九三""九四"，太捣蛋。

同人，有时以德，有时也不能不用武。神武，摆架子，演习，把你吓住，没放炮，也没放枪。这边登高一看，"反则"了。"先号咷而后笑",能接受神武的,也必有高智慧。

社会太难,二人同心都不易!只二人就够了,三人就做弟子了,"三人行,必有我师焉"(《论语·述而》)。

孝,他生你;慈,你生他。无法讨价还价。社会哪有你想的那么天真?有离婚的,但也有恩爱逾恒的,找对了就成功了!想同人,得好好地"类族辨物"。

到伏时,就得伏;到升时,就得升;到乘时,就得乘。《易》的四德,应世之德:承、乘、应、与——卦用之四德。三爻、四爻知干不过,有躲灾之智。《易经》就讲理、势。视势,看是"乘其墉",或是仰人鼻息?"或出或处,或默或语",四个动作。看明白了,"三年不兴"。返其则,是明了理。要明深意,懂承、乘、应、与,接着做就成功。跑单帮,有始无卒,乃不懂承、乘、应、与。

通三统,"殷因于夏礼,周因于殷礼","周监于二代,郁郁乎文哉","周监于二代"才有"郁郁乎文哉"。接着来,非跑第一棒。永远跑第一棒,则社会永停止不前。想社会进步,则传得习,承认有传,因、承即传。没有传习之志,就跑单帮。"传不习乎?"传,必得习。跑接力,就"郁郁乎文哉",进步了。都认为自己聪明过度,结果都"过渡"了。二人同心不易,必有这么多的步骤。

做事不急,要观事,明辨理(物、人、事),而后笃行之。博学、审问、慎思、明辨,而后笃行之。博学之,"博我以文,约我以礼"(《论语·子罕》),中国传统精华之所在。审问、慎思、明辨、笃行了,还不能没脑,完全属于因、承之智。笃行,必"视其所以,观其所由,察其所安"(《论语·为政》)。实行的药方,

易经日讲

拿到就能用。

通三统,三代同心同德,才可以"郁郁乎文哉"!父子都不易同心,没有条件的,三年同心同德都不易,同人更是不易。怎么去同人?二人同,都不易,大家必要练习合作,天下事无一人能办成功的。

"君子不器",一个动作,即可知其才不才。"才不才,亦各言其子也"(《论语·先进》),却仍不能"三年无改于父之道"。了解,才能结同心。如每个当家的都一套,则永停止,不能进步。

看是承,是乘?是应,是与?"视其所以",承、乘、应、与,要懂理与势。"观其所由,察其所安",有结果了。再看"九三""九四"两爻,如什么也不怕,则什么也没有。

无誉就无咎,第一得练守口,做事必要守口,左手的事不叫右手知。如无基本德行,拉帮就更办不到。

在此读过一年的有六千人,挂名的不止两万人。以前屋里坐两百多人。当年在"政大"讲《荀子》,有老师领学生来上课。我喜上第一堂课。每班至少选四五个比较差不多的,这么多年,数目可观。我讲错了,才有借题发挥的机会。

一个人不要妄想。我喜《心经》的"远离颠倒梦想,究竟涅槃"。安仁者,造次、颠沛皆必于是。

我说"想念太太",两个孙子一直笑,我说是爷爷的父母(安徽合肥一带方言,太太泛指爷爷的父亲和母亲,不分男女都可以叫太太)。不去拜太太,也不敢看老太婆,不找痛苦,于我有刺激,再跟我来,岂不是受不了?此即我的人生观,故意忘掉一切。既得之患失之,患得患失则无不为矣!我现在不敢看老太婆，是真情。真想，不在乎流泪。死后要合葬。

看、读、念，三个境界不同。儒家念书。时称、三称，称佛时，不骂人，口善，来生转做八哥。念亲，想念父母，念兹在兹，念念不忘。证严，念佛者，真寻声救苦，活时为观世音，死后即观音佛。

想做领导人，必先领导自己。"克己复礼为仁。"真有德了，要有用时，自找上门来。你找人，行吗？要给人可靠的感觉，否则永远打不入核心。社会上，谁不想用忠心耿耿的人？

要懂得合作，要彼此相容。人皆有所短，不能以自己做标准来衡量人。用人应用其长。能者在职，要有容，看其长。

你喜吃的，他可能不会做；可是他会做的，你可能没吃过。人尽其才，何必人人都会做包子？合作，看对方的长处。"苟不至德，至道不凝焉"（《中庸》），"夫孝，德之本也，教之所由生"（《孝经·开宗明义》），"修道之谓教"。孝，人性的，一个人不孝，即不能显出至道。

此即念书。我每早念书，为一问题想三五天。《易经》真是活学问，却给人讲死了。讲哪儿，想到哪儿，没法写，如泉涌，就写不过来。

求真，不易；明辨，头脑必致密！唐诗文境界到化境，唐宋出八大家。今人的头脑如何？

将来结果如何，应想一想，问题必得解决，绝对拖不下去，这是智慧，视有无高招。在哪一卦才"成"了？我留一伏笔。勤，听完一卦，写一小文。

许多事要好好练习，你们不懂得有远见。

时太重要了，《易经》就是"变经"，就讲时，"不可为典要，唯变所适"。

留一件东西,和司马光争一争。要有志,有步骤。怎么"读有用书"?必成其经纬。要懂得用脑。学什么,配那个书。治学,有主典。大胆选一个,读不了,中途而废,不要"今女画"(《论语·雍也》)。

我活得很有精神,就因为有梦。精神好,专,不想办不到的事。人生最苦的,乃是求不得之苦。

我一辈子绝不做违心事。"官场中好修行",一句话可救好多人的命。奉元,元,仁之体;仁,元之用。生生之谓元(仁),生这个生,意义无穷!

送上门的,绝没有好东西;好东西,必自己去创造。我做主人,还要做"又一村"村长。你不找他,他找你,必得有万全的准备。谈话,看是什么人谈。利用这个利,成其大利,"能以美利利天下,不言所利,大矣哉"!

有六面玲珑的,到八面时,我就为他写个传。做"又一村"村长很不容易。友情比什么都宝贵,特别重要。不要把友情变成奸情。"有朋自远方来",因为"德不孤,必有邻"。有成就,就看你一天想些什么,不要一出手就低。

我要在"断烂朝报"(王安石称《春秋》语)中系统化。熊十力少直接谈《春秋》,只以此印证。"乃见天则""群龙无首",即"用九"。"用六","利永贞",难了!"以大终也"。

现又到你们发挥中国人伟大的时候,千万不要糊涂地活,而把人的尊严都弄没了!看不懂古书,焉能知古人思想之丰富?看《离骚》《诗经》想得多么周到,描写得多出神入化!致密高过今人的思想。汉文、汉赋多么美!我们不应输于古人,应如古人会用脑。战国时人思想多么丰富！

好好奉元，另外发明。现在环境不同于古人，应更往前进。看完老祖宗的东西，得另有一套。现在"奉元"，如对事无丰富的经验，就写不出；有丰富的经验，每句话都自生命锻炼出来，谁看了都受感动。

会背，不能用，没有用。面对事不了解，读书有何用？练习实际事，以时事为师。要以时事为师，不以史为师，每天所论，皆活的事。用中国方式想问题，判断之。我认真教，为将来；你们理路不清，怎么教人？读书必须慢，上句不懂，不读下句。我每天喝茶、焚香、读经。不贵多，贵精，惟精惟一。没下过功夫，什么也没看清。训练你们能做点事。等死不如忙死，此我的哲学。

夏天多喝茶，消暑。出汗就要喝，不要等渴了再喝。精一，慢，要细心。

节俭永远是美德，《易》讲千言万语，最后一个字"节"也（未济卦"上九"《象》曰：饮酒濡首，亦不知节也）。节饮食，吃七分饱。一年十二个月、二十四节气，两周节一次，半个月反省一次。节用以礼，二十四节气，二十四个礼节。称"这人很有礼节"，懂节字，绝不过。节气，立身、行道、养生，均在内。到哪一节气干什么，都一定的。养生之道，必讲求，才有健康的身体。衡量自己节否，敢面对良知否？祖宗留下丰富的智慧，应好好领悟。

愈看古书，愈感今人欲迷心窍。古人生活单纯，嗜欲浅，天机深。善用智慧，遇事要深思。没功夫，深入难。愈深，愈有趣味；入得不深，绝无趣味可言。我闻玉，可以知是哪朝的玉。我嗜才如命，你们笨，我生气。

出题，在锻炼你们的智慧。遇事，必特别冷静，才能深思。人都有私，就看左近。必须追求，不能不为子孙忧。讲学，必只有现代话，才能使人易于明白。

不要好名好利，必以德为本。不要由于失德而灭了性，习以为常，不以为非，最后人性没了！

你们这一代，必须自根上理悟。有人生来就好学。今天能看懂中国书的太少，从何来东西？知识分子了解礼乐，司马相如一曲《凤求凰》，就生出多少文化！不是知音人，多少好东西都错过了！并不是你不知音，天下就没有知音的。

将来要有一有道德的团体，必须有所守。如什么事都要抢先，岂懂"时"的观念？好利、好权、好名者，表演完，都梦碎了！

有智慧，什么事来能照。过去了，就没有痕迹。真明白，可知道怎么处人做事？天下大事绝非一人能做，嫉妒乃妾妇行。自己测试自己，自试也，读一辈子书，用得上否？

中国人懂中国史，懂解答，就知怎么做。强求，反效果。"友恭双贵会"可以永远用。双贵，你尊贵我亦尊贵，"贵通天下之志，贵除天下之患"。以小事大，"畏天者，保其国"（《孟子·梁惠王下》）。用"友恭双贵"，则有兄弟之情。用智慧，有暗示。真有智，小人绝不敢妄行。两个人恋爱，结婚了，永远有事，永用得上。

《易经》之道，以柔克刚。刚柔相济，"既济，定也"（《杂卦传》）。要学会用智慧。实事求是，何不利用环境？千万不可以单打独斗。

做事特别难，外行人不能做内行事，要懂怎么做事。孔子之志，"老者安之，朋友信之，少者怀之"（《论语·公冶长》）。

团体不能养闲，"一日不作，一日不食"（百丈禅师语），做事必须持之以恒。见贤思齐，不知自己是人，就不会有人的作为。人是为别人活，不是为自己活，"仁，二人相偶也"，必须想到别人。人必须有责任感。做事要分层负责，"无分者，人之大害也"（《荀子·富国》）。人贵乎有智，做事分得清清楚楚。领头的是管分的枢机，知此，才知如何分层做事。什么都得有群。

"类族辨物"，类万物之情，知类，类之。分类，以类分，物以类聚。如不能类万物之情，能分？分一分，哪类有什么价，不吃亏。读《易》在卜卦？卜天下万物，大卜也。自根上明白，如未通神明之德、之智，那万物之情也类不好。

"类族辨物"，如凭外貌分，结果得的是"金玉其外，败絮其中"。无论分物或分人，必自根上明白。分人之情，太难！太难！通造物之理、生生之理，乃神明之德。凭什么分东西、分人？分人，得先知人，才知其应担什么责任。不知自己能做什么，悲哀的是，还去分别人。

真有大志，有各种人才，就可以做事。夏学社，如英国费边社。分成两种：组党、学术研究。同学每个人能做什么，能者在位。有"群与分"的能力？教育，教之育之，自己不能不懂。得留心你们所看到的人，哪个有才、哪个可用，到时可以用。

有类、有智，才能分。同学中能分成多少类，长于什么做什么，各展所长。怎么分，怎么得大利，必求其所以然。讲书，完全没有生命力，应讲活学问。

用人最低得有热力，慢慢培养，可以有进步。热力，忠诚，能。类，分之本，"本立而道生"。大本立了，方法就都来了。人就怕没有志气。如没有热力，就什么办法都没有。仁道，是为别人服务，所以要有热力。好好努力，没有活动不起来的。

每个人都要表己之所长，而人有所长必有所短。许多人读书时讲仁义道德，有了一点地位就看不起穷人了。我每餐都得有豆腐。为政以德，家政亦在内。

不懂自己不知，能好好学？从头至尾看几本书了？不懂"群与分"，总显自己，能成功？

真有智慧，就好好领导一个团体，自己造就自己。在"群与分"中，要弄清：对外，群；对内，分层负责，等异。"等异"二字重要！等异，绝不可以有半点私心。做领导人最难！净画小圈子，没等办事就乱了。以团体为私产，几年就搞垮了。有私心，就会找同盟弟兄。要自求多福，没人给你送幸福。

天天说，就为知敝，以达"永终"，应谋"永终"。"永终知敝"（归妹卦《大象》"君子以永终知敝"），要怎么做？必先知敝。分家，何以动刀？没能等异。

要真明白，训练你们，要练习做事。有余力，可以干点别的事，为百姓谋幸福。如果失伦，那就连禽兽都不如了！第一件事要做什么？不能叫时代空过，必有点建树。应世特别重要，许多人有执照，可是什么也不能。要能，最重要！

"天地变化，草木蕃。天地闭，贤人隐"，以草木丛生，喻天下大乱，好坏不分。有贤人才能除害。思想必是一贯的，读书要冷静想，要知怎么读书，时学为要！

你们怎么读《史记》《春秋》？孔子之志未能实行。孔子志在《春秋》,《春秋》为其政治蓝图。司马迁遭受腐刑后,他之所以不死,因为志在《史记》,说"《史记》上承麟书"。我为上乘人说法。

明朝将亡之际,顾炎武认为是"亡天下"。

顾炎武《日知录·正始》:"有亡国,有亡天下。亡国与亡天下奚辨?曰:易姓改号,谓之亡国。仁义充塞,而至于率兽食人,人将相食,谓之亡天下……知保天下然后知保国。保国者,其君其臣,肉食者谋之;保天下,匹夫之贱与有责焉耳矣。"

顾炎武、黄宗羲、王夫之抗清,结果都失败了。顾著《天下郡国利病书》,黄写《明夷待访录》,王遍注群经,皆有志之士。顾炎武从山西到河北做买卖,吃尽了苦头,一边做买卖一边研究问题,最后完成了《天下郡国利病书》。没有付出,哪有得?你们根本没有读书,天天读些什么?

到末年,都有志士。清末,谭嗣同有《仁学》,其本身为革命流血。康有为有《大同书》,没有影响力。孙中山有《孙文学说》。人的思想不能空虚。人心空虚,真空!

奉元,是本钱,就看你们的智慧怎么去发挥。元之源,百家争鸣。"养浩然气,读有用书",有智慧者可把史书都读活了!

我赶上两次世界大战,所见、所闻、所传闻,谁比得上?《天下郡国利病书》,顾炎武的天下观与今天已不同了。大陆有志之士太多了,已经将《四库全书》做成光碟。

不知自己读什么书,以后能写什么书?孔子历经多少考验,毁一次光一次,真理就一个。权势一过,则什么都没了!真能抓住真理的有几人？有几本传世之书？

读书在启发智慧，智慧放诸四海而皆准。道理与真理是一个，什么政权都影响不了。怎么用心？要以道，绝不可以奸诈。怎么做事？头脑不清楚，能做事？唯道与德永存。没有道德力量，什么也不能传。内圣，养浩然气；外王，读有用书。上课应多讲些人话。伯夷、叔齐，反对以暴易暴，二人叩马而谏；周武王不听，二人乃饿死于首阳山，尸谏。说"不食周粟"（《史记·伯夷列传》），是钦定思想。要创立合时的思想，能传可真不容易！在世上，有多少能传的思想？周公到孔子，孔子集大成。

什么环境产生什么人。环境不同，人物有别。你们赶上末班车，有福。学统不同，所承的就不同。要会利用时机，每天应知怎么活。不分男女，在乎志。年轻得学做事，必得有方法、准则，了解得深，视智慧高低，接受多少。

看韩愈《进学解》。韩愈不过"文起八代之衰"，第一次文学革命。汉后，即尚浮夸；魏晋，专显才华，尚文辞之美。韩的立说中心"文以载道"，不尚空言。我们不是文起八代之衰，而是要"文起钦定之衰"，此文乃"文宣王"之文，是大革命，自根上开始，奉元行事。《五经正义》是钦定的；昔日不合钦定的，不能出版。

诸子百家，起于礼坏乐崩、王室陵夷之时代，在九圣之后，百家争鸣。秦汉以后至清，为钦定之学。今后要百家争鸣。

韩愈文起八代之衰，奉元要文起钦定之衰，"学校钦定之枉，道正率性之元"，以此作为标准。

何以否定旧说？《文中子》云："九师兴而《易》道衰，三传作而《春秋》散。"刘安请九个名家作《易》注，成《淮南鸿烈解》。汉宗室刘安王，有志于革汉朝的命。钦定之下都是奴儒，是钦定的打手。

记住，我们要文起钦定之衰，要实事求是。什么都变，就真理不变，真理是自实事求是来的。秦始皇实是对中国真正有贡献者，一切都统一。

要将古人话，用今语说出，让人容易明白。活学问，必得用上。《尚书》自《尧典》开始，净讲些什么？有罪必罚，但守住一个宽，"唯宽"，即"哀矜而勿喜"。要把思想弄得很宽松。追求谁为乱之主谋、谁为助恶者，即识元（源）。求乱之源后，应想一想其何以如此？自其生活背景、求学历程下手。做事，有一正当的目标，有路可循，绝不可以离轨。有德有爱，也未必传，况无德乎？

同中求异，礼；异中求同，乐。类万物之情，接种，乃是"类情"的功夫。读完《易》，真明白，就忙不过来。将不同的东西类在一起，就可以发挥作用；没有类情，就失败。何以不能类人？那岂不成行尸走肉？花瓶内有多少玄机？没有智慧焉能类情？处人，必须坦白、互助，各发挥所长。

大有卦第十四

（火天大有　离上乾下）

"火天大有"，"火在天上"，以柔居尊位，有天之所有，"与天地合其德"，上下应之，"大有"。

《序卦》："与人同者，物必归焉，故受之以大有。"

儒，人需，人所需之工具。儒家讲"与人同"，是利他的，非利己的。"大有"，非夺来的，是"大居正"，即"一统"，于政治上为"大一统"，大为赞词。一统，仁道、大道。"大有"，没有一个不归你所有，此缘于"有同人之德"。

《杂卦》："大有，众也。"

大，为阳，五阳有一阴。"六五"以柔居刚位，故能与众和合，得众，无所不有。由刚至柔是功夫，虽有尊位，但守柔德，以柔率刚，众阳归之。柔者，和也，济否之道即和。

"大有"与"有大"，有何不同？来子（来知德）讲"大有者，所有之大也"，讲成"有大"。读书怎可照字面读过？练习用脑，做任何事都会是一级高手。智、仁、勇三达德，要先培智。大有，是谁有谁？有大，是谁有谁？其分野即不同处。大有与有大，根本不是一个盘子里的东西。大有，显出"六五"有智慧。有大？有大者，有而不居。一颠倒，境界可是差太多了。大有，用智与德；有大，如同华西街。鱼不上钩，必有五个智慧：看到鱼饵、鱼钩、鱼线、鱼竿、渔翁（人）。

夏学导读，好好看《原儒》。读《史记》，自阮芝生的书往下读，不必浪费时间从头开始。以史为经，那时代的产物为纬，即有用书。读《史记》，《前汉书》就不必读了。书不是盲目读的，看所立之点是什么，再去读书。

大有，元亨。

火天大有，离（☲），为日、为火、为明，引申义太多，中虚，就因虚心接受别人，才能明；坎（☵），因中间满，所以险陷。满招损，谦受益。

大有，人人皆有。火天大有，天之所有，都是公的。"大（天）道之行也，天下为公"，大有，天有，唯天为大，万物皆备于我，故曰"大道之行也，天下为公"。自同人到大有，讲大同世。

"元亨"，"元者，善之长也"；"元亨"，万物丰盛之象。

家庭幸福为幸福之第一源泉。一家人都不能彼此迁就，还能同人？家庭纷争，心中憋气，家中人怎能不生病？先自家人同，家中就大有。《大学》"格致诚正、修齐治平"，即内圣外王。知识用不上人生，非真学问。家庭一定要和乐，是幸福的源泉。

《易经》谁作的不管，但证明在几千年前，中国人就有极高的智慧，在今天一定得诺贝尔奖。我看懂多少讲多少，但并不知其所以，非真知。根据自然的发展，而非故意的。不要自以为什么都懂，好好琢磨，有系统才能深入。要知怎么用脑。

《彖》曰：大有，柔得尊位，大中而上下应之，曰大有。

"六五""柔得尊位"，虚心居尊位，天下皆欲归往之，大有。

"大中而上下应之"，"大中"，就上下应之。"大"，赞词；"中"，就是正。中，是性、体；正，是用。"喜怒哀乐之未发，谓之中；发而皆中节，谓之和"，即正，止于至善。"上下应之"，众阳皆欲归往之，每一阳都感到是她的宝，绝没有争风吃醋。无所不有，故曰大有。大有，乃由柔之德而来，这一阴多有智慧！以柔居刚位，以柔率刚，故能和合。社会成功者都以柔；以刚，最后绝对死无葬身之地。

"大中"，不只是中，中德、中行。"中"的观念自哪儿来的？中国的道统是一与中。到"中"时，距"一"已很久了。中国文化是"一画开天"，"道生一，一生二，二生三，三生万物"（《老子·第四十二章》），一自道来的，"道生一"；性生一，"率性之谓道"。伏羲画一，为性之所发，因为性生万法。"天下之动，贞夫一者也"（《系辞传下·第一章》），"吾道一以贯之"，孔子即得一。"天得一以清，地得一以宁……万物得一以生，侯王得一以为天下正。"（《老子·第三十九章》）中国的道是一、中之道。

孔子大概受教于老子,故"改一为元"。"大易"与《春秋》均用元。奉元书院学生必讲不同,"天之历数在尔躬,允执其中"。

何以要学《易》?学完《易》,应修至哪个境界?自强不息,目的在厚德载物,"先迷失道,后顺得常",得道顺性,"率性之谓道"。

有过,"过则勿惮改"。儒家是为人牺牲的,地厚载物,在家中焉能不忍耐?"乾坤,其《易》之门邪?"(《系辞传下·第六章》)"乾坤,其《易》之蕴邪?"(《系辞传上·第十二章》)真明白,家庭就都改变了。"四书"确有价值。每天都要玩味,悟,念书。如前后接不上,又如何一以贯之?脑子应像玻璃球,能应付今天。

远近大小若一,华夏,没有上下尊卑,夷狄进至于爵(《白虎通·爵》:"爵者,尽也,各量其职尽其才也"),已有德了,得其天爵,人爵随之,是华夏、奉元文化,并非空话。今后应是华夏、中华、中国世纪。不要低估自己,学必讲,否则别人永远不懂,必须往前走一步。程度愈低的民族愈轻启战争,真应是有道德的世纪。

在环境中生智慧,不要读死书。讲学不如奖学,受奖的除没钱外,大都很优秀。办学校,要大众化。会写文章,未必有修养。

其德刚健而文明,应乎天而时行,是以元亨。

乾下离上,刚健而文明。卦体、卦德,体用不二。懂体用不二了,本立而道生。道是心,中国学为"心学"。《大学》讲心学，熊十力有《明心篇》。

谁大有？孔子。别人大有？吹牛！德术具备，其德刚健文明，其术"应乎天而时行，是以元亨"，"元者，善之长也"。"应乎天而时行"，天道尚公，"圣之时者"道尽孔子的精神。尸子说"仲尼尚公"。尸子的弟子是谁？商鞅。

通天下之志，就知百姓喜什么，"小人怀惠"（《论语·里仁》）。选对象，必得重德。无品的永没有成就，怎么高也离不了群贼，入不了"君子"之榜。大德大智。静静想问题，就能看出问题来。

学"六五"的功夫，不必咬牙切齿。大有的最高技巧在"六五"，其术要尽天下人。术，"应乎天而时行"，"大学之教也时"（《礼记·学记》"大学之教也时，教必有正业，退息必有居"），识时、用时，以时行之，多么会支配时，"是以元亨"，善亨。自此好好深思，可以想出很多道理来。

谁能支配时，谁就成功。"不可为典要，唯变所适。"据此往里想，才能应世（事）。时之重要，差一点就打起来了。我如此说经，在使你们明白。

"应乎人"，得了解人，通人之志。应其所好，必知其所好，每一步骤都不是空话。用一部《大学》，就可以卜世。

《尚书·洪范》行王道，走王路。王道是什么？董仲舒曰："古之造文者，三书而连其中，谓之王。三书者，天地与人也，而连其中者，通其道也。"（《春秋繁露·王道通三》）将天地人串在一起的，即中。《洪范》，王道之最大宪法，孔子否定此境界，才能"见群龙无首，吉"。

圣人不会和人捉迷藏，必叫后人明白。如有一个明白，也就够了。必有真学问，才能解决问题。"学之不讲，闻义不能徙，不善不能改，是吾忧也。"(《论语·述而》)自三二人讲起。人就是要认真，不要摆架子。不开始，永没有。你讲他不懂的，他懂了，你就成功了。

每家都是奉元书院，以此做个点，有个落脚之地。不能在屋里等着，要做。做，不是靠说，是行教。

山东曲阜有《孔子行教图》石刻摹本，是吴道子的画风，深得"吴带当风"之精髓，为孔庙镇庙之宝。

你天天读书，他就天天读书。养成全家人都看书的习惯。

《象》曰：火在天上，大有。君子以遏恶扬善，顺天休（美，依）命。

"火在天上"，大明于天下，无所不照，大有，此如同《中庸》"声名洋溢乎中国，施及蛮貊"。

君子以明来"遏恶扬善"，顺天美命。扬善，间接遏了恶。"遏恶扬善"乃人的责任。

《中庸》"隐恶扬善"，"隐恶"，为尊者讳，被改了，在掩饰帝王的丑行。历代皇帝的"实录"究竟是真是伪？百分之百是假的。儿子为老子修的，当然假。就因为不实，才要称"实录"。从"遏恶扬善"到"隐恶扬善"，可以窥见一斑。"隐恶扬善"，那岂不成伪君子了？

要除恶，所以要"遏恶扬善"。该杀就杀几个，孔子一上台，诛少正卯，就可以不用兵车，所以"战必克"。干掉忘恩负义的，此即革命。

想求善，必要遏恶，得塞源。欲为恶之源，遏恶自"嗜欲浅"入手。《庄子·大宗师》说"其耆(嗜)欲深者,其天机浅"。光明磊落,大公无私,一点隐藏也没有。立德,事无不可对人言。相随心转,利、欲、势逼得人成"鬼相",而不能做人。君子光明磊落,"爱而知其恶,恶而知其美",有此德行,故能"遏恶扬善"。

如无遏恶,善自何来?什么都是伪的。想得入微,否则怎么活下去。要细心,设身处地为他人想。就假的也要装样,逼自己做好人,"久假而不归,焉知其非仁"(《孟子·尽心上》)。欲、恶之源,止之特别难,官迷找"关爱的眼神"。违背伦常,逆伦也。

"顺天休命",出自《尚书·商书·说命》。率性者,依命也。顺天,指自然之道;依命,指人之道。"顺天休命",应天而时行。时,二十四节气,即什么节气做什么事。失节气,则做事颠三倒四。

不是当季水果,既贵又没营养。有钱人净吃非当令的东西,肚子是垃圾桶。"荐其时食"(《中庸》),供祖宗尝新。"不时不食"(《论语·乡党》),非当令的高级东西不吃。非笑话,现买切好的菜,太危险!应吃新鲜的东西。从出产地到做好,至少十天,还会有营养?中国人的头脑特别致密。

孔子是穷人,死后才埋在河边。洙水、泗水现已经干涸,光有桥。读完"四书",如仍"尔为尔,我为我"(《孟子·万章下》),那就一点智慧也没得到。冷静仔细想就明白,小事也坐着想。取巧,是最愚的人,皆"诚于中,形于外"。

许慎,东汉人,在他之前的文字,未必如《说文解字》所解。中国学问真得从头开始——元。熊子敲第一棒,给后人的启示大。华夏思想，以元为经、夏学为纬研究学问，有智发明，此即文化大革命。做学问，接着做，不要尽弃前贤之功。接着，不同于照着，各有立场。一天想一句，一周想一句，皆可。念兹在兹，才能成为思想家。

初九。无交害，匪（非）咎，艰则无咎。

"无交害"，没有"泛交"之害，非咎。不忘"艰"，守其艰，缅怀创业维艰，"艰则无咎"。大有，是自此来的。大有，即满，应修"不溢"的功夫，《易》至骄盈，为大有之害。人尽在温床里不是好事。明此爻，才能保有大有。

"初九"没有应与，潜位，此为"潜龙勿用"之位，得"无交害"，才能无咎。群而不妒者少。潜，名利、地位皆在内。懂得艰贞，才能无咎，艰贞自守。

在大有的环境里不能浪费，应居安思危，"不忘其初"（《孟子·尽心下》）。人在大有之时，天天消耗自己之所有，就是"交害"。必自克节俭，才能保其大有。

"艰则无咎"，谁没经过艰？懂得艰，即无咎。败家子不懂得艰。在我面前不要将虫咬过的菜叶拿掉。当年逃亡时走河沟，问："有没有鸡蛋？"说："狗蛋也没有。"吃虫咬过的菜叶，真有滋味。我把虫咬过的菜叶蘸酱，尝其滋味，不忘其艰！我给父母过生日，过完一百了才不过。我自己不过生日。

《象》曰：大有初九，无交害也。

要大有，第一步得有"无交害"的智慧。到贼群，一出门就"交害"。必慎独，才"无交害"。必得修德，否则罩不住。

慎独,得慎交。想大有,自不随便交往开始。天天不忘自己的初志,则永远无咎。

天天教你们知人、知事,但是你们没有培养,不知其所以。下功夫,得求,在自己所能内对时代有贡献。千言万语,要慎思。

尽己之性,尽人之性,尽物之性,尽性、尽心。《孟子》有《尽心》篇,除一些糊涂话外,大体不差。孟子说"君为轻",没有"贬天子";讲"王道",没讲"大道"。霸道,人与兽争;王道,人与人争;大道,不争了,天下一家,归仁了。我说经脉,你们慢慢思纬。要"思不出其位",则所看的纬书,都是"有用之书"。

儒家的毛病"博而寡要",不要中计,要精一。

《史记·太史公自序》中司马谈《论六家要旨》称:"儒者博而寡要,劳而少功,是以其事难尽从。"

最可怕的是人没有善念,必得唤醒。不要空谈,从自己做起。

"无交害",不是知人就完了,还得知物,更得知己。"率性之谓道",明心见性,代表体用。从自己做起,立个位,然后就位。有方向,就"思不出其位"。通了,一法通百法通。要触类旁通。

害之深者是恶,所以要"遏恶"。毒害,即祸害,毒害天下。交,刚接触。习以为常,就不得了。中国学问传至日本,变质很多。

"艰则无咎","艰"是功夫,艰难、艰险,"先难而后获"。

"害"吸引人，不要接触，艮住这个险。懂一句，就知功夫在什么地方。得知害、识害，才能"无交害"，保持与生俱来的圣洁之身。

有人对你说一件事，第一个必了解其动机。

九二。大车以载，有攸往，无咎。

"九二""见龙在田"，此龙必得充实，有责任感、站得住了。

"大车以载"，车，载重致远，仁以为己任。得如大车，能载重致远。得有所作为才无咎。

因已经"厚德载物"了，有此德、能，以大有之德来载天下事，有所行动，才无咎。

《象》曰：大车以载，积中不败也。

载的是应世之道，积于中行而不败。积德、崇德，非一下子即达高的境界。积微以成其大，"有席上之珍，以待聘"（《礼记·儒行》）。

积中行，"不得中行而与之，必也狂狷乎"？中行之士不易，所以要慢慢积，日积月累，日行一善。"中"比"德"重要，要合乎中道地行为。积德，积中德、积中行。能积中行，所以永远不败。

积中行，日行一善，慢慢来。没有过不了的坎，必须用智慧去解决。

九三。公用亨（享）于天子，小人弗克。

"公"，大公无私；"亨"，享也。古时，亨、享、烹，一个字。

"天子"，代天行道之子。天道尚公，无私。

"九三"总讲人事。以公行天下事，才能享大有之福。以天子之德——公，享大有之福。

每个人都是天之子，"天生烝民"，"予，天民之先觉者"（《孟子·万章下》），此"天子"，指真正的天子，即天之子，而非掌权的天子。天子，"天工人代"，天之志由天之子继，此为天子的本义，《孟子》称"天民"。

三公，最高官，"公之为言，公正无私也"（《白虎通·爵》），必具有"大公无私"之德，有了天爵才有人爵。儿子的责任在继志述事。天子继天之志、述天之事。

造舟过大川，即代天工之不足，是天之子。谁能代天工即天之子。"天子祭天，诸侯祭社稷"（《礼记·王制》），人为的，非古礼。

《尚书·甘誓》："启与有扈战于甘之野，作《甘誓》。大战于甘，乃召六卿。王曰：'嗟！六事之人，予誓告汝，有扈氏威侮五行，怠弃三正。天用剿绝其命，今予惟恭行天之罚。'"

禹传子启，开家天下之局，有扈氏第一个反对。启称天而讨，灭之。《礼记》成于汉儒，《王制》篇有"王制"之名，但非《春秋》所谓"新王之制"的天下归往之制。《春秋》讲人人皆有士君子之行，人人皆可以为尧舜，人人皆可以祭天。

天道尚公，"大道之行也，天下为公"，大公无私者，可以将万物享于天下之民，大有就能得众。"小人弗克"，小人办不到，无德。

《象》曰：公用亨于天子，小人害也。

三公，"法三光"（《白虎通·爵》），唯有公之德，才能以公之道亨通于天子。小人无德，办不到。"小人怀惠"，不懂得公之道，但用地之利，以养父母，不想治国平天下，就想过日子。

"小人害"，小人自私，将所有东西都据为己有，愈把持，丢得愈多。没那个德行，必害公。

害人之心不可有，防人之心不可无，不可多言。真有办法，就要解决问题，而非制造"乱"与"悲"。

九四。匪（非）其彭（páng，盛），无咎。

四爻近君，当时令者，好是权臣，坏是宠臣。

"九四"处大有之盛，伴君如伴虎，必注意自己的君是怎样的人。"六五"之君，性阴柔，有猜忌之心。别嫌疑，名声不可高过他，不要显己之盛貌，否则以盛势处世，必得咎。用刚守柔，不为自己造声势。自己不造声势，当然无咎。

有德，自哪儿来的？不私其物，即公。"含章可贞"，"无成有终"，"不可荣以禄"。

《象》曰：匪其彭无咎，明辨晢也。

"匪其彭无咎"，不用威势处世，谦损，无咎。

"明辨晢"，"明"，能辨析是非，一条条，都有节制；"晢"，一条、一目、一项、一纲，都清清楚楚。辨晢自己的处境、地位、知识、学问、思想等。

"明辨晢"，必注意自己的君是怎样的人，对外边环境也必弄清楚，而得其"无咎"。

愈无知的人愈看不起别人。第一要义，培植这块土上人的智慧。

六爻，六个变，变必有所因，变不离其本。

此爻应深深体悟。能大有，乃此爻发挥的作用。认识时不易。识时，才能抓住时。知时、识运，大有。

宣扬奉元文化，自"大易"到《春秋》即奉元，应传。如不讲学，又如何传？必有群德，才能成事。讲是非错，每个人都说自己对。"在父前不言慈，在子前不言孝"，否则证明其不孝、不慈。

《礼记·坊记》："父母在，不称老，言孝不言慈。"

在一团体中，说话看颜色，办事就不出纰漏。我确实知同学的长短。"人皆曰予知（智），驱而纳诸罟护陷阱之中，而莫之知辟（避）也。"（《中庸》）人家授旗就接受，代表一个人的智慧。是信仰，至死不渝，强哉矫！

是中国、华夏、中华世纪，世纪就是中国的，非霸权。现代中国人可以讲。熊十力跑第一棒，我们接着跑。人要活得愉快才能长寿。要如我傻里傻气才行。

六五。厥孚交如，威如，吉。

"厥孚交如"，"如"，语气词，相交以诚信，非用术。平常得交朋友，自诚心来的。"厥孚交如"，上下相接如一体，同人。

以诚信立本，以德号召天下。

"威如"，威仪，一个人必有威仪才能吉，"礼仪三百，威仪三千"（《中庸》）。以诚信交天下，仍不可失去威仪，"穆穆文王"（《大学》），长得高的境界。

"吉"，自"孚"来，即诚信。一个"信"字，能"交如""威如"。以诚信立本，以德号召天下。依经解经，吾道一以贯之。

没有人性，没有"厥孚"，怎么"交如"？交了，不可以嬉皮笑脸，人与人之间得有礼。"大姐、大妹"，以此相称，无轻佻心，是"威如"。用信、顺、尚贤。你们对人连个称呼都没有！

以前各家都有其礼法，都有一定的步骤。纯朴，实实在在、敦亲睦邻，人性的表现。一个时代败坏后，都自以为对，即"家自为俗"（《春秋繁露·立元神》），败坏得无以复加。

《象》曰：厥孚交如，信以发志也；威如之吉，易而无备也。

"厥孚交如"，要点在"交如"二字，不但交朋友，还以信发志。发人之志，必以信，"大畏民志"（《大学》）。

以什么发志？以信发志也。孚，"信以发志"。不诚无物，无信，就是有天大的志，也发不了。"信以发志"，言出法随。泛泛一个人，连信都没有，以何立身？大本一失，还能做事？信则人任焉。

每个人都有心之所主，如人不信你，就有所保留。没信，无法发人之志，埋没人才。信他，他就发志了。谁不愿表现？此即用人之道。"人无千日好"能发志？不合作，净跑单帮。

易经日讲

净以利合，三人也合不来。以义合，可永远相处。"义，宜也"（《中庸》），同人也。做事对人完全相信，才能发挥其才能。除非无才智。

"信以发志"，在团体中缺一个"信"字，如何立身？一团体信以发众志，绝对不分裂。能以诚信，才能与天下交，上下彼此诚信。信而不疑。疑人不用，用人不疑。朋友，必先择而后交，不能交而后择。

"易而无备也"，平易近人，无为，顺自然。能以诚信，才能与天下交，上下彼此诚信，平易而不戒备。大家无嫌隙，才能在一起任事。

"六五"，元字号，有无天天长善？视环境而长。政治家必有品德，此为第一要义。

我将同学分为"元、亨、利、贞"四级，每级又一分为三：元一智，元二仁，元三勇。元首，元字号人物，视有无天天在善德上有进步、有嘉美之会的群德。不在此四级内的，即"习生"。

我们的团体决不要党派，群而不党，对象是群生。"神武不杀"是我们的主张。有问题，必以聪明睿智解决。多一个学生多一份钱，决不要人仰之弥高。不知耻者，才说假话。

怎么训练人才？元，善之长也，元首非开始就满分，必须每天长善。"亨，嘉之会也"，"利，义之和也"，有些人就缺此德。"贞，事之干也"，即干事的能力，如小凤仙造势、赛金花乘势，亦列于此。

讲作用，会讲历史；讲哲学，看德与能。历史与哲学的区别在此。知识用于生活上，贵乎实行，先自家中做起。

上九。自天佑（助）之，吉无不利。

"上九"，天位，有刚、明之群贤辅之，自助天助，故曰"大有"。"佑"，助也。"天佑"，解为"天助"，拿掉宗教观。

何以自天助之？"《易》曰：'自天佑之，吉无不利。'子曰：'佑者，助也。天之所助者，顺也；人之所助者，信也。履信思乎顺，又以尚贤也。是以自天佑之，吉无不利也。'"（《系辞传上·第十二章》）应天、顺时，尚贤明德，天助自助。

问："老师，有人找我，我要不要去？"找你的是何流人物？应问找你做什么，怎可一找就去？不但有失尊严，也难以发挥作用。"打电话就去"，有如此请的方式？

好好合计怎么做事。何以净扯空论，而不能自己主导？你们切身之事，何以不主导？幼稚到这个程度，还是我的学生！回去好好想。在今天，必须有真智慧。不做则可，做则箭不虚发。你们太呆，聪明得过火！

《象》曰：大有上吉，自天佑也。

大有之"上吉"，自天助也。自助天助，天听自我民听。

"上九"之位极，易变，故必知戒、顺，不可得而为也，要有自知的功夫，"道善则得之，不善则失之"。

每天必得自试。要用世，就得试验。"或跃在渊"，自试也。事情发生，马上问自己："怎么办？"

泰否、同人大有，社会一切的变迁在此。天下之所有，皆天之所有，即公之所有。多藏，则侵害别人，即盗贼。均无寡，"天下国家可均也，中庸不可能也"（《中庸》），人有德，谈何容易？

为什么要变？要适时、适位，与时偕行。体，时；用，新，"苟日新，日日新，又日新"，即与新偕行。

　　出一局势，布局，摆棋局，如奉元书院赢了，我的骨灰可留一半在台。如果你们有出息，老师就是圣人，否则完了。人都自以为是高手。没万全的把握，不出一子，那棋局就白摆了，没有上钩的。社会事就一盘棋，得有清的智慧。没有破局机会就不出子，叫对方落空。

　　你们必练习仔细。屋中抬头看窗外事，稍用点心就都明白了。我的主张永不会错，你们细心听。什么东西交出去，收回万万难。看大局即看全局，大处之利益。有些人会看今天的五毛，不会看十天后的一千元。多与少，五十步与百步，你们必须守得住，大贪、小贪一也。你们应有基本的智慧，必得下功夫，熟能生巧。真有志就得牺牲，"志士不忘在沟壑"（《孟子·万章下》）。

　　"大人者，与天地合其德"，天无私覆、地无私载，但有天灾、地震；"与日月合其明"，但马路亦有阴影处。看到明，但环境一变，就有阴影。读熊子书，在得启示。看不懂，焉能有学问？一灯一烛，阴影特别少，有光就可以做事。天天喊"日月之明"者，盲从，应学灯、学烛，烛明荫蔽，屋中到处有光。

　　讲书，如中学生都听不懂，就没有用。如净和后人捉迷藏，则会被有心人用来弄世愚民。

　　既然天有天灾、地有地震、日月有荫蔽，那要怎么办？基督教讲"发光作盐"，《尚书》讲"天工人代"，《易经》讲智周万物，道济天下；裁成天地之道，辅相万物之宜。圣人没有欺骗我们，是我们基本的智慧都没有用。小毛病没有关系，就天工人代，用智慧。如都不会用，读多少书有用？

我把什么都琢磨透了，但绝不欺负不如我者。如能摸到边，则不愧为奉元书院的学生。我述而不作，每天整理这些，把祖宗留下的丰富遗产教后人，让后人都能做到。

我看电视做笔记，收几个学生。我现在搜集"领袖学"。读历史，"萧规曹随"即最好的领袖学。曹参有度量，能按前人规矩做。

曹参就任汉相国期间，整日饮酒食肉，政治上清静无为，继续执行萧何留下的政策，不轻予改变。

"与四时合其序"，但亦有失序时。不想，怎知自己不懂？我有爱才去，当然要说真话。人到无求，品自高。遇事前思后想，不懂要画问号。朋友应切磋琢磨。

《易经》每一句都是白话，必须懂那个环境。用什么来发志？信以发志。自年轻就钻尖取巧，如何取信于人？发愤忘食，"发"字的本钱即"信"。"厥孚交如"，交即互信，"与朋友交，言而有信"（《论语·学而》）。少一个"信"字，一辈子都迈不开步。

有德，才能有好子孙。好好努力，方向不要错，要认清时代。

见利就忘义，谁敢相信你？人无远虑，必有近忧。必要时，必得会用人，好好用智慧唤醒。党同伐异，斗之源。群德、群利、群福，过美好的生活。群力抬头，无人敢表现其权威。怎么解决社会问题？三三两两，群力。必深入。没用的人，不能成事，绝对坏事。

御天,是天大,还是你大?统天与御天的关系,谁是老大?"大易"乃治世之术。决不能为盗,即动心机。要利人,"仁者见之谓之仁,智者见之谓之智"(《系辞传上·第五章》),如出一辙。无所求,就不迷。

总纲:述九圣之雄图,宪华夏之令典。学校钦定之枉,道正率性之元。

"述九圣之雄图",九圣雄图,图天下安仁。要成就几个思想家。九圣,出自孔颖达《周易正义》序。

《周易正义》孔颖达序中有"夫龙出于河,则八卦宣其象;麟伤于泽,则十翼彰其用,业资九圣,时历三古"之说。

九圣:伏羲、神农、黄帝、尧、舜、禹、文王、周公、孔子。一部《易经》,就经过九圣。中国有悠久的历史,唯九圣。九圣各有雄图,后生述之。

"述九圣之雄图":"首出庶物,万国咸宁""先迷失道,后顺得常"。依经解经,整理在一起。

"宪华夏之令(美)典":也不忽略九圣以外的成就,只要是中国人的思想,都作为参考。唐朝对中国文化,不可谓无贡献,但距"圣"仍远。夏学,华夏之令典。对任何东西都不排挤,当作肥料。

"学校钦定之枉":钦定,乃奴儒之所为,要脱奴皮。正奴儒之错误,有权势人所说的糊涂话,分出善恶。做学问也必有范畴,不可以盲目,要校正公家立说之错误。钦定之学焉有真理?历朝的权势人物,而今安在哉?所存的就是真理。

我小时，读钦定"四书""五经"，皇帝决定的注解。唯《诗经》没有钦定，由朱熹代理。

《诗集传》是朱熹根据《诗集解》删改三次而成的，约完成于淳熙十三年（1186）。《诗集传》特点，弃《诗序》不用，开创训诂学新局面，成为朝廷取士的标准。

旧时奴儒曲解经书，合乎当朝者的意思。你们为学之责任多。"道正率性之元"：我看什么书都错了，在良知上改正，标准——道正率性之元。错了几千年，现在做绝对有根据。新儒讲康德，而华道危。现应正视"大易"与《春秋》。绝对不可以做殡仪馆的化妆师。

人的智慧、才能不一，不一定都适合搞政治。但为学亦必须走正路，否则亦为伪学。康南海《新学伪经考》，光骂刘歆一人，不公道。昔日有好人，不然书也传不下去。

"学校钦定之柱"，今天应搭"奉元"第一班车，接着熊十力，既不抢旗夺号，也不欺师灭祖。多看熊先生的书，他不是没有错，但是，他跑了第一棒。当今是思想重造的时代，思想革命！

要办小报式的东西，指导怎么读夏学。我对你们的期待，下班车是新学的头班车。一切都会过去，不是真理都得过去。从头开始，故称"奉元"。奴儒不敢说真话，没胆！既是"正论"，改造得有胆、有知识、有头脑。

现在讲得近乎真理了！我什么都知，相信因果。人必先了解"我要做什么"，决定了，绝不改变。

"道正率性之元"——改正与否的标准，要做时代的先锋，要真，所以要批假显真，必有丰富的智慧才可。

"大易"讲"蒙以养正"，养是功夫，正是什么？用什么来养正？儒的责任，在拨乱反正，"子帅以正，孰敢不正"？以"正"衡量所有人正的观念。自"大易"之后，以"正"为标准。

懂正论了，也要正论，才能奉元，以元作为标准，"道正率性之元"。奉元，不能违背的是元，率性。性学，率性之学。

中国以元为本，兵之道也是元，"道正率性之元"，率性允（准）元（体）。罗汉，不着相；菩萨，没有分别心。由什么行为，人家肯定我们率性允元？问："弟子孰为好学？"答："有颜回者好学，不迁怒，不贰过。"学了就知实行。"惇德允元"（《尚书·舜典》）的境界如何？

不知病情，焉能治病？你们终日尽忙些什么？今后要重振，必知"率性允元，惇德允元"。

《尚书》"惇德允元"。《易经》之元，体；《春秋》之元，用。

要用正知正见做研究工作。道不远人，"率性之谓道"。人之为道，"伪学"，人为。注解，均一家之言，并非金科玉律。

我们要"盘皇另辟天"。"盘皇另辟天"，非坐着吹牛。中国人必按中国人性去接受思想，"道正率性之元"，离开人性的思想，谁也不接受。

创一个学可不容易，要用众智。一个学术，不是简单即成立的。秦过去后，汉负重任。今天最低也要负如汉的责任，非普通人混一混就完了，立说非易事。逢盛世，有头脑、有思想的做学问。

没正，焉能衡量一切？做开始的标准。用正，以正天下之

大有卦第十四

不正。养正，此正非死的，是活的。必得懂立说人的智慧。

做事，整个环境看完，先看失败，后看成功。不明白，焉能任事？什么都有，就没有读书，不知我所讲都有根据。有几个教授真从头至尾读"四书"了？上课净讲些什么？我好想，遇事必追根究底。事之好坏皆人为的，事在人为。许多事要自根上了悟。我著书，没那个头脑；抄书，太浪费。我希望你们比我强。我说的笑话，都有根据。

许多人法程朱，完全你抄我、我抄你。王弼有思维，清儒净抄书。同学浪得虚名者，早晚要露馅。

校枉，我非第一。熊十力跑第一棒，否定经书，说是伪经。我当作肥料，用以灌溉种子，写《原元》，元为种子。必读智慧的产物。没有天子之德，就是"独夫"。"臣弑其君"，钦定的思想。"上下易位，然后贞"，思想自由的时代。

许多事非一般人能办得到的，至少讲现在人能接受的智慧。智慧是用的，非当古玩。古玩是玩赏的。

孔子以后，即使有思想，亦是小焉者。孟子仍抓住孔子不放，因"道性善，言必称尧舜"，而成为亚圣，学有所宗。好好读《论语》，至少知道孔子要做什么。

基金会、学会的宗旨：秉大至之要道，行礼运之至德。通志除患，胜残去杀。智周道济，天下一家。强德未济，复奉元统。

"秉大至之要道"：《易经》"大哉乾元，至哉坤元"，资始资生，元生共祖。

"行礼运之至德"：好好看《乾坤衍》，行礼运，以礼运天下，大同。

"通志除患，胜残去杀"：贵通天下之志，贵除天下之患。

《论语》说"善人为政百年，可以胜残去杀"，《春秋》讲拨乱反正。

"智周道济，天下一家"：拨乱反正，以智研究万物，将所得结果济天下，用以造福人类。

"强德未济，复奉元统"：《易》讲"自强不息，厚德载物"，终于未济，豫解无穷。"复其见天地之心"，奉元资始，元统，元始，生生不息。

本此治中国学问，立说，"保合太和，乃利贞"。不否认前人的成就，当作肥料，用以培元。

平静后，要算钦定的账。学校钦定之柱，以元作为准，不合者校之，归正，故曰"正学"。正学，两用：正（动词）学后，归于正（名词）学。

王学家（阳明学派）喜用正学，但完全为唯心之言，源自禅宗。六祖智慧通了，别人讲不过他。有私就没有通，做任何事都先想到名与利。如果连实学都没注意，那读书做什么？国家造就人才，在解决一切困厄，唤醒知识分子不要一窝蜂。中国强了，要什么有什么，没有一点障碍，你们要借机好好造就自己。

要以前人做参考，惊醒，则知道自己奋斗的方向，"确乎其不可拔，潜龙也"。怎么对付这帮小孩子？不当笑话谈，从何处下手拨乱反正？研究病在何处，此乃知识分子的责任。

"六王毕，四海一"，多美的文字！看古人的智慧。今天要如何用智慧来完整这个社会？以一生精华写一本书，读一辈子书，一句通了，"因而不失其亲"！

我好想，遇事必追根究底。事之好坏，皆人为的，事在人为。许多事要自根上了悟。

就是做个标语，也要实用，令人惊心！话不在多少，要入人的心坎里。

老人吃早餐有六要：早、少、温、缓、淡、（嚼）烂。必持之以恒实行，就不感冒。

要养成往前进的精神。依赖性强，没有自保的智慧。改造一个民族太难！一有权势，老师的话也不听了，和别人一样骄，跌倒了，再也爬不起来。可造之才都如此，况其他？能讲能写，但一有权势，就什么都忘了。改变一民族的习气，太难！"性相近，习相远"。

读文，非读字面，必知其到底在说些什么。经书是思想的载体。尧、舜是圣王，何以他们的儿子都不优秀？此立说的伏笔。孔子删《书》。《尚书》首让，中国人的政治思想，不能家天下，应让贤。《春秋》讲"隐为桓立"，况，思想，距"真事"远得很。讲思想，非讲历史。孔子革命，作《春秋》，以隐桓印证尧、舜。"隐为桓立"，愈有让者愈有容，引出许多和奴儒不同的思想。

《尚书》是帝王的专典，历代帝王专学为戒的。《尚书》都是假的，否则那台戏就唱不下去了。《甘誓》，有扈氏第一个反对家天下，"为义而亡"。

《淮南子·齐俗训》："昔有扈氏为义而亡，知义而不知宜也。"

《甘誓》应成专书，最发挥思想之处。改了很多，但至少保存了一些真的。二典（《尧典》《舜典》）中矛盾多，但大体仍显出"选贤举能"。根据一个问题，要想很多问题。解决问题要用智慧。必练习懂得怎么读书。

奉元，追本溯源。钦定之说，一时的点缀。想问题要用智慧。本源要根深叶茂，要损枝叶，一有雨水就可以复苏。培元，元培；正心，心正。小德川流，大德敦化，道并行而不悖，万物并育而不相害。

读书，要用心思，随时读，随时写心得。不笔之于书，则无回味的机会。喝茶，想，马上写下。培智，做学问，和存钱一样。种瓜果，得天天浇水，如缺培养的功夫，则永不会进步。

今天最缺"学而再思"的功夫。当商品，把宝贵的智慧当商品处理。昔人有一完整的结果，再出版。做学问踏实，但仍只是堆肥。多领悟，多接触。

了解愈少的胆子愈大，小孙女净欺负我。愈说豪语的知道的愈少，"老子什么也不怕"！多落伍、腐朽、没智慧！就一个欲。必得好好认识自己，才能往前推动。研究一民族的短处何在，何以此一短处如此的根深柢固？知此，才知救治之道。

培养自己，必持之以恒，没有解不开的套。不能只是搜集材料，要了解材料，知其来龙去脉。著作等身，不过是肥料公司。哲学家"如是我闻"，有德者不必有言。21世纪必然新，时代推动的，不能不新，但是根可不能变。根据一个原理推，思想也得演进。在开你们的智慧！

人心空虚，心无所主，遇事乱发狂。有心人夜不寝，也解决不了问题。看自己每天所行、所思、所用，与动物有何区别？先觉者得有所创，后人才能学。过一条水沟，都得有感觉，智周万物。有外面环境的感悟了，再研究之。学术领导者还接受人情？知识分子在于有无知识，唯识学。无人为你们引能，教学应发掘根。

用老祖宗的什么办法去求胜？执中。一失于左一失于右，拨乱返中，准——"允执厥中"。必实际明白，"允"字功夫重要，否则抓不住中。中国人以中道治事，要找平衡点。立本，"本立而道生"。道，求胜的方法。怎么对付一个时代？想求胜，要胜这个时代，且得有人才。要懂得实际怎么用脑子。

功夫没学来，什么都有，什么都做不成。任何人都要求胜，如何求胜？"允"是第一步功夫，则有米可做寿司。"中道"，油、酒、米、面。功夫要天天练，愈练愈纯熟，就发挥作用了！缺少功夫，虽能并，但不能精诚合作，虽得而复失。事在人为，没人才、没功夫，中道也没用。必找到所偏的中点，才能解决问题。越级的想法，失本。

太偏于右，要解决，必找平衡点。任何事都有一定的步骤。聪明人以组织对组织，绝不可用私人关系。先找平衡点，才往前做事。本立了，方法就来，中。没有准，到哪儿都不能平定。"准、规、矩"，"平、齐、等"，三缺一不可。"《易》与天地准"（《系辞传上·第四章》），没到分量不行，必谦虚学。

知道缺多少，就加上多少力量，即成为平衡点。矫枉必得过正，富哲理与实习完的经验。顽石都得点头，书院要修"顽石台"。矫正台之枉，得过于正。"拨乱反正"怎么做？此乃实际事。

什么都有时与势，时不到，等着。势，看风向、表情、面色。求的是胜，必观风；其次，肯定这个时。什么时候下手打兔子？所读的书都用得上，必得特别活。等时机，事永完不了，《易》

以未济（☲☵）终。

同学必得是思想家，非一下能学到，要缓，要细心，上句不懂，不读下句，慢慢求学问。深入认识中国文化，才能教导不懂中国文化者，必创办专科大学。中国的医书比经书还难。人的伟大，就是求自知。智慧是与生俱来的，要好好培养，不要白浪费了！细心，冷静，有耐力。学会做事，抓住机会创造历史。

义理，"和顺于道德而理于义"，乃活学问，体用得合一。我天天讲义理，恋爱义理，要解决问题，美其名，办事得合乎"道德"的标准，处理这件事才能恰到好处。智周万物，道济天下，结果要裁成天地之道，辅相万物之宜。"理于义"，义理并非空言，不可以尽似是而非。完全食古不化，为人师者得下多少层地狱？要下功夫，过了这个村可绝没有这个店。

《易经》每卦都讲怎么用世。理事，事实，不离现在事。怎么建设？必为子孙谋。是人，必为人类谋点幸福。

在阴特别盛时，要察微。"复，德之基也"，有一点阳就有光，不迷、不暗。"复，小而辨于物"，阳为大，阴为小。物，包含一切。在乎有一点阳之存，则还有资格做圣、成佛。"复以自知"，多少人一点良知都没有了！

中国文化观，先自华人翻版。在病态中活了几千年，旧思想中焉有义理可言？到什么时候"物"没了？什么代表物？独阳不长、孤阴不生，阴阳不合，焉有物？有一点阳存在，就可以生生不息，希望无穷！"复其见天地之心乎"，留个"元"，真阳。

天民、天行、天德、天爵、天禄、天权。中国人是"天民"，责任在有"天行"。"七日来复，天行也"，生生不息。天德好生，天禄永终。修其天爵，则人爵随之。

公，大公无私。侯，斥候、尽责，敌人入不了。随处都是义理，钦定的书都没有讲出义理。能处理事了，叫义理。事情办得恰到好处，义理，天行。

留元，即要留一点阳。奉元行事，"为天地立心，为生民立命，为往圣继绝学，为万世开太平"。在乱世，最要识微、察微。小人亦得存一点良知，哀莫大于心死。为天地立心，留一点生机，绝不可坏到一点良知都没有。道正率性之元，为生民立命。奉元，为往圣继绝学。广量接受夏学，不必批评，非在培养写书评。

我至今尤为志奋斗，人有志永不废颓。"善教者，使人继其志"，孔子志在《春秋》。《春秋》为用，"大易"为体。书院重视"大易"与《春秋》。

没法了解正，就不知什么是邪。不是新学，而是要复真。直人才是真，"人之生也直"。"公羊学"主要目的，大同，此为正学。《春秋》讲大居正、大一统。正统，一统。拨乱反正，一统。智慧的产物，标准在一个"正"字。没有比儒家再有正知正见的了。

神鬼，不迷的绝不会信。我绝不谈怪力乱神。人就懂养己，不同于畜生。对无知人说太多，太浪费。我的胃开过刀，仍这么精神，"养"非空话。不懂养，就不懂人的生活。懂自己做错了，才懂得惭愧。直养，集义，日行一义（善），不因善小而不为。看不见的维生素，义也。集义，然后才成其浩然之气。我很少碰到动心的事。

"直养而无害"。人的鼻孔往下，何以抽烟必往上吹烟？日久害生。顺着东西的本性养之，超过了分，就是不直养。槟榔，吃完饭含着，消食化气。以前吃完饭，用一种香水漱口，口里留香。我不能吃的绝不吃，如此守。一般人非不知，但是不能守。一个人必得有智慧，非买贵的吃就是享受。

读书必得熟，才能运用。在乎能行，为实学。"孝、慈、义"就在"智、仁、勇"里。婚姻大事必须慎择，人生没法离开的，违性非道。我小时淘气，但绝不越分。

我这一百年所经太多，但无生花之笔，写不了回忆录。我细心，研究任何问题绝对细微，与任何人的看法绝对不同。左手的事绝不叫右手知，被知的，不是过时的，就是无用的。开创新时代，旧时代就是你的敌人。

在什么格，必有那个格，人格！有格，绝对守正。人无论在什么环境，都可以守正。陈三两在那个环境，犹有人格。

京剧《陈三两爬堂》：明进士李九经，为奸臣所陷致死，其女李淑萍为葬双亲、教养胞弟，自卖身，误入青楼，改姓陈。她才气横溢，双手能写梅花篆字，矢志不做娼，以卖文为鸨母挣银，所作诗文每篇售银三两，故称陈三两。

能写的，必能行，没有盗心。人要有一点盗心，即失了真。"各正性命，保合太和，乃利贞"，以此养正。如何解决？现从头做起，是要解决问题，"首出庶物，万国咸宁"。要造就思想家，必识源，才知如何遏止、疏导。以此一原则、公式，我要你们识本。《诗经》是性与情的表现，自《礼记·乐记》看中国人如何调和人的闲。一有闲事，就生非了。

未来人类的问题特别多，必叫大家都有饭吃。一部《周官》就是联与均，必有一套办法。未来社会，不是现在所读的子书所能应付的。好好办一所研究中国学问的大学，把祖宗留下的智慧研究到一个程度，有完整无缺的思想。责任：安老、怀幼；中间，即负责任的人。我真是不知老之至。如果每个人都尽己一份能力，就什么事都能做成。最要在去私。一个"私"字害尽天下苍生。做，有了成绩，就可以有其他。少，渐进，积少成多，积沙成塔。

"理于义"，乃处理一切事务的规则。训练你们开智慧，人无智慧不能应世。人的理智必得胜于情，头脑要清楚，情与智必须弄得清清楚楚。分析清楚，马上发挥作用。人有理智，必有选择，所以有真情，能牺牲。群之爱，仁。必深思，用心想。

"蒙以养正，圣功也"，"正"是活的，以"保合太和"养。真明白，才能去养。见乱必拨，使之返正。既返正了，有正就得居正。居正不易，加一"大"字，大居正。如人人都守正了，则天下都一于正，由"正"统天下，此即正统。大居正，正统，大一统，奉元之志成矣！志在《春秋》。

"元生共祖，仁无际界；万物备我，均享天福"："元生共祖"，是属于生的，都共祖；"仁无际界"，中国人是天下观；"万物备我，均享天福"，大同世。

玄奘取经，历尽苦辛求经，为了求真知。郑和下西洋，即师法"张骞出西域"的精神。读圣贤书，在唤回人性，尽人的责任。必知自己是人。读书，见贤思齐，见不贤而内自省。

学习，什么都要学习，认清自己的责任。有生于无，即上帝。元始天尊，师尊，令尊。中国人不迷信，但自万物体会出有神，"体万物而不可遗"(《中庸》)，"妙万物而为言者也"(《说卦传》)。中国人最伟大。天人境界，与天地准。万物，天禄。万物皆备于我。享天福，得有德与智。得均，不患寡而患不均。我天天讲的，就是救人类。

中国人的智慧地底的宝，挖不胜挖，太丰富了！青铜器之质地，今人犹不能仿。看北京天坛，建筑之奥妙！

思想不能控制。人没经过艰难、没受过刺激，怎能不平庸？得有出类拔萃的人物，"豪杰之士，虽无文王犹兴"(《孟子·尽心上》)。天生的，"固天纵之将圣"(《论语·子罕》)。"待文王而后兴者，凡民也"，常人，凡民也。

政治家的心胸与智慧最要紧。政治家要有量，即仁。以天下为量，仁无际界。大同即王道，王道即大同。霸道即统一，王道即一统。

我要把大家造成"元"的种子，千万不要看轻自己。"君子居之，何陋之有？"(《论语·子罕》)我来台，毛遂自荐上山地，从1947年到1953年，在山地乡村主其事6年。

要知怎么活，不能说一无所能。要用自己所能活。唯德永在，权势都得过去。中国人的智慧是无量的，自元开始。出学报，要大家批评，真理愈磨愈明。善用智慧，人家怎么说，自己怎么应。做一事，先问自己："所为何来？"

要斗智，不斗狠。错误，得有辅佐的办法。人老，不卡位，说话有影响力。如果懂得用脑，就没有走不通的路。

谦卦第十五

（地山谦 坤上艮下）

谦卦卦体：地山谦，地中有山。坤为众，艮为山，艮终万物，"万物之所成终而所成始也，故曰成言乎艮"（《说卦传》）。"艮，止也"（《杂卦传》），止于至善，终于至善。人必得有所守，凡行为不正常者，既非股东，亦非同学会一员。我是中国人，至死不变。

来子解："山之高，乃屈而居地之下，谦之象也。止于其内，收敛而不伐；顺乎其外，而卑以下人，谦之义也。"这才是功夫，但不易！

明明德，新民，止于至善，修止，一切都得止于至善。如何处不足之地？不能不择手段往前闯。人必面对现实，不要留恋过去。

《系辞传下·第七章》云"谦，德之柄也"，德的把。人拿东西时有柄才方便，可以发挥作用。要卑己尊人，多存一分骄气，则多一分失败。"谦，尊而光"，尊重别人，"卑以自牧"，韬光养晦。谦卑愈尊，愈能光于天下。"谦以制礼"，以谦制礼，立于礼。

《序卦》："有大者不可以盈，故受之以谦。"

有大者，"唯天为大"，天之德，生而不有，为而不恃，无所不有，但不能盈。以谦调和盈，盈而损之。谦，以礼为主，"礼之用，和为贵"（《论语·学而》）。

康南海认为《序卦》不伦不类，非圣人之言；熊十力则认为，《序卦》非圣人不能作。

《杂卦》："谦轻（读kēng）而豫怠也。"

谦、豫二卦相综。谦卦，艮在内，谦卑以居人下。谦受益，满招损。谦多不容易！

我们最缺一个"谦"字，因此遇事成就少。年轻时多才多艺，什么都学，结果最后一样也不通。老年人多才多艺，是浪费精力，因"术业有专攻"。件件通，件件松，都会但比不上人家，自愧！就怕遇到行家，不要浪费时间。

宋琴乃名琴，听琴都闭眼。光知音，而不知琴之音，一切皆空有虚名，离实太远！中国一有乱，隐于山中之士多，一出来皆有一套。

山之高，能屈居地之下。天之德，生而不有，为而不恃。诚于中，形于外。富润屋，德润身。

要内敛，不要天天作秀。一定要收敛己能、光辉，成功不要夸功。就真有能，也得谦卑。

《易》就阴阳那么简单。何以几个符号，就能扯出这么多的东西？讲《易》，在培养智慧，《易》为智海。在智海里淘水饮，必要讲出《易》的智慧。中国学问是夏学，《易》为之源。

谦，亨，君子有终。

"亨"，嘉之会，通行无阻。"有终"，下艮，"艮以止之""万物之所成终而所成始也"。"有始有卒者，其唯圣人乎"（《论语·子张》），君子有终。小人无终，因虎头蛇尾。想有终，必得谦；不谦，绝不能有终。人生很不容易，处危境时必得有高智，面对强敌不能逞力。

以谦德为本，成德者皆能成其事，"有始有卒者，其唯圣人乎"？小人虎头蛇尾，无终可言。日新，真日新，又日新；进步，真进步，又进步。日长一善，积善。缺德，就要崇德（积德）、长善。要随时、随机给小孩长善，随时利用，与时偕行。问："读什么书？读到哪儿了？有什么要点？"读熟一本书，其用无穷，然后一以贯之。不是书万能，乃智慧万能。自强不息的精神，百折不回。自己要懂得怎么下功夫。

状元是天子门生，皇帝的犹子，有机会游宫，成为驸马爷。"作之君，作之师"，如有三十个智者，就能把土都翻过来了。

《彖》曰：谦亨，天道下济而光明，地道卑而上行。

"济"，给人东西而不求回报。天道下，地道上，才能和合。"光明"，无所不通，光行于天下，容光必照，大公无私。

天都得谦，"天道下济"，风霜雨露，化育万物，必得下济，才能光明。地道虽卑，但坤厚载物。虽低，却非往上跑不可，上行。君子上达，"下学而上达"（《论语·宪问》）。

天道亏盈而益谦，地道变盈而流谦，鬼神害盈而福谦，人道恶盈而好谦。

"亏、益、变、流、害、福、恶、好"，皆当动词。天地、鬼神、人皆好谦，故盈而损之，损有余以补不足。

天道尚公，"生而不有，为而不恃"，亏盈而益谦。谁骄傲，就知他快失败了。对谦者，就锦上添花。天道如不亏盈，焉能更谦？

地道生生不息，生生之谓易。香蕉，今年的与明年的不一样。

易，变也。变动不居，即流。熊十力观察入微，说四川植物的根能使石裂，石渐成土。

秦汉以前称"鬼神"，人死曰鬼，有遗德在民曰神，祭鬼神是报恩观；秦汉以后称"神鬼"，有宗教思想。鬼神，大公无私，"害盈而福谦"，"与鬼神合其吉凶"。

盈，绝对有害处。自谦卦卦辞、《彖传》到《大象》，知"盈"之害。在别人面前净显己能，马上被人讨厌。人都喜别人谦卑，"人道恶盈而好谦"。满而必溢，"满而不溢，所以长守贵也"（《孝经·诸侯章》）。有一分骄气，则在人事上就多一分失败。在你权势下，不得不奉承你，但心里无不痛恨你。隐居以求其志，求其道，不要做锦上添花的事，皆成过眼烟云！

不是学文章，是学思想。学文史哲的怎么对付世局？思想，必得能施行。

谦尊而光，卑而不可逾，君子之终也。

"尊"，至高无上，谦而不居，能光于天下，故能有终。

看我"以柔克刚"之术，自成人以来净受气，寄人篱下，仰人鼻息，表面得处处讨人欢心。谁愿做儿皇帝？表面温顺，暗中较劲，在那环境中不易！来台更是寄人篱下，净受气，无人同情、赞美过，但我心平如衡。

谦卑不是件容易的事。乱世的人都好权、名、利、势，必用此攻之，才能下手。要站得住，真得用智。乱世能有成就不易，处乱世特别不易。真有大志，得"时乘六龙以御天"，但视有无"识时"的能力，即"观变"的能力。识时、观变则可借高骑驴。对方浑，你以智对。老板糊涂，你以智对，乘势也。对方虚，则以实对，你永远主导。天下无简单的事，对智慧产物要多留心。自己愚，多看智慧的书。

在什么环境都能主导，比他想得高明，以智对，他必跟着走。不是谁怕谁，而是势之所至。应了解势，才能乘势。没能乘，焉能御？骑在你身上，才能支配你怎么动。骑马者不说话，就靠两条腿感。乘，骑在马上，由你主导。必须有乘势之智。

外交官受命不受辞，环境一变就必须变，权权以应变。孔子做过一次外交官，成就极为可观，永为楷模。

《史记·孔子世家》：定公十年春，及齐平。夏，齐大夫黎鉏言于景公曰："鲁用孔丘，其势危齐。"乃使使告鲁为好会，会于夹谷。鲁定公且以乘车好往。孔子摄相事，曰："臣闻有文事者必有武备，有武事者必有文备。古者诸侯出疆，必具官以从。请具左右司马。"

定公曰："诺。"具左右司马。会齐侯夹谷，为坛位，土阶三等，以会遇之礼相见，揖让而登。献酬之礼毕，齐有司趋而进曰："请奏四方之乐。"景公曰："诺。"于是旍旄羽袚矛戟剑拨鼓噪而至。孔子趋而进，历阶而登，不尽一等，举袂而言曰："吾两君为好会，夷狄之乐何为于此！请命有司！"有司却之，不去，则左右视晏子与景公。景公心怍，麾而去之。有顷，齐有司趋而进曰："请奏宫中之乐。"景公曰："诺。"优倡侏儒为戏而前。孔子趋而进，历阶而登，不尽一等，曰："匹夫而营惑诸侯者罪当诛！请命有司！"有司加法焉，手足异处。景公惧而动，知义不若，归而大恐，告其群臣曰："鲁以君子之道辅其君，而子独以夷狄之道教寡人，使得罪于鲁君，为之奈何？"有司进对曰："君子有过则谢以质，小人有过则谢以文。君若悼之，则谢以质。"于是齐侯乃归所侵鲁之郓、汶阳、龟阴之田以谢过。

蔺相如"完璧归赵"，乃懂利与势。

公元前283年，秦昭襄王听闻赵惠文王取得了和氏璧，表示愿意以十五座城池交换和氏璧。蔺相如被委以重任，出使秦国。

《史记·廉颇蔺相如列传》载：秦王坐章台见相如，相如奉璧奏秦王。秦王大喜，传以示美人及左右，左右皆呼万岁。相如视秦王无意偿赵城，乃前曰："璧有瑕，请指示王。"王授璧，相如因持璧却立，倚柱，怒发上冲冠，谓秦王曰："大王欲得璧，使人发书至赵王，赵王悉召群臣议，皆曰'秦贪，负其强，以空言求璧，偿城恐不可得'。议不欲予秦璧。臣以为布衣之交尚不相欺，况大国乎！且以一璧之故逆强秦之欢，不可。于是，赵王乃斋戒五日，使臣奉璧，拜送书于庭。何者？严大国之威以修敬也。今臣至，大王见臣列观，礼节甚倨；得璧，传之美人，以戏弄臣。臣观大王无意偿赵王城邑，故臣复取璧。大王必欲急臣，臣头今与璧俱碎于柱矣！"相如持其璧睨柱，欲以击柱。秦王恐其破璧，乃辞谢固请，召有司案图，指从此以往十五都予赵。相如度秦王特以诈详为予赵城，实不可得，乃谓秦王曰："和氏璧，天下所共传宝也，赵王恐，不敢不献。赵王送璧时，斋戒五日，今大王亦宜斋戒五日，设九宾于廷，臣乃敢上璧。"秦王度之，终不可强夺，遂许斋五日，舍相如广成传。相如度秦王虽斋，决负约不偿城，乃使其从者衣褐，怀其璧，从径道亡，归璧于赵。

太史公曰：知死必勇，非死者难也，处死者难。方蔺相如引璧睨柱，及叱秦王左右，势不过诛，然士或怯懦而不敢发。相如一奋其气，威信敌国，退而让颇，名重太山，其处智勇，可谓兼之矣！

有见识、有智慧，识势与利，才能乘。乘，必须有最高的智慧。承，亦不易，仍必用智，顺以承，环境变，随变以达目的。有些所谓的才子佳人无一说过超水平的话，完全一台儿戏，既不识时、观变，也不懂得乘、御。

应看看《将相和》，一出有智慧的戏，蔺相如一句话提醒廉颇，怕不怕不重要，而是有个利。

渑池之会后，赵国大将廉颇不满蔺相如位居己上，想羞辱蔺相如。

《史记·廉颇蔺相如列传》载：廉颇曰："我为赵将，有攻城野战之大功，而蔺相如徒以口舌为劳，而位居我上，且相如素贱人，吾羞，不忍为之下。"宣言曰："我见相如，必辱之。"相如闻，不肯与会。相如每朝时，常称病，不欲与廉颇争列。已而相如出，望见廉颇，相如引车避匿。于是，舍人相与谏曰："臣所以去亲戚而事君者，徒慕君之高义也。今君与廉颇同列，廉君宣恶言而君畏匿之，恐惧殊甚，且庸人尚羞之，况于将相乎！臣等不肖，请辞去。"蔺相如固止之，曰："公之视廉将军孰与秦王？"曰："不若也。"相如曰："夫以秦王之威，而相如廷叱之，辱其群臣，相如虽驽，独畏廉将军哉？顾吾念之，强秦之所以不敢加兵于赵者，徒以吾两人在也。今两虎共斗，其势不俱生。吾所以为此者，以先国家之急而后私仇也。"廉颇闻之，肉袒负荆，因宾客至蔺相如门谢罪。曰："鄙贱之人，不知将军宽之至此也。"卒相与欢，为刎颈之交。

如何解除困局与危局？有何良策？用智。对方不知用，但还要发挥其智，这样才是应世之道。不可因你不用，所以我们失败了。对社会事，必须冷眼旁观，看出斗的道理来。许多拳法学自动物，老道在山上静观，自然悟出。要先观环境，才能用上环境。

《易》为智海，就看如何吸收。字，就是象；易，就是生生之象。《易》讲"生之美"，了解生之美，才能尊生。看蝴蝶之美，才是生之美，妙万物而为言者也。浪得虚名，画得再好，亦不如生的自然之美！观音山，谁又见过观音了？象也。

《象》曰：地中有山，谦。君子以裒多益寡，称（等量）物平施。

山应高出地面，却藏于地中，岂不是谦而卑下？地中有山，由高到卑下，无形中将地显高了。一个最会当领导的人，不是用权威，而是导之以礼（《论语·为政》"道之以德，齐之以礼，有耻且格"）。

"裒多益寡"：一、"裒"音 póu，减多益寡。那东西从哪儿来？二、"裒"音 fú，引、聚也，多是引来、渐聚的，来之不易，如引水给少的人，使其觉得来之不易。慢慢引、聚多了，才能益寡。此解，含义才深。引聚以道，引、聚两个动作，是慢慢聚合。义理，根据字词讲，每字的意义都特别重要。用全民的贡献得来，再帮助那个少的。

"称物平施"，给东西时应先称量称量，公平给，不患寡而患不均。称一称才知不平，不平则愤，不称则愠，愤、愠皆由于不称、不平。应视他会做什么，给他谋生的工具，按其所能给其平，让他去做。平了，就无多少、贫富、尊卑、阶级了。不患寡而患不均，调均。

此卦与《礼记·礼运·大同》篇相合。《礼运·大同》篇正是"裒多益寡，称物平施"八字，在安天下。中国之能"天下平"在此。施，非施舍，乃行。施舍，则天下人都不做活了。多是引来的，慢慢地引，没人敢浪费。多来之不易，给少的人，使其觉得来之不易。看你会做什么，给你谋生的工具。按你之所能给你平，要你去做。施政，即行政。

"称物"才知"平施"否。怎么"平施"？一个一个，还有大小，不患寡而患不均，此治世之要道。怎知你没有私？有很多的深意，所以要类万物，其前提乃"体群臣也"（《中庸》），即体民之所需。

历代有明君，亦有昏君。一个老师的门徒，可是成就不一，因为智慧不同。找同志，必须志同道合。是同学，不一定是同志。做自己应做的事。一个人成功的原动力是思想。人没有思想能奋发？"天行健"，自强不息，成功一半；"厚德载物"更好，牺牲自己。

"威如"，威仪，"君子不重则不威"（《论语·学而》）。既无所求，就得好好地挑选，人到无求品自高。你不喜欢我，就如我不喜欢你，与你打官腔。

为人师表无所求，有所求就没有格，因有所贪。没有求，必守住自己之本。你对我一分，我对你一分，没有双赢。求真理，到必要时必说公道话。愈客观，说话才愈有效率；有背景，就有立场。

水火既济（䷾），老太婆做菜，不论老的或嫩的菜，永远一个味。读完书要练习，抢着做事学经验，好好实习。水火不相容，但中国人就会调水火。蒸南瓜，火和水要调得恰到好处。要会用，必得悟。相克可以相生。智周、裁成、辅相、引聚，得"圣之时者"。

抢着做，不讲理论，要会用，练习练习，"在邦必达"（《论语·颜渊》）、"丘未达"（《论语·乡党》），辞能达意，要悟深意。欣赏文辞如欣赏绣花。"游于艺"，艺包含广，如琴、棋、书、画、绣等。

看熊十力的书，在得启示，程、朱、陆、王有所不及。程子《易程传》比不上王弼《周易注》。必懂别人的长处，自己好好练习练习。你们连个基本的也没有，得快快练习。教授有几个成事了？学智慧，贵精不贵多。

好好重振"九圣雄图"，千万别看不起自己。你们一出手，我就替你们感到悲哀。祖宗怀天下之志——大道文化，而你们净争些什么？

士尚志，必得把中国文化之极点想出。

学文科的要好好学文，经纬天地。人最低也得过丰厚的生活。吃有无恰到好处？做事，一班接一班，不是要你们继大统。"黎民於（wū，赞美语气）变时雍（用）"，老百姓懂得用时了，此为尧一生奋斗的结果。

谦卦含积极的行为，"裒多益寡，称物平施"，《礼运·大同》正是此八字，全民政治、社会主义都在内，此为中国人的精神。聚多，得有智慧。俭德最重要，应享受的不享受。俭为谦之基。生活不知俭，能够谦？要会想。看陵谷山川之消长，一个提示，往里可以想很多。

初六。谦谦君子，用涉大川，吉。

"初六"，谦之始。"谦谦"，谦而又谦，习以为恒。谦者，礼之主，仁者无敌。

何以不说"利涉大川"而说"用涉大川"？"用涉大川"，用此谦德，可历一切艰险，仍吉。人生都在患难中，素患难行乎患难，见利与名能不动心，就差不多了。

"终日乾乾"，刚而又刚，健而又健。"谦谦"，谦而又谦，故曰"谦谦君子"。渡艰险之德具备了，于君子无所窒碍，所以此君子之用就能涉大川，吉。人生都在患难中，要素患难行乎患难，"言忠信，行笃敬，虽蛮貊之邦行矣"（《论语·卫灵公》）。

"前三十年看父敬子，后三十年看子敬父"，何不留一步？

"太太满街白，老爷死无人抬"，何不好好栽培下一代？何以连个乡下老太太的智慧都没有？做大事业以造就接班人为第一要义。

要懂时、时之义、时之用，每个都有深意。在乱世，绝对要保住人品。愈有人品才愈有说话的分量。

《象》曰：谦谦君子，卑以自牧（养）也。

"羔羊之牧，道义者师"，"卑以自牧"，"牧"，养也。"牧"，比养意义更深，含无尽的爱。以"卑"来修养自己，非以谦。每字都有其深意。了解深意，启发良知，归于性。深入，不做违背良心的事。发心，成功快。久经世故，读一句变成生活，对外面事马上有感觉。对每字要深入，必看《说文》，以一为经，再以其他为纬，触类旁通。心境不同，所得亦不同。

羊，有牧羊人；人，要自牧。牧羊者之德行与功夫，拿卑来自牧，以谦卑之道修养自己。"谦谦君子"，进德修业；"卑以自牧"，"自牧"，总觉不如别人。不深了解，无法发自己的深省。何以一知足，就忘了"卑"字？公平、平白、平身。骄←平→卑。

如何自牧？以卑自牧，谦卑。离，因虚而明；坎，因满而险陷。书愈读多，愈骄傲不行，应愈不骄傲。

"舜其大智也与，舜好问而好察迩言"，研究左右人的反应。"遏恶扬善，执其两端，用其中于民"（《中庸》），"以能问于不能，以多问于寡，有若无，实若虚"（《论语·泰伯》），如此，焉有社会不知之事？还能不博？自己的环境都不知，读书有何用？不知的都要问，怎可左右的事都不知？皆实学也。台北事都不知，还能了解世界大事？"谦谦君子，卑以自牧也。"

于右任为我题"自牧斋",辛丑(1961)秋日,当时在一起闲聊。八国联军入北京六十年。

干支纪年法,即把十天干(甲、乙、丙、丁、戊、己、庚、辛、壬、癸)和十二地支(子、丑、寅、卯、辰、巳、午、未、申、酉、戌、亥)分别组合起来,共配成六十组,用来表示年、月、日、时的次序,周而复始,循环使用。《辛丑条约》是八国联军攻入北京后,于辛丑年光绪二十七年七月二十五日(1901年9月7日)签订,是中国近代史上赔款数目最大、主权丧失最严重的不平等条约。

一个人最重要的是自牧,自己训练自己。自牧,什么不足则补之,君子"卑以自牧"。牧天下,先觉觉后觉,但必先自牧。想度患难,得懂得谦谦之道。是光,就能突破荫蔽。看熊十力的《佛家名相通释》。

简单的生活是个福,多自由自在!麻烦是个苦。不要一知足,就忘了"卑"字,"卑以自牧",求为可知也,否则不能深入。能自知,才能独运其智,去己之短,成己之长。

做事,非别人知,是自己知,不能做亏心事。以道德规范自己,会有苦。自牧,即匡昨非。

讲书,是说教。做完,结果如何不管,不造孽。我曾办慈航中学。立德、立功、立言,无德,绝不能成事。

真想发挥中国人的作用,必得好好做,此熊十力的开示,我自熊先生受益匪浅,得不少启示。每天要控制时间,勉励你们。冷静思考,必在一个时代中有所建树。"好名者,必作伪",伪的绝传不下去,有一点伪都不行。

佛经，有些不是佛的，以《金刚经》《心经》作界说，再看他经。印顺说真话，他与我同岁，有书与录音带。真知、真悟可不易。真悟了，所言一针见血。

述而不作，整理要系统化，后人一读就有用。《芝麻开门》节目专门训练小孩念唐诗，但是不伦不类，不懂得讲诗，应找专人指导。什么《新千家诗》？不懂！划时代的责任，必承担。人都惑于欲，好名、好利、好色。应严格训练，必有"我不如人"的观念，才能自牧。

"四书"好好下功夫，都有大用。"为往圣继绝学"绝非空话。我每天给你们预备点工具，串一串，将来就能用。四十几岁如能独当一面，也就够了。一个人活着要有目标。

六二。鸣谦，贞吉。

"鸣谦"，把谦道宣传得人人皆知，"诚于中，形于外"，自然表现出来，举止行动皆表现出谦德。有谦德，一切按礼行事，圣贤之入手处。"贞吉"，吉得系于贞。

不言之鸣，在人面前客气，谦。谦，第一个即在言语上，其言必让。在言语上不要强，要让。"其言不让"（《论语·先进》），能谦？

《象》曰：鸣谦贞吉，中心得也。

"鸣谦"，把谦德鸣于天下，非勉强，乃"中心得也"，达人的境界，已达达人。

"中心得也"中，礼义，有谦德，一切按礼行事，乃圣贤之入手处，所以"贞吉"。因为中行之士得于谦道，再去宣传，并非勉强唱和。为仁由己，安仁的境界。"居之安，则资之深。"

《孟子·离娄下》："君子深造之以道，欲其自得之也。自得之，则居之安；居之安，则资之深；资之深，则取之左右逢其原。故君子欲其自得之也。"

中行，儒家最标准的行为。"中心得也"，良知之显，而有得于行者，皆自得也。有内圣之德，必现于外，言语、笑貌，一举一动表里如一，内圣外王，体用不二。

九三。劳（勤）谦，君子有终，吉。

三、四皆人位，故谈君子。三，为人之正位，"君子终日乾乾"，成德了，即君子。"乾乾"，健而又健，就不觉得社会有困难。培养精神，比任何物质都宝贵。八十几岁如我精神者有几人？每天问自己能干什么，即知道自己缺什么。人看我爱财，现在还教书，焉知我乃爱才。

三爻少有好爻，谦卦三爻为吉，群阴之首，一阳率群阴，从而不离，因有谦德。"劳谦"，天天勤于谦，安仁的境界。

"有终"，坤"六三""无成有终"，吉。舜其大智也与！舜无一不取于人。得始终如一，有终才吉。"有始有卒者，其唯圣人乎？"

《系辞传上·第八章》子曰："劳而不伐，有功而不德，厚之至也，语以其功下人者也。德言盛，礼言恭，谦也者，致恭以存其位者也。"得不懈于位，才能存其位。看《系辞传》文笔之美！中国人的头脑特别致密。

《象》曰：劳谦君子，万民服也。

"劳谦"，天天勤于谦，有事抢着做，脚踏实地去做，先难而后获。先劳（láo）之，而后劳（lào）之，必拿出实际的贡献，万民就会犒劳你。

谦卦六爻皆吉，五阴归一阳，"万民服也"，"中心悦而诚服也"（《孟子·公孙丑上》）。经书中的"万民"，皆指一世之人。天下人皆服了，才能天下一家。

圣人是修来的，是自己一步一步修的。真的得兑现，人就是人，求真，不要说假，孺子"未知牝牡之合而朘（zuī）作"（《老子·第五十五章》）。《奉元老人答客问》，到最后都"叫真"。自以为万能，人家找你时，你能做什么？要修真，最后都得叫真，兑现。

"爱之，能勿劳乎？"爱孩子，应养成其能做事。什么都帮他，将来他不知所以。恶使三年，善使一辈子。

女子柔弱，为母则刚强。看人性之美！母亲对儿女，做在前头，吃在后头。生你的，也那么爱你。一个人要是不孝，其他不必谈。不交不孝之人、有钱之友。

劳之，犒劳。小孩对父母最好的犒劳是什么？儿女多少有点成就，就是对父母最好的犒劳。必须尽到为人子之责。儿女要是不孝，真是人性之极哀！读书，要读其中之深意。

六四。无不利。㧑（huī）谦。

"㧑"：一、朱子《周易本义》解为"发挥"，更当发挥其谦，没有地方不用谦。二、《说文》云："撝（㧑），裂也。"来子解：

"裂也，两开之意。"如木头，经太阳一晒，乃渐渐裂开。打开，剔开，都有不同的动作。裂开，分成两半。"扲谦"，将谦德分给别人。

"九三"承"六四"，"六四"乘"九三"，"六四"柔而得正，故"无不利"。但劳谦之贤（九三）在下，"万民服也"，乃谦而避之，自动让位给贤者。能知贤而避之，即"扲谦"，可少多少麻烦。老年人戒之在得，应功成身退，因已造就出人才，人人皆有士君子之行。

学问是思想，没有智慧决办不到，但可做个实行家。何以"扲谦，不违则"？能把谦分开，是有则的谦，不违则。"扲谦，不违则也"，"则"在哪儿？礼者，天理之节文也。

"男有分，女有归"（《礼记·礼运》），分者，半也。夫妇一体，拿出自己谦的一半，叫对方也变成谦，成为同体。必亲身投入，引导对方走入谦德。自觉觉人，觉行圆满，佛也。天下圆满事太少，月也不长圆。引导对方到谦，成同体，人人皆有士君子之行。

如果知识不能用于生活，那就完全没有用。必先培智，才能斗智。平常就要培养。

"扲谦"与"鸣谦"，两者有距离。讲学，"鸣谦"，靠口；"扲谦"，靠手，必有实际的表现。

《象》曰：无不利扲谦，不违则（天则）也。

"无不利扲谦"与"扲谦，无不利"，思想境界不同。

"不违则"，不违天则，不违乘、承之则。人生就乘承、左右两个环境，把这个应付好就好了，"所恶于左，勿交于右"。

"六四"居重臣之位，乘"九三"之刚，与阳刚之臣同事，承"六五"柔位之君。此一天则，怎么守法？天道尚公，不违其则。守其则（时、位），违则就欺上瞒下。讲德而失其则，谓之"倨恭"。自则衍出节，要知节。

发挥谦之德，不违则，不违背民意。不知守则，则成卖祖求荣了。不违则，双赢了。

看谦卦步骤之分明：谦谦→鸣谦→劳谦→扐谦，步骤严谨。"六四"对"九三""劳谦君子"，敬之，退避三舍，"扐谦"。

怎么发挥"谦"的作用？非在屋中对人打躬作揖。此爻多识时、识位，所以"不违则也"。不失则就合理。读书亦然，应按部就班，不可以好高骛远。自己没有懂，为何要写书？岂不是自欺？

与时偕行，得识时，并非空的。随时，跟着时走。过日子，亦得与时偕行才不浪费，要"食时不力珍"（《礼记·坊记》）。

古书，古人生活的经验，祖先的经验之谈。书有古今，办法没有古今。如何用办法？要与时偕行，不违时，否则就会落伍。先时、治时，皆实学也。不会用，仅成点缀品而已。

王弼扫象。宋儒所有的《易》注，多半是为《程传》（《周易程氏传》）作注。知书是哪一类，要有层次地读，不要想捡便宜。

用现在的话介绍给现代人。人有用，完全在青年；青年没用，就没大用。发财，并不代表有大用。最低限度，看对群有无贡献。群而不党，先人之经验。德、智、体、群、美，"群"为五育之一。各为己私，垮了！

看书，要善用时间。晚上看闲书，早上看专修。脑子松一松，也是运动。谁最会利用时间，谁就最优秀。"君子终日乾

易经日讲

乾"，与时间赛跑；"夕惕若，厉无咎"，成功了。会用，融于生活中，成为生活中的智慧。

人皆望子成龙。"才"是与生俱来的。中才，得慢慢训练。要度量己才，决定方向。

书院以"大易"与《春秋》为本经。夏学，包括老学、孔学、墨学。孔、墨曾经平分秋色。任何帝王都不会喜墨学。历代孔学，多为注疏。"因而不失其亲"，一个"因"字，证明为注疏。新，"苟日新，日日新，又日新"。思想应创新，而非因，必也"盘皇另辟天"。汉后多注疏家，行尸走肉。汉就两本书：《论衡》与《春秋繁露》。《论衡》反传统，《春秋繁露》"属一系元"。《孟子》没提"元"的思想。

今后贵乎创新，熊十力是第一个撞木钟的，应接着。从天德到奉元，要归于正学。书院，好好研究学问的地方，成学几个就成。传学是个大愿，有德也得有智慧。第一本书读明白即立本，本立而道生，一法通百法通。

六五，不富以其邻，利用侵伐，无不利。

如天下都接受谦德了，以谦富天下，则中心得也。

"侵""伐"，两个动作，首先利用侵，其次利用伐，恩威并重。

"不富以其邻"，将钱拿出给人不易。还说不动，一意孤行，就不客气，用侵用伐。谦了老半天，还"利用侵伐"，是为国之利而征，非为己之利而征，故"无不利"。

中国人，土地不让人。国土不随便给人。用侵伐，没有不利，"征不服也"。

《象》曰：利用侵伐，征不服也。

以"天下一家"富天下，达不到，因这个邻，所以要征不服"天下一家"思想者。

文化是一辈子的事业，要随时讨论。成立学会，得学会了。要重打锣鼓另开张，另辟天地。非拒绝外来思想，而是不使之扰害我们。

第一件事乃中国的族群问题。必请"学生"来，经一年多，才会穿衣服。人活着要有志，要有一定的目标。

有些人就西瓜偎大边。生死存亡，天命，应做就要做。

上六。鸣谦，利用行师，征邑国。

"六二""鸣谦"，鸣谦之德，"中心得"。"上六""鸣谦"，鸣谦之威，"志未得"。

"上六"至柔至极，居谦之终，循乎谦者。循乎谦，犹有不得。说，不听；给实惠，亦不听。循其谦之至，仍"志未得"，当用其威武以治之。

"师"，众也；"征"，正也；"邑国"，国内之国；"利用行师"，用众以正之。

《象》曰：鸣谦，志未得也；可用行师，征邑国也。

"志未得"，"上六"与"九三"，心志不相得。"上六"以什么表情对付"九三"？"可用行师，征邑国。"

必须脚踏实地。不想别人帮，因别人有时会愈帮愈忙、愈帮愈乱，还不如自己干。做事，有同志固然好，没有也不必感到孤独。不要浪费时间、人力、精力。做，实至名归。

董仲舒如何能罢黜百家？乃有"智必识时"之智慧。其为醇儒，时至而成功，所言绝对高人一等，使听的人皆感到需要。此为治时，亦为先时者。想有成就，必了解时至，真下功夫，泛泛不行。

"鸣谦"的目的，在将世界变成"诸夏"。因其国以容天下，天下一家。"大易"与《春秋》相印证讲，就明白了。《易经》真明白，得下功夫，多领悟。

应世，看《诚斋易传》，对做事很有帮助。

《诚斋易传》，南宋杨万里（1127—1206）撰，以史证《易》。以程颐为宗，重人事而轻天道，正文分条罗列《周易》原文，每条之下，引三代至隋唐史实为证，释以己意。

《易》为智海，要如同炼金般，炼出真智慧，必须有机会去体悟。

可如《古文辞类纂》，以类纂在一起，用即够。

《古文辞类纂》，清桐城派大师姚鼐所编选，七十四卷，从先秦屈原、宋玉至清代方苞、刘大櫆，精选六十四位作家作品，约七百篇，分为论辩、序跋、奏议、书说、赠序、诏令、传状、碑志、杂记、箴铭、颂赞、辞赋、哀祭等十三类。清末王先谦，又继姚鼐编《续古文辞类纂》三十四卷。

人生不可求全，没有全的事。必须发心，好好干上十年。

好好干上十年，绝对有所立。穷则变，变则通，通则久。

许多事，只能做不能说。一举一动，多微妙！得看环境。

谦，就能成？得看环境，许多人在虚应。同志，贵精不贵多。有志，要坚定。"孚、贞"是《易经》中绝不能少的二字。要每天练习，学会做事，能独当一面。

用什么方法叫人接受？"夫子温、良、恭、俭、让以得之。夫子之求之也，其诸异乎人之求之与？"（《论语·学而》）自以为是，你打进去，人家也把你打出去。送上，人家还不接受，就完了。应有如宗教的信仰，用自己的功夫才行。以之印证自己的短处，用什么方法都得失败。我现在与年轻时根本不是一个人。于事业、学问上想成功，皆必达一境界才行。不切实际不行。泛泛若孟子，于孔子百年后，接触过诸子百家，仍愿学孔子。孔子有什么地方叫后人愿学？自此去追，找出以印证，再立说，必与传统腐儒、乡愿之说不同。"大易"与《春秋》，中国两部最重要的书，"孔子志在《春秋》"，"五十以学《易》，可以无大过"。以之为大本，其他做参考。

我为了大局才来台办学，但得有人才。人不可嫉妒。如见人好，心里不舒服，就是嫉妒。应见贤思齐。不一样才是学术。文会应各抒己见。必得自己能站得住，不要看轻自己。人同此心，心同此理。天下一家，中国一人。

何以为了一己而出卖人格、出卖国家？建立自己的信心，不要梦想。不可以资敌，必须自己奋斗，天下没有白捡的。贵精不贵多，用朱子的读书方法，上句不懂，不读下句。

办大学，必得二十五甲地以上。苗栗有三十甲，二十七公顷以上的地。必须把中国文化叫后人知道，把文化传下去。有志、有目标，不当人狗腿。有爱心，不是做窃盗。事不难，人难！才难！顺自然，不强求。

学慈济，有可学之处，必须见贤思齐。我今天准备去佛光大学，要道济。有学问，也得能做事，"载之空言，不如见之于行事之深切著明也"。重在培智，必须多想。把人生看得轻松一点，死了，什么也带不去。不修德，就留臭名一堆。

"裒多益寡，称物平施"，此治世之要道。说称与平，没说公。"称物"，才知"平施"。"平施"，大家同一标准，没大没小、没多没少，就无怨，因为"不患寡而患不均"。

真知，又悟了。真知不易。怎么"裒多益寡，称物平施"？应慢慢去玩味。

做事，要有系统、有步骤，表面上看是一件一件的，但整个是一体的。一个组织，必有一贯性。组织开始设立、演变、发展，视其损益如何，研究其一贯性。不可以头痛医头、脚痛医脚。

一个团体中，不许有私人的事，不可以斗私。解决之道：团体不应斗利、斗私。没人敢在我面前说是非，社会无真是非。有领导的机会，无能力不能产生作用。成立基金会，应知怎么动。做事，有坏的准备、好的趋势才能做。福国利民亦是利，儒家非不言利，《易》讲了许多利。

将整个中国思想串在一起。"周监于二代"，"吾道一以贯之"，"诸夏、华夏"。不同之处，更值得重视。变成立体，才能马上用。

孔子为尧作传。子思为孔子作传，就十六字："祖述尧舜，宪章文武；上律天时，下袭水土。"简要，包含了整个的孔子思想。

"宪章文武"：宪，大法；章，法律。存三统，"周监于二代，郁郁乎文哉，吾从周"。开始是"从周之文"，此文非文章，乃典章制度、国家政策。过几年，"甚矣，吾（道）衰矣！久矣，吾不复梦见周公矣"，如是体衰，应是更易于做梦，而何以"不复梦见"？又过几年，"如有用我者，吾其（岂）为（助）东周乎"？此时，不助东周了，已经有自己的法（新王之法）与制度（新王之制）了。张三世：据乱世、升平世、太平世。步骤：黜三贵、贬天子、退诸侯、讨大夫。诚三辞：所见、所闻、所传闻，"修辞立其诚"。从文武得宪章之效益，以周为其行事之章法，此为"宪章文武"的心得。

"宪章文武"，文武之道，只可作为章法，但章法不可为典要，而"人性"与"天道"不可变，故而"祖述尧舜"。

《春秋》讲"大一统"，非讲文章。前面时代，皆为宪章；最后不为东周，非感情。宪章当今，今后不党，"君子矜而不争，群而不党"（《论语·卫灵公》）。君子不党，祖宗的智慧。

吃饱了，想点事。七年前，就要同学研究非洲。中国人口之多，睡狮已醒，七年之建设准确、精确、认真、神速。京九铁路，有全世界最大的车站。

中国人多口众，缺的是土地，以科技合作可以解决问题。没有高的术，则无法领导别人。

学术，学必得有术。走路喜抄捷径，懂术也。我散步，不走捷径。目的不同，术就不同。活着每天都用术，一举手即含术。擦桌子，边擦边想用术，如何擦干净。学完，就有达到目的的捷径，学术。插花，也有处理花材之术。《中道探微》（王苏著，台北：文史哲出版社，1994年）一书，资料多。

中国的道，非中道，是"一中之道"。《大学》讲一，《中庸》讲中；《大学》与《中庸》互相表里。《中庸》是小《易经》。

一画开天，"—"代表乾，"--"代表坤。道生一，天得一以清。吾道一以贯之，得一了。修"大易"与《春秋》，改一为元。大学之道，在止于至善，即止于一，即讲正。正心，知止而后有定、静、安、虑、得。人得一，就大了。

学大，"大人者，与天地合其德"。大人，丈人，丈夫。"师，贞，丈人吉，无咎"，丈人之德超过大人，故能全人之国、全人之师。夫君，没德叫夫，有德叫君。卿卿，你是我的好宰相。卿卿我我，喻两人感情之好。

我写一本完全讲错的书，是前人所无的。我的脑子反应快，记忆亦不差。别人说，看法未必同。学大用中，一中之道。要体悟，用到智慧上，造就一帮人。

豫卦第十六
（雷地豫　震上坤下）

豫卦卦体：内顺，坤（☷），内圣；外动，震（☳），外王。顺于理与道，处世之要。

坤，为国、土；震，为长子。长子主国，昔日"长子主器"，嫡子，伦序。

南方人多为解决挨饿而出家。明太祖朱元璋穷时，看人过年很羡慕，说"有朝一日春雷动，朝朝年来夜夜年"。春雷动，"雷地豫"，内顺外动。有内圣的功夫，才能成就外王之业。

《序卦》："有大而能谦，必豫，故受之以豫。"

有大而不能谦，能有豫？看人好，心里不舒服，能有大？有大者，坦荡荡，笑骂由之，不扯闲，充实自己以应世。什么是大？唯天为大，无所不包，无所不容。练包容之智，天如此，犹有所憾！要知其深意。

有大而能谦，一定快乐。有大有、谦、豫之德，日子就可以过。要学活学问，没有空的，要用于人生。我尽量不求人，求人要有求人之道。读那么多书，没能用到生活中，白读了！应让人感到你有进步。

谦德多重要，有大也得谦。人贵乎有德，"谦，德之柄也"（《系辞传下·第七章》）。孝为德之本。好好读《系辞传》。"其言不让，是故哂之"（《论语·先进》），孔子骂子路言都不让，焉能谦？常说"谦让"，多美！人真想成就，必经严格训练，头脑才能致密。谁好好天天读《论语》了？

《杂卦》云："谦轻而豫怠也。"

谦、豫二卦相综。有了豫，不懂得谦，稍有安乐就满足，逸豫而懈怠。"怠"，慢、懈也，"逸豫足以亡身"。

欧阳修《新五代史·伶官传序》云："忧劳可以兴国，逸豫可以亡身，自然之理也。"

豫，和乐也。快乐自此来。家家都想和乐，何以不能？家庭是什么关系？有一人火气大，何以不凉一凉？家中不讲胜负。多说，少说；再说，躲一躲；不许躲，泡茶；骂你疯子，马上改变，顺了！和乐，是由"内顺外动"来的，此实学也。男女要感，才有情。读书，没有改变器质，白读了！就是笑，也要恰到好处。人生就是演戏，演戏不发自内心，表面也得应付得像。快乐了，要准备不快乐。懂谦、豫二卦了，家庭绝不起冲突。

保豫不易，因为乐极往往就生悲。贫贱夫妻百事哀，但钱绝不能多。小孩钱一多，就整天盘算着如何花钱。最可怕的是小智。豫，居安思危，有生命力的卦。

处世之道，绝不可有流氓性，不要"不撞南墙不回头"。"九四"，"由豫，大有得"，内顺外动，豫之由也。完全不懂用柔的功夫，白读《易经》了。顺，率也。顺其性的人，表现出"恕"德，"忠恕，违道不远，施诸己而不愿，亦勿施于人"（《中庸》），"己所不欲，勿施于人"。

"民之所欲长在我心"，出自何经？

《尚书·泰誓上》："天矜于民，民之所欲，天必从之。尔尚弼予一人，永清四海，时哉弗可失！"

查《十三经索引》，工具书要全才能读书。小孙子会查辞典了，赞美之；我不懂ㄅㄆㄇ（注音符号），被批判。了解一东西，层次不同，没到时候。医生、教授年轻不得，经验很重要。

你们不懂得势，如何乘势？时、势，识时务者为俊杰。我现是"奉元老人"，不是"安仁居士"，升级了。

不能瞻前又不能顾后，如何成功？有识，识时与势，还要乘势，可予取予夺。"给五十亩地，挂一个小房就够"，识时，就要乘势，不要白白给人利用了。此非空谈，必有经验。许多同学跑大陆，都"龙门点额回"，何以不问津？

我是孳孳为利者，舜之徒也。暑假回去搞几个买卖。做买卖也得有术，读书得放诸四海而皆准。

内必得率性，外面的动才和悦，喜怒哀乐发而皆中节。每一书都要仔细看，"知所先后，则近道矣"(《大学》)。读书必仔细、思考，做文章没有用。

我不厌其详地讲，在培养你们的智慧。我给小孙子讲，亦讲得如此仔细，两个都得模范生。现正是你们发挥智慧之时，处处要用智慧。人的智慧不同，看事就不同。

《易经》很有趣，睡不着，可以看一爻。我会背，散步想一两句，慢慢琢磨，于自己心性影响大。要了解"真"，可不得了！真人，得之有道。我1971年以后才收女学生。人必得有别，有守才有为。人就是人。假貌为善者，早晚都露了！想想唐伯虎，何以能传之久远？

豫，利建(立)侯行师(众)。

在逸豫的环境中，必"建侯"以安民，"行师"以安国。居安必思危。坤，为民；震，帝出乎震。顺乎民意而建侯行师，诚心悦而为之也，故豫。"首出庶物"尤为要义也。庶物，众民也。

想豫、能和乐，必得"建侯行师"才利。"侯"，亦作斥候，侦察，候望。太平时，仍要在各地多建侯，以保安乐。屯卦"初九""建侯"，是为经纶天下。

"侯"，如二十四节气。五谷不丰收，乃因气候不正常。尧的时代，设官观象，可知"侯"并非一次确定的。种菜，一天也不能错。"黎民於变时雍"，百姓懂得用时了，遵行二十四节气，与时相合。

一般人在豫时，就无不为。人愈在快乐时，愈要防范侵害者，因皆生于忧患，死于安乐，大小事皆如此。要立"侯"，以防范侵害"豫"者。如有大胆敢破坏我们豫的，就对他不客气。个人亦如是。违背此，逞能，就任人宰割。

"建侯行师"指什么？要保持快乐，其利在建侯、行我所建侯。其次，要会"耍"人。"师，众也"，"师出以律"。岳飞会"耍"人，所以大家对他百信不疑，"撼山易，撼岳家军难"在此。

建侯，即造制耳目，可以不出门而尽知天下事。如有举动才知，慢了！必他怎么想，你即知。要声东击西，即可以套出他在想什么。正面问，不答；一旁敲，什么都对人说了。人家有举动你才知，太慢了！用间的必是圣智，得安耳目。要懂得微妙处。

"行师"，即动众，亦即"耍"人，众人都跟着跑。"行师"与"师行"有何不同？能动众，必得有德，言行一致。要察微、识微，自微处看一个人。好好修养，与一人谈话，如其两眼乱转，他必不信你。在社会上斗争的都是老手，穿衣、走路都要加以分析，一个表情即知你在想什么。

"学文"不去"兴文"，有什么用？没能熟烂中国思想，认为孔子思想没有用。看《史记》是怎么传下来的？

我办奉元书院，要从元开始。老祖宗仰观俯察了，根据元想出一套。现在的环境更为繁复，应是更会想，要另辟天地，图腾观念都得变了。必须培智，现在讲月球的故事，笑死人了！元，不变，是人类最高智慧的寄托品。

熊十力的《周易新疏》未出，可惜！许多注是废物。你们必得有一套新产品出，治世之道亦得变，什么都得变了。明白，就知怎么活，你们的老师已是"今之古人"了！

我十九年前胃开过刀，是宋瑞楼主持开刀的。医生说绝活

豫卦第十六

不过两年,但我现在还如此精神,可和死神抗衡。人问:"怎么保养的?"还说:"活不过毓老!"

澳门收回夜,忆昔日吃冻菜、喝凉酒时。今天真想喝酒,有多少深思!在暗示你们什么?这百年,中国为收复失土而死掉多少人!天下无不劳而获的事,当年浴血而亡者众,而我活至今。我一生无家庭生活,没说过自己要吃什么。要懂得什么叫人生。活下来,经过很多,不容易!我再活十年,可以把梦打下一个基础。你们应知自己的责任,应放弃一切,为后人谋幸福。我看到这个热闹,余年必活得很有价值。在故纸堆中转,早已过时了。

在屋中爬到最高峰,留给后人,都丢光了。何以不知自己为什么而活,净是盗名盗利?前人暗示的智慧太多,稍微改一改,夜里就睡不着觉了。可知老师之重要?今天的老师,皆今之古人!

"奉元"是我们梦中的图腾,"有生于无"(《老子·第四十章》),多高的智慧!一切都得重新开始。好好想,天下事绝没有白捡的。"长白又一村"另辟天地,没有高的境界不会懂。一个浑,只是大小之分,如连方向都不知,努力岂不是徒劳而无功?

现在得培养智慧。我们不理人,人家会理我们?懂得方向?奉元。时、时之义、时之用,三个都用好了,处处都成功,故曰"圣之时者"。过时了,要从头做起。同心同德,给人类创造未来。我余生要有价值地活,慰苍,安仁居士。

冬天吃萝卜,一定要吃,吃了春天就不易生病。道家讲养生,不是假话。

养生，一离不开道家文化，二离不开中医文化。养生其实属于道家文化，古代著名的医学家葛洪、陶弘景、孙思邈、张伯端等，都是著名的道士。《黄帝内经》云："春夏养阳，秋冬养阴。"讲四季养生，就是根据自然界的变化，研究养生问题。春夏秋冬是大自然的规律，我们要适应这个规律，使自己的生理规律和大自然的规律吻合，达到天人合一的境界，这样我们的心情才会愉快，身体也会健康。

人只要有守，就没有不成的事，连生命在内。方向千万不能错。如一出手就错，一生都不会有成就。

外交、军事、内政，各有专学，每人选一个，温故能知新。要从"故"中脱出，要从"新"。培智，智周万物而道济天下。懂得科学的绝对能。将熊先生的东西好好地深入思考，了解他是怎么想的。有智，祸就是福。《老子》谈祸福：

《老子·第五十八章》："祸兮福之所倚，福兮祸之所伏。"祸与福，二者相互依存，互相转化。祸，是造成福的前提；福，又含有祸的因素。福有时会变成祸，而祸有时也能变成福。

"文王既没，文不在兹乎？"文，是与生俱来的，性之表、性之用。文王虽没了，但是文仍在此。

《象》曰：豫，刚应而志行，顺以动，豫。

想成事，一开始就得"刚应而志行"。无欲乃刚，没有野心才能与你合作。"六五"阴居君位时，应找一个没有野心的帮手。做领袖的必找能干而没有野心的帮手。配对不易，找应事之人太难！

家有贤妻，必有良子。家庭中，太太能顺于内，丈夫在外乃愈动愈豫。国家更是如此，一内乱就完了。破落大家光有架子，没有钱花。秧子，败家子！

我前后想完，自己做决定，一生无成亦无败。教五十年书，没有一具领袖性格者。

豫顺以动，故天地如之，而况建侯行师乎？

"顺以动"，指卦体言。"天地如之"，"天明畏自我民明威"（《尚书·皋陶谟》），天地如人，连天地都顺随你的决定，何况"建侯行师乎"？天地不顺动就有天灾。得抓住时，保豫。得防未然，建侯。

《象传》解释得好，以此仔细分析。中国人讲"靠天吃饭"，一切豫都建立在"天时"上。侯的力量能行众，无一人敢怠惰。

头脑要冷静，别妄想，自己要卫（动词）生。医生并不都是长寿者。人长于什么，即短于什么。医生自以为死人中没有医生，结果许多名医都"作废"了。多少有学问者，在生活上不能表现其知识。皆实学也，"实"字最难。懂"实习"的意思，别人三年毕业，你可以一年毕业。

天地以顺动，故日月不过，而四时不忒（tè，差错）**。圣人以顺动，则刑罚清而民服。**

无一句写战争，要顺时而动。先有时，后有侯（候），二十四节气，气候。二十四节气，差一天都不行，"四时不忒"，知所先后，则近道矣。"获罪于天，无所祷矣！"（《论语·八佾》）"四书"好好读，足以入德。

节气一到，气候就变。没到老，不懂老年人的心理；等懂了，也将就木了！什么都是零，唯有德长存。看历代留下的是什么？尚德。懂容易，用很难。就在家用。家即国，国即家，故曰国家。

真明白书，才有用。尔为尔、我为我，没有用。中国的成方子太多，一爻一世界，得深思。

《易》为式，《易》为智海，取之不尽，用之不竭。要专精，不要件件通，件件松。有智慧，就不易走邪路，没偏好，成大业。没智，行必由径，净抄近路，绝不能成大器。君子不器。自讼，自己最了解自己，不要自欺，要审判自己。

注意时事，可以学很多事，对社会的了解绝对深刻，但得有心。遇事，必得把大前提弄清。"狠"的人则成大器。一分析即明白，培智。

豫之时义大矣哉！

"时义"，即知时之义。在豫时，得建侯、率众。家中得天天用时，才能上轨道。

六十四卦，时而已矣！时、节、节气、气候，完全讲自然现象。利用自然现象，知时、顺时，不违天则，时义大矣哉！

来知德：六十四卦时而已矣，事若浅而有深意，曰"时义大矣哉"，欲人思之也。非美事有时或用之，曰"时用大矣哉"，欲人则之也。大事大变,曰"时大矣哉",欲人谨之也。

中国人法天、则天,最高之智。法自然,真懂此,则失策少,因为想得周密。问题不想则可,想必想得致密。先做几个假设,看要如何走法。

真想做事,必得严格训练自己。

《象》曰:雷出地奋,豫。先王以作乐崇(积)德,殷(盛)荐(献)之上帝,以配祖考。

彖辞、象辞,告诉你这卦是什么。

以"雷出""地奋"两个动作形容"豫"。"地",土地,《说文》云:"土,吐也。"发奋,吐之机也。雷出地上,一动,所有蛰居的小虫子都奋了。

看"奋(奮)"的精神,本义:鸟类振羽展翅。看《说文》如何解释?"翚也,从奞(大鸟)在田上。"鸟在田地里,正要起飞,其脚对地的作用,展翅欲飞的作用,脚、翅,两个动作、两个节骨眼,即奋,必识机。"奋"字之神妙,中国文字之美在此。真懂"奋",就懂怎么用功。

现在最大的失策,在没有识字就读书,太不彻底,无法了解圣人的真意:"一字之褒,一字之贬。"

东晋范宁《春秋穀梁传序》:"一字之褒,宠逾华衮之赠;片言之贬,辱过市朝之挞。"南朝梁刘勰《文心雕龙·征圣》:"故《春秋》以一字为褒贬。"

地，土也。地之能吐万物，即凭"奋"之力，亦即"机"。奋发万物，有朝一日春雷动，万物都生。雷，地气之所交而出。"雷出地奋"，春雷一动，地就奋发，乃生生不息。发奋，发你本性之机能。发奋是什么情景？活生生的。领悟了，绝不停止。

"作乐崇德"，礼，法天；乐，则地。法天，礼为"天理之节文"；乐，则地之成，功成作乐。土者，吐也，吐万物。五谷丰登，每种粮食都饱，实实在在，大家有饭吃。

昔日无电灯，夜行路难走，有钱人家冬夜挂灯笼，以利行人走路。都是红灯笼，利于辨方向，此为善意。灯笼上书"五谷丰登（成）"，在冬天立。

功成作乐，"乐以和性"，故"成于乐"，指作用。没有成功，不能制礼作乐，得先积德。"崇德"，愈堆愈高，即积德。德，对别人有好处，利他。地什么都生，自己一个都没吃。人用什么来祭地？

何以要作乐？功成作乐。没有德，不能制礼作乐。功成作乐，歌颂一东西成了。一次成不行，得永远成，故曰"崇德"。德必是永恒的，成功了才是德。

讲学拿个稿子，课就没法听了。得拼命学，是为了应世。

以"雷出地奋"的自然节奏作乐，先王以声响来作乐。自根上认识，知"礼乐"是怎么来的。了解深意，要读出文后的意义。

"殷荐之上帝"，诚恳、殷实地将万物荐给上帝。"以配祖考"，祀昊天上帝，以祖宗配神做主。所有人都是天之子。人为"天民"，老祖宗同于"上帝"。祭天，不配母，配考（父）。庙，貌也。太庙，至高之貌。考庙，即祖庙。"殷荐之上帝"，报告

豫卦第十六

上帝，仰不愧于天；"以配祖考"，本固枝荣，光宗耀祖，俯不怍于人。

"荐"，把好的东西献给神。中国人祭祖，供祖宗尝新，"事死如事生"。盛产的东西才有营养，让祖宗尝新。

"不时不食。"我吃得普通，但吃法不同。到乡下买菜，既新又干净。鲜豆炖豆腐，加上韭菜末，味美。以黄豆久煮，做豆油，比味素鲜。

"大易"与《春秋》，智慧之宝藏，必得好好琢磨。祖宗头脑之致密，从根上认识。熊十力赶上一个机会，好好读其书。注解当参考，只要是中国人之学均当参考，称"夏学"。

《墨辩》看懂真不易，自古就没辩好。每天看几句，愈看愈感古人头脑致密。学问的东西不易，每字都有许多深意。

中国重自然，性即自然，"天命之谓性"。中国人"天得一以清，地得一以宁"。

应好自为之。有些人没脑，小心眼、贪便宜，见利就动心，见色就动手，乱伦。我活一天做一天。

人为什么而活？芸芸人类到底需求些什么？何以达不到？该用什么方法使我们达到目的？说"人生不如意事，十之八九"的，还有中山先生。中山事业，尧、舜后第一人，倡天下为公。必突破八九，以得到十，解决人生哲学问题。

求之不得，乃各种宗教起。要知是谁叫我们达不到目的。"乱"使我们达不到，必除之，要拨乱反正。如再不能解决问题，则人生真是苦。儒家的责任：建立王道乐土，七十者可以衣帛食肉矣。

《孟子·梁惠王上》:"五亩之宅,树之以桑,五十者可以衣帛矣。鸡豚狗彘之畜,无失其时,七十者可以食肉矣。百亩之田,勿夺其时,数口之家可以无饥矣。谨庠序(乡学校)之教,申之以孝悌之义,颁白(发半白)者不负戴于道路矣。七十者衣帛食肉,黎民不饥不寒,然而不王者,未之有也!"

现在有些讲儒学的天天参禅,能够解决问题?

想要好,得正,即止于一,止于至善。拨乱反正,除掉乱以返回正。至道、至德、至善,"苟非至德,至道不凝焉",《学》《庸》(《大学》《中庸》简称,下同)中真有无穷的道理。子思为其祖作传:"祖述尧舜,宪章文武;上律天时,下袭水土。"此十六字为中国文化的基础。

人要有智。中国文化不同,要为中国开拓未来,故我所讲不同。讲学要有效力。说小孩子话,使他们懂,就能生效。你们接着跑第三棒。拯救人类必中国文化。

学《易》"自强不息,厚德载物""先迷失道,后顺得常",此为生活所需,并非迷信。

中国的东西真是智慧的产物,但没有时间绝对办不到。必须接受智慧,印证中国的规矩:重视上帝与祖宗,以之为亲兄弟,皆天民也。叫祖宗尝新,请父母尝新。新,合时的物产。中国历史太悠久,且容乃大,什么都不反对,来中国的东西多,而自消自灭的东西也多。如在乱世,则人心无主。

初六。鸣豫,凶。

"初六"与"九四"相应,自鸣得意,不懂得谦卑,将豫之情形于言表。满招损，乐极必生悲。

得意，鸣了都凶。人有豫，千万别"鸣豫"。本身不到境界，净助人为乐，人家真豫了，自己却凶。真有肉，要埋在碗里吃，自己香。守口如瓶，做事贵乎成功，不在叫人知。为善不欲人知，况不善乎？圣人，连邻居都不知。

"鸣豫"，不说过去穷苦的日子，光赞美自己是怎么地快乐。旧时代有些地方姑娘仍光脚，男生穿的裤子，臀、膝都有两个补圈。

不懂家庭教育，在别人面前显大方，给小孩大张钞票，小孩如何会有出息？花钱不考虑，今天台北年轻人无成就在此。

《象》曰：初六鸣豫，志穷凶也。

损者三友，即"鸣豫"之友。豫乐多发之于声色，天天在逸乐的环境，而不知所守，则有凶。

志穷、穷志，差别何在？逾分之乐，乃无志，所以志穷，"鸣豫，志穷凶也"。穷志，士尚志，立什么志，此志即位，"圣人之大宝曰位，何以守位曰仁"（《系辞传下·第一章》），要思不出其位。

因志穷所以凶，一个心无所主的人必得凶。无论做什么事，心无所主，见异就思迁，都得凶。

凶，自何来？自"志穷"来。坐奔驰车的穷人，没有职业，稍有快乐，就满足，志穷，不能向前跑。懒、怠，因没有志。

有些人有几个钱，就没有志了。有志之人，焉能逸豫？我行将就木，犹计划多多。你们要训练自己有接班的能力，一个人才非二十年造就出来的。

易经日讲

有才华，不要一次曝出，"含章可贞"。人受挫，是成功的第一步。一帆风顺，一事无成。有豫，不要自吹喇叭。功满全期一般同。

一个人心无所主，"志穷也"，凶。

六二。介于石，不终日，贞吉。

《系辞传下·第五章》子曰："知几其神乎？君子上交不谄，下交不渎，其知几乎？几者，动之微、吉之先见者也，君子见几而作，不俟终日。《易》曰：'介于石，不终日，贞吉。'介如石焉，宁用终日，断可识矣。君子知微知彰，知柔知刚，万夫之望。""知微知彰，知柔知刚"，先识；"见几而作，不俟终日"，几者，动之始、动之至微，时至而不失之，机会来了，应马上行动。知其所以最为重要。

"逸豫足以亡身"，豫好，要怎么保持豫？

> 欧阳修《新五代史·伶官传序》："《书》曰：'满招损，谦得益。'忧劳可以兴国，逸豫可以亡身，自然之理也。故方其盛也，举天下之豪杰，莫能与之争；及其衰也，数十伶人困之，而身死国灭，为天下笑。夫祸患常积于忽微，而智勇多困于所溺，岂独伶人也哉！作《伶官传》。"

"介于石"，取耿介、圣洁如石，没有拐弯。采左右环境可见之事取譬。石头，凿三个洞，铁柱一打即划开，裂开之直，即介如石。

"介于石"，特立独行，固若磐石；"不终日，贞吉"，发现有错，见机就改，绝不等到晚上，正固之吉也。

一个东西分成两半，唯石绝对呈直线。由此引申，发现自己有毛病，绝不能拖泥带水，马上改之，"过则勿惮改"，如石裂呈直线，绝没有弯曲，必得"介如石"。"不终日"，不等到晚上，如此，才正固而吉。

《象》曰：不终日贞吉，以（因）中正也。

"不终日贞吉"，一切嗜欲，知错马上就改，不等到晚上；且必固守，不可明日再犯。

中，喜怒哀乐之未发。"中，礼义也"，中规中矩。

《礼记·冠义》："凡人之所以为人者，礼义也。礼义之始，在于正容体、齐颜色、顺辞令。容体正，颜色齐，辞令顺，而后礼义备。"《礼记·礼运》："礼义也者，人之大端也"，"礼也者，义之实也。协诸义而协，则礼虽先王未之有，可以义起也。义者，艺之分，仁之节也，协于艺，讲于仁，得之者强。仁者，义之本也，顺之体也，得之者尊。"

"以中正也"，自"正"之中，培养深沉的智慧。名利心愈小，成就愈大。

"介石，中正"，石头打开、裂开，永远如直线。有些文人无品，好歌功颂德。

孔颖达（574—648），字仲达，唐冀州衡水人。与颜师古、司马才常、王恭、王琰等受诏，撰定《五经义训》，凡一八〇卷，诏改为《五经正义》。

读《易》，明白可不容易。要讲奉元文化，将中国思想纳入正规，按元文化行事。

六三。盱（张目）豫，悔；迟，有（又）悔。

"鸣豫"，吹牛，因心无所主；"盱豫"，拍马，逢场作戏，攀龙附凤。一个比一个丑。

三爻，劳碌命。"盱"，张目仰视也。仰视有权者，多么羡慕！平视，则与天地参矣。就因为自己没出息，才张目仰视权臣。看人热闹，还自以为豫了！

"盱豫，悔"，有"盱豫"的毛病，要快快悔；"迟，有悔"，慢了又悔。悔上加悔，两个悔，失败了！得快点悔改，后顺得常。一步走错，一生完了。做事必审视，不要尽看目前。

"盱豫"，往上看而得的快乐，是攀龙附凤，非正。做一事，感觉不对，应快快有所悔悟。吝，小有不足。《易》为悔吝之书。悔上加悔，明知前无路，还不回头。

人生最近的莫过于父母、兄弟、夫妇，手足之亲，应好好培养感情。忽略自己兄弟，而到外求同门弟兄，糊涂！舍近求远，倒行逆施，成不了大事！亲其所亲，尊其所尊。一个大家庭，尊老前辈，亲己兄弟，此为宗法社会的基础，大本之道。一奶同胞不能处，还能与别人相处？一个家庭，夫妇处不好，不会有成就。连太太都处不好，还能平天下？宰相肚里可撑船。连太太都不能原谅，还有用？关系近，就必在伦常中活。不能齐家，焉能治国？大本必须立住。

豫卦第十六

《象》曰：盱豫有悔，位不当也。

"鸣豫"，不要脸，政绩是买的。"盱豫"，骄狂，位不当，不识位与时。守位曰仁。

物产丰富，也不能无豫之德。了解一卦，真有修为都能治事，放诸四海而皆准。冷静学，真想为时代谋幸福，谈何容易！

清朝的法令制度定于雍正，开国则得于康熙之仁厚，故称"圣祖仁皇帝"，天生的，用功，无所不学，有志。有清一代出许多有德的贤皇后，乾隆的皇后不佩戴珠玉。

乾隆的皇后富察氏出身于官宦世家，其十弟便是大学士傅恒，比乾隆小一岁。雍正五年（1727）七月十八日，富察氏成为皇四子福晋。乾隆十三年（1735）随驾东巡，三月十一日死于回銮途中的德州舟次，享年三十七岁。

孝贤（富察氏皇后谥号）皇后是一位贤明的皇后，乾隆曾称赞其"历观古之贤后，盖实无以加兹"，同时他认为自己能够专心地处理国家政务，闲暇时间查阅典籍，全部是孝贤皇后的功劳。皇后平素节俭，衣帽上不饰珠翠等物，而用通草绒花；献给皇帝的荷包不用金银丝线，而用鹿羔皮制作，以表示不忘本。乾隆帝十分珍爱皇后亲制的荷包，一直带在身边。

结婚，必选有德的女人，而非重色貌，要"贤贤易色"。

治世，无真学问、真道守，绝办不到。守，造次、颠沛、患难皆必于是。人性之用，即良知。致良知，致中和。今天复兴中国文化，乃古所未有，责任重大。

两个悔，两个环境。人到四十几岁，要有所建树，胆小的可以讲学。一字之误，"盱"就得"悔"之结果。

不约而同，没有组织，通志；进一步，必得除祸。知止，就是志。每一爻，都可以写一本书。

你们懂得怎么用脑？受人之托，不能变的。我受宣统字画，必懂托付之重。人要有正知正见。

南京大屠杀（1937年12月13日，日本军队在中国南京进行长达六周惨绝人寰的大规模屠杀），中国人要有志，杀恶人即行善，教训之。什么都可以原谅，为奸者绝不可以原谅。是非必弄清楚，读书必如此读。打蛇，要打在三寸。养正气，上帝给的智慧。位，"天纵之将圣"，"天地之大德曰生，圣人之大宝曰位"，学生，慰苍；有成就了，"大人者，与天地合其德"。《春秋》讲元之德，拨乱反正；"大易"讲御之术，从统天到御天。

几个基本立场必守住：除奸、杜奸。要稳、狠、准，就没有屈死鬼。坏人太多，不消灭怎么行？好坏不分是乡愿，善行之贼。你们不懂得用脑，遇事就躲。应先难后获，遇事要抢着做。将读过的东西串在一起，即生活之道。

位不当，应如何？失位了，毛病在哪儿？一念之差，贻子孙无穷之后患！

平常一定要琢磨，人家何以到一境界？宋江外号"及时雨"，怎么要的？一法通，百法通。有长才，可以做外交；没长才，还可居庙堂之上。此一变故，要做实际的事，慢慢训练智慧、威仪。望之俨然，令人一见，觉得你有智慧，从小就得训练。我双修，训练小孙女。训练孩子最重要的是母亲。必得娶好老婆，二人志同道合。人要过智慧的生活，如净在欲中转，看人都是欲。家庭乃是事业成败之基,绝不可以盲人瞎马。

读书不求甚解,能有用?

处处用智慧。交友,先择而后交。修其所不正,去掉毛病;养其所固有,养与生俱有的。

睡前喝一小杯酒,可以疏通筋骨、气血,但要有节制。

悔,迟又悔,永无正知正见。豫,乐极生悲。盱,骄之态也。知必得行,修得,养得。遇事束手无策,书到用时方恨少!

你们光知豫,懂得随之德?就只骄。你们要有脑子想。

痛定思痛,方知真痛。认识事,环境坏,在没办法中想办法。你们有幸福?你们不知努力,我在陪你们?你们的想法幼稚极了!我看你们就生气,你们比木偶还木偶,完全不知有明天。要懂得怎么达成自己的幸福。你们的所作所为有智慧?何以不知用脑?

出手打人一拳,必防别人回一拳。如受不了、没有必胜的把握,就不可以出拳。何以自处?怎么办?愚!

孔子的思想到底是什么?你们只要懂"学而时习之",就成功了!何等智慧!华夏文化在中国,我五十年对中国东西绝对有深刻的认识。你们没有人的行为,我必指出。不欢迎不孝之子。豫完,就骄了!

识时,因"学而时习之",懂乘势、知止。"学而时习之"为一至宝,懂得用时。时,刹刹生新,"生生之谓易"。易,不存留,不留恋过去。确立我们"另辟天地"的基础。好好琢磨,三年绝对有成。

我的东西绝不传给没人格者。就怕恃骄,靠干爸爸骄,有钱有权,时间一久又留下什么?小德川流,大德才能敦化。怎么修大德？自哪儿入手？

思想，必有问题研究。由豫行，非行豫也。我翻来覆去讲，有无得启示？怎么使这几年的功夫发挥效用？我天天所想在此。对我所讲，你们到底了解多少？对我的疯言疯语，知其所指？

九四。由豫，大有得。勿疑，朋盍（合）簪。

四爻多惧，惧非害怕。一个人不懂惧，绝不能成。能惧戒，《论语》说"好勇过我，无所取材"，"好谋而成"。

此爻为权臣、宠臣。"由豫"，从豫。"大有得"，大有所得。由豫而行，绝对大有得。

"勿疑"，不要自己有疑惑。既肯定是你的朋友，就不能疑，勿疑朋。

"朋盍簪"，朋友之坚固、合作，疑朋则无功。"得"是朋，上下无间，"勿疑"。在环境中，能用豫悦之道，乃上下皆和乐，上下无怨。

"朋"，同门同道，不可勉强，必得有辨别力。朋友之来，如同簪子之合发，把头发梳在一起，穿上簪固定发冠。

江苏常州做梳子、篦子有名，经过许多道工序，制作精良，工艺独特，乾隆到江南，还要去看一看。

"大有得"时，"勿疑"，就"朋盍簪"，大有得。簪的作用如何？一团体如不能和合，即缺簪子。"以贵下贱"，上下无间，"大得民也"。

《象》曰：由豫大有得，志大行也。

"由豫"，由豫行，非行豫。"居仁由义"（《孟子·离娄上》），

"由仁义行,非行仁义也"(《孟子·离娄下》),行仁义,主观的,为达目的,中间会使手段。"大有得",上下皆豫,有得于志,故"志大行也"。大有得时,勿疑朋,则合簪而"志大行"。

思想必须分析,否则你们就是注解会背了,也不能治国平天下。

豫而不露,又高一招,即含豫可贞。赞美某人喜怒不形于色,在于能由豫。这都是修养。随时多接触、多办事,才知自己有无涵养。以前贬谪到边疆,多苦!可是林则徐(1785—1850)到新疆,并未悲秋,即开始治理边疆。坏环境,正是成事之机。读史,必当活例读,用许多活例以勉励自己。

改造社会,要学"玄奘取经"的精神。玄奘(602—664)取经,备尝艰辛,有生死不测之苦。证严能行,乃有今天的结果。不能尽成小菩萨,要讲中道,如修至喜怒不形于色了,厉害!

同学多,无一出色者,即不能合作,都想做领袖,不懂得群,书白读了!想要成功,必群策群力,必练习有群德,"二人同心,其利断金"。人最大的得,即"志大行也"。志,叫人了解都不易,志同道合多难!如发现两人志同道合,此一机缘不可失。许多人合于利,是利同,彼此互相利用。势利之交,无不凶终隙末!就怕利同,不要将利同、欲同当志同。托孤寄命,才是志同。连儿子都不可靠,是你生的,但未必志同。有好东西必给儿子,绝大的错误。给他,他随手一扔。如给同志,则当作宝。你喜欢的,可能儿子从小就讨厌。

世事是一盘棋。现在这盘棋摆上,下一步要怎么走?"观棋不语真君子",启发对方了解。能否回拳,了解得失后再做决定。怎么设一缓冲地带，请对方考虑。有无考虑回拳后的得失？此必用智慧，让对方想。

昔日学棋，在演世。围棋复杂，为百姓发明象棋、跳棋。好好细想老祖宗留下的，在使无废人。做什么事都有输赢，否则没有劲。诱之以利，因为小人怀惠。如见好就贪，犹在小人之中。君子喻于义，有良知才能做大事业。

随时为小孙子讲道理，告诉小孙子长大要管事，怎么做。从小就用爱心教育，没有不成的。自私，更应将小孩教好。随时教，不必拉架子。赞美他，陪喝茶，慢慢喝。教，诱之以欲。喜吃糖，买点糖，慢慢吃。我对大的、小的都有一套。人总有感情，到哪儿都不要自显身份，要与他吃喝一样。应看起来同他一类才行。买大兵的衣服穿，一看如同退役老兵，就在一起了。

解铃还须系铃人。自己去疏通，此即智慧，即实学。懂"学而时习之"，绝不失时。

我骂人，是为了警世。你们能固守五十年？有德，多活十年。"人之视己，如见其肺肝然。""大德敦化"，怎么修到大德？必须立德。

六五。贞疾，恒不死。

"六五"，豫卦的当家的，如唐明皇，为一柔弱之君，乘阳刚之臣（九四），备受威胁，最后很可怜。此疾是自"豫"来的。如能守中道，慢慢还能医好。

"生于忧患，死于安乐"，"贞疾，恒不死"。许多不良嗜好养成了，但如戒之，就无咎。年轻人少有不犯错的。人不能无过,但贵乎能改。

贞者,正也,有控制义。"贞疾",能正其疾,故"恒不死"。如每天都有人匡正你的毛病,就可以不死。人处危境而能正其危,就"恒不死"。高而必危,满而必溢。"高而不危,所以长守贵也。"(《孝经·诸侯章》)

朋友之道,切磋琢磨,要相谏,但到最好,亦不过"恒不死"。没能发之于心,就不能改过迁善,要"介于石,不终日"。天天说,改变些,结果亦不过"恒不死"。真改过迁善,才能希圣希贤。

《象》曰:六五贞疾,乘刚也;恒不死,中(性)未亡也。

"贞疾",正疾,有病就治。"贞疾",能治;不贞疾,怪病、绝症,治不好。"贞疾",就因为乘刚。要识时、观势。只要人性在,就照样发挥作用。

卦皆谈人事,所谈皆人易犯的毛病。"以通神明之德,以类万物之情",通而贯之,比而类之。君子上达,到天人境界。

哀莫大于心死。心死,人性的作用就死掉了。常有偶发事件,就完了!没有"贞疾,恒不死"。国家的常病(弊端),很少将国灭亡,就怕偶发事变,马上就亡国。人心不能自主,就会亡国了!偶发事件最可怕,家庭亦如是。

"恒不死",乃人性未亡,"中未亡也"。中,人性,喜怒哀乐之未发。"中未亡",还能听劝。一个"中未亡",早晚不失德,"造次必于是,颠沛必于是"(《论语·里仁》),行于任何环境。"守位曰仁","天地位焉,万物育焉",不失位,"在其位,必谋其政"。人要失了位,则无不为矣!

一民族不在乎穿什么衣服，而在乎有民族精神，即"中未亡也"。一个家能枯而荣，在于中。"致中和"最要，故宫有中和殿。"日升月恒"，帝后的居处。

《易》含丰富的智慧，中国几千年前的智慧。读完一卦，应思考这卦到底在说什么。如实际问题都不能解决，谈什么都没有用。一爻一乾坤，中国人智慧足，视你会用与否。

上六。冥（迷）豫，成有渝（变），无咎。

"冥"，昏迷也，醉也。"冥豫"，溺于豫，冥顽不灵，沉迷于豫。

"成有渝"，"成"字用得妙！虽成癖，只要明白，"有渝"，如有变，知而必返，亦可无咎。都成疾，不必怕，只要肯变，就没有咎，"过则勿惮改"，人不贵乎无过，贵乎有过能改，改之为贵。此爻给人无尽的盼望。

《易》之海，总开生路，绝无绝人之路。逸豫足以亡身，年轻小孩溺于豫，不做事还享乐，哪能溺一辈子？有人临死前明白了，但仍有人至死不悟。

精一的功夫。一字弄明白很重要，每个字十个功夫。不怕慢，就怕站。每天忙，看几页也可。忙，每天有日课。每周考一次，逼他看。不必拉着架子看，有时间看两段。散步念书，如念佛，佛怎么做就怎么做。今将"念佛"与"称佛"混在一起。老太太只知"称佛"，手拿念珠，天天动，健康。

《象》曰：冥豫在上（极），何可长也？

乐极生悲，物极必反。豫，多不容易！一个醉于豫的在上者，能够长久？非得变不可。"逸豫足以亡身"，变，就达于无咎。物极必反。

豫，"利建侯行师"，一阳统众阴。侯是什么？斥候，先了解环境好坏，然后向主宰通风报信。谁来建侯？利于做主宰者建侯。想和乐，先要有防未然之智。防未然，利用侯。一必了解环境如何，二必做防未然的准备。有此两步骤，然后可以按己意行师，以达己之所求。行师之意涵甚多，行于众人之中，豫也，"首出庶物，万国咸宁"。不违背自然，顺人性而动，己所不欲，勿施于人。

奋，小鸟落在地上，想起飞，两脚一蹬之刹那间，即奋。字义明白，即生命。懂奋的劲，才能成事。崇德，即积德，日行一善，一天比一天高。事情成功了才作乐，"成于乐"。

六十四卦"时"而已矣，一爻一个时，时、时义、时用。六爻，六个时，六个变。

诗赋，文笔美，《离骚》，结构美。《易经》如诗又如赋，《系辞传》在骚、赋之间。

如何养成自己的正知正见？"内顺外动"为最要之胆。怎么做？刚不应，志就不能行。最低得"无欲乃刚"。入德，初步。天天在欲中打滚，如何志行？"时乘六龙以御天"，乃志行也。"六爻发挥，旁通情也"，必须有小组织。不能旁通，就孤家寡人一个。得自求多福。自己无用，别人焉会找上门？

行健不息，始终如一。由统天到御天，好好修了？统天，才有成就，但还没有成功。必须训练几个能应世的，发挥才华为子孙谋，必须面对现实。既有功夫，何不学做主人？

多读书，了解深意。少读书，就按自己的智慧去了解，那与世人又有何区别？

程门立雪，试验。

程门立雪，比喻尊敬老师，诚恳求学。进士杨时，为了丰富自己的学问，毅然放弃了高官厚禄，跑到河南颖昌拜程颢为师，虚心求教。后来程颢死，杨时已四十多岁了，但仍然立志求学，刻苦钻研，又跑到洛阳去拜程颐为师。

他和朋友游酢一块去拜见程颐，正遇上程老先生闭目养神，坐着假睡。这时，外面开始下雪。两人求师心切，便恭恭敬敬侍立一旁，不言不动，如此等了大半天，程颐才慢慢睁开眼睛，见杨时、游酢站在面前，吃了一惊，说道："啊！他们两位还在这儿没走？"此时门外，雪已积了一尺多厚，而杨、游二人并无一丝疲倦和不耐烦的神情。

李鸿章到曾帅府拜见，曾洗脚相见。李一气，掉头走。走时了悟了，乃慢慢走。曾帅派人追。不只老的知人，小的也得知人。李在曾幕下当"录士"，接受折磨，第一个官是江苏巡抚。世有伯乐，然后有千里马。

天天问自己："我能干什么？"人家必找人才，你能做什么？不管男女，要天天训练自己。有机会，能不能干？一般人往往忽略自己能干什么。遇问题，要养成追根究底的习惯。有成就的人，必是有训练的人。

范文正"先天下之忧而忧，后天下之乐而乐"、董仲舒"正其谊不谋其利，明其道不计其功"。历代全集很多，但无此两句话有影响力。梦中词，能传？

豫卦第十六

有真功夫者，微乎其微！清三百年江山，就一个曾国藩。"风俗之厚薄，系乎一二人心之向往"，一个人影响时代，完全在德不在学，特雷莎修女（1910—1997）、证严都以德感人。行的结果，即德。恶僧，披着羊皮，净干些畜生事。我写《恶僧传》，后来烧了。我烧书，绝不假手于人。影响人的仍是德行，德为第一要义。

诚，真，最高即真人，亦即直人。人之生也直，直养而无害。嗜欲深者，天机浅。现在天灾人祸不断，即劫。何以至此？与人的心念相关。有一点念，就种因，必有那个果。

智慧，绝不能叫欲支配。中国人讲"智慧"，佛称"般若"，即"妙智慧"。千言万语，不如留下片言只字感人。我越老，越相信中国文化的伟大。内顺，得外动，以心控行，非讲，要行。

得，做事得用上。得一，"吾道一以贯之"。得一就能做事。我今是布施，希望你们多懂得礼。顺性、顺良知以动，致良知。致知，入德之门；致中和，终极目的，无此境界绝不能成大事。

可造之才太少了！你们的智慧，都被"欲"塞住了，"先迷失道，后顺得常"。自己不能管理自己，还能够管理别人？人一旦少智多欲，就常把妄想当志。

讲学，必须立本——"率性之谓道"，一切不离人性。道不远人，人之为道而远人。开养老院，白天服务，早晚读书。

《史记》犹可见良知！人生要有大方向，否则将已就木，犹默默无闻。冷静想，有一目标，岂不有成？何不做第一等事？有大本了，必得旁通。

讲义理，必须有修己的功夫。讲卜筮，阿猫阿狗都可以讲。入门后，冷静读熊十力的书，然后发挥自己的想法。必须了解人之长，无所不用其极，追究之。

昔日冬夜，必夜读至十二时，才能回内宅。晨昏定省时，还必背书。昔日名宰相，哪一个不是大儒？有德有学，也未必有政绩，为政岂是易事？还当儿戏！什么都不知才胆大。你们智不如先贤，但责任重于先贤。人贵乎有志才能学，要造就自己，发光作盐。要自己能，自求多福。

回去，一定要做笔记，不断地改，到一境界即成著作。我想到时，就写在纸上，想到就随时写，做卡片。读书必须勤、仔细，非一日之功。拉架子做书，没到功夫，绝不到境界。

《资治通鉴》书成了，在临安付梓，但也没能救亡。你们欣逢中国盛世，应怀有远大的抱负，要拨乱反正。多少人混了一辈子，一事无成！复性，绝非空的，"上束脩"是个礼。没有人性，能做大事？没有深思，绝不能自得。

内政、外交与军事，将子书串在一起，在救急。今已是临门一脚，脑子必得有用。强力对付，你们能应付？人一硬，就软了。问题必须解决，解决必须用智慧，并非什么都不怕。

做事要防未然，不使之发生。既发生了，非一两天能解决，要养精蓄锐。

怎么做学问？夏学，包括一切中国学问。中国人的智慧，由隐之显、由显之隐。"食色，性也"，既然有《食谱》《茶经》，何不写《性谱》《性经》？从最深刻到实际。不是不穿衣服即春宫。色也得品，如同品茶。

知止，而后有定。有所止，而后有定、静、安、虑、得。没有空过，智不同，做的事不同，方法有别。不知自己要干什么，自己去听"死（史）记"，有无活想？各人的做法不同，

豫卦第十六

见仁见智。

我写《惊鉴》,时至而不失之。你们至少对家乡事要弄清楚,大小事一也,能齐家就能平天下。

豫,阳动而出地,内顺外动。再深些,即顺于道。不可以任性妄为、一意孤行,得有策、略。有《战国策》,有《三略》,有《六韬》。策、略、韬,有何区别?三者皆智慧之所本。讲"大易"与《春秋》,在培养你们的智慧。注,并非金科玉律。如更深刻,则可以另注。

要以"仁道"解决问题。我有21世纪计划,不觉老,活一天得干一天。有计划就有盼望,人是生活在盼望中的。在没法中想办法,才真有智慧。有些人唯恐天下不乱,不然好像不显自己之才智。读几年书,连做人都不知。我善用头脑,不当汉奸,余年办书院,活一天,必有一天的计划。要识本。忘本,还得了?如知耻,犹有厚望焉。

以不知为知,以不能为能,自欺。不自欺,就"存真"。到真了,即成"真儒"。

大本必须立,做人绝不离大本。《大学》云:"此谓知本,此谓知之至也。"知至,知的最高境界,至善。能知能行,就有所作为。第一要练有守,守本。

年轻人,无论什么日子,起居绝不能变,要恒。无恒之人,焉能成事?

读书,在练习脑子的反应。有看法,可自作注。思想自由,不一定哪个对。从事的结果,论断是非。

四年后,谁足以争衡?必三足鼎立。要一步一步往前想。政治要培养,随时发掘人才。

要有志，是"穷志"，绝不能"志穷"。不能家家逸豫，无一有志者。

一个人如能做到使人相信你，就成功了。要什么给什么，得有术。他怕我们"飞龙在天"，我们就来个"鱼跃龙门"。有条线，在线下太深、太大，可以悠游有余。

人说出，知怎么对付，解铃还须系铃人。"上下无常，非为邪也；进退无恒，非离群也。"平心而论，要通民志，不可以听政客片面之言。必了解要点了，再读书，才知怎么用上。

以你们的年龄，做你们年龄的事。了解自己的价值，不要妄求。学会跑腿，认识。深入学，价值是公认的。表现够，出于至诚。阴险之人不可用，知人很重要。《人物志》用上了？知人、任人。

想、空言，太容易了！《法言》怎么也比不上《论语》，《论语》通情，不是文章，是表情的。尽作文，不能表情，读不懂。通情，必得达理。不怕不识货，就怕货比货。多读通情之文，拉弹足以养气，"我知言，善养吾浩然之气"（《孟子·公孙丑上》）。

未老，心先衰，可以退休了。我则"不知老之将至"（《论语·述而》）。何以志穷？就因逸豫，逸豫足以亡身。台湾地区为一加工厂，很容易穷。"知所先后，则近道矣"，大本不立，怎能行？

要负起"为往圣继绝学"的责任。讲子书，有系统地讲，继续研究自己之所修，著作、思想之树立。教书，从元出发，必得有思想。《论语》真修明白，就成了。

"志穷"，所以凶也，凶在哪儿？"率性之谓道"，不必外求，人同此心，心同此理。人做事都有原理，不能说无根之言。动的是情，以性作基础，自人性立论。

朱熹注："此所以为圣人言也。"圣人就这么说？此为研究所在，要求其所以，"知所先后，则近道矣"，"无所不用其极，无入而不自得"。

人各有志，但志要穷了，就凶；如穷志，就吉。志穷、穷志，一字之颠倒，吉凶就不同。一个人如五分钟的冷静都没有，能成大事？你们太悠闲，大祸临头了，还如此。吉凶，不在天天吃得如何。我吃素，什么事都做过，好坏自有公论。

准社修史，以什么为准？原心定罪。一个人净说假话，粉饰自己！要懂得怎么活用。随时研究、玩味。

穷己志，则吉。喜欢什么，必须有专学，即家学，男女各有。读书人家，没有文气，算什么读书人！

应趁自己有聪明，好好吸收前人智慧，犹足以有为。变通，才知如何应事，"时乘六龙以御天"。由统天到御天，中间有什么境界？天天奋斗，要光祖；成就，要华夏。脑子要活起来，转弯。龙，变，变易，"生生之谓易"，刹刹生新，在易里活。要学生，学变。不要做自己不懂的事；做天下第一等事，为别人谋幸福。要会想。

净作文章，完全没有虑，古人把"得"字看得多重。一以贯之，精一。智慧可应无穷。非有学问就可以搞政治，万般不与政事同。有意见，随时写、随时改。一举一动不离其位，思不出其位。必得自得了，才有资格去教别人。

看注，分析在什么观点如此写。读书在培智——性智，一般人就情智。看东西，在得启示。

辽东人具有智、仁、勇，给真玩意儿看，证明你没有智慧。

有的人一遇强权，即使自己妻女被强奸，亦坐视，就欺善怕恶，做"王八"，还规规矩矩的。

好好培养，培己之伟（尾）大，才能不掉。羊，以尾好吃。骆驼则吃驼峰，以单峰最好吃。任何东西，都有其神秘处。如表面都不认识，就什么也甭谈了。

何以每天没事干，形同白痴？我不饿不吃饭，必须动。将我所言，从头至尾好好想。在这环境胡扯，不自量力！一个人真正正等正觉，不易！要培养子孙有正知正见。在圈中，如何能有正等正觉？佛教，即修正等正觉，性智，发而皆中节。正等如偏了，正觉就用不上。情智，发而不中节。自古人的智慧，培养自己的智慧。熊子书好好看，可以培自己的正等正觉。一个人如无正确的观念，则什么都办不到。有性智了，做事才不致偏僻。偏僻则无法"执两用中"。必得修，要下功夫。看书，必深入，一天不出四句；一天能看完四句，才智就不同。我所言，绝不虚。

必冷静想，没有真知，就不真明白。判断一事，看法不同。一事发生，说法不一，谁看对了？见仁见智。正等正觉、正知正见，得有高的修养。一入团体，如何代表真理？威仪、智慧很重要。遇事，必须客观。你诚，对方才相信你。你有几个好朋友？必得深刻认识自己。夫妻也未必是知己，人世之难！遇事不知深思，没有组织力，岂不是自欺？检讨，才有力量。

春雷一动，万物复苏，惊蛰。

春雷初响，大地万物开始萌芽生长。那些在严寒冬天时躲进土壤内，或在石洞里蛰伏起来的动物，被春雷惊醒后，也开始苏醒、活动了，以迎接春天的来临。惊蛰的节气神，是雷公。

二月二，龙抬头。

农历二月初二，传说是天上主管云雨的龙王抬头的日子。"二月二，龙抬头，大仓满，小仓流"，是预示来年五谷丰登的。二月二以后，雨水逐渐多起来，因此，二月二这天又叫"春龙节"。每当"春龙节"来时，中国北方的大部分地区，在这天早晨，家家户户打着灯笼，到井边或河边挑水，回到家里便点灯、烧香、上供。旧时人们把这种仪式叫作"引田龙"。

要按部就班做事了。不能成龙，即成蛇（小龙）。

立说，必须深入，其有演变。何以春秋时代的中国人，头脑如此致密？看《离骚》的内容，多么丰富！要做天下第一等事，唤起你们的人性之美，离开畜生穴。如果你是畜生，则看别人都是畜生。缺什么，应学什么。中国东西太丰富了，中国人太有智慧了！学，还得体验。

中国近代一百年就这么垮的，时代没法往回拉，要提升人的智慧。一切谈久远。人不自救，等谁来救？砍一棵树，至少要再植两棵。有大志者，不是争眼前。一天天不知用脑，方向始终没有弄明白。平心而论，有多少人做人事了？

什么事都要用心，要知其所以、知所先后。中国所有的书，都是思想，目的在为人类造福。必须做活学问，事关生民的智慧，可以之谋民生。前人之智，慰生民；后人以之谋民生，后觉者。净学为奴，生民之道、民生之道则不知，净争名夺利、巧取豪夺。你们每天想些什么？以此裁判你的人生境界如何。

我天天喊，是为子孙谋。一个人的惰性太可怕了，连吃都懒。一放几天假，完全颠三倒四！不能自理，又如何治事？你们必得发愤图强。

春雷动，人也得惊蛰。代有才人出，不一定是自己的子孙。没有倚靠，自己奋发。正视历史，中国就历史发挥了作用，以现在事印证，得启发。

何不针时弊？巧取，并非至德，不会有成就。做事要有原则。学历史，也不知怎么用历史，不知历史之用，还谈其他？万般不与政事同。雍正十三年，奠立清朝的基础。你们要了解怎么做事。有智，必须用时事印证，旋乾转坤岂是易事？用我一分，得给一分好处。读书，学智慧，用智慧，印证智慧。时之义大矣哉！以此推一切。

何以你们的脑子不转？什么话都说了，就是不会用。我两个月不上课，时至而不失之，景一过，能再重演？"本是同根生，相煎何太急？"同舟共济，并非帮别人。吸收前人智慧，以时事印证，才有明天的应世。你们可说一无所知，每天尽受情欲的支配，所做皆为名、利、欲，从没想到别人。

要学会利用时间。《孟子》中有许多重要的话，如何"自得"？"君子深造之以道，欲其自得之也。"（《孟子·离娄下》）你们读书，缺正襟危坐的功夫。

"内顺外动"，豫之所由生（从）也，根据什么来动？知内顺什么，外动才有所倚。真明白一卦，就能治世。

养兵千日，用之一时。我的第一个学生是黄朝琴的儿子，

豫卦第十六

在美国，已故去。

要自试，上下无常，非无恒，非离群也。有影响力，就有贡献，可以影响这个时代。皆自得也，要自求多福。

我现身说法，你们做事必须有步骤。仔细想，蚂蚁为活下去，也必有个样子。什么都没有下功夫，能巧取豪夺得？

我常做笔记。你们完全不懂怎么造就自己，还等人来请你们？读书不能偷工减料，老子也帮不上忙。

屯，有震无坤，"利建侯"；豫，震、坤都有，"利建侯行师"。

溥伟（1880—1937，第二代恭亲王）要成立"大明帝国"，到沈阳谒陵，谁来就给谁一袋面。今天三百元茶水费，趋名趋利者，如苍蝇见血。见名利能定住，才能做大事业，有守才足以有为。必须练习有守，用高智慧判断事情。

你们必须有守，保持人品。无人品，价值就完了！

读一卦，就能应世，道理就一个。一爻一乾坤，一部《易》衍尽天下事。将来，华夏文化必得在中国大陆发扬光大。

告诉你们，人到底要为后代留下什么？尘世事，一眨眼即过。多少叱咤风云人物，而今安在哉？良知发现时，不过是作恶多端。什么环境，都可以有所建树。盗亦有道，还算有人性。昔日借道，寸草不动，自有规矩。人死躺下，能感到对时代无愧，就够了！

"刚应而志行"，大哉乾乎！刚、健、中、正、纯、粹、精。顺以动，多高明的方法！顺什么以动？绝不和环境对抗，连天地都不违背，就有左右的力量，"故天地如之，而况建侯行师乎"！如，近似也，如父犹子。了解字，马上了解深意。什么也没读明白，拿什么做主宰？胸无半点墨，连乌贼都不如。

活着天天奋斗,不就是要志行?如何修刚应之德?克己复礼,不必敲锣打鼓,入德之门是不叫人知的。

细看注,真是令人啼笑皆非。中国之学就九个字。我已告诉你们五个字了,其余四字是什么?

没有立德,只饿不死。圣人,知进退存亡而不失其正者,但犹未至"大人者,与天地合其德"的境界。第一本书《大学》,即要学大,成大人。

讲学,必深入解释。每天做笔记,要勤。将我每天的闲话凑在一起,绝对成一有智慧东西。要懂得想,上句不懂,不读下句。我有时,一周就想一句话。

成立"友仁社",不说"朋信"。问题来了,必须解答,十七八岁的给《性经》。最难的是怀少,少者怀之。安老还容易,老者安之,修养老院,部分收费,但两者绝对一样待遇。

昔日生活有一定的规矩,一天必处理事情,否则也必读书,男人白天不可以回内宅。自赚,自己骄自己。人成功,在乎有智慧。同学光有欲,把妄想当成志。人必有志,才有所为,不知老之将至。真读明白了,就停不下来。

"我有一本书,他没有。"王永庆在此比不上我。我们有一套,要福国利民。做事要有步骤、有远见。只要有智慧,人同此心,心同此理。

全世界中药会议在大陆召开,学这种智慧,叫世界太平了,还不痛!德与智,要相称。生为中国人,无尽的光彩,要光宗耀祖,"有一针,就可不必饿一辈子",祖作之,孙述之。

真懂儒家"五经"者有几人?何以"曰放(fǎng)勋"下

面即一"钦"字?"钦、明、文、思、安安",何以"钦"放在第一位?

《尚书·尧典》:"曰若稽古,帝尧曰放勋,钦、明、文、思、安安,允恭克让,光被四表,格于上下。"《尔雅·释诂下》:"钦,敬也。"敬,是谨慎认真地办事。《说文》:"敬,肃也。"又:"肃,持事振敬也。"

昔日诏书,用"钦此"。

钦,意为敬。旧时对帝王的决定、命令或其所做的事,冠以"钦"字,以示崇高与尊敬。"钦此",一即钦定此文,是皇上定的事,也就是"皇帝同意这样办"的意思;二即恭敬地引文至此,其专用于引述皇帝谕旨之后,表示引文结束。故"钦此"二字,实际上亦起到现代标点中句号与后引号的作用。与"等因""等情""等由"相比,只不过"钦此"仅用于皇帝的语言、旨意之后而已。

"元"文化,孔子发明的,变一为元。钦定,帝王定的,假的最多。钦定之学绝不能再用了,要找真理。思想要海阔天空,从元再开始衍。立本,自元出发,由此立说,则可百家争鸣。不谈人性问题,问小孩为何要如此做,也许,他想对了!不谈人性好坏,就自性与情谈,看问题在哪里,能被接受否?今天要百家争鸣,不能再钦定了,就看谁能被接受。孔子、老子与今何干系?读书,是在以古人智慧启发自己的智慧,再创新思想。

人最要明理。你们也是中国文化的嫡子嫡孙。讲义理，用此智慧可以办事。采其所知者，明白多少用多少。和顺于道德而理于义，把社会整理好，至少受点启示，否则一点智慧也没有。

随卦第十七（泽雷随 兑上震下）

随卦，震（☳），长男；兑（☱），少女。"泽雷随"，长男动，少女悦。动，不可妄动，动以悦，随。古人环境单纯，长男见少女，就男女、家庭之道。

《序卦》："豫必有随，故受之以随。"

有了豫，不能有骄，此乃求福之道，不是妄求。"克、伐、怨、欲不行焉"（《论语·宪问》），最可怕的是"欲"，"欲"常与"豫"混在一起。必要下"克、伐、怨、欲不行"的功夫，才能控制豫的结果。

豫，绝不能骄，骄必有祸。有几个男人不怕老婆？"豫必有随"，因豫才随，喜才随。唱和，和诗。夫唱妇随，你唱的调，老婆喜欢听，必然跟在后面听。懂此，对人就不挑剔。

《杂卦》:"随,无故也。"

"故",《说文》云:"使为之也。"故意、借故、缘故。引申:故旧、故步自封。怎会随你?动而悦,无故也。心态、情态,细思才明白深意。

来子注(来知德《周易集注》,下同》):"随者,从也。"随,不同于从。从,我从人、人从我、从善。比肩则不从,年相若、道相似、德相侔也。从政,非随政。字义必须弄清。

随,非强迫的。少女随长男,有什么心理现象?此动彼悦,一切要使对方有愉悦之心,该媚得媚、该笑得笑,则予取予夺。

"双贵"——贵通天下之志、贵除天下之患,要什么给什么。只要自己站得住,就能使对方听你的。怎么随?以小事大,保其国。事,随也。

太王迁豳,百姓跟随,非权势所致,乃随他的德。

是人,在乱局中没乱,最为重要。

我们天天活,必有所求,活的目的是为活,何以没有达到?不能达到,人生就不美满,所以第一即要除掉障碍。许多眷村,至今仍使用公厕。以假道德仁义,能满足其需求?必突破昔日压迫下的说法,不再用伪道德。要正视实际问题。

应拨乱反正。扰乱我者即乱,返回自己所求的目的。社会没有真是非,是非皆主观的,应以人性做标准,此即真理。唤醒人性,不要伪装。真了解《关雎》,就会做人,否则就成为伪君子。我就只有一个儿子。我有后,就没法说了。不要将"伪"字戴在头上。是人,没这样做,即反常。树立真。朱子注《大学》《中庸》,许多处非孔子的意思。

易经日讲

大丈夫不可一日无权，但人家不给。是当政者都不给你权，那你如何做？去伪存真，自人性出发。"诚者，天之道；诚之者，人之道"（《中庸》），"己所不欲，勿施于人"，哪个人不想找理想的对象？

我来台，看到女人光脚，有罪孽感。现在看穿泳衣，自然要突破，不再伪装。小孙子天天梳头，问："有女朋友？"说："太胖。""没关系，出主意。"传说老子的肉体升天了，真人嘛！创一个真的思想。

乾、坤、屯、蒙、需，食色都需，你需，他亦需，而有口角，乃讼；打起来，故师；打完成交，故比。

小孩下生，哭；奶嘴一凑过去，即会吸，食性之机也。"未有学养子而后嫁者也"（《大学》），性也。中国思想真伟大，是被包装弄垮的。我讲《老子》，与台北大师的讲法不同，他们没有勇气突破伪。天天琢磨，在去伪存真。你们年轻，希望自根上做学问，不要再接受伪学。

民初那代学人，现在只传熊十力之学，但无一是他的学生。熊十力并非完美无缺，我们要跑第二棒，不必批评前一棒。别人批评不重要。

因为是人，"食色，性也"，动物亦知，但不懂有伦。人为万物之灵，在于有伦。什么都有伦，政治有政治伦理，违背，即不诚不信。我有想法，教五十年，难道就为半个馒头？有志，得尚志。"不可为典要，唯变所适"，适时，故《易经》为"变经"。几十年后，好好树立中国文化。文化是演进的，没有所谓新旧，道德亦然。

必须天天练习写小文，做笔记。有感想就写，用白话写，因为在让人懂。《论语》简洁，半文半白，简练，看起来倍觉亲切。写别人看得懂的文章。字怕习，马怕骑，必须天天练，日久天长的功夫，一勤天下无难事。

看历史，每朝每代又留下几个人？争取叫人念念不忘，其他都没有。

没有平静心，能够建设？定、静、安、虑、得。平，不易！《诗经·召南·草虫》云："亦既见止，亦既觏止（住了一夜），我心则降（xiáng）。"婚觏，才是正式夫妇；有的虽婚了，并没有觏。人遇事，达到目的，心才能平。没得到，不平。不平则鸣。没有平静的心，就没有深刻的思想。明白深意了，才能处理思想的纷争。

中国思想未能进步，即毁于帝王手中。熊十力的时代，思想奔放。应发挥思想。突破一个环境不易，必得打烂仗。

孔子的大弟子都不能接受，问："管仲仁乎？"可见孔子的思想超时，弟子都不能接受。

《论语·宪问》子路曰："桓公杀公子纠，召忽死之，管仲不死，曰未仁乎？"

康南海《新学伪经考》，根本没弄清什么是伪经。

《新学伪经考》，十四卷，初刊于1891年。康有为认为，历代封建统治者所尊崇的"古文"经典，如《周礼》《逸礼》《古文尚书》《左传》《毛诗》等都是西汉末年刘歆伪造的，因此都是"伪经"。而刘歆制造伪经是为了说明王莽篡夺西汉的政权、建立国号为"新"的朝代,所以古文经学是新莽一朝之学,只能称之"新学"。

社会无论怎么进步,永远有主从,领头的就一个。女主人"主持中馈",中国家庭早就男女平等。吃由她做主,生生亦由她做主,掌有权柄。家人卦《彖》曰:"家人,女正位乎内,男正位乎外。"二门以内的事,男人不许过问,说"问太太去"。"妻者,齐也"(《白虎通·嫁娶》),"男有分,女有归"(《礼记·礼运》),"分者,半也"(《月令七十二候集解》),一半又归来,一半加上一半即一体,故曰"夫妇一体"。"夫唱妇随",改成"倡",即成男人做主。"乾坤定矣"(《系辞传上·第一章》),反"坤乾"。《系辞传上·第一章》有深意,由"坤乾"变"乾坤",乾变在坤前面,"你必得听我的"。

细读《论语》,多么人性化!没有一点伪装。孔子亦常揭弟子之隐私,对子贡说"非尔所及也",多么活泼!

《论语·公冶长》子贡曰:"我不欲人之加诸我也,吾亦欲无加诸人。"子曰:"赐也,非尔所及也。"

说子路,"好勇过我,无所取材"。

《论语·公冶长》子曰:"道不行,乘桴浮于海。从我者其由与?"子路闻之喜。子曰:"由也好勇过我,无所取材。"

我不喜马融,讲书还找女人奏乐,设帐,昏儒!

随卦第十七

马融（79—166），东汉扶风茂陵人，为通儒，不拘细节，居宇器服，颇尚奢饰。从游之弟子常逾千数，融坐高堂，施绛纱帐，前授生徒，后列女乐。以弟子众，使以次相传，故入室者甚少。

应仍用坛，杏坛。

《庄子·渔父》："孔子游于缁帷之林，休坐乎杏坛之上。弟子读书，孔子弦歌鼓琴。"说孔子到处聚徒授业，每到一处都在杏林里讲学。休息时，就坐在杏坛之上。后来把孔子讲学的地方称作"杏坛"。

夫唱妇随，大本，即《关雎》。找内助，非"内煮"。"丑妻、近地，家中宝"，娶妻以德，丑即美。使中国文化归真，中国文化都变成"胜王败寇"了，故有学阀。时一过，就烟消云散。必须回观，重视历史的价值，再创造未来。

"有德者必有言"（《论语·宪问》），有几个人留下了？"有言者不必有德"，扬雄作《法言》《太玄》，没人读。《论语》什么都讲，乱七八糟，"语无伦次"。"食不语，寝不言"，言、语不同。

随，元亨利贞，无咎。

随卦，就讲"元亨利贞，无咎"。不"元亨利贞"，就不能无咎。

随之道，四德俱备，但没说吉，只说无咎而已。随对，鸡犬升天；随错，完了！是随，乃被动的。如眼光看准，可无咎。

偶一不慎，即成诡随。

不诡随的有几人？随刘邦，真有智，也不过张良、萧何"无咎"而已。故必利于贞，才不诡随。吉不易，到无咎，已经不错了。

多少人盲从，每个朝代都只剩下几个人，清曾文正、林则徐。视其人对国家之德。先制造舆论，"国人皆曰可杀，然后杀之"（《孟子·梁惠王下》），在几千年前就说了。我天天念书，所以熟。

我在屋中坐五十年。五十年啊，多长！一得之愚，故时有谬论，注：大智若愚。我天天高兴，即在此得无价之宝。有无学问是一回事，绝知你没工夫做学问。不要分心，好好做自己应做的事，突破一切伪。好名者必作伪。

我真想归真，静静两三年。但人参买卖得五七年，要振兴祖业。"九十岁还创业？""前人种树，后人乘凉嘛！"中国人是为别人活，故曰"儒者"，为人活才愉快。

《象》曰：刚来而（能）下柔，动而说（能悦），随。

王船山有《周易大象解》，你们应写《象传解》。

刚之德，建于无欲。人皆天天为了欲，天天骗自己。得是刚，否则完了。"大哉乾乎，刚健中正，纯粹精也"，"六爻发挥，旁通情也"，"时乘六龙以御天"，从统天到御天，经过何等的修为！

明知自己是刚，就要下柔，主动的，那有什么问题不能解决？"刚来而下柔"，何等功夫！一部《老子》。此为真功夫，故曰"以大事小者，乐天者也；以小事大，畏天者也。乐天者，保天下；畏天者，保其国"，违背此一原则，难以生存。此为修养，大小事都一样。自以为什么都知，其实仍有所不知。"吾不如老农"(《论语·子路》)，如自知，当然会谦。

以此段处今事，才保无失。这个地方强，绝对毁灭，《孙子兵法·火攻》说"主不可以怒而兴师，将不可以愠而致战"。

"动而说"，动者长男，悦者少女，动而有随，动而悦。有悦必有随，"人以类聚，物因群分"，不识其人，则视其友。说话要能打动刚者之心。接触对方，一不小心，一句话变了脸，得如何察言观色？没疑心，随其行。巧笑倩兮，则跟着走。

大亨贞无咎，而天下随时，随时之义大矣哉！

"大哉乾元"，"大亨贞"！无咎的境界。注意每个字。

"君子而时中"(《中庸》)，天下随时，非随人。能随时，乃成"圣之时者"，"随时之义大矣哉"，《易》之义在此。

读书离开时事，又读《易》做什么？一步一小心，偶一不慎，就栽了！读《彖传》，思过半矣！六变，即代表一切，一步一步地。

时，随环境做事，好坏环境都得随。"随时"，得知时之势，一为乘势一为造势，两个力量不同，必须识势。知时就知势，才知要乘势或造势。乘势者最重视的是时与机，时至而不失之，但偶一不慎即成诡随。造势者最重视的是时与位，要有特殊之能，无中生有才是能。如位居劣势，更须造势，主动的，是旋乾转坤者，能转败为胜。

"慎思、明辨、笃功"六字，加以玩味三天，才能生智慧。问题必得解决，要用智慧，而非投机。时势不易，有智者造势，英雄造时势。

天下随时，常问："此何时也？"如知此为何时，就知用时，当然"时之义大矣哉"！如违时，愈要显自己精神，则愈来愈没有觉睡了。何以要做最后的挣扎？不识时，就不会用时，就违时。识时，就懂用时，孔子为"圣之时者"，识时务者为俊杰。

《象》曰：泽中有雷，随。君子以向晦（暗）入宴（安）息。

"泽中有雷，随"，不易解。

"知其白，守其黑。"（《老子·第二十八章》）晦了，是日将落，就不要强求明，可以洗完澡后入宴息。自"夕阳红"思考：面对日落西山，别再装精神，当"入宴息"。多识时，知用时，可能还能维持明天的精神，否则明早起不来。又有几人知此时要"入宴息"？

人事乃随自然之变。人做事，不要在晦中逼着非出太阳不可。应是事情未发生，不使之发生；既已发生了，就回去睡觉，因非一日能解决。

如知此时是何时，就知用时；如违时，越要显自己的精神，则越来越想睡了。何以要做最后的挣扎？不识时，就不会用时；识时，就懂用时。有用的东西，到时候必完。长短，只是比较级，看和什么比。会用时，就准备入安息，养足精神，明天再来。识势，才能造势。不识时，才想投机，人皆不堪寂寞。

一般人"日出而作，日入而息"；非常人"一沐三握发，一饭三吐哺"（《史记·鲁周公世家》），夜以继日。孔子"终日不寝"，宰予"昼寝"。人死曰"正寝"，皇帝陵曰"陵寝"。周公、孔子善于利用晚上，故有成就。终夜不寝，非终夜不睡，即坐着,"向晦入宴息"。

"圣人之情见乎辞"(《系辞传下·第一章》),每字如不懂字义,即无法了解其深意。六祖终夜不寝,其智高。寝,躺下如死人般,并非终夜不睡。六祖总坐着。我有八九年夜里不躺下,头脑清楚。

孔子为前面了不起的人物算总账,故曰"集大成",集前人的长处,其思想在《论语》有三个变迁。

社会就是"承、乘、应、与",《易》即讲此,必以"时"为标准。听我讲《孙子》,不如学《孙子》,将所学用上。必有正道,应研究如何用。我每天要指挥,忙在此。以小事大者,畏天者;畏天者,保其国。

不识时,如何承、乘、应、与?与,该同流合污就同流合污,为达目的,"无所不用其极"。千载难逢的机会,研究之,何以能达目的?慢慢看,熟才能生巧。得博士,只是个学历。检讨得失,增长智慧。何以丢势?识时,即智。智必识时,行若时雨。

未来事,绝不对你们说。说了,非失败不可。今后再惹是生非,我不管了。你们不懂用智,嘴封不住,不用登报,外面皆知。

承、乘、应、与,到哪儿均可成功,但必识时。相遇,不管在哪个地方,都得下去。什么事都有定规,无规矩不成方圆。必知规矩,知何时用规、何时用矩。人必得能吃苦,懒不行。

不可错用"与"字,而净浑水摸鱼,分不出黑白。应善用智慧。同学好人多,入圣庙够格、能当领袖者少。有领袖欲,不一定能当领袖。

初九。官（主）有渝（变），贞吉。出门交有功。

"官"者，管也，主管。设官，设此人主事。"渝"，变也。顺势、乘势、造势，能控势则利己。

"官有渝"，设官主事，也不能一成不变。天下事必变，随着时。"欲趋时也"，所以要变。能把持此四字，则永不落后。时，刹刹生新。

"官有渝，贞吉"，在所主事上有所变。变有标准，得守住正固之道而变，守正方吉。《易》为"变经"，"不可为典要，唯变所适"，不守旧规，在变合时。

"出门交有功"，出门交，才有功，"同人于野"。两者相交而有悦，动而悦。家，不称交情，是亲情。有交情，即指友情，"二人同心，其利断金"。

《象》曰：官有渝，从正吉也；出门交有功，不失也。

"从正吉也"，各得其位，不失位、不失己之所处，吉。人要你办事，必考虑正否，必从正规正矩得。权一过，真理出。准——元、亨、利、贞。

出门何以"交有功"？不失其动也。你们不经大脑，没有智仁勇。势利之徒，如导之以正，岂不成功？

阳刚，无欲得正，当随之时，变而随六二，从正而贞，吉。做事要慎思、明辨，才不失其正。有笃功之德，才能"出门交有功"。

为达目的不择手段，目的得正。处世太难，要知人，要有识人之明，才能从正吉。"益者三友，损者三友。友直，友谅，友多闻，益矣。友便辟，友善柔，友便佞，损矣。"(《论语·季氏》)不失人，所交的是人。智者既不失言，亦不失人。

什么是功？到何境界才叫"笃功"？三不朽：立德、立功、立言。必先立德，"有德者必有言，有言者不必有德"(《论语·宪问》)。《四库全书》那么多，未必有善之行。行于事，存诸心。神，有遗德在民者。以此为本，才能谈功。

现在连有个人样的都没有，又如何"出门交有功"？所以只会作秀。得笃功，必深求"功"是什么。经慎思、明辨的功夫，所得的成就才是笃功。见贤思齐，也得有"贤"。从正吉，必懂得什么是"正"。

我们要做宇宙、人类的良知，一言扶世。

何以中国的儒释道，几千年无作用？"小德川流"，化不了世。"大德敦化"，什么是大德？用什么层次修大德？好好努力，不求自己不能的。必看环境、时，得随时。欲趋时、追上时，两者层次不同。

大德才能化世。修大德的入手是什么？要一边研究，一边实行，老安、少怀、友信。没有人性的，绝不可入我们的环境。懂多少，做多少。贵乎行，要细心。

六二。系小子，失丈夫。

知人、识人，能知小子与丈夫。系恋小子，绝对得丢掉丈夫。"系小子"，必"失丈夫"，小心！大丈夫看你是这等人物，还和你混？人在社会上，如常和小人在一起，绝对"失丈夫"。

最难的并非识时、识势、识人，最难的是自识。自识者，做事有一范畴，不会有大失。不要看人好，心中不悦，应问自己能干什么。必先识己，然后出门才知"小人与丈夫"。"方以类聚，物以群分"，吉凶自此分。系外夷，则失其国。

"师，贞，丈人吉"，贞，正，蒙以养正，止于一之道。"天得一以清，地得一以宁"，"吾道一以贯之"，一中之道，学一用中。学大，人能担一即大。师，难免动兵。人口占世界四分之一，还能不争？不然吃什么？师要贞，得由丈人领师。"我丈夫"，太太将丈夫看得不得了。丈夫像个样，即大丈夫。"丈人吉"，如姜子牙、杨令公。"大人者，与天地合其德"，大人已不动兵，故不称"大人吉"。

"舟车所至，人力所通，天之所覆，地之所载，日月所照，霜露所队"，有人住的地方，都得守住，守土有责。"居天下之广居，行天下之正道，得志与民由之，不得志独行其道"（《孟子·滕文公下》），有治理天下之机会，则与民守"天下之广居，行天下之正道"，不得志，则独行其道。独行己道，"率性之谓道"。有此觉悟，故"富贵不能淫"，富贵了，也不越分。不可以有权，爱怎么样就怎么样。"贫贱不能移"，就是处于贫贱，亦能守住正道。"威武不能屈"，勇者不惧人势。智、仁、勇俱备，谓之大丈夫。

"天上天下，唯我独尊"，"慎己独"，每人皆有，人人都一样的即独。人人皆有佛性，皆可以成佛。人人皆可以为尧舜，未离性做事。秀才是孔子的罪人，讲书愈讲愈错。违背人性，即做事不由人道。懂人性，少做坏事。

独，不在别人知否，还讲成"独居时"？要点记住，人为何而活，还等死上极乐世界？儒家思想多有责任，守住广居之地。仁者不忧己私，智者不惑于欲，勇者不惧人势。

人愈老愈思亲，细想，没法不孝顺。拿出几分之几对父母，岂不是孝？父母爱子女，人性！亲情，与生俱来的。女子，为母则强，性也。母鸡都护小鸡。不养儿，不知父母恩。可是今人却都"孝"子，而忘了孝父母。

《象》曰：系小子，弗兼与也。

《象》真美！"弗兼与也"，不能兼相与也。"鱼，我所欲也；熊掌，亦我所欲也。二者不可得兼，舍鱼而取熊掌者也"（《孟子·告子上》），鱼与熊掌不可兼得。随否，就得失泰，"否泰，反其类也"。

相与，但不可以浑水摸鱼一辈子。做官的就是大人？今天有些做官的，什么格都有，就是没有人格，不是小人，更谈不上丈夫。想一脚踏两条船，天下无此事，"弗兼与也"。自以为聪明，其实"人之视己，如见其肺肝然"。

相混，乃臭味相投。"不识其人，则视其友"，建立原则，永远颠扑不破。

《孔子家语·六本》：孔子曰："吾死之后，则商也日益，赐也日损。"曾子曰："何谓也？"子曰："商也好与贤己者处，赐也好说（悦）不若己者。不知其子，视其父；不知其人，视其友；不知其君，视其所使；不知其地，视其草木。故曰：与善人居，如入芝兰之室，久而不闻其香，即与之化矣。与不善人居，如入鲍鱼之肆，久而不闻其臭，亦与之化矣。丹之所藏者赤，漆之所藏者黑，是以君子必慎其所与处者焉。"

《人物志》和《孙吴兵法太公六韬》(台北：夏学社，1981年)，好好下功夫，足以应事。《孙吴兵法太公六韬》不错，对中国传统东西解得好。这些书要置于床头，常常领悟。

你们读过的书，留住的少，因小时没有背书。我小时为母所逼，背了点。宰相需用读书人。没有读书人，怎能不乱？旧时代都一套一套的，还"出埃及"？读《易》，从后面读？我说你们不行，但离开老师都是高手。什么"新中原"？中原，有新、旧？

懂"大丈夫"，会做小丈夫的事？没有小子与丈夫都喜欢你的事。"兼与"，鱼与熊掌得兼。都想"兼与"？没这回事！喜欢，是情欲；能不能，是理智。我坐山，看多少虎斗，终有人捡便宜。

慢慢细读，上句不懂，不读下句。有一句真明白，就用一辈子，成圣成贤。多读书，每天做完事，即知自己是什么东西。读书在明理。明理不难，知所以用理为难！

六三。系丈夫，失小子。随有（又）求得，利居（守）贞。

如尽和丈夫在一起，小子不肯向你靠。人有多少知自己是干什么的。以"居贞"自惕，不乐以忘形。儒家说求仁，"求仁而得仁，又何怨"(《论语·述而》)，结果可能是文天祥，亦无咎，"人生自古谁无死，留取丹心照汗青"(文天祥《过零丁洋》)。

什么叫"照汗青"？将竹子光面刮除，温火烤干，竹子出汗了，没有湿气，则虫子不生。

"随有求得"，随又求，必得所求；"利居贞"，得到，还要有正固之德。民初军阀时期，几度易帜，多热闹！最后无一个站得住。其利，在于守住正固，"利居贞"。

"求"，求学，求婚，求饱美。"不一样馒头店"现在用机器做已不行，新店那家馒头店仍是手工的。随遇而安，不求，就没有求不得之苦。想吃，没有，心里不舒服。自从海水污染以后，我不再吃生鱼片。我是到日本学会喝啤酒、吃生鱼片、喝味噌汤的。

随又求又得，得有个标准，其利在于守正。止于至善，格致诚正。《大学》与《中庸》相表里，《中庸》与《易经》相表里。

我想找个地方闭关，写点东西。必深入，熟能生巧，惟精惟一。"微危"不可怕，用"精一"功夫治之。精，纯一不杂。一，不二，诚者。味精，无杂质。"文王之德之纯"，纯，精之德（得）。"诚者，天之道；诚之者，人之道"，"其为物不二"（《中庸》），故生生不息。"允执厥中"，中和，中庸。佛教"不二门"，即"一门"，信也。

天台宗所立十种"不二法门"，以显示观心之大纲。所谓十不二门者：一、色心不二门；二、内外不二门；三、修性不二门；四、因果不二门；五、染净不二门；六、依正不二门；七、自他不二门；八、三业不二门；九、权实不二门；十、受润不二门。

二即分心，一就不分心。没有成就，乃坐着胡思乱想。我要找小庙住，要不分心。看《坛经》，中国佛教，活泼，和常人一样。

《象》曰：系丈夫，志舍下也。

注解作参考，慢慢琢磨。

"六二"中正，不称"小子"，说"下"。

想安宁，"利居贞"，得"舍下"，从丈夫。人皆有所求，必有所得，故曰"皆自得也"。舍下，特别难。人似乎生下来，即有下流性。想成"大丈夫"，不可以自甘下流。

今天一详细分析，出门交不到有功，门都不敢出。好好想，可以想出很多事，接触事情的前线，就知自己怎么走。在其环境当中，必须舍下，因"弗兼与也"。

人将死，犹说"舍不得小孙子"！在舍之前，是有情义关系的才叫舍。在感情上都想独，冷静一想，办不到，必舍。舍固然苦，不舍更苦。未来的结果，比舍还苦。

好好悟随卦，则知怎么对祖国。琢磨时学，学解决问题。如真有爱国之心，得为爱而牺牲。吓吓同学，不必牺牲，就可得到。不懂落脚，什么办法都没有。必得言之成理了，才能征服人。

九四。随有获，贞凶。有孚在道，以明，何咎？

"九四"承"九五"，随君，故曰"随有获"，"获"，即有成。但四爻，臣位，"无成有终"，不可以居功。地位是随，如有成，就是对，也有凶。随得不正，跟着贼团跑，虽有所得，最后"贞凶"。

"有孚"，得有人性的表现；"率性之谓道"，"在道"。行事合于道。违背人性做事，真苦！"有孚在道，以明"，不敢自暴身份，还"以明"，以此明辨之、笃行之，明于世事，何咎之有？但不易，随错人，又如何"以明"？能"以明"，则何咎？明什么？明功也。所以，要你们"笃功"。

怎么民主，也有主从，当然有随，"无成有终"。随，想有群众，不正。人有私，因此圣人才倡公。

有德，才有好子孙。什么都可以缺，千万不可缺德。买卖可以做，绝不可做杀生买卖。我吃素，非想上极乐世界。

我现有定力了，真定了。不动心，什么都一笑置之。生不带来，死不带去，留下的毁不了。宣统，不知其心中所想，晚上可以逛故宫，腻了就回。人生，应多有时间做些有利于别人的事，不要争名夺利，将人的立场都丢了。

时的标准不正确，但真理就一个。今天偶一不慎，就站不住。应自求多福。

《象》曰：随有获，其义凶也；有孚在道，明功也。

"有孚"，即有诚信；"在道"，行事合于道。不要愚忠、愚信。"以明"，以此明辨之、笃行之，明于世事，表功。不要抢功。抢功必失功，让功必得功。实至名归，才能持之久远，用术没用，终烟消云散、灰飞烟灭。

没能明功，又如何证明你是"有孚在道"？无论大小事，不能"有孚在道"，绝不能明功。自《易经》求智慧，不只是避祸，而是不求祸。不求祸，不与祸邻，则祸不来。

读一卦，要知这卦说什么，以何为戒、为法？笃你的功，不能功也渝。怎么表现出来？要以明，"明功也"。怎么做？今天怎么做？得有行动、有所建树，表现出你是"有孚在道"，不是作秀。要在行为上表现出来。怎么做？作文章有用？没能"明功"，又如何证明你是"有孚在道"？

无论大小事，不能"有孚在道"，就绝不能"明功"。人和人都得如此，国家民族还想"兼与"。得启示、教训、鼓励，知什么必得干。记住："随有获，贞凶。"脱凶，"有孚在道，以明"，"明功"。好好想，有良知者，晚上必睡不着。

回去琢磨，要深入。以我所讲做参考，琢磨超出范围，更有用。

九五。孚于嘉，吉。

许多注，皆作文章。

"孚于嘉，吉"，此"嘉"字，嘉礼，囍，双喜曰嘉。吉，元吉，善吉。"九五"与"六二"相应与，佳偶天成，两人情投意合。"孚于嘉"，得诚信于两方面才行，诚信于善，人有善性，顺善而诚。

我中正，无半点偏私，人家能接受。说某某是孙悟空，言外之意：跳不出我的手掌心。多不自知！

张学良好坏不论，赵四能从张于患难之中一辈子，就了不起！国家大事如此，连对爱人都必如此。

《象》曰：孚于嘉吉，位正中（应是"中正"）**也。**

"有孚在道，以明""明功"，是指自己。"孚于嘉"，乃这个孚能被对方接受。诚信被本身以外的人接受，因你"位中正也"。

君臣不真相悦，能吉？不定时炸弹，到时必爆发。"愿怨而友其人"(《论语·公冶长》),则同床异梦。两情相悦,才能吉。

当领袖,必须上下真合,才吉。

上六。拘系之,乃从维之。王用亨于西山。

拘之、系之,还必加"维之"的功夫。"系",绑紧些;"维",亦系。以德为本,多少也要用点术。

在一团体,有从之者,也必维之,才能巩固。夫妇间也如此,缺维之,最后必离婚。

固结人心,并非易事。干部,随从,跟随你,也不能完全用术,要有真诚。心之根本问题,必自"心性"此一根本解决。一部《大学》,什么都是"有德者居之"。一个人必得正德,可欺一时,不可欺永久。不能正德,不能维系群众,什么作用都没有,当然被架空了。

"拘系之,乃从维之",周的公刘以此术逃亡,百姓襁负其子随之。周的基础,自豳打下。《诗经》有《豳风》。

《史记·周本纪》:"公刘虽在戎狄之间,复修后稷之业,务耕种,行地宜,自漆、沮渡渭,取材用,行者有资,居者有蓄积,民赖其庆。百姓怀之,多徙而保归焉。周道之兴自此始。"由于公刘贤明有德,豳地物阜民康,人口繁衍很快,河岸边的台地上住室成排,炊烟袅袅,一派兴旺景象。经数年经营和发展,公刘和儿子庆节建立了豳国,并在公刘邑的基础上,修筑了豳国都城。

宣统将其读书屋子改成"咏豳斋"。昔日四合院,门房、上房、东厢、西厢，各屋取名，为便于找。我的"咏豳轩"，是复辟留下的纪念，康有为写的。

张勋复辟，由宗社党党人铁良及其旧部张勋等清朝遗老一手策划，于1917年7月1日拥护时年十二岁的清朝逊位皇帝爱新觉罗·溥仪在北京复辟的政变，前后历时共十二天。因发生在丁巳年，亦称"丁巳复辟"。

人家追随你，不要以之为奴才，此心态不好。不可以掉以轻心，不但拘之、系之，还得维之。应好好拣选，"约之以礼"（《论语·雍也》），即以礼待之，不论年纪。长辈常说："不要太拘束！"要"约之以礼"，不可以轻慢之。李敖有生花之笔，可以好好写《南民史》。

与你没名分的人，必须客气地对待他。抓住一人多难，先待之以礼，再用绳子系之，必要时再拉回。如不可靠，就跟着，维之，如胶似漆。维，丝线，最坚固。想拉帮，必对跟随者用此三部曲。

古时，亨、享、烹一个字。台湾地区无"烹"的手艺，中国吃太讲究，煎、炒、烹、炸，一个比一个难。

"西山"，西岐之地，周的发源地，至西山方立下基业。"亨于西山"之德，示不忘本。

岐山，周文化发祥地、周室肇基之地。古公亶父（传为后稷第十二代孙，周文王祖父）因戎狄威逼，又由豳迁到岐山下的周原（在今陕西岐山北），建筑城邑房屋，设立官吏，改革戎狄风俗，

随卦第十七

开垦荒地，发展农业生产，使周族逐渐强盛起来。周文王起于西岐之地，龙兴于关中，奠定了武王会盟天下诸侯以灭商的基础，最终一统天下。

拘、系、维，经此三步骤，才能当领袖，终享西山之伟业。万众一心，大家才能有"享于西山"的伟业。

《象》曰：拘系之，上穷也。

"拘系之"，人心固结，随之极也，近悦远来，远近大小若一。

"上穷也"，"穷"，极也，随之极也，无所随也。穷极，致仕，隐退，有终也，有多大的能耐！如在后面净捡便宜，则是剥削阶级。"上六"不当位，可能是个资政。不可给个官，"慝怨而友其人"，则埋下不定时炸弹。

上极，德之极，必躲一躲，否则人必除掉你。急近利者，无远谋。百姓跟着公刘跑。人无千日好，永不会成功。一个人绝不能成事，许多事常因祸而得福，因有许多人帮忙。识、量、胆，没量能容人？容异己。见近利，绝无远志，经不起人的考验。

不懂"拘系之，乃从维之"，其结尾即全斗焕、卢泰愚，垮到底！拘之、系之、维之，为上者之极术（德）也。固结人心得有多大的"忍"德？急功近利者能办得到？有所企图而养德者能办得到？养德，完全自自然然的。追女友亦应用之，人生即如此。不能用到事上，书即白读了。说"许多人在老师眼中，都是行尸走肉"，还算了解我。

易经日讲

最没心机的人做"密使",还能说?急功近利,可用在好处,也可用在坏处。

标准的教书匠,绝不适合搞政治。船山是明末清初大儒,抗清失败,在窑洞中遍注群经,才高于来子,可谓才高又具社会经验,但非文章之士,文章不好读。熊十力赞美船山《周易外传》,熊十力在《易》的成就,亦颇受其启示。

子书,讲读书方法,好好温习,不可以等闲视之。讲经、传经,必下真功夫。读完,以时事印证。

不喜你的行动,所以要反对到底。古今中外领袖至此,不是空,是什么?病根到底在哪儿?如尔为尔、我为我,事不关己。闭门读《易经》,岂不太易受惊了!要特别下功夫,非空话。我们必以理论印证事实,才有作用。

不要一辈子当书呆子,不必专业讲学,可以业余讲学。在社会愈有经验,讲学愈有成,如王船山、王阳明。连签呈都不会写,还谈什么政治?讲学,得发心读书,不可以摆个样子而已。

"元、亨、利、贞"四德具备,保持随之道,必"元亨"。得不骄,才"利贞",守正固。如随祖国,天经地义。书读明白,很不容易。同学完全不懂"天德、奉元",只有忍耐。

如随的是人,得识人。随错,只会丢脸。

既是团体中一员,就有道德责任。对任何事都有道德责任,不是人拜托。《论语·宪问》"久要不忘平生之言"。一个人如无道义责任,与畜生何别?一个人无品,绝不可与之交友。他能出卖别人,则谁都卖。想为国贡献,还在乎屋的大小?

今有人无道义与信。耳之所闻、目之所见,皆道义责任。

想做事业的绝非凡夫。朱子德不足，没有大成就。

有关系，责任更不必谈。人之所以为人，就因为有伦。没人品更是没希望。"真"之中，还得选一选，同学绝对有作用。

不必多，三人即足以强齐。自"管鲍之交"，看怎么处朋友、怎么成事业。我在十几年中，将两百多年作废的东西都重修，此为道德责任。想成事，得先立身。无品，怎么耍都没用，得立身行道。

人生好不容易，我愿足矣！讲道德、说仁义，得多少做点人事。

遇事，必得有三天冷静的工夫，考虑是否随。失了利贞，必有咎。不能每人都当领袖，必得随。不可随人，要以组织对组织。有组织，必得有智慧，能干。

元，有元的规矩、范畴（即准），处处以此为准。文，为准，"文不在兹乎"？人死了，道可没死，就在自己身上，皆不假外求，乃与生俱来的。

正固，贞，始终如一。失准就失德。得有多大的智慧，才不白读书！千言万语，遇事得慎思之、明辨之，四面八方考虑好再做，与你未来生存有莫大的关系，必须识这个随。

蛊卦第十八

（山风蛊　艮上巽下）

艮为山，巽为风，"山风蛊"。风在山下，山下有邪风，蛊。艮，止也，须风止，才能治蛊。

"蛊"：一、乱，惑也；二、治也，整治蛊。否极泰来，"治起于衰乱之中"，蛊即衰乱，得干，不能坐以待毙，要拨乱反正。蛊卦给人无限的盼望。

《序卦》："以喜随人者必有事，故受之以蛊。"

"以喜随人"，一窝风、邪风、无主见之风，自腐、自坏。须风止，才能治蛊。

《杂卦》："随，无故也；蛊，则饬也。"

随、蛊二卦相综，随无故，有故则饬。蛊是怎么来的？怠惰，懦弱。"饬"，修治。"治起于衰乱之中"，治，太平。

人要对什么事太因循，即诡随，当断不断必受其乱。萎靡不振，怎能成事？事不急，还是你不急？吃什么奶，长什么肉，看破世情惊破胆！哀莫大于不知耻。

"没吃过猪肉，可见过肥猪走"，我看过太多衮衮诸公。

东西一久，必败坏而虫生。把一些臭虫放在盘中，我咬你一口，你咬我一口，蛊的结果。养虫子，剩下唯一的，成毒王，取之成蛊毒。

《通志·六书略》："造蛊之法，以百虫置皿中，俾相啖食，其存者为蛊。"《周礼·秋官·庶氏》："掌除毒蛊。"

治病，以毒攻毒，用蛊医天下难医之病。

中医素有"以毒攻毒"的经验法则，在保证用药安全的前提下，可用适量的有毒药物如蝎子、蜈蚣、蟾蜍等，治疗恶疮、肿毒、疥癣、瘰疬、瘿瘤等病情较重、顽固难愈的疾病。《黄帝内经》中提到，治病要用"毒药"，药没有"毒"性，就治不了病。

疾蛊，疾固。孔子"疾固"（《论语·宪问》），"毋固"（《论语·子罕》），是固的都去掉，多进步的思想！没有疾固，那什么道也讲不了。怎么突破这个固？"学则不固"（《论语·学而》）。怎么学？"学而时习之"。学成，即成"圣之时者"。

今天人类之"固"何在？一时有一时之固，一人有一人之固。有功利境界、伪，早晚失败。准——原心定罪。千万不可以耍小智慧，人之生也直，直人即真。道家讲真人。

"吾道一以贯之"，此奉元之所宗，你们要有志。2001年新纪元，同学要发爱心，行有余力做一点，众志成城，在台湾地区建设"华夏学苑"。自己应有信心，该做什么、怎么做。活一天要做一天，不成也没关系。同学绝对要有道德责任感，与一般人不同。有志，不影响做道德责任的事。应将蒋氏父子埋回奉化，此亦道义责任。人不老，不懂老年人的心理。

学管仲，纠合两岸，不以兵车。无升平、安定，怎么发展？

人太没有智慧，就欲胜智，没有脑，完全自我陶醉！各怀心腹事，尽在不言中。要改造台湾地区，"若药弗瞑眩，厥疾弗瘳"（《尚书·说命上》）。

养兵千日，用之一时。任何事都要有备无患。同学有用，在肯负责。嘴上无毛，办事不牢。汉有"四皓安刘"。

> 刘邦欲废太子，立戚夫人子赵王如意。吕后恐，乃使建成侯吕泽劫张良为其计划。张良以此难以口舌争，认为刘邦有所不能致者为商山四皓（秦末隐士东园公、夏黄公、绮里季、角里四人），可令太子修书，卑辞安车，请以为上客，时从入朝，则为一助力。刘邦得知后，叹羽翼已成，竟不易太子。（事详见《史记·留侯世家》）

巧取没用，有人相信你？一个东西在某人手中是法宝，而在他人手中可能是废物。不能按部就班做事，巧取豪夺，能成？大家都要和平，没有人希望战争。

人生最要紧的有二事，一择业，二择偶。如果二事都失败，一生就完了；其中一个失败，半身不遂。今天自由恋爱，很多家都不像家。到一个家里，即知主妇的程度，此"毓氏原理"。好自为之。

一家蛊，原因何在？旧家庭，男人除吃饭外，就做事。中国年轻人如都蛊，国就忧。

中国受百余年的气，今天正是好时代。没生在那个环境，无法知道。不做盛世之民，还要制造亡国奴，当儿皇帝？你们适逢盛世，应有志于一辈子完成一件事。学医学得好，每天可对别人有好处。把分内事整明白，书才能教好。有好好讲一部书？

如生于盛世，还不知自己要干什么，白活了！要当事业，不可以当职业。一个人做事，易于坐这山望那山高。志在于教书，书才能教得好。每个事件都人为的，是知识问题。生于盛世，必须做件有成就的事。不要净做雅奴，此即我的治家之道、教子之方。

蛊，元亨，利涉大川。

旧时代，"涉大川"为最困难的事，用以喻突破一切困难。

蛊，何以"元亨"？何以"利涉大川"？在蛊时，打烂仗，"言不必信，行不必果，惟义所在"（《孟子·离娄下》），即义之所在，所以说"元亨"，没说"利贞"。

蛊之所以成治，乃自"涉大川"来的。物极必反，否极泰来。

先甲三日，后甲三日。

来子注："本卦艮上巽下，《文王圆图》艮、巽夹震于东之中

（参见682页下图），故曰先甲后甲，言巽先于甲，艮后于甲也。"

"先甲三日，后甲三日"，必有所指，没人懂。没有人了解《易经》到底说些什么，完全是臆说，自欺。讲书，必交代谁说的，不明白，将责任推之。

我自小好索隐行怪，当时今文学盛行，连中山先生都受影响。我从读书至今，"大易"与《春秋》每天不离手，到现在也没懂。孔子《春秋》绝对有深旨，因"志在《春秋》"。两部宝典，慢慢琢磨，一讲理论一讲实践。台湾地区以《春秋》得学位者，近二十人。

中国这套东西，愈读愈不懂，但能维系。

我绝不讲怪力乱神，但崇敬宗教主的智慧。

"甲"，一事之标准。"先甲三日，后甲三日"，先始三日，后始三日，三思而后行，有所检讨。做事，事前有准备、事后有检讨，即原始要终，慎始诚终。

不怕没好事，就怕没好人。乱，想出许多办法来。治起于衰乱之中，有厚望焉。乱极必治，但必利涉艰难险阻。《春秋》讲"拨乱反正"。

《彖》曰：蛊，刚上而（能）柔下，巽而止，蛊。

"刚上而柔下"：艮，"上九"在上，阳尊，艮而止之；巽，"初六"在下，逊顺，顺悦为始，阴顺以入，止于至善，上下各安其位，而不相陵越。

"止于巽"，谦逊，"止于至善"。"巽而止"，上下拼命努力，直达到巽的境界才停止。蛊，治也，成其事。

王船山注："蛊之所以成，非易也。既已治矣，必有保治之事，深思永计，以善其终。"

蛊元亨，而天下治也。

王船山注："泰者上下交，乃治道之开；而蛊者，则阴受阳交，而承阳以致养，治之成也。天下治者，承平之世也。"

乱，想出许多办法来。治起于衰乱之中，有厚望焉。

要改变家，乘机说一段，慢慢改善。活在家中，家必须愉快，才是人生。不要求过高，标准放低些，孔子也没和母圣人结婚。人必会老，老了，必得别人帮忙，喊"老伴儿"。

人是人，因嗜欲不同，行为就不同。礼，同中求异，中国人善于辨析。人都有个性，必容异己，家才有快乐可言。将对方的缺点变成个性，说"喜听小曲"，即唱反调。先受一点气，后其乐无穷！

问："没买姜？"答："今天少吃点辣。"要以柔克刚，此即术。许多不同的东西凑在一起，组成家，家要能容。家处处热闹，也不生气。家，本立好了，做事就绰绰有余，人生才有趣味。天下本无事，皆庸人自扰之，许多事要看清楚。家不和，最大的失败。不必怨谁，一个巴掌拍不响。

孔子埋在河边，可见死时并不太受重视，其后才称"洙泗水"。孔子与孙子子思埋得近，可见到孙子时，家中仍穷。遇事，应追根究底，想一想，推断那时的情况。腐儒还作《洙泗考信录》。

清崔述撰《洙泗考信录》四卷，主要考核孔子生平事迹。洙泗，是鲁国水名，洙水在北，泗水在南，其间即孔子讲学之地，故名。

以《国语》《左传》《论语》《孟子》《史记》等儒家经典为主，将有关孔子的记载按年代编排，凡传、注与经合者予以参证，不合者则加以考辨。

看今天，得知明天，先识也。我不喜孔明，马后课。识微，"莫见乎隐，莫显乎微"（《中庸》），"不恒其德，或承之羞"。

否极泰来，何必忧伤？当忧伤自己是否有选择之智，总有一个胜利。

利涉大川，往有事也。

《易经·序卦》云："蛊，事也。"人必有所事。"利涉大川"，任何一有成就者，都得经过多少艰险。"往有事"，往前做，有所作为，往有功也，将来必有成就。

先甲三日，后甲三日，终则有（又）始，天行也。

春夏秋冬，二十四节气总转，终而复始。终始之道，自然之运行。

来子与郑康成所讲，皆无终始之义。

原始要终，事前事后，深思熟虑，乱必有因。"既济"接着"未济"，终则又始，即"大易"之道、终始之道、生生之道。"天行"，自然法则。法天行，法自然，中国思想即法自然。法自然，比"则天"美，属于自然的都法。老子即提出"法自然"。

《老子·第二十五章》："人法地，地法天，天法道，道法自然。"

中国学问、文化、思想即尊生。既尊生，焉能杀生？"闻其声，不忍食其肉，故君子远庖厨也"（《孟子·梁惠王上》），孟子伪，"哑"圣，隔山听不到猪叫，所以照吃不误。连蚂蚁遇险，为了活，都知逃命。

中国讲"天行"，"天行健"。文行忠信，信望爱。一民族的思想产生于其环境。

中国人思想："居天下之广居，行天下之大道"，"东征而西夷怨，南征而北夷怨，曰：奚为后我"（《孟子·梁惠王下》），"箪食壶浆以迎王师"（《孟子·梁惠王上》）。生在中国，根本没有罪。以色列人真是上帝选出遭罪的"选民"。好好追究，要深入思考中国思想到底是什么。

一定要平心静气读书，看小说可扔的很多，不要太浪费时间，快快看过去。我少看闲书。近日学生送来某某的书，其书之所以盛行，因为你们太普通科。此人之文笔与思路，不如李敖，无可取。

老舍是旗人，是我的旗下，我是正红旗旗主，老舍有《正红旗下》（未完成）。归旗，旗下。红旗村，在北京西城外。曹雪芹归旗后极可怜，小屋中满墙题诗。

《象》曰：山下有风（邪风），蛊。君子以振民育德。

用有毒虫子养毒素，蛊，失伦失序。邪风，一窝风，天下乱，吹得乱七八糟。乱，想出许多办法来。

尽随风扯，西风东渐，世风日下。欧风东渐，风俗习惯，败坏风气，随风就蛊了！人家有的，我们都有了，风之可怕！想治蛊，必创一个风，"开风气之先"，以阻随风之蛊。

家,小孩有小毛病,不提醒,歪风进来了……家风必守住,否则就家风日下,坏!

"振民育德",王船山注:"风以振之,山以育之,始而兴起,继以养成,教民之序也。"

治蛊之道,得先振家人,然后育德,"以果德育行"。持之以恒做,最难!一个母亲要能教子始终如一,绝对是良母。教育谈何容易?孩子能上轨道,母亲绝对有可取之处。

社会何以败坏?母亲每天有行动,少陪孩子做功课。振子都办不到,还"振民"?"振民育德",读任何一句话,不要空读过去。儿子是自己生的,有振子?贤妻良母,谈何容易!反省家是否健全,有无振子育德。人生第一大事望子成龙,得好好教子。

王弼注:"蛊者,有事待能之时也,故君子以济民养德也。"发现时代有事了,等待能人之时也。"待能",待嫁,多大之期许!得修能,博士牌子也没用。一句话,多大的启示。有事了,必待能者才能解决。有事待能,得慢慢找。

能人非天上掉下来的,得自己造就,能"济民养德",有振奋人心的作为。做学问、求智慧,皆为己。解决问题,必真有智慧。治事,要懂得理事之道,得博学,一样不通也不行。教书,窄而深地研究。治事,一样不通,怎么对付这个社会?人各有志,但净乡土,最后绝对灰头土脸,什么都得慢慢上轨道。

"振民育德",金声玉振,振衰起敝,振奋,振聋。"振民",新民的功夫,第一步得"育德"。育,篆文 𠫓,𠃬,象初生婴儿的头朝下;𠔿,肉,象母亲收缩的子宫。象征养育之恩,《说文》

云："育，养子使作善也。""育德"，永久性，是多不易！无法立竿见影。望子成龙，"望"是育的功夫。"育"之深意太重要，"育德"如育种、育苗、育子。报养育之恩，以"果行育德"，果中含着智，对事果断。无"育德"，焉能"振民"？群而不党。

有些人什么都不缺，就缺德，善行太少。乡下愈老的愈亲切，根本不懂得什么族群问题。人想要好，不要做梦，快快脚踏实地，好好"振民育德"。无论怎么变，都是有用之人的天下。将来最吃亏的，是自然环境限制你们。

天命，天意，天行，法天，天民，先觉觉后觉，每个人的责任。自年轻就好好读中国书，绝不欺人。我坐屋中读五十年书，没有家室之累。你们了解太少，应自年轻好好下功夫，当个趣味。真明白，愈读愈有趣味。

推己及人之谓术。妙方多，中国成方多，会看不会用。问题要解决，解决必用智慧。

学文史哲的，读经书立本。"未能事人，焉能事鬼？"（《论语·先进》）有此智慧？不懂思想、文化，会背书有何用？我绝不语"怪力乱神"。我家中不择日，也不合婚。导民于愚，哪有人格？人不可以迷糊，千万不能迷信。此即蛊。

好好思维中国思想，以中国方法对付，绝对绰绰有余。中国人要用中国东西，以中国智慧对付夷狄。中国之学，源于《易》。看易学著作四五种，有智则可写第六种，但视见地高低。有能人才能办事，不知哪片云有雨。

"人无生而贵者"，多美的思想！旧时代敢这么讲？"天子之子曰元士"，士之老大。

《仪礼·士冠礼》:"天子之元子,犹士也,天下无生而贵者也。"

大人之入手处:"与天地合其德"。古人想事,多细微!仔细读,一句即足。"能",是用教育造就的,有工夫就要好好看书。文抄公,净读概论。

我一周,至少三天一夜不眠。气人,也得有机术。不急,一周一卦,求智慧要有耐心,不可以偷工减料。

来子《周易集注》,不过是敲门砖,并非学问。必熟读《乾坤衍》,然后读《体用论》。

得有表现,才能传秘方。个人修为不同,有喻于义,也有喻于利。知怎么看书,必慎思。我天天喊,要训练能人。每句话,都得思量,细思量。六爻,应事之时、机、地方,"旁通情也"。

四本注(王弼、程颐、来知德、王夫之),四个想法,以之作为参考,"不可为典要,唯变所适"。

初六。干父之蛊,有子,考无咎。厉,终吉。

"初六"阴居阳位,当蛊之时,才柔志刚,外圆内方,"和而不流,强哉矫",能"干父之蛊"。讲父子之道,继志述事。干蛊,振既坠之家声。父亲做错事,儿子得负责,干蛊为中国文化。

"干",堪任其事;"蛊",败坏之事。父母在世时,看父母有错误,儿子亦有责任,要"几谏",不可以放弃。"事父母,几谏"(《论语·里仁》),即"干父之蛊"的第一步。不要刺激老父的谏,指东说西的。

"有子",《礼记·祭义》云:"幸哉有子!如此,所谓孝也已。"孝子，继志述事，所以叫"有子"。天子，继天之志、述天之事，"天工人代"，得忙死。

"考"，父死曰考。"考无咎"，父因其子而无咎。父亲在世时，难免有失德，如发财中间有手段，罪孽深重即蛊。有好儿子，知父在世有贪污行为，能为之弥补，即"干父之蛊"。父母过世，有子能继志述事，光宗耀祖，以补父母之过。因子能"干父之蛊"，考才无咎。"立身行道，扬名于后世，以显父母，孝之终也"（《孝经·开宗明义章》）。

做好事，遇困难，不要沮丧，"厉，终吉"，虽经重重困难危险，结果吉。大禹"干父之蛊"，治水十三年中，"三过其门而不入"（《孟子·离娄下》）。玉是何等坚硬，当年的工具不如今天，究竟是如何雕刻成的？禹是怎么凿开龙门的？如一失足，命就没了！见贤思齐，并非空言。脑中必须有几个见贤思齐的对象，每天用以自勉。你们没有偶像，所以不能成功。

昔日皇太子，也无今人的享受，你们还不好好读书？净抄书，一事无成，还不知耻？知耻近乎勇。孙子好说，说我一天净看一本书。

玄奘为求知，历尽千辛万苦，看昔人所下的功夫有多深！何以今人净自欺？尽是些逐欲之夫，每天闲着没事干。

每天要勉励自己，要发心，不出三年，绝对上轨道。遇难处时，就想到大禹与玄奘，就可振起精神。

中国思想有组织、有系统。"干父之蛊"，有好儿子，死后乃无咎。文王、武王"达孝"（《中庸》），能比得上大禹？一个人的成就，岂是易事？"无咎""终吉"，皆自"厉"过来的。

要真自知。如为人谋幸福，要想到大禹；求学，要想到玄奘。

易经日讲

《象》曰：干父之蛊，意承考也。

读《易》，把字弄清，即白话。

"意承考也"，承考意也，承老父之遗志。道尽孝思。以前无论别人怎么称赞，都要说自己乃"承先父遗志"去做。

修身，得诚意；意诚，而后身修。意是什么？心猿意马。《大学》格致诚正，比禅宗高明太多。大禹继承鲧治水，毫无怨言，意承父心。你们要发心，好好向道，对这块土发挥作用。

父母在，"几谏"；不在，"干父之蛊"。有好儿孙，可以弥补父母的不足，光宗耀祖。做事岂容易？愈做愈知道不易。靠"黑"起家，后面跟着"金"，脱去可是不易。

旧社会真有礼法，朋友送礼，说："给老太太送礼。"看朋友的父母。内当家再把东西分出去。吃的东西，第一盘送祖宗，第二盘给活祖宗。

诗礼之家，以《诗》《礼》传家，是内圣外王的功夫。"不学《诗》，无以言"（《论语·季氏》），言社会问题，为社会服务。幼儿园、小学阶段，学做人、学生活，知道怎么吃、怎么整理，应从礼上教。

今天的儿童该接受什么教育？《千字文》要读，其余则贵乎使其会想，而不要净教授些"三家村"东西。今教学童读经，读老、庄有什么用？还要儿童穿着今天连死人都不穿的衣服，一面背诵古书，岂不落伍！

德与艺，两者缺一不可。小孩贵乎能想，使父母快乐。中学生要学做人，大学生要学做事。为政者必知本，不能舍本逐末。今皆逐末，大本不立。现在尊师重教，"修道之谓教"（《中

蛊卦第十八

庸》)。没有比农人再有德的了，没有机会做坏事。假圣人，净男盗女娼。自抗战以后，我即抱修行主义。必须自己改造自己，不在乎别人说。

"初六"阴居阳位，柔居刚位。有大志，但父在世有蛊，得补父之蛊，必"子为父隐"(《论语·子路》)。有刚，才能做大事业，但得有柔之德，《尚书·洪范》"刚克柔克"。每一个都得细深思，都有深意。如一人见什么官都能做，就没有生命力。有机会就做，绝对是奴才。如是为自己做，则自己有成就。

奉元，祖元，此"元精神"绝不能改。"秉大至之要道，行礼运之至德"，以礼运世，必须有创方的智慧与能力。有了智慧，就可以废物利用。人亦然，就看你会不会用，"非不能也，是不为也"(《孟子·梁惠王上》)。人与人不同，人比人得死，货比货得扔。不是一等人，凑不到一起。天下没有傻子，人多想一会儿也明白，不要骗人。有几个学生真的内心佩服老师的？真想成功，必得脚踏实地。

无论环境、时怎么变，永属此一环境、时，就"时乘六龙以御天"。疾固，生存的力量。求真知，知方向。天天喊，不希望你们做伪君子，要能伟大。

九二。干母之蛊，不可贞。

昔父在，母不通外事；父不在，母处理外事。

"贞"：一、固也，固执己见；二、正也，守正。

"不可贞"三字特别重要！补母之过，因不了解女人事，必曲求之，不可如男子之阳刚，一意孤行，要随时应势。

《象》曰：干母之蛊，得中道也。

"母之蛊"不可言，所以"不可贞"，"得中道也"，亦即"忍而不发"。不能老暴露父母缺德处，必于不言中去干。中国人提父，即包含母。

什么叫中道？"喜怒哀乐之未发，谓之中"，无过与不及，"父为子隐，子为父隐，直在其中矣"（《论语·子路》）。

"事父母，几谏"，要相机而谏，忍而不发也，否则会逼得母亲上吊。现在子女为父母找对象，这爻用不上了。

"得中道"，不易。失中道，才要得中道，使之复于中道，必矫枉过正，故"不可贞"。矫枉过正，不过正，就没法回中道，"若药弗瞑眩，厥疾弗瘳"，超过中，才能复于中。

"百忍堂中有太和"，忍即中，"发而皆中节，谓之和"。每句话即一真道。以前大家庭的中堂挂《百忍图》。朱拓《百寿图》可以避邪，活百岁。说话得看对象，对我不可以说活百岁。

无论做什么，没有亲情，不会发良知，焉能成功？治事得动之以情。情最重者莫过于亲情。没有亲情，什么也发挥不出来。孝慈，没有分别，"不养儿，不知父母恩"，千言万语，要维系此情。如不能率性，则什么也办不到。缺少良知，就冷漠。"六爻发挥，旁通情也"，"老吾老，以及人之老"（《孟子·梁惠王上》），天下事可运之于掌。得"致中和"，才能天下平。天下，不等于万国。

古人想得周到，可惜后人一无所知。今人聪明过火，什么也不学。做事，不标新立异、索隐行怪，但也不人云亦云。

做学问，得持之以恒，贵乎有恒力，不可以钻尖取巧。好名者必作伪。读书愈多，愈不敢立说，感自己了解太少。有不满意，并不代表自己高于人。古人无利器，却能成就不朽事业。今人毛病，在自欺欺人。讲学与时无关，净无病呻吟。

九三。干父之蛊，小有悔，无大咎。

儿子知父之过，要弥补其过，当然"小有悔"。不够标准，但一美可以遮百丑，终"无大咎"。

无病不死人。要把自己的智慧变成生活，日久才能培养自己的器质。

《象》曰：干父之蛊，终无咎也。

干蛊，也得看环境、知道怎么干。"当务之为急"（《孟子·尽心上》），"当其可之谓时"（《礼记·学记》）。做事有一定对象，到哪儿做事，一定要看对象，知时才能去做。有先后缓急，知所先后，则近道矣。

清兴文字狱，读书人乃走入训诂考据，设博学鸿词科。帝王时代，真理在哪里？自秦汉以后的帝王时代，真理没了！

学，学习、传习。立一目标，看要学什么，然后做窄而深的研究。要你们发良知，人立身之道不同，功业当然不同。每个时代的弊不同，今之弊即无耻。读书不在多少，而在能用。

孝道，还用解释？送老子到养老院，那何不将孩子送"幼儿院"？不要一开始观念就弄错，最后不可收拾。"祭而丰，不如养之薄也"（欧阳修《泷冈阡表》），子欲养而亲不待。一个人就怕内疚，后悔来不及了！"内省不疚，夫何忧何惧？"（《论语·颜渊》）千万不可以自欺欺人。

礼能约束一切人，约之以礼。不给，反而吵。"送条子，需要什么，开单"：此即为人之道，真学问。

没有情，就不能任事，社会上有大成就者皆有情，"爱民如子"（《新序·杂事一》）亦是亲情。一部《易经》讲一个"情"字，"六爻发挥，旁通情也"。如不懂"情"字，六爻的作用就没有了。

你们要练习写、讲，平日就要培养。"祸福"如何判定？什么是"是非"？机、巧、术，转祸为福。自我检讨，养成大人物，才能做事。

六四。裕父之蛊，往见吝。

"裕"，宽裕，为"干"之反。裕过，有此行动，绝对出毛病。隐藏父之罪孽，长父之恶，接着爸爸干。

悔，渐趋于吉；吝，渐趋于凶。

出雁门关外，一片荒凉，天地无法形容，风沙大……旧时中国北方不易管理。风沙一夜，就可把房子埋了。东北在五十年前，最富的地方就有瓦斯。太享福就遭罪。真懂地下工作，必知当地长短，才能水乳交融。民各有所嗜，一触犯其忌讳，百姓即反对。为政之道必投民之所好，"民之所好好之，民之所恶恶之，此谓之要道"。父母官、地方官必"好民之所好，恶民之所恶"。与百姓对立，灾终必及其身。

《象》曰：裕父之蛊，往未得也。

知其不可为而为之，勉强干。有所行动，未得"干父之蛊"之道，多实际！"裕父之蛊"，掩饰父之过，未得补父之过。

阴居阴位，柔弱者想改一毛病，常适得其反，愈描愈黑，"往未得也"。

那自己的责任是什么？至少得干国之蛊，往大则干天下之蛊。如甘地、释迦牟尼，其实不易。但国民至少得干国之蛊。

六五。干父之蛊，用誉。

"六五"言事亲之道。父虽有蛊，但非真无德，不能以己德掩盖父德。

"用誉"，用人得贤，因而得誉。"六五"以柔居尊，为一柔君，与"九二"相应与。"二多誉"，用贤而得誉。必得知人，知人则哲，知人者智。

知人，太难！同学何以不能成事？最大的毛病，在知而必言，没有把坤卦"括囊，无咎无誉"读明白，不能守口如瓶，就是有天大的才智，也没有人敢用你。两条腿的人，到处都是。

干国之蛊，得众志成城，第一步得知人之志，找同志。没有同志，能干事？

因用人而"得誉"，用尽天下的人才。用人而得誉，必得知人，有自知之明、知人之明。舜"辟四门，明四目，达四聪"（《尚书·舜典》），用众人之智。养成群德，培量，任何事业，均非一人能成的。要能任人，借他人之力以完成之。

人的涵养极为不易。一个人一伸手，即知其将来成就如何。有才华者，皆有个性。必能容，才能为己所用。能包能容，"术业有专攻"，不要净耍术，专用奴才，支配人才。武则天（624—705）固然荒唐，但其政绩比西太后好，懂用人才，怕狄仁杰（630—700），因他走得正、行得正。骆宾王（640—

684，与王勃、杨炯、卢照邻，合称"初唐四杂")因《为徐敬业讨武曌檄》一文而成名，武则天说："有此人才不用，宰相之过也。"何等雅量！

用逼，狗急跳墙。跳不过，回头反咬一口即致命之伤。焉可轻忽之？近策：不可再往前逼。"分裂国土，唯一死刑"，中国人都要管。

智不低，皆想当头，必养群德。一个人有了刚之强，还要有"群德"。群德中，必找高过你的才有用。五十年了，真有点崭露头角的，又有几人？不合群又好名，绝对没办法。

中国人以无子为憾事。老子做错，有子可以弥补。"干父之蛊，用誉"，实际事是什么？"用誉"是指什么？毛病出在哪儿？你们须自问是否明白。

《象》曰：干父用誉，承以德也。

"承以德也"：一、以德承父之蛊，接着父亲的事业，但改变其牟利的作风，弥补其缺德事，行善政；二、"用誉"，用人得贤，"干父之蛊"，用人得体，达到目的，"承以德也"。

成功非侥幸，得找有才、有智、有志者，还必重其德。所用皆有德之士，否则不能成事。养深，必深沉。大事业必有大担当，用人才才能成大事业。在用人上太重要，术业有专攻，隔行如隔山。本身虽弱，但只要己明，也能成功。有自知之明，知己之所短；有知人之明，能用人之所长，补己之所短。

承德避暑山庄，乃继承前人，"承以德也"。继体有余，做事不必另辟途径。

蛊卦第十八

不出大纰漏，乃选人以德。才智可差些，就不许缺德。不要聪明过火，否则无人用你。

愈有问题，应愈有担当。逃避能办事？造次必于是，颠沛必于是。人必经受创伤，太平盛世的人如何受得了折磨？冷静深思，明辨了，才能笃功。天下绝没有白得的事。

昔日开当铺，即等于今天的银行，但做慈善事业，不同于今之银行。看包袱，问要多少钱？给之，押袋。昔人有道德，少有人不去赎。利息便宜，等于做善事。

上九。不事王侯，高尚其（己）事。

此治蛊之长才，不用以事王侯，不做官，尽做人的责任。有自己的想法，但并非索隐行怪、孤芳自赏。

有清一代，当官的太多，又留下几个真人？拍马逢迎的比比皆是！看得愈远，成就愈大。

看事的时与势，用"承、乘、应、与"，大小事均用得上。蔡锷找小凤仙，即"与"。

高尚蛊事，革命家，"国家兴亡，匹夫有责"，"国（國）"字多发人深省，每一口人皆扛枪保卫国家。要关心国事，非谈个人的荣辱，怕贻祸，早晚没裤子穿，再吃甘薯。

中国文化从有"私"开始，就会说些假话。

万般不与政事同，要用智慧，要有修为。

"康谭变法"，谭嗣同是六小军机之一，梁启超当时只是康有为的秘书，未进过宫，怎会是"康梁变法"？真理不能毁灭。谭看书看谬了，才说："各国变法，无不从流血而成，流血自我起。"

学者写复辟，其中许多非事实。

《象》曰：不事王侯，志可则也。

贱己事人，违天则也"不事"。不偶于事、偶于人，高尚己事，故"志可则也"。"可则"，可法也。

因"则天之公"而不私。无私，何贵之有？人无生而贵者，何王侯之有？志之可贵，有为、有守、有则，绝不偶俗。偶于事、偶于人，则无自己的主张。蛊卦里，除干实际的事外，还有自己的志。

高级知识分子不知民族精神、思想，怎么活下去？哀莫大于心死。为吃饭而活！活着，不知怎么活，没有味。事懂了，就应慢慢安排，怎么脱离那不好的环境。

不是每个人都能搞政治，但可"高尚其事"，不偏不倚，做中流砥柱，"志可则也"。天天考自己："每天发生的事，要怎么处理？"社会上不怕有毛病，就怕人不能处理，因此而委靡不振。

好好玩味，读一卦，要如得精神食粮。有才智，先修口德，守口如瓶。今后"用誉"太多了，绝非放空枪。好自为之！

奉元，绝非空口，必立风格。认真读书，是要自己下功夫，养成读书的习惯。

圣庙，真应清一清。诸葛亮最大的毛病在哪里？在文过饰非，掩饰自己的错误。

"无远虑，无近谋"，二人准备差不多，知以其智慧必如此。你们知道再多，没胆，也不能成事。

人必失败过，不要饰非。不颓，不服气，检讨己过，研究何以失败，历代何以成、何以败？我在台绝不差，不当哈巴狗，五十年在屋中净琢磨，谁也管不了我。我什么都说。失败就承认，绝不可以饰非。

近两年，我老讲"性"，要改变传统的"伪"：表面说仁义，内心却要达目的，所讲皆"伪学"。见有好吃的，谁不想吃？看见漂亮女孩，谁不爱看？喜看没看，心里更是留恋。爱看就看，看饱就不看。"率性之谓道"，说伪想真，乃格格不入。政争，就一个私，害的是公。今后不能再讲"伪学"。

我喜上庙，闻香味，听磬音。何以喜欢的，偏要说成丑的？所讲皆假话。佛也是女人生出来的，是生之美。如说是污秽，何以竞逐污秽？怎么画，也比不上生之美。张大千的泼墨荷，一绝，但不若真荷花之美。既是生之美，就应尊生，何以要侵害之？优生、优育、优教，三优。生一男一女，公道，较不成问题，是责任。《关雎》何以是《诗经》之首？许多讲礼的，自己也没有守礼。

小孙子天天梳头，偷抹他母亲的发油，说："有一个胖子。"人性，谁教他？何必禁之！要求真，打破伪。帝王皆孔子门徒，就会"食与色"。要真的，食、色固是性，但人与畜有别，在知伦，所以得守伦。"天之历数在尔躬"，自然界有日夜、节气、冷热，人有伦、理、节。懂得追求美，聪明，但应与动物有别。人要"与天地合德"，知有伦而不越伦，否则即失节。

礼何以没用？因为净说，没有守，净假儒。必以礼法限制，结果造成偷着做。

时代必须变。就孔子最真，没有违背人性，所以一点也没动。我坐在孔子墓前沉思，说："走遍天下，就你最真。"

"生生之谓易",可离非道也。饮食、男女,性也,在男女上"伪"太多,造的"孽"也多。应打破"伪"字。在一个"伪"字下,制造了多少痛苦!

到底谁真好、谁真坏?此是人品。什么是真利、真害?人都想趋利避害。再胡闹,是真利?还是真害?都唱高调,都想当老大。懂真,才能解决问题。何以不好好做中国人?以"真"解决问题。

中国应革除几千年的"伪"文化。破伪存真,才能事无不可对人言。

我在大陆时,无宁日,每天为"伪"奋斗、求名,要"无忝所生,不坠祖业"。小时,原想学汉医,但老母要我救国。

担大任者,必须有修为,即具有良知。自欺长了,就麻木,成伪君子。

从人性存真,真人,至人。佛讲"明心见性",但社会皆无明心,乃不能见性。以明心,才能见性。明心,即本心。到深山,为养性,怕从伪。顺着人性去奋斗,"修道之谓教"。面对现实,道家"养性存真",儒家"知其不可为而为之",勇于面对现实。

《春秋》之志,在拨乱反正,亦即孔子之志。真有志,必得顺着人性去奋斗。没办法,亦必知其不可为而为之。除乱之本,除心里之乱,"小让如伪"(《礼记·儒行》)。要吃,但不可以多吃,要有节,否则会不舒服。节,是自经验来的。

时代安定,是一步一步来的。把心放平,不要感情用事。贪得太过火,天下有一手遮天的事?

心未明,所以才要明心。伪太多,所以要去伪存真。人之为道而远人，人为即伪。怎么做都可以，但成功的只有一个。失败，还分大、小、长、短？不要开始即练跑龙套。自欺欺人，既无远虑，亦无近谋。

我读《尚书》，颇与人不同。近日讲性，要自本认识。《尚书·皋陶谟》的"知人则哲"，老子改成白话"知人者智"（《老子·第三十三章》）。尧犹有四凶，"惟帝其难之"！

韩愈《马说》称："千里马常有，而伯乐不常有。故虽有名马，只辱于奴隶人之手，骈死于槽枥之间，不以千里称也。"每句话都可用，视会用与否。我琢磨出："要有所用，必有所试；若有所试，必有所悟。"既不是伯乐，更不是尧舜，那就试。试之，我干五十年。那人必懂得爱（仁），才可用。一试就漏，焉知人在试你？

现正是你们学习的机会。我教书，是修行，确实担心老百姓的未来。根本非有福之人，好狗不露齿。内斗内行，外斗外行。

太甲、帝乙，"甲乙"的观念是什么？不得而知。"孟、仲、叔、季"怎么来的，亦不知。越深入越有用，越能成事。以今人之心度古人之意，难知！

"先甲三日，后甲三日"，"三"，虚数。要达标准，得先准备三日，再考核三日，看是否达标准。知止，心无旁骛，然后有成就。"三十而立"，立于其所学。

知止，佳境之标准，知止而后有定。"止于丘隅"，止之境。王国维"观堂"，我"知止堂"，你们可能"停堂"了。社会就"喜怪力乱神"，孔子则"不语怪力乱神"。

你没"承人之德"，人会承你之德？读书时，没交几个真心朋友，到社会上很难。做什么事用哪类人，创业必有干的精神。人的止不同，用的朋友也不同。有时，还必须用鸡鸣狗盗之徒。看你要干什么，标准是什么，用什么人才。以自己做标准，永远失败。

拉帮，得知甲（止）。"四十而不惑于欲"，晚上躺下，想做七祖，经过惑，才能"五十而知天命"。每个都一个层次，最后得"止于甲"了。四十以前惑，迷过；迷于什么，就惑于什么。迷时失道，"先迷失道，后顺得常"，不迷了就顺道。不卜而已矣，焉用卜？

熊十力有"成立文化团体"说。看书得启示，可以往前迈一步，但并非全盘接受。缺少接触，就没有感情。计划、改造、修复，即创发，要善于利用。

社会上最没有用的是钱。什么留在人间可以永存？经过磨难多，什么都看得不重要。什么都是空的，我在台五十多年，人生有几个五十多年？每天有要做的事，忙不过来。何以每天发生坏事？就因为没事。知识分子要兴利除弊，知道问题之所在。读书要有用，做事要认真。安老，开养老院，同一待遇。

见不贤内自省，"过，则勿惮改"。必须有冷静的头脑，真正认识是非。不能助人为恶，就是为人鼓掌也不行。要保持做一等的中国人。说做三等的中国人，这些人欺民，最后都跑了。

"厉终吉"，天下无白捡的事，好好奋斗，没办法想办法，就看谁有智慧。有闲工夫，好好有所想，皆自谋之道。圣人成能，得吃苦，才能成事。

蛊卦第十八

没有读书，怎么抓住要点？用什么方式，可以使"不以兵车"而能和合？养兵千日，用之一时。一个人的器识很重要，不可以盛气凌人！

王弼至程子，中间有距离……愈后愈详，与本义已多有出入。以卜卦而言，是否为伏羲的本义？应是距离远了。

要练习怎么去思考。每天耳之所闻、目之所接，是否想一想？时政颇能启发人。天下事无不可为，但必须万众一心。何以失败，乃各为己私，其心理之卑鄙！实际事，越弄越远。

蛊，何以能"元亨"？何以能"利涉大川"？画卦时，采虫吃，置于盆中。吃好，大家团结，当然"元亨"。来子《周易集注》是明朝人的解释，已有距离。昔日吃饱喝足，大家团结，事前事后都有所准备、检讨，当然成功。遇事，必慎思之、明辨之，然后能笃功。老说"要有智慧"，而智慧在哪里？

我几次九月回来，都感冒。不要老记：一加二等于三。二加一亦等于三。人云亦云，何不分辨分辨？"学而时习之"，孔老夫子的伟大在此。贵乎会用脑，其次要有耐力。有人聪明过度，最后成胆小者。坐而言不如起而行。

历代帝王少有读过书院者，除皇太极（1592—1643）外。其师为范文程，在兴京"启运书院"。我的对联："奉元宗成纪，启运主辟雍。"

辟雍，本为周天子所设大学，校址圆形，围以水池，前门外有便桥。东汉以后，历代皆有辟雍，作为尊儒学、行典礼的场所，除北宋末年为太学之预备学校（亦称"外学"）外，均为行乡饮、大射或祭祀之礼的地方。

国子监不讲考据，讲帝王之学，即治国之道。皇帝每年至少上辟雍讲学一次，即作之君、作之师，为配上帝。经书早被改了，将君置于前。皇帝讲学，戴玉铎，穿常服。

国子监，元、明、清三代国家最高学府所在地。按照"左庙右学"规制，其东侧仅一墙之隔，就是孔庙。国子监的中心建筑是辟雍，为北京"六大宫殿"之一，建于清乾隆四十九年（1784），是我国现存唯一的古代学堂。

辟雍古制，曰"天子之学"。从清康熙帝开始，皇帝一旦即位，必须在此讲学一次。

想成事，必合作，合作必忍，决定只一个。百忍堂中有太和。

何以要学《易》？《易》为智海。那又如何应世？串不在一起，就没用。成败，就在一子。一子下错，垮了。

怎么办事？《易经》怎么说？智周万物，道济天下，活着的本旨，自"裁成天地之道，辅相万物之宜"入手。我想调整调整，这边也必扔几粒种子。

你们要每天和自己算账，问自己能干什么。有才，才能振既坠之家声。"有子"，人皆望子成龙。"有子"，才能"干父之蛊"，使"考无咎"。父母死，才能干蛊。虽经千辛万苦，最后是好的。分析自己是否才柔志刚。刘邦一切都刚。

坐着慢慢玩味，没有下功夫，乃一问三不知。我每天看一卦，左琢磨、右琢磨，以四百多种注做参考。喜欢《坛经》，每天看一卷，用以治自己之贪、欲，日久则心清凉。

人的幸福很短，含饴弄孙也没几天。现孙子说"要做功课了",给十元也不陪,将来又得养狗了。身外之物,皆非你之所有,连老婆在内。把许多事看清,才知自己之主(责)之所在,故曰"国家兴亡,匹夫有责"。父有光彩,发扬光大;父有蛊,则"干父之蛊"。

待别人谋幸福,自己享受,那读书做什么?连做个"说嘴之前锋",都没有资格。总有一天必选,看谁有才能,培养自己。元,为智慧之海,培元。

《易》本什么而作?谁作的不管,其智比"道生一,一生二,二生三……"还高。

毓氏学"立元神以运乾坤",所以才有乾元、坤元,多进步!何以要演卦?"演卦以观我生",帮助我的人生,由低到高。学生,生能学的。作《易》的学生,演卦以观我生。人生不易!作《易》者高明,装饰自己的生,使自己愈来愈伟大。

尧怎么学生?"唯天为大,唯尧则之。"则天,天道运行有条不紊,尧向天学生。文王怎么养生?文王自"维天之命,于穆不已"养生,最后"文王之德之纯"。孔子的终生如何?"其生也荣(人类之光荣),其死也哀(众人之哀)。"学生,养生,终生。

千言万语,要你们慎思、明辨。终生之不易,有几个人有好的终生?演卦,在修己德。头脑没学好,能办事?

小学生自"洒扫应对"入手,大学生自《大学》"学大"入手,结果都成大人,"大人者,与天地合其德",绝对大公无私。说容易,行可不易。

对许多事,必加以问答。一个官员能为所欲为,证明百姓之无知。必须学会用脑。即使秦桧,亦无人拔其墓。南京还有秦状元巷。天下多逐臭之夫，造谣就相信。

《易》每一爻都是达"万国咸宁"的手段。读《易》，必重视乾、坤两《彖传》。汉《易》，孔子未修之《易》，开始时的卜筮之书。清代汉学，欺人！

画龙点睛，《水浒传》宋江，外号"及时雨"，绝不失时。头脑清晰，不要有主见。有主见能判断事？毋意、毋必、毋固、毋我。

办书院，奉元、祖元，有源有本，绝不能固守成规。都得变，适时，适一切之所需。试一试，看是否合适。如合适，就得结果。从"学而时习之"，到成为"圣之时者"。学有用之学了吗？何以办事如此乱？中国文化、知识，以有余补不足。

临卦第十九

（地泽临　坤上兑下）

　　临卦卦体，地泽临。泽与地、土的关系，两者是否有间？临民，在上者与民的关系得亲密、无间。

　　政治上，"仁者无敌"（《孟子·梁惠王上》）。安仁居士，"安仁者，天下一人"。"仁"字，比"爱"字深，"仁者无不爱也"（《孟子·尽心上》）。无间，办事有间就不能处，有间就不能生生。临民，得如地之受泽，无间。与百姓有距离，即有间。夫妇亦然，有间则同床异梦。

　　再引申到卦德，坤上兑下，坤为地、兑为泽。地下有水，水民，常为患。地下有泽，泽民。何谓泽？看卦德的功夫，悦而顺。治民、治事，不可忽略"顺"的功夫，"先王有至德要道，以顺天下，民用和睦。"

《序卦》:"有事而后可大,故受之以临。临者,大也。"

韩康伯解:"可大之业,由事而生。"故曰"事业"。讲得好。

"有事而后可大",有事,能处理之,然后可大。不会做事,怎么成大业?有所表现的才可为大,有所事事,有所成。时势造英雄。

《杂卦传》:"临观之义,或与或求。"

临、观二卦相综,讲与、求之道,如何面对、处理事情之道。

不以其道,"一介不以与人,一介不以取诸人"(《孟子·万章上》)。临天下,非贪,是与,领导人是牺牲的。临天下弄不好,赔了夫人又折兵。知必得行,否则仍是零。

天下最难的就是为人师,作之君,作之师,为配上帝。以上临下,下亦须应于上,方合乎临之义,故有"同"之义。上下同,方可临,否则空。君临天下,必须稳。

对自己都不认识,最可怜!什么都不会做,根本是要饭的。王永庆小学没毕业,但会办事。有些人除欲、自私外,完全不会用脑。人要精一,无不成。唤醒你们:不要处处为自己想。你们一举一动,为自己画下休止符。明辨(是非)之、笃行之。人一己百,人十己千;虽愚必明,虽柔必强。

一个人做事,一定要有通盘计划。如将零件拼在一起,可以发挥作用。有人被利用犹不知,被遗弃也不明白。搞组织,可以研究八旗制度,有一帮人才能成为领袖。本身要能,三三两两,才能成事。

靠牌子不能吃饭，得有智慧、有实力。我还有两盘棋。做书呆子有用？

学，怎么学？向谁学？豪杰之士不待文王犹兴，不真知如何行出？没有良知的学人，将错误的知识传人。何不"学而时习之"？每天都有新课题，写不来。每天有所见闻就演，如演棋谱。

"临，大也"，"唯天为大"，学大。夏，大也。这些"大"有何区别？临民，君临天下，"临事而惧"（《论语·述而》）。临与事、君与民的关系，就如地之受泽，浸长也。最难学的即一"缓"字，戒急用缓。

临事，君临天下。有势，但是否有才、有能？势，情势、势力、局势。有势无才，也是饭桶。光有势，不能成事。你们往往以父母所给的本钱做事。知其不可为而为之，叫顽石早晚点头。谁拿你当人看了？就自己想关门当皇帝。即使有形势，无才、无能也不能成事。缺德更别谈，小有才最危险！

临天下，"天时不如地利，地利不如人和"（《孟子·公孙丑下》）。《易》即讲理与势，为智慧之海。至少乘势，更低者投机。乘势，借高骑驴。处世，得知理、乘势。乘势，但并非最高招。

我天天琢磨"大易"与《春秋》，谁想控制我都办不到。人都有私心，都想独占，是坟墓、枷锁、绊脚石。临渊，说不好的；临天下，说好的。"临渊羡鱼"（《汉书·董仲舒列传》"临渊羡鱼，不如退而结网"），还不知有鱼没有，就羡鱼。

你们明白多少，就要用在生活上，学生。我要告老还乡了，两边各半年。

西太后活着时什么都是她的，死后连墓都被盗了，祸国殃民而已！聪明莫如西太后，又如何？

面对人生，得有大智慧，此即临。要怎么临？每年都讲，但你们办事时，有的人浑蛋还得加立方。中国人要都懂《易经》，天下就太平了。

人每天都得临事，一睁眼，都得面对很多事，如何处理？面对事情，有无万全的准备？家中缺盐缺蒜就一塌糊涂。临政，面对大小事。家有家政，主妇有无以"君临天下"之智临家？身临其境，每天都得如此。

怎么看都能用事，并不是固定的。怎么可以照着注解讲书？所有的经，都是面对人讲的，面对事情的环境而言，此即"性生万法"。迷信，只有迷才信。

临卦，面对事情的方法，每天一睁眼就得用。社会就看有无高招，无高招就得挨骂。死后烧掉，做肥料，不浪费。和尚、尼姑，皆职业。

《论语》讲明白的没几人。子路问："子行三军则谁与？"子曰："暴虎冯河，死而不悔，吾不与也；必也临事而惧，好谋而成者也。"（《论语·述而》）每天一睁眼就临事，有时在梦中临事。临事之道，临事能有所惧戒。

临民、临政，给众人办事。临国、临天下，做中国的主人，"夷狄之有君，不如诸夏之无也"（《论语·八佾》）。"周监于二代，郁郁乎文哉，吾从周"，"齐一变至于鲁，鲁一变至于道"（《论语·雍也》），"甚矣！吾衰也。久矣！吾不复梦见周公矣"（《论语·述而》）。《说文》云"夏，中国人也"，是个总词。

看人家怎么办养老院。学了理论，还要脚踏实地地见习，学习如何做。人活一天，必须有活一天的意义。读书，要知道要点。

临，元亨利贞，至于八月有凶。

临，如何面对、处理事情之道，得有一定的方法。临民、临事，治民、治事，顺民之事而泽之，体群臣也，体万民也，如天无私覆、地无私载。《尚书·尧典》为统治之本。

"临，元亨利贞"，天地有此四德，临天下者必是大人。"大人者，与天地合其德"，亦必具此四德。

临含"元亨利贞"四德，但物极必反，好事不长久，故"至于八月有凶"。

"至于八月有凶"，有多种解释。

一、十二消息卦中，十二月为临卦（䷒），八月为观卦（䷓）。临、观二卦相综，阴盛于阳，所以凶险。

二、十一月为复卦（䷗），一阳生，经过八个月后，六月为遁卦（䷠），阴渐长，阳消退。遁、临二卦相错相反，所以凶险。

三、到临卦初爻，为丁酉七月七日，至复卦上爻为辛酉八月一日，为"迷复，凶，有灾眚"，正是临卦所谓"至于八月有凶"。

阳升于子，而消于未，阴阳消长之理、盛衰循环之道。好景不长，好日子没有总在一家转的。

十二月消息卦：一、复卦（䷗），十一月，子，一阳生，冬至大过年；二、临卦（䷒），十二月，丑，腊月；三、泰卦（䷊），正月，寅，阴阳通泰调和，三阳开泰；四、大壮卦（䷡），二月，卯，阳爻大壮，雷动于天上；五、夬卦（䷪），三月，辰，阳决阴；六、乾卦（䷀），四月，巳，纯阳之卦。上述六卦为息卦，因为阳气增长（息）。七、姤卦（䷫），五月，午，阴长之始，女壮用事；八、遁卦（䷠），六月，未，阴渐长，阳卦消退之时，故为遁；九、否卦（䷋），七月，申，阴阳之气否塞不通；十、观卦（䷓），八月，酉，一阳统众阴；十一、剥卦（䷖），九月，戌，阳气将剥尽；十二、坤卦（䷁），十月，亥，纯阴之卦。上述六卦为消卦，因为阳气消退（消）。

《彖》曰：临，刚浸而长，说（悦）而顺，刚中而应。

《彖传》，面对事情之术。真是机术啊！

泡水、浸水，两者不同。蒸与烹，亦不同。绸料，只能用浸。

"浸"，慢慢地。追女朋友，不能如"猛张飞"或"猪八戒"，应先了解对方之喜恶。"浸而长"，是功夫；悦能顺，还得带笑脸，顺她，逆而能顺。面对任何事，拿出追女友的功夫，就能成功。

"六五""九二"，不当位，但是应与（相应两爻为一阴一阳）。刚中能应，乃应世之事。临天下之要道——悦而顺，顺民之性而惠泽之。

天天修理，在去你们的枝枝叶叶，使成栋梁之材。社会事即是非、好坏、美丑、善恶、白黑，亦即两仪，一对也。简言之，就两个玩意儿。靠哪边？都要看人脸色，都得投降。怎么办？得在中间，才能应世，刚中能应。怎样才能守中？得无欲，无欲乃刚，才能应。

社会上最没出息的，即拉帮。无欲，谁也不靠，中立，公正无私。应世，得无私，不贪，无欲。"不识其人，则视其友"，不是一类，绝不在一起。"爱之欲其生，恶之欲其死"，能做事？要"群而不党"，不拉小帮。

同学必须练习以柔克刚，绝不能不怕事。脑必须滋养，有滋养品才愈丰富。"贫而乐"，乐天之道，得乐道的滋味。

懂得分际，不易。阳刚之气开始增长，渐进于阴，"刚浸而长"，外面就不觉你刚。"悦而顺"，不可因权术而顺，要"中心悦而诚服之"（《孟子·公孙丑上》），"率性之谓道"。

今天得正人伦，不能叫伪君子再存在。惑于欲，都想当长。应正视问题。皇帝养孔府，在塑造偶像以号召天下。不学礼，却讲礼（理），出门就完蛋。

讲易学，还不如学《易》。不发挥作用，就一个"伪"字。不管性善或性恶，就从"性"入手。今后，再不突破伪，怎么讲也没有用。真，自率性来的，自"己所不欲，勿施于人"入手。

必须正视人类问题，举世皆然。

"性相近，习相远"，习性。去伪，必正视这个习，存诚。根据人性做事，都相近。得注意环保，才不会"习相远"。"居相似也"，习使然也，环境，声音、笑貌都相似。

《孟子·尽心上》：孟子自范之齐，望见齐王之子，喟然叹曰："居移气，养移体，大哉居乎！夫非尽人之子与？"孟子曰："王子宫室、车马、衣服多与人同，而王子若彼者，其居使之然也。况居天下之广居者乎？鲁君之宋，呼于垤泽之门。守者曰：'此非吾君也，何其声之似我君也？'此无他，居相似也。"

有环境，则视读书为天经地义。父母如手不释卷，儿女能

临卦第十九

不读书？言教不如身教，家庭必须从自身做起。

为政，颠三倒四，即伪，应去伪存诚。有初中老师为娶女学生，一杀四人，一家四口。教师都如此，还能影响谁？"青年导师"的儿子没有几个成才，何以如此？就胸无半点墨。哪有几个"读书人"。懂得伦，焉会在学生中找太太？

伦，自家中开始，成立"家庭友好会"，互相解决问题。"孝友家庭"，朋友间联系，自此入手，由近及远。哪个人不希望有孝子贤孙？问题就出在言教不如身教上，必自本身做起。望子成龙，是自脚踏实地来的。即使赚得全江山，孩子没教好，有用？自己不是龙，那孩子怎么成龙？

小孩看电视，得陪着，否则乱看，什么都学会了。从自身入手，家至少要像个家。要特别注意家，自小就要教，写的字都看一遍。以哥哥做小老师，认真教妹妹；教好一个，可往下带。必得有内心之爱。今人对儿女，很多没有真爱，只给吃和穿。其实，也不是不爱，是不知从哪儿爱、怎么爱。

"刚浸而长"，三阳，就成"地天泰（䷊）"。到八月有凶，阳逐渐消失。

来知德注："临者，进而逼于阴也。二阳浸长，以逼于阴。""逼"，一个消灭一个，此说不好。三阳生，成泰；六阳，成乾。"反者，道之动也。"（《老子·第四十章》）

日月代明，四时有序，绝不紊乱。

"说而顺，刚中而应"，刚中之臣（"九二"），应柔中之君（"六五"），讲人世的环境，承乘应与。应与，和也。浑水摸鱼，也必有刚中之德。和而不流，才是"强哉矫"，强中之强！但谈何容易。刚，无欲；好名，伪君子，假象。广钦不装样，谁来都一样，表里如一。

有一长就有一短，用人用其长，则无废才。鸡鸣狗盗之徒，用上也可以没麻烦。

你们办事，说假话就脸红。同学各有所长，如用其短就糟。

好好训练自己，不但了解本身环境，也要了解对方的环境，才能临民。

大亨以正，天之道也。

得"以正"，才能"大亨"。想一手遮尽天下人耳目，最笨！

嘉之会，阳刚之臣（九二），应柔中之君（六五），因两者皆具有中德，"大亨以正"。团体中各怀私心，所以不能成事。不贵多，贵志同道合。"道不同，不相为谋"（《论语·卫灵公》），分辨自己左右的人选。没能明辨，其余不必谈。

至于八月有凶，消（阳消）不久也。

长不久，消也不久，什么都不会久。

天下怎么乱，都没有关系，有一法宝，即"正"。要拨乱反正，以正除乱。先问自己能干什么？正，是与生俱来的，"天命之谓性，率性之谓道"，天之道也。好坏就在转瞬间，要顺着人性做事。

临事能敬，"临大节而不可夺也"（《论语·泰伯》），才能成大事。纯小人，则临渊羡鱼。人只要反省，绝对来得及，不要错到底。

人贵乎有守。怎么面对人、事？人一缺德，就完了！

《象》曰：泽上有地，临。君子以教思无穷，容保民无疆。

水与泽不同，水池不同于水泽。"泽上有地"，即"浸"。地上有泽，沼泽地；地下有泽，万物生生不息。泽民，养民之道也。地无私载，仁者无敌，"得志与民由之，不得志独行其道"（《孟子·滕文公下》）。

《象》曰"君子以"。王船山的"大象解"代表其思想，可以参考。王弼、程颐讲义理。《诚斋易传》如史评，可以参考，能有启示。有志，应作《象传解》。《论语》千万人讲，但并不影响孔子。

"教思无穷"，教未知，思已知，慎思。"日知其所亡，月无忘其所能"，即教与思，焉能有穷？教育，是慢功夫，耳濡目染。因"守死善道"，"死而后已"（《论语·泰伯》）。俗语"活到老，学到老"，何等有智慧！为国而致身，即"教思无穷"之印证。

"容保民无疆"，容乃大，如一点异己都不容，还能"容民"？有容人之量，所以才"保民"，"因其国以容天下"；没有边，不在乎是哪国人，才有"无疆"之休。此"大一统"的思想，亦即《中庸》所谓"舟车所至，人力所通，天之所覆，地之所载，日月所照，霜露所队，凡有血气者，莫不尊亲"。《孟子》称"居天下之广居，行天下之大道"，《礼记·礼运》谓"大道之行也，天下为公"，天下一家。

能容乃大。不能容，人就反对你。生三个儿子，还有分别心，能"保民无疆"？连家政都摆不平了，还谈什么国政？给东西，颜色不同，心里就不舒服，人心之卑鄙！一接触，就有是非。人相知，太难了！所以才同床异梦。

中国文化悠久，什么都有专用名词。慈安说："一生别无所长，就会忍气。"忍，心上一把刀。苦，苦口婆心。人都矛盾，没法无私心。必真明白了，才能悟。要细琢磨，静心看。读书，应读到"字"的后面，"圣人之情见乎辞"，每个字都不可轻忽。

中国人学天，因天是包地的。临之大，地之大。地无论怎么大，"邦畿千里，维民所止"（《诗经·商颂·玄鸟》），容民、保民，得无疆。人的智慧有限，限于那个时与环境。

临民，并非"民之所欲，长在我心"，得如"泽上有地"般亲密的关系，中间无间。只要地碰上泽，即无间，如"坎儿井"。

史载汉代就有挖掘地下窖井的工程，称之井渠法。吐鲁番的"坎儿井"多为清代兴建的。坎儿井，由竖井、地下渠道、地面渠道和涝坝四部分组成。首先，在地面由高至低打下井口，将地下水汇聚。然后，在井底修通暗渠，将地下水引到目的地，再把水引到地面。这样保证了地下水不会因炎热及狂风而被蒸发或污染。涝坝，将水蓄起以供人使用。

临事，"必也临事而惧，好谋而成"，懂此，焉能不怕？戒惧，想想是否能经受得起那一拳？临事，必须有戒惧之智。谋成，有无谋成之计划？有谋成之智，则什么都可以干。

《论语·季氏》云："君子有九思：视思明，听思聪，色思温，貌思恭，言思忠，事思敬，疑思问，忿思难，见得思义。"《中庸》称："有弗思，思之弗得弗措也。"《论语·为政》云："学而不思则罔，思而不学则殆。"教不知的、思已知的，"教思无穷"多有深意！

临卦第十九

临政、临国、临民，以临之德，"教思无穷"。"无穷"即究，是自"教思"来的。研究，究即无穷，永不关闭。人的无穷，守死善道，死而后已，造次、颠沛皆必于是。《庄子·养生主》："生也有涯，知也无涯。"容乃大，"保民无疆"多有毅力！无疆，永，恒。

"教思无穷"，看"思"与"虑"的区别。练习思想、头脑之致密。"无穷"，究也，"教思究"，经"定、静、安、虑"而后"得"。通一经，通一窍，研究一样的究。通人，通六经。古代通一经曰博士，通六经曰通人。现代的博士却不博。"真儒不是郑康成"，但黄巾不入通德门。

我天天找中国思想的"究"，自"始、壮、究"研究起，道无终始，"知所先后，则近道矣"。道有究，近于道。好好用脑，将一天所写的心得，愈看愈修改。昔人作文，贴于墙，散步时念、改文。欧阳修改《醉翁亭记》一文，改到原文只剩"环滁皆山也"一句。

我每天训练小孙子。了解太少，不可以自欺。愈看愈眼花缭乱，何以那时人，就可以想得那么仔细？必思，有九思。思与习，还差个境界，"学而时习之"。思完，习；习完，有所得，才"不亦说乎"。别人动拳头，可以天天练神武，办"神武营"。自根上想，使之系统化。自我说"错"的地方下手。

虑，亦不同于思，虑深通敏。思，不一定精确，经虑了才精确，思虑。滤水，过滤过滤水才可靠，纯而不杂。"定、静、安、虑"，得了，即人生。喝水都得滤，思焉可不虑？两三年打基础，往下发展，绝对有成。

21世纪必是"文化中国"。如没达"究"，不要发表。今天，就孔子来听《易》，也必交束脩，因不懂。越是冒牌，越强调自己是真的。追究到底，最可怜的是老百姓。

初九。咸临，贞吉。

"咸"：一、皆也，同也，没有分别心，一视同仁。临天下，得不分彼此，每个人都得临，"上下易位，然后贞"（《荀子·臣道》）。二、感也，要用心感。

"贞吉"，贞，恒；吉，自恒来的，贞德。男女相感，吉得从贞发。

"初九"与"九二"，均为"咸临"。今天如此分歧，"咸临"了？"咸临"，日月无私照，即明，得以明临天下。以今事印证，临政之无术，如乡下愚夫愚妇之斗法。年轻人都拉在一起，势也，形势之所逼。

"贞吉"，正固才吉。既如日月之临，焉有贞与不贞？"好而知其恶，恶而知其美"（《大学》），人无法去好恶，所以在好恶上必加智慧，此不同于宗教的禁绝，否则即成为罪恶之源。人都有私，指出病根，唤醒良知。任何人都得面对事情，得守住正固才吉。层次分明，才能理事。

《象》曰：咸临贞吉，志行正也。

志，心之所主。"志行正"，心之所主与行都正。成功是行正。"十有五而志于学，三十而立"（《论语·为政》），立于志，志行。

有私，才要强调"志行正"。人皆有私，儒保存此一罪源，叫人好好改过。

临卦第十九

"上帝临女（汝），无二尔心"（《诗经·大雅·文王之什·大明》），日之临汝，没有分别心，以德化民，感化。人人皆有士君子之行才能同临天下，为正固之吉。人心之所主正，行为就正，"志行正也。"

我母亲看书多，记忆力好，会装样，严肃。她说"故事戒"，功过并存，改过即君子，往前成贤人，进而成圣人，终成大人。看中国人如何立说，当智慧读，临事将有一套。

刚来台时，大祭拜用很多碗菜，当时百姓贫，有些人感到浪费，要禁止。我以为不必禁，应加强教育，不可急于废除，教育即可改变。馆子味太规格化，大祭拜菜犹有席味。铲除一东西，千万不能以法令行之。

九二。咸临，吉，无不利。

"初九""九二"都"咸临"。"咸临"，保卫国家，匹夫有责，全民临事。

"咸临"，感临，都得感，权臣亦必主动找能者，待能。

自己不能，必知能、待能、任能、顾能。人家能，就嫉妒？不明白，在一起常检讨。"独学而无友，则孤陋而寡闻"（《礼记·学记》），最悲哀！要用前人的智慧，启发自己的智慧。

读任何书，不可以马虎过去。画龙点睛一句，就通神。读通一句话，就可一生成功。

《象》曰：咸临吉无不利，未顺命也。

人人皆有士君子之行，人人皆可以为尧舜。每个人都是老五了，大家都有资格临天下，就不必顺命了。

顺命，属于哪派？志行不正，能未顺命？应顺理，非顺命，大势之所趋。"以道事君，不可则止"（《论语·先进》），"富贵不能淫"，不做奴才，各有主张，"志行正也"。今多顺命之臣而已。吉，必吉之以道，不吉之以媚，按正规，不乱了分寸。

"未顺命也"，没受国家职位，非顺君命而为。"六五"行中道，君臣无私，完全以道为准。一切依宪行事，不必事事请示。

请他投谁，显出你没修养，看不起人。百姓总偏激，政客投百姓之偏，以"清流"自居。

有的人在屋中讲一套，外边坏事做绝。必用智慧突破。

父母生我们时的境界，即中。致中和，"中"与"和"合一，至高境，"天地位焉，万物育焉"。悟此境界，才能有超俗境界。

元一之德。我、你、伊，结果：三生万物。遇事，整个深思。另辟天地，必从一开始。

人要一贪，就完了。聪明如我母亲，也每天拜《法华经》。中国东西要好好整理，使人人能懂。不懂，就用不上。

六三。甘临，无攸（所）利。既忧之，无咎。

"甘"者，美也。"甘临"，媚临天下。自己无实德，完全以甜言蜜语去悦人，好话说绝了，实不至，不诚无物，无所利。拍马一辈子，还不是空？

心有所忧，不一错再错，能忧己过而改之，则"咎不长（zhǎng）"，乃无咎。应自年轻即培养正知正见。

《象》曰：甘临，位不当也；既忧之，咎不长也。

"六三"与"上六"应而不与。甘言悦人，想以甜言蜜语

临卦第十九

临天下,"位不当也"。上下净"甘临",互相欺骗。自古皆如此,拆的拆,建的建,就一个"私",各为己私。一个"私"字,害尽天下苍生,谁为民了?

"道不同,不相为谋",同学未必是同志。"初九""九二"皆"咸临","志行正","不顺命"。顺命之臣,则什么都不敢做主张。知自己责任之所在,不必事事请示。有成就了,就可以临天下。"无信不立"(《论语·颜渊》),什么时代皆如此。

玩味愈久,启发愈多。读书上瘾,乃因玩味深。今有人一手拿书,一手抄书,抄错成新发现。

不懂"情"字,没法懂《易》,"六爻发挥,旁通情也","圣人之情见乎辞",情,喜怒哀乐,发而皆中节。

喜一经,究其终极目的是什么。不到穷途末路,就不另辟新路。人移活,树移死。研究否之极、泰之极。

六四。至临,无咎。

"至临"之"至",同"至哉坤元"之"至"。"至(𠩺)"的本义,小燕子从高处掉下撞到地,但与地之间无间仍有际。

"六四",当位之宰相、近臣、权臣,有柔中之德,认"初九""志行正",乃移樽就教,礼贤下士,能守正任贤,无成有终,故无咎。

读佛经,到极乐世界多难!"放下屠刀",容易;"立地成佛",成佛绝对是聪明佛。

《象》曰:至临无咎,位当也。

"六四"与"初九"阴阳相应与,各当其位,"素其位而行,不愿（务）乎其外"（《中庸》），故无咎。

面对任何人，皆有临之道，即临事之道。"六四""至临"，临于"初九"，为天下得才，尽己之临。尽己之能，以临天下，素其位而行。无咎，因"位当也"。

"至临"不难，就"位"要恰到好处，即"中节也"。位当其事，事当其位，就是"至临"，中节。四十五岁以下有毛病，就知有我，见利绝对忘义。真正人才，绝对"至临"。

用什么术破这些不当？必得破其术，才能站住。

世局，世事如一盘棋，决胜负就在一子。一子摆错，全盘皆输。明理不难，知所以用理为难。人家出一招，就得化解之，即破招。

看《三国演义》，老不看《三国》，愈看愈老贼。应多看几遍，可增长智慧，不论其真假。当小说看，反正也不是开当铺，何必研究真假？

六五。知（智）临，大君之宜，吉。

舜其大智也矣，好问、好察迩言，无一不取于人，用众智成事，不刚愎自用，智临天下，故孔子祖述之。"宪章文武"，以文武作参考，以之为法为戒。《尚书》为戒者多，什么坏事都讲了。

"六五"之君，虽阴柔些，但以智临天下。智者利仁，任能不任亲。"知人者智，自知者明"，以天下之明为己明，以天下之听为己听，能看、能听四方。人各有看法，不自用，用众智成事，不刚愎自用。谁能用人，知人善任，谁就君临天下。

什么样的临天下为智临？智临的基础何在？首先，要有不惑的修养，"知者不惑"（《论语·子罕》），要以不惑临天下。惑，则"爱之欲其生，恶之欲其死"（《论语·颜渊》），突破不了这关，无此一修养，谈不上以智临天下。

今少有不惑者，甚至以愚惑世。自知都不易，知人更不必谈。自己仍在惑中，以什么治理天下？愚人不但不知己之惑，往往还以己之愚惑天下。均惑于权，想要临天下，只是不说而已。

《象》曰：大君之宜，行中之谓（就是）也。

"大君之宜"，"行中"，行中道，中道是什么？《中庸》讲用中之道，君子而时中。"行中"，得永远保持"喜怒哀乐之未发"的境界，太难了！孔子"不得中行而与之"（《论语·子路》），中国人多么含蓄。

行中者，绝对不惑。以智临天下，以什么做标准？中。"天之历数在尔躬，允执其中"，所以要行中道。保存智慧的不二法门，得不惑于欲。

庄子说"其耆（嗜）欲深者，其天机浅"（《庄子·大宗师》）、"吾生也有涯，而知也无涯"（《庄子·养生主》）。读过的就忘，只能记住几句金句。我读《论语》，就记得"从吾所好"这句话。

所谓的极乐世界，境界太低！熊十力研究佛学，最后仍归宗儒家。

百家中早有科学，中医有贡献。《农政全书》可以重视。中国社会问题好好研究，可能于人类有贡献。秦汉以后少思想家，因为没有超过前人，只留下一两句人性的话，如"先天下之忧而忧，后天下之乐而乐"之类。

上六。敦临，吉，无咎。

"上六"与"六三"皆柔，但所居位不同，成就乃不同。"敦临""甘临"，一正一反。"敦临"，实至；"甘临"，实不至。

"敦临"，以厚道临天下，为"厚德"之入手处。"坤厚载物，德合无疆"，厚德载物，不是为自己，而是为人谋福利。自"诚"入手，民怀其惠，实至，吉而无咎。

《象》曰：敦临之吉，志在内也。

无咎之吉，志在内也，心之所主曰志。"在内"，内卦为兑顺之体，"初九""九二""咸临"，有临天下之大德；悦而顺，彼此和悦相应，才能成其"敦临之吉"。

临卦之所以好，乃"初九""九二"两爻所打下的基础。"敦临之吉"，志在内卦之"咸临"。如志在外，外即野，则"龙战于野，其血玄黄"，"阴疑于阳，必战"。"志在内"与"志在外"，分野大。

一言以蔽之，刚中能应。有欲，就靠边，但"赵孟能贵之，赵孟能贱之"。得"志行正"，"未顺命也"，绝不看人脸做事。

人有私，先把病点出，受此启示。智者不惑，如都惑，即非智者。惑，则"爱之欲其生，恶之欲其死"。是阴，拟于阳，必战。

《易经》无一句没所指，无一句空话。教书，可不容易！讲课，字面都没讲出，听者都没明白，讲完了。

每天好好看一卦，熟就能生巧。最忌獭祭鱼，白忙。上句不明白，不读下一句；上段不明白，不读下一段。必须脑子活起来，才能看书。《尚书·皋陶谟》细读，真治世之典。每句话，均可写本小册子。

想要深入，必须"从吾所好"，不好名、不好利。赶论文，往往错误百出，限于时间。必须"游于艺"，学诗词，继古人之学。你们缺好奇心。"玩味出"与"嘴说出"的意境，失之毫厘，差以千里。皆自得也，皆自明也。观音，观自在，不必到马路求，皆自在也。非租、抢、偷，每人皆有无尽的宝藏，不必外求，如六祖。

每个人都要临天下，控制一切，只是不说而已。家中当家，亦然。世路人情皆学问，要控制得像个人样，言为世法，行为世表。

《易》"自强不息，厚德载物"，"先迷失道，后顺得常"。迷，惑也。我不必养鸟，每早散步，欣赏到鸟叫，又不费劲，有耳福。一迷到底，至死未解迷，注几本《易》，也没有用。厚德载物，不为自己，为人谋福利。不卜而已矣，"不恒其德，或承之羞"。除非心门关闭，没有敲不开的。人生观：自强不息，厚德载物。"乾坤，其《易》之门邪"。

每天一两小时，喝茶、想，定静安虑，得了。知止，而后有定，才能止于至善。学文，没有一技之长不行。

惑，没有善、恶之别，好面子也是惑。人一有好恶，就痛苦。李世民死后，还要带走王字（王羲之书法）。"喜怒哀乐之未发，谓之中"，"人之生也直"，"天之历数在尔躬"，"诚者，天之道；诚之者，人之道"，自诚入手。

必详细读书，每个论，都得有所本。每一学问，皆活泼，是活学问。如是死文章，则难读。《史记》是好文章，无韵之

《骚》(《离骚》)!

古人生活环境窄,所见者少,何以谈得那么深刻?不好好读一本书,则你们的粗气永远化不了,焉有威仪可言?修养特别重要。

训练有人样者,可对人类有贡献。

得熟,熟才能生巧。年轻,何不以好奇心拼命求学?必自根上解决。社会如此乱,不知何所求,岂不亲者痛、仇者快?

万般不与政事同。如是死,还有希望,死跟着生。人没智慧,绝没办法,必用聪明睿智解决。

《易》为智海,但不必视为金科玉律,必下功夫求真明白。有本义也有古义,都自"乾坤"来。在此之前为"坤乾"。其实,连"坤乾"都不算是古义或是本义。焉有本义?一女夺众夫,"坤乾"。"乾坤",写男人的宣言,要当令。真理没法辩,以我之言作参考,没有主观,对你们有助益。

"乾坤"之前是什么?不得而知。《易》有三易:《连山》《归藏》及《周易》。"吾得坤乾焉"(《礼记·礼运》),可见孔子见过"坤乾易",即《归藏》。《周易》由"坤乾"到"乾坤",乃有《系辞传》第一章的解释。"坤乾"到"乾坤",说是"法自然","天尊地卑,乾坤定矣",以自然证明,叫人服气。

昔日合婚,将男"乾命"、女"坤命"供神七天,看家中是否出毛病。没出毛病,再找算命先生合,再结婚。瞎掰!既是上等婚,还不生儿子?有智慧者,还会由算命先生决定?不必迷信,人之为道。

何以"乾坤定矣"?此为文宣。《系辞传》自"乾知大始,坤作成物",才讲大道。

临卦第十九

《易》为智海，只要能看出道理就对，目的在启发智慧，任取一瓢饮，皆能止渴，何必争谁为本义、谁为古义？本义、古义，都是笑谈。智海，只取一瓢饮，怎么喝都是正味。有意见，是自己的主观，并不代表真理。

我不参加佛会，不论到哪个庙，喝杯水，至少给五十元。庙上的东西尽量不要用，用完也要给点钱，不要欠债。

儒，"率性之谓道"，"道不远人，人之为道而远人"（《中庸》）。人之为道，才有宗派，此可以启发智慧。好奇，也可听他怎么讲，对错没有标准。好好琢磨，不要大而化之。中国什么都缺，就不缺智慧的结晶。问自己：从头至尾看几本书了？

熊十力一定以自己为孔子后第一人，不接受"新儒"之说。要还原（元），找出有系统的哲学，则人人皆可以立说。

孔子死后，儒即分为八，已闹革命。到底谁是"真孔"？亦不得而知。何不海阔天空？

说我讲错，证明你没看书。我讲《大学》"明明德"，皆根据《易经》，是依经解经。因为立说必有范围，否则为臆说。

师母是我的表姐，小时在一起，过六七岁后，就见不到了，有把门的。社会无论怎么变迁，事情的发展，皆有一定轨道可循，可以先知。一颗梨要烂了，就会烂下去，除非马上吃下它。

夏历，尧之历，由尧所创。历代都修，据说到董作宾修得最接近正确。将来仍可再往前进步。

走正路，即德。我在屋中坐五十年，绝非常人所能及。来台时四十二岁，正年轻力壮时。做事，绝不能离开品与格，一定要做，必须躲开"伦"。只要不伤品败德，两厢情愿都可以，当笑话讲。伦，特窄。师虽不在五伦内，没有老师，五伦不亲。老师亦在伦之内。

鲁昭公娶同姓女，人问孔子："昭公知礼乎？"答："知礼。""苟有过，人必知之"（《论语·述而》），为尊者讳。中国人有《春秋》之礼：为尊者讳，为亲者讳。

"《易》逆数也"（《说卦传》），"《易》有太极，是生两仪，两仪生四象，四象生八卦"。

《伏羲圆图》：乾一、兑二、离三、震四、巽五、坎六、艮七、坤八。

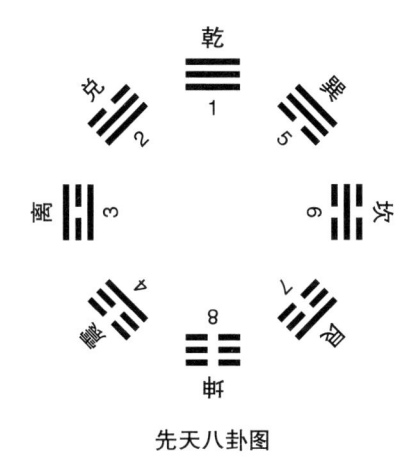

先天八卦图

《文王八卦圆图》：离，南方，火，丙丁。巽，东南。震，东，木，甲乙。艮，东北。坎，北，水，壬癸。乾，西北。兑，西，金，庚辛。坤，西南。中央，土，戊己。

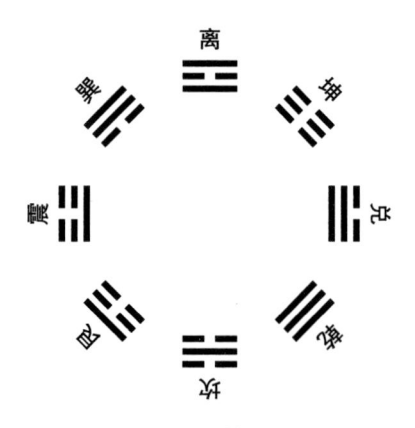

后天八卦图

后人解释，可以自圆其说。按《系辞传》《说卦传》解释。

遇事不在快，要求懂，还不要迷信。放开脑子，以智慧研究问题。细心，勤，读书真正读，利用闲暇，根本不费时。边喝茶，边想；想起，写卡片。一天写十页，一年后，冷静再整理。报纸上也可以写，灵感一来，就写，积少成多。看不起一毛，如何发财？王永庆重视一毛钱，有俭德。随时利用时间，不要懒。不知利用时间，能进步？

女孩子也要有传承，诗、词、歌、赋选一个。李清照是山东姑娘，粗中有细。这个时代，大家愈养愈懒，社会太进步，而人的智慧却退化了。必须使小孩学会动脑。

应多学，不在时间，一天一首诗。今人读书少，你稍微读一点就有成就，立竿见影。昔人多读书，成就不易，要争智慧。

想叫人用你，必先立信。是活保险柜，不易！人必有所立，立信。

究，研究。始、壮、究。将一门学问的"究"研出，可得诺贝尔奖。同行都懂，证明他到了境界，给予肯定。究，极也，每门学问皆有其极。入研究所，即研究那个究，"究天人之际"（司马迁《报任少卿书》）。做"殡仪馆化妆师"，有用？

"宪章文武"，以过去做参考。"上律天时，下袭水土"，与自然、天地相争，天工人代。"物有本末，事有终始"（《大学》），自然界则是究始，究完又开始。中国人"苟日新，日日新，又日新"，多可怕！下深功夫整理，奉元非空的。朱子讲"四书"，是儒禅。

没明白价值，那读书做什么？智慧的产物，"不可为典要，唯变所适"，用古人智慧启发自己智慧，非要墨守成规。

不必讲深了，应面对，看每卦究竟谈些什么。用脑想。没能临事，焉能临国？

《中庸》所谓"唯天下至圣，为能聪明睿知（智），足以有临也"，临包含很多，临事、临太太、临家、临国、临天下。《系辞传上·第十一章》"古之聪明睿知，神武而不杀者"，性善，当然不杀，"杀一不辜而得天下不为也"（《孟子·公孙丑上》）。那又如何成就天下？即要用聪明睿智。聪，耳的最高境界；明，目的最高境界；睿智，脑子会转。神武，是以"聪明睿智"为武，乃不杀的武、最神的武，没人比得上。

"甘临"，马屁精，见主管就拍，净给甜头吃。

没谋成不了事，好谋能成。临事、临民、临政、临国、临天下，每早一睁眼即临事。《朱子治家格言》讲"洒扫应对"。洒扫：先洒水，再扫地，然后抹桌子。层次要清楚，关系到利。清洁公司有经验，既干净又省时，经济、有谋。小孩懂事，即懂利己。大小事不管，利己观念一样。摆菜，喜吃的摆在自己

临卦第十九

眼前，多吃一个，此即人性。自此去理悟，什么都能应付。

懂谋，就有效果，否则出笑话，浪费即不利。临事，看怎么决定。事情总有轨道可循，百变不离其宗。想取胜，得出高招，斗智。皆自以为有一套，分散。

懂得什么叫人生？总要记住：做人必得中正，不可以索隐行怪、怪力乱神。我反对迷信。知识分子要导盲，不可以盲人瞎马。如迷信已成灾，则灾难不离。

有事乃大，因临事能惧。能临老婆的，都是伟人，最难！有几个男人不怕老婆？临完，才可以观天下。我绝对无愧于心，说话过火，在警醒你们。我一辈子绝不逢迎。

乱世，才见忠贞。人就是人，要做人事。临事能惧，最小的临。

人老了，才知需要人照顾，我要办养老院。想过人的生活，必得有好老婆。"善良"的含义深，能主动照顾你，你就有福了。

人每天都临事，如每早要冲牛奶，如何能恰到好处？可见临事能惧，每天都用上。知此，且力行之，绝不伤品败德。能行一句话，一定成功。每个人必须终身懂得一部书，做事可有主张。小说的效用更大，是非讲得更清楚。

要脚踏实地，老同学有社会经验。得重打锣鼓另开张，书院要另辟天。如胸无半点墨，将来必得失败。

我为谭嗣同申冤，还其历史地位。"康谭变法"，谭为六小军机之一；梁启超冒其功，成为"康梁变法"。要做的事太多了，必有一个"准"。团体中，笨一点的没有关系，必须有德。各说各话，但必有一中心，才有交点。

至圣，以"圣"为标准，与圣没有距离，即成至圣。至善，止于至善，与善绝对吻合，无一间隔。至高无上，点是高，至高，绝不超过高。《说文》云："天，颠也，至高无上。"山巅，非山峰。如不认字，又怎么读书？

人有点小名气了，能守身最难。曾几何时，而今安在哉？做人必有个准则。把团体出卖了，但"始作俑者，其无后乎"（《孟子·梁惠王上》）。

《说文》"夏，中国之人也"，什么象征？癣疥之疾，处理好没事；处理不当，三代受苦。

做事皆有通盘计划，要拨乱反正。不拨乱，如何反正？不搞政治则已，但讲学得行。好好玩味《论语》，一步步去做。

拨乱反正，得立个"正"的标准。老百姓是一步步进步的。孝、慈、义，得行，自本身做起。

"大亨以正，天之道也"，自然之法则，不能不守。

你们做事劳而无功，学什么历史？你们什么都不缺，何不好好做千古事业？活得长，也必须有智慧。有目标，随时搜集资料，好好修史。零件都预备好，拼在一起，即成一个东西。做事，必须有通盘的计划。

有权势，要表现骄傲？盛极必衰，偶一不慎，又回到从前。图一时之快，非智者，悔之晚矣！一个人要有正知正见，不能净感情用事。人皆有领袖欲，就怕才、能都没有。问题必解决，应群策群力。不必早挂牌，就看有无实力。畜生都有欲，得培养自己如个领袖，人才不能搞机器造。练习智慧，不骂不成才！

时过了，什么都完了。今天比实力，非吹牛，许多皆时过境迁了。圣人不能生时，时至而不失之，此即时势。大环境不能控制，但如能发挥作用，则可以集腋成裘，此为实际的社会运动。

蛊，有事，待能之时也，时势造英雄。大了，可以临天下；不能，就无能。有点领袖样，就能观。要养成威仪，不在挂牌子。

观卦第二十（风地观 巽上坤下）

"风地观"，风行地上，无物不受其惠，以德化民。观我生、观人观物，无所不观，无人不观。

巽为风，坤为顺，顺而巽。大观（guàn）在上，愈有样子愈是顺能巽。顺，并非谁说都得听，是要顺理、顺道、顺良知、顺本性，故曰"率性之谓道"，以"己所不欲，勿施于人"做标准。

《序卦》："临者，大也。物大然后可观，故受之以观。"

"临者，大也"，"唯天为大"，临天下先学大，重要的观念。"吾道一以贯之"，人能负担一之责，就大了。奉元，即担一的责任。昔日说"君临天下"，现为"众临天下"。谁都有资格，视有智慧与否。时势造英雄，英雄造时势。

"物大然后可观"，怀天下志者必修天下之业，成大事业就可以观（guàn）天下。小两口过日子也要临，为争权而吵。不但要临，还要装样，即观。

《杂卦》："临观之义，或与或求。"

哪里都有"求"与"与"，一求一与，社会不是神化就是丑化。

"观"何以是"求"？观卦最重要的几个字是什么？"观（guàn）我生"，故是求，求仁得仁。求学，学生，第一步即求为君子。"学而时习之"，学什么？学君子，"君子而时中"，"人不知而不愠，不亦君子乎？"一句话都必如此读才明白，没明白怎么用？未见同学有发愤好好读书者。

学生学成了，进而"观我生"，才能到"大人"的境界。中国人要是明白了，谁对他也没办法。人必得自强，不能认识自己就完了！我几十年绝对有阿Q精神。在伪满时代不是汉奸，别人怎么看不知。人要为自己活，非为别人活，不能掌握自己，谈何其他？

照我学，以我为准，其实都装腔作势。教宗在那个环境，也没把身体修好，百病丛生，那又何必学他？放诸四海而皆准，以此为标准才及格。准，测平的。见贤思齐，齐即平。"四书"中，许多古话的白话翻译。

"善歌者，使人继其声"（《礼记·学记》），亦是观。张君秋（1920—1997），梅兰芳（1894—1961）的学生，想青出于蓝胜于蓝，成"张派"，事实上距梅远甚。

人的欲望无穷，都想控制人，在家中都如此。观（guàn），有象以示人也。说"愈看愈像个真人"，对方高兴，请吃饭，净说假。吃完，说真。观痞，非好话。

《春秋》要求"人人皆有士君子之行"，不拨就正了，有此一境界始能拨乱反正。

冷静看注，千万别怕麻烦，在学智慧，得一个即成。精力不能集中，最大的错误。精力集中，脑子才有反应。做事要脚踏实地。

读完一卦，思考其意义之所在。每次重复讲，是在提醒，否则读完犹不知是什么。

大观（guàn）在上，愈有样子愈是"顺能巽"。顺，并非谁说都得听，是要顺理、顺道，顺良知、顺本性，故曰"率性之谓道"，以"己所不欲，勿施于人"作为标准。

什么叫"爱（愛）"？将心摆在中间。人不能接受，则把心拿出，专门受气，"爱"也。对方将不合理加在你身上，你能忍受，所以爱是牺牲的。

尧就学大，"唯天为大，唯尧则之"，是祖师，此后皆学尧。"唯我独尊"，人皆有独，最尊的即己独，故君子必慎己独也。

"观"：一、观（guàn），有象以示人也，观我，装腔作势，要人学。自上观下，观人，以德化民；"言为世法，行为世表"即观天下。佛像，人办不到的貌，要观（guàn）天下，要超乎人，大家才会拜。

二、观（guān），自下观上，"君子之德风，小人之德草。草上之风，必偃"（《论语·颜渊》），"民俱尔瞻"（《诗经·小雅·节南山》）。

观（guàn）天下，为天下观（guàn）；自下观（guān）上，人人皆想"见贤思齐"，观（guān）摩。伟大在德，"言为世法，行为世表",则可观（guàn）天下。

没有德，有什么足以看的？

观，盥而不荐，有孚颙若。

道教，道人的庙叫观；佛教，和尚庙叫寺，尼姑庙叫庵。

"盥"，将祭而洁手。祭前净手，洗手，盆子没水，用手巾象征性地擦一擦。"荐"，奉酒食以祭，将祭品供奉于鬼神面前。

"盥而不荐"，指空卖空，天下一大骗。自《论语·八佾》"禘自既灌而往者，吾不欲观之矣"想，因有此毛病，才有观卦的存在。

王夫之注："盥者，将献而先濯手，献之始也。荐者，已奠爵而后荐俎，献之余也……既献而荐，人之事鬼，礼交而情狎，过此而往，酬酢交作，则愈狎矣。惟未献之先，主人自尽其诚敬，而不与鬼神相渎，则其诚于礼者。"《船山易传》必看，有《周易大象解》，惜未作《彖传解》。

"禘自既灌而往者，吾不欲观之矣"，感叹祭礼太马虎了，不足以观（guàn），何足以观（guān）之？供品一摆，就往地上倒酒。灌酒之后，大家就马虎了，已无"有孚颙若"。"荐"，献酒迎神，不是祭之终。有"有孚颙若"，就会"盥而必荐"。

按礼，祭祀，如最后倒酒，错。出殡，执绋者在棺木前，意在亲身将死者拉到山上去。执绋者在后，等于往后拉。

王弼注："王道之可观者，莫盛乎宗庙。宗庙之可观者，莫盛于盥也。至荐，简略不足复观，故观盥而不观荐也。孔子曰：'禘自既灌而往者。吾不欲观之矣。'尽夫观盛，则下观而化矣。故观至盥，则有孚颙若也。"连王弼都错，百密而一疏。多言

易经日讲

语失，前言戏之耳！

要用心，看书不可以照抄，练习用脑。自唐以后的注解都废了，《五经正义》在正什么？

"有孚"，"诚之者，人之道"，人皆有之，与生俱来的。了解，怎么去用心。"颙"，《说文》云："大头也。"引申凡大皆有是称，大头在上。纪晓岚称乾隆"老头子"。"颙"，敬，严正。"颙若"，温恭貌，"温、良、恭、俭、让"同"穆穆文王"（《诗经·大雅·文王》）的"穆穆"。

祭在诚，"祭如在，祭神如神在"（《论语·八佾》），"齐（斋）之日：思其居处，思其笑语，思其志意，思其所乐，思其所嗜"（《礼记·祭义》）。古时祭政合一，将祭看得很重要。大孝，得"以祖配天"（《春秋繁露·王道》）。

养成每天看一卦，于心灵有莫大的鼓励，有如注入一支智慧的强心剂。

《彖》曰：大观（guàn）在上，顺而巽（悦），中正以观（guàn）天下。

"使民如承大祭"（《论语·颜渊》），如是谨慎！慎始诚终，才能达"观"之义。中正，即"九五"。阳大阴小，故曰"大观在上"。"大观在上"，下面仰观（guān），以法其观（guàn）。

观，得中正，"既中且正"之德，无此，乃拼命作秀。自己无德，要群众摇旗、鼓掌。

要懂得行。如何养观德？要"顺而巽"。顺着人性做事，当然能巽。政治家没学会受气就搞政治，开玩笑！无"顺"与"巽"的美德，就没有资格观（guàn）天下。观（guàn），做天下的偶像，得先修"顺能谦逊"，然后用中正之德。

不能观（guàn）天下，权没有用。"中正以观天下"，中犹不足，还得正。正，止于一，止于至善。一是什么？将中道华于天下，第一步得华"中"，结果"中"华了。中国应为天下立方。今后能济天下苦的确实只有中国人，德、量皆足。如真懂得国名，也不会不做"中国人"。

"致中和"，"致"是功夫。"致中和，天地位焉，万物育焉"，则"大人者，与天地合其德"。修喜怒哀乐未发之"中"的境界。中国东西到至高境界，非一般人能办到。我所论，皆有根据。

观，盥而不荐，有孚颙若，下观（guān）而化也。

要能"有孚颙若"，绝对"盥而必荐"。"有孚颙若"，在治"盥而不荐"的毛病。

祭前，必须先洁手（身）、洁心，有许多的准备。且得"有孚"，即诚心，诚意，意诚而后心正。"颙若"，面貌、表情皆温和恭敬，不懈怠。"有孚颙若"，此为标准的祭祀态度，不仅是"望之俨然"了，人承认你是个模范。

"有孚"，内的功夫；"颙若"，外的功夫。合内外之道，内圣外王合而为一，体用不二，纯亦不已。必发之至诚，有诚，则"言为世法，行为世表"。

"盥而不荐，有孚颙若"，以中正之德观天下，装样，观德之修成，必叫下民在你实现之前，就有了信心。

"下观而化"，下面看装得很像，下观（guān）观（guàn）而化，使天下观（guān）而化，此以德化民，德化也。久了，就能化民成俗。

观卦于人生、社会有什么用？中国人"人人皆可以为尧舜"，可见人人皆可以当天子。自"人人皆有士君子之行"入手，成德了，则人人皆可以为尧舜，"首出庶物，万国咸宁"。天下有道，"政不在大夫"（《论语·季氏》），在庶民，所以"首出庶物，万国咸宁"。

行王道，必先自霸道入手。由霸道而王道，而后大道，"大道之行也，天下为公"，人人皆有士君子之行，人人皆可以为尧舜，"首出庶物，万国咸宁"。

但如书为书、尔为尔，则完全没有作用。胆小不得将军做，无勇不能成事。坐而言不如起而行。小时的教育就没有扎根，十五六岁再学懂是非，太晚了！造就一个社会，很不容易。

观天之神道，而四时不忒。

天神道，可由"四时不忒"看出。

神，"妙万物而为言者也"，"天何言哉？四时行焉"（《论语·阳货》），四时不忒，没有一点差错，乃诚也，"诚者，天之道"，四时之运，有条不紊。

圣人以（因）**神**（动词）**道设教，而天下服矣。**

圣人"设教"，是为了"神道"，因"人能弘道，非道弘人"（《论语·卫灵公》）。圣人为了"神道"，所以才"设教"，设教而天下皆服。

尧则天，以天为观（guàn），没有用神佛，法"天之神道"，为神这个道而设教，天天喊叫，在发挥作用，"而天下服矣"，万民化服。知此，则知尧是如何则天的。

观卦第二十

《中庸》云："《诗》曰：'予怀明德，不大声以色。'子曰：'声色之于以化民，末也。'"有德，不言不语，大家皆服之、信之，故"君子笃恭而天下平"。

明白，要成为生活的一部分，才会进步。这么多同学，有一够分量的？半点作用也没有。无分量，怎会有影响力？现找出一个领袖了吗？不论学术或是政治。想问题，必须切实际。

我最恨侵略者，最看不起汉奸。你们要知道走哪一条路。如有智，就不会如此呆！

人做事不要太露骨，好狗不露齿。作秀太过火，打击就来了。这绝对是人祸而非天灾。要做真事，绝不能露骨。作秀是唱戏，成不了大事。没实力才作秀，有实力者绝不作秀。唱戏的是自显者，都没有实力。有把握者，能掌乾坤。

你们注意力不够，要严加训练。注意力惊人，别人才会提高警觉。一字之差，都能全军覆没。

"恶利口之覆邦家"（《论语·阳货》），某某的嘴永不停。我批评某些人，但你们及得上他们？不骂了，浪费时间！

会花钱就是学问，如王永庆。人能活得像个样子，特别不容易，即成形了。

观，好好塑造自己成形，要善于培养智慧。中国人看星辰，此乃最高智，不会变。未来，我刚说完话，接着即未来，求最高境界办不到，要求有尊严的人生。

《象》曰：风行地上，观（guān）。先王以省方观（guàn）民设教。

"风行地上"，风无私吹，周遍庶物，即化。以观之德，修到与"天德"相合，望之俨然，则民俱尔瞻。

"省方"，到各方考察，不是在屋中闭门造车。考察四方善恶，看社会人是怎么生存的。昔有采诗之车，陈诗以观民风。"郑声淫"，"郑声之乱雅乐"。雅乐，国乐。郑声与雅乐相等，故能乱之。不相等，即不能乱。殷亡后居郑地，称郑声。殷乐保存久，尚有高贵之气，故能乱周的雅乐。"恶紫之夺朱"，因紫与朱不易分。

"观民""设教"，看百姓需什么、缺什么，而弥补之，因民之好恶而"设教"。中国地大，民俗不同，治理不易，必"观民设教"。

教育必得普遍，特别重要。冷静看，要深入。许多大师讲道，遇到己事出不来。读书必须细心，有实用观。不了解就没有用，今正逢需用智之时。

必须懂得用智慧。我真想找个庙写点东西，给后人留个借鉴。做汉奸的，绝没好下场。在任何团体，绝不可以出卖团体。人活着，必须有格，才有价值可言。

观，得以德观（guàn）天下，否则有何可看？得有应付环境的智慧。秦桧主和，岳飞主战。我坐屋中五十年，不写一篇文章。我钱再多，生活如一，绝不改变，怕短寿。

何以一无贡献，而外国会给予荣誉博士？一个人必有所守。真是人，什么都不用怕。人必得有德，才能健康。我过学生生活，绝不做违心事。我谁的账都不买，倚老卖老。

养成有理由必说。站在理上，要说理。要学会站在理上，然后说话。面对历史、现实。在什么环境，必有生活条件，必懂用脑。我失败了，就知怎么对付自己的下半生，有通盘计划，

观卦第二十

怎么想、怎么做事业。不告诉怎么办事，但告知结局。作秀，也得会作，必知怎么用脑。不读书，天天如热锅之蚂蚁。不多读书，就没有智慧。要以前人的智慧，启发自己的智慧。

有些人一句话也不听，失败了，穿不上裤子。事未发生，预估，是一大纲。环境变了，必随时变。

"学而时习之"，此为孔子立学之本。《论语》每章的深意，均不得了。"好仁不好学"（《论语·阳货》），毛病出在哪儿？"其蔽也愚。""愚者好自用"（《中庸》），得除弊。弊在固。疾固，毋固，学则不固。"守位曰仁"（《系辞传下·第一章》），无权无职但有位，"造次必于是，颠沛必于是"，就素其位而行。

必须从头把"四书"的基础打好。"四书""五经"必须下功夫，才有资格讲中国学问。在学问上好好下功夫，讲学必须有所本，思不出其位，不愿乎其外。不要把时间空过了。知自己有所不足，更要加倍努力。

做观（guàn）者，本身无缺失才可观（guān），民俱尔瞻，肯定之。"可观而后有所合"（《序卦传》），去自己的毛病，见贤思齐，德合，把短除掉。六爻，去毛病之术。《易》为悔吝之书，"悔吝者，忧虞之象也"（《系辞传上·第二章》）。读完《易》，不适合的都得去掉。

毛病都是欲，名、利、色。去欲，多么痛苦，谈何容易！所以要"利用狱"（《易经·噬嗑卦》）。人、社会、国家有毛病，如何去之？"以明罚敕法"（《易经·噬嗑卦》）。"敕"，"饬也"（《释名》），"正也"（《小尔雅》），法得公道。不去掉梗，就没法合。一个权臣能够除梗，本身必须不失德。

没有"用狱"的狠心，则连毒也戒不了。"狱"，犬言犬，《说文》云："二犬所以守也。""用狱"，第一步即讼，内自讼。自讼，痛改前非。弘一（1880—1942）自荣华富贵走入宗教，得如何自讼？多言，永远是大害，两只犬也看不住。自讼，知自己毛病而去之。自己最了解自己的毛病。

"六合之外，存而不论。"（《庄子·齐物论》）先把是非、好恶、好坏分开，而后才能"动而明，雷电合而章"。生，从雷动，一阳生；震动，帝，主宰义。章有德。无德，民无得而称。惠众，惠即德。以惠德众，小人怀惠。

读"大易"与《春秋》，将之变成实用之学。不恒已德，必承其羞，早晚都得露了。

文以载道，《离骚》至少描写了愚忠。

初六。童观（guān），小人无咎，君子吝。

"初六"居观之初位，只有"童观"的见解，在老百姓无咎，于君子就有吝。"童观"之德，小焉者也。君子应为民、为国家做事。

大学生一说话，人一听，"童观"之见，吓了一跳！男孩见地不可太窄。"童观"，孙子老说："爷爷没学问，还教书？"人的常识要丰富，否则净"童观"之见。不要自以为说什么即了不起，看自己是否是"童观"。人之私心，比不上人家，还要批评人家，对社会没有公正的看法，专自卑鄙去看，净挑毛病说。发念，先试问自己卑鄙与否？没工夫读书，却喜欢批评。

观天下，看是谁来看。"望之俨然，即之也温，听其言也厉"（《论语·子张》），是君子赞美孔子有三变。"童观"则不然，认为太可怕。小人把君子看成小人则可，如君子亦然，则为吝。吝是什么？"智者过之，愚者不及也。"（《中庸》）

《象》曰：初六童观，小人道也。

"童观"，不成熟的观察，不知"宗庙之美、百官之富"（《论语·子张》）。"小人道也"，小人的看法，还自以为不得了！

同学有想法也要有做法，到处跑，有无目标、重心？没有人好好严格研究自己。

一个地方文化的深浅，看人的智慧、修养，有几个人不"童观"？必自己去求，没有什么秘诀。

小人之行，无往而不利于君子。人家批评，有则改之，无则加勉。

六二。窥观（guān），利女贞。

"窥观"，不能正面看。懂得"窥观"，可见已经有礼了。至少在周公制礼作乐后的思想，与伏羲时代不同。

昔日女子不参与外事，足不出户。相亲时，男的看不到女的，女的则"窥观"，有的从屏风后看，有的自屋中阁楼窗户看。满族女人手拿大手绢，一如水袖，必要时可以遮脸。或是拿扇子，也可以遮面。

大丈夫得"不家食，吉"（《易经·大畜卦》）。客家女人做活，男人在家中睡觉，此中原风俗，因那时男人少，是个宝。

不要"童观"，"窥观"更糟。现在人不敢训练说话，所以年轻人什么事也不懂。为政，必走正途，懂时势，知大势所趋。

累积经验，慢慢有成，必登泰山以小天下。

《象》曰：窥观女贞，亦可丑也。

见识浅，看得窄，即"窥观"，"亦可丑也"，在男人身上可不是光彩的事。男子应有大丈夫的行为，做事应正大光明，不要有"窥观"的小人行为。大丈夫志在四方，宇宙内事乃我分内事，居天下之广居，怎可净窥观？

更卑鄙的是从门缝看人、斜眼看人。"从门缝里看人"，把人看扁了！北方人不直接骂人，间接地骂。

讲得通神，才能用上。六十四卦，有多少爻即有多少道道。仁者见仁，智者见智。如"童观""窥观"，胆子就大。天下人的智慧不同，智慧不足者不能窥其全貌。

社会就"童观""窥观"，人批评，又何必动气？多读书就有主张，并非人人皆有士君子之行。只要无愧于心，则"童观"也好，"窥观"也罢，都可不在乎。你有德，天下人都会说你好？

六三。观(guān)我生，进退。

前三爻为内圣功夫，有了内圣的功夫，才可以进而观天下。好好观察自己，看在日常生活、进退行事中，有无失道之处？

第三爻，苦爻，"君子终日乾乾，夕惕若，厉无咎"。不能有"观国之光"，得先修己、立己，再决定进退。

做事，有进必有退。"观我生"，讲进退，观自己的德能，看进退行事中，有无失礼之处，以决定进退。此爻有持己的功夫。

一个人最重要的是"观我生，进退"，一个"生"字，包含无尽意！人生就好坏、善恶、高下、美丑，以"进退"包括一切。我怎么生？我要怎么生活？得永远生生不息。人的长短寿，与环境没有多大关系，而在精神生活。生，非人所能逆料的。

世界观，应扩大自己的眼光。人活着，总得有智慧，得立个标准。只要儿子不死，父母没有不原谅儿子的。我改了世界观，题"长白又一村"，我母亲知儿子不会死。天德，尊生，好生，反战。奉元（体），华夏（用）。

《大学》讲"天下平"，《中庸》"君子笃恭而天下平"，《孟子·离娄上》"人人亲其亲长其长，而天下平"，华夏，大同，天下一家，因都是一个源来的，即元。元、一，指体、用而言。"吾道一以贯之"，要好好悟"一"是什么。

"观我生"，观我怎么活。看看自己，别净看别人，然后知所进退。进退，好的保留，不好的去之。都如此，人人皆有士君子之行，就成君子国。

《卿云歌》："日月光华，旦复旦兮。"日月之美，在以光华天下。

《卿云歌》："卿云烂兮，纠缦缦兮。明明天上，烂然星陈。日月光华，旦复旦兮。日月有常，星辰有行。四时从经，万姓允诚。迁于贤圣，莫不咸听。鼚（chāng）乎鼓之，轩乎舞之。日月光华，弘于一人。于予论乐，配天之灵。精华已竭，褰（qiān）裳去之。"相传是舜禅位于禹时，同群臣互贺的唱和之作。始见旧题西汉伏生的《尚书大传》。据《尚书大传》记载：舜在位第十四年，行祭礼，钟石笙筦变声。乐未罢，疾风发屋，天大雷雨。帝沉首而笑曰："明哉，非一人天下也，乃见于钟石！"即荐禹使行天子事，并与俊乂百工相和而歌《卿云》云云。

"喜怒哀乐之未发，谓之中"，中华了，以中华天下。我天天叫，在创造21世纪的中华文化，要拨乱反正。《春秋》最后一句话"拨乱世，反诸正"，是真的。

《象》曰：观我生进退，未失道也。

三爻为进爻，或进或退，教人如何为天下的模范。

此爻，观我日常生活、进退行事中，看有无失礼之处。研究自己的生活方式、生活所得（态度）、生活环境，进退在乎自己，"知进退存亡而不失其正者，其唯圣人乎"。

"未失道也"，"率性之谓道"，责己也厚，不失己道，不失己正，在知止，止于至善。自知，不必在乎别人怎么看。

人每天皆在进退中，洒扫、应对、进退，言谈笑貌，言行举止。进退，指应世、应事。应事最难，每天开门七件事：柴、米、油、盐、酱、醋、茶。乡下老太太没有读书，但家里治理得井井有条，收入不丰，却什么也不缺，胜过读书的。

有几个人懂得管理自己的人生？要将自己的一生考察、研究、观察得很好。能"观我生，进退"，才能发挥大力量。讲五十年，也没有出一有担当者。

每个人生活的环境不同，进退亦不一。人不可以失道，进退绝不可以违背人性。都是自己的修为。

成就如何来？如何成事？必修理自己。自己面对的如不能整理，又如何能治国平天下？家庭教育，习以为常。昔奶妈到家来，生活习惯相同。一个人必能自立，才能立人。不能自立，焉能立人？自欺！

你们这一代，聪明过火，一点守都没有。不能有所守，就不能有所为。有守有为。见利思义不易，即有所守。即使有苦也必守住，才能有所成就。成就事业，必律己严；其次，家庭愉快，好好活。人生就此二事。

六四。观（guān）国之光，利用宾（名词，当动词）于王。

"六四"阴居阴位，当位。重臣之位，承"九五"，是观（guàn）国，或是观（guān）国？其利在于宾近于王。

《论衡·别通》："浅者则见传记谐文，深者入圣室观秘书。故入道弥深，所见弥大。人之游也，必欲入都，都多奇观也。"

以礼求贤，为王者宾。有德之君，特别重视宾的人格，故能以德化民。人人皆为尧舜，则为"观国之光"。

观光，看其光华之处，看此国是否崇"尚宾"。王所用的都是宾，非奴。《广韵》称："臣者，伏也。"我解，奴也。德足，即为宾。

两口子要相敬如宾、举案齐眉。结论：可要好好保持那个神圣。如谁也不服谁，就打。何不跳过服，直接为宾？

昔日娶公主、格格，曰"尚主"，没有强迫。崇尚，心之所尚。《打金枝》剧，郭子仪六儿子郭暧，与升平公主吵架，说："皇帝有什么了不起，我父亲只是不想做天子！"郭子仪急向皇帝请罪，皇帝道："不痴不聋，不作阿家翁。"旧剧很能启发人，何时用智，必须冷静。

《象》曰：观国之光，尚宾也。

"六四"离"九五"近，"观国之光"，亲炙其盛，使自己有所进益，"得其天爵，则人爵随之"。

入室弟子，又叫"亲炙"。盛馔，太太亲手做的菜，叫"亲执"。

宾者，未仕而刚入仕，未正式应命，君以宾礼兴之。祭祀，磕完头，起来时喊"兴"。喊兴，起来吧。免参，不必跪。

"尚宾"，特别尊重对方的人格，"君使臣以礼"（《论语·八佾》）。教化一个人，必尊重对方。不尊重他，又如何感化他？待民、敬民如宾，"使民如承大祭"（《论语·颜渊》）。

求智慧，多读书，但无身体力践的毅力，亦无用，故曰智、仁、勇三达德，缺一不可。到国外讲家务事，谁懂？要得启示，重点在此。

九五。观（guàn）我生，君子无咎。

"观我生"，帮助我的人生，由低到高，装饰自己的人生，使其愈来愈伟大。立己，观察自己的生活，此即中国人的德行。想做天下人的模范，必须好好看自己的生活，必须有内圣的功夫。

观天下，"中正以观天下"，己立立人，自己绝无失德，故无咎。如光有位而无德，不能观乎下，下民就不服，就有咎。

《象》曰：观我生，观（guàn）民也。

"观我生"，塑成有德之象，具有偶像之德，得有多高的修

观卦第二十

养？不论到哪儿，人都看你是偶像，放诸四海而皆准。准，名词当动词用，自准看出平不平。百姓以你为准，此"观民"也，叫他见贤思齐。观己以察民，彼此互勉。

国家领袖，言为世法，行为世表。自己生活表现没有失德，可为天下观。以自己生活经验为准，足以观民。天下都以"九五"为观（guàn），作之君，作之师，为配上帝。观民，必看看民对你的反应如何。

我受尽千辛万苦，所背的书，一辈子也忘不了。"不经一番寒彻骨，哪得梅花扑鼻香？"用脑得缓，慢慢读，慢慢想。坐不住，怎会有功夫？坐，不用垫子，才显功夫。"思之思之，鬼神通之"，读书就一个"勤"字。学中国东西，"四书"基础没打好，绝不明白。为学，绝不可以躐等。

搞政治，一本书烂熟在胸就足矣。但必以德为本，才有善终。做什么事，都得有德，能静下，懂应变。《易》讲趋吉避凶，如连吝都没有，当然吉。

千万不可以胡扯。羲皇人祖庙，不可以烧冥纸，要烧帛。

上九。观（guàn）其生，君子无咎。

来子注："不曰'观我生'，而曰'观其生'者，避五也。是'我'字甚重，而'其'字甚轻也。"天下无二君，故"上九""观其生"。"其"与"我"，一字之别，就不同，必须有分寸。

"上九"，元老级，反省自己是否有观之德。观己生，修己，将自己一生装潢好，塑成有德之象，使百姓见贤思齐。但不敢与"九五"同观其民，故"君子无咎"。

《象》曰：观其生，志未平也。

都是"志"，但这个"未平也"。如都兑现，即平了。光有志，未行，所以用"其"。再读"其"字，警醒！此为志、目标，但志未得也。

"得"与"平"，意境不同。平了，即参，"与天地参矣"，与天地平了。"立，则见其参于前也"（《论语·卫灵公》)，眼前平视对方，即参。同参，同学，平也，天地参矣！

德与志，未相称，故曰"志未平也"。人皆有志，但人生不如意事，十常八九。"上九"，"志未平"；"九五"，志平，志达到了，完全兑现了。

高而必危，知此，才能长守贵。有德，还必须知时与位。时与位不同，不能平分。失败，只能怨自己，不能怨别人。

"德"的含义很多，必须有丰富的知识，与"专学"为二事。无知识，如何应世？谈判，必须有专学。

"生生之谓易"，中国人尊生，仁也。屯，"刚柔始交而难生"，母难日。我不过生日，为我母亲过百岁。"祭而丰，不如养之薄也"（《泷冈阡表》)，一句话可使天下有心人孝。你们早"戒定慧"了，而我还在"贪嗔痴"，故时时提醒你们。

今天要怎么设教？设教，是为了厚生。怎么活？必须活得愉快。《大学》"生之者众，食之者寡；为之者疾，用之者舒：则财恒足矣"，此为设教的根本。得诺贝尔奖，亦必自此精神来。中国思想之可贵，在此。

生很不易，既尊生，就得优生、优育、优教。孩子不听，骂，孩子照旧错；打，孩子跑了。问题出在哪儿？孩子不听，应该高兴，因为他有想法了。此优教也。

我与孙子喝茶，他什么都学，就不按我的方法。研究何以如此，教他做几遍。几次牛头不对马嘴后，就从了。强迫，则鸿沟深。

教育完全是爱的力量，慢慢建立信用。如玉，得天天盘，才会亮。视自己有无优的头脑，"千里马常有，而伯乐不常有"，应举一反三。

知识分子应勉励孩子做。不对，再纠正，则心服口服。从头至尾调整孩子，好好玩这个宝。为人父母，谈何容易！我的老母凶，但有道理。慈安能忍，不易！学会受气。

没有思想，被前人牵着鼻子走，"生乎今之世，反古之道；如此者，灾及其身者也"（《中庸》）。今天，就是孔子来，也不能解决。"学而时习之"，"不可为典要，唯变所适"。

都非观民，谁也没有省方，谁也没资格设教。21世纪了，还净说鬼话，皆不识时务。应善用头脑。

存三统，张三世，因而不失其新、不失其时。今天，必须"正辞"，不能再人云亦云。必须有"合时"的思想，得省方、观民，然后设教。狗嘴，焉能吐出象牙？应正视问题，好好面对世情的演变。新闻，时学；他说，证明其无知。

容忍，认识真；推己及人，恕。想做不让做，心里多苦，一定要他自由发展。识时，识环境。净心，不过少数中的少数。坐着琢磨。省方、观民、设教，思想家跳不出此。

有个明白的父母是人生最大的幸福。我最老，其实最进步。实学，要能用上。知其人，不得不研究其环境背景。孟子，儒丐；孔子不然，固穷。

易经日讲

《史记·孔子世家》云:"孔子晚而喜《易》,序《彖》《系》《象》《说卦》《文言》。读《易》,韦编三绝。""韦编三绝",卦与卦有关系,反复印证。一样想事,有些是书呆子。读书,要静心,经大脑,多看几遍。

奉元书院,是"长白又一村"的一点。我、你、伊。伊,他,伊人。今天中国人,最重要的是承学。读书,少读一遍没有多读一遍的深刻。我今天仍比你们用功。

没有将相之才,叫他做将相,是暴力。能观天下者,绝对有大志。观,物极必反!共患难易,但共福难!日正当中,作梗者出,必有噬嗑之才出。

噬嗑卦第二十一

（火雷噬嗑　离上震下）

噬（shì），啮，咬；嗑（hé），合。上下两阳而中虚，"初九""上九"，上下唇；一阳间于其中，"九四"，障碍物。颐中有物间之，用噬的功夫达到合，把障碍物铲除。

卦体：离为明；震，动也，动而明。离，为电；震，为雷：雷电合，利用狱。

《序卦》："可观（guàn）而后有合，故受之以噬嗑。嗑者，合也。"

真正足以观，可以作为模范，"子帅以正，孰敢不正"？中国人重视德行，可观，然后大家才有所而合。想合，遇障碍，必须有噬之术。用噬的功夫，铲除障碍物，达到合。噬嗑，两嘴合在一起，用牙咬断，比喻除掉障碍。这么讲，懂吗？得有噬的功夫，然后就嗑。里头有术、手段，包含的意义多。

每天一睁眼，就有障碍物。人生，天天在痛苦里，有障碍，必然的；顺利，乃偶然的。中间有物间之，如何除间？如何除掉障碍？如何认识人生？于是有噬嗑卦。噬嗑，用噬的功夫，达到嗑。

《杂卦》："噬嗑，食也。"

看清什么东西，知道用什么方法咬。都是智慧的产物，哪有新旧？没有研究，怎么知如何咬法？圣人贵除天下之患，不杀无辜，但杀有辜者以除害。

何以要学《易》？"先迷失道"，好名、利、色、财；"后顺得常"，就得自强不息、厚德载物。除奸，除害。大，除国之奸、害；小，除己之奸、害。既已观天下了，何以还要除奸？懂《易》，则知今后的必然性。

宇宙观，就看你怎么看宇宙，仁者见仁，智者见智。观，怎么观天下？如是"童观"，则宇宙观亦为"童观"。看你以什么看天下，王八蛋看天下都是王八蛋。你了不起，了（liǎo）了（le），起不来。我说的话，你们认为落伍，明白时，已经来不及了。

志同道合，至死不变。同志，应以道合，非以势与利合。社会是什么东西？戊戌时，如谭后死、康先死就好，康后来一点浩气都没了！

噬嗑，教除障碍之术。人生要没有障碍，就没有智慧，因障碍而生智慧。蚂蚁虽小，犹知分工合作。人愈了解自然，愈有前途。

嘴必看紧，才能除障碍。一言偾事，祸从口出。要你们看住嘴，许多事失败于此。"狱"，犬言犬。不用两条狗看住你的嘴，早晚出事。多说话者，我都不要，败事之根苗。现在许多年轻人反常，不正经，你和他谈正经，他却扯闲。

外防寇，内除奸，绝不可以手软。

"可观而后有合"，合天下不易，连尧都有"四凶"。

《尚书·舜典》中"四凶"是共工、欢兜、鲧（大禹父亲）、三苗，至舜始流放之，《史记·五帝本纪》载："舜归而言于帝，请流共工于幽陵，以变北狄；放欢兜于崇山，以变南蛮；迁三苗于三危，以变西戎；殛鲧于羽山，以变东夷。"

要练习有担当，什么来都可以应付。消化不祥的东西，必得有术。无一人能躲开劫，得练习有担当。

十年可以驯一只猴子，百年也训不了一个学生！我这两年受点气，"童观"，被纠正。小孩有意见应高兴，代表他有看法。爱心与耐力，优教并非易事。我没和家人发一点脾气。慈安说："我没什么长处，就能忍。"一个女人对丈夫能忍，就没有什么不能忍。

噬的方法不同，但必得噬，为了合而噬。天下统一，要除梗，得有脑子，"噬嗑"了！如一举一动卑鄙，焉能做大事？

噬嗑，亨，利用狱。

王弼注："噬，啮也。嗑，合也。凡物之不亲，由有间也；物之不齐，由有过也。有间与过，啮而合之，所以通也。刑克以通，狱之利也。"想君临天下，必有德，大观在上，言为世法，行为世表。天下有许多间，想天下一统，得下嗑的功夫，铲除障碍，杀有辜以除害，故圣人贵除天下之患。

"噬嗑"并不坏，把梗嚼碎，化除障碍才亨。噬嗑要能亨，就必"用狱"。狱事乃因不通而生，其利在于用狱。用狱专解决天下纷争之事。如懂"利用狱"了，焉能不胆战心惊？

"狱"：名词，监狱；动词，诉讼，即祸患也。"狱"，指有不平事。"狱"包含多，从法到刑。讼的结果，才用狱。"必也无讼乎"（《论语·颜渊》），狱用不上了。"利用狱"，其利在于除患。能亨，乃"利用狱"，专解决天下纷争之事，其中含多少曲折。

自一个人得意忘形貌，就能看出其修养如何。不知人，绝不能成事。《人物志》读了，会用？要逼自己看书。

用心思者，说话前后要有层次。读书，就如读棋谱。

好好过日子，得靠智慧、靠文化。写信不会用词，因上一代不识字。一点基础都没有，必须加倍用功。造就小孩，什么都要学。

亨，自"用狱"功夫来的。除梗多难！非一日成梗的。党中有派，利益集团，如得不到利，则成反对派，讼由此起，兴讼。必也无讼，整顿就得发狠，"用狱"才能解决纷争，自根上来，得有"用狱"之威、之仪。天下事之所以不得亨者，因其中有间，有间隔、有离间之言。理繁自间，因其间而理之、治之，此必冷静、沉着，经之、纶之。无威不能行，要恩威并施；不能偏私，否则失仪。能"用狱"者，多半是阴柔之士，其利在用狱威，阴险！杀人魔王，长得文质彬彬。

现在好好整理祖宗的遗产，对人类可以有莫大的贡献。成事，必得有修、有为。修，内圣；为，外王。想成事，必得有所修。

《彖》曰：颐中有物，曰噬嗑。噬嗑而亨。

"颐"，腮帮子。"颐中有物"，必得噬，才能合在一起。因噬而嗑，达到最完美的结果。

求的就是平。有水之德，才能平天下之不平。"盈科而后进"（《孟子·离娄下》），将坑一一填平了，再往前进。如不用噬嗑，即达不到这个平。战争是方法之一，终极目标是除障碍。"噬"，"用狱"的第一步。

王弼注："有物有间，不啮不合，无由亨也。"怎么"噬"？"噬"的层次，如"用狱"。人生皆有阻，想法突破之，无不亨矣！

圣人贵除天下之患，其间必有技巧，即政术。用"噬"的功夫除掉障碍，才能达到目的。知所以用理为难，务必真明白，才能用上。

刚柔分，动而（能）明，雷电合而章，柔得中而上行，虽不当位，利用狱也。

"刚柔分"，社会，就刚柔、是非、善恶、黑白，两个层次，要明辨之。"动而明"，动能明，不能盲动；动不明，即盲动。一举一动，必知何以要动？

明而后动，必先分辨刚柔、是非、善恶、黑白，依此类推。大家都明而后动，则失败的机会少。

或动而明，或动而浑。明，日月之明，日月无私照。《易》

真读好，真能应世，要稍用点心。

你们守不住口，最可怕！说话，非仅一说一而已。修宫殿式的书院，说成要在铜锣修皇宫，这一引申，完了！我只好一笑置之！幼稚病，完全无自知之明！

"雷电合而章"，"雷"，代表刚；"电"，代表明。"雷电合"，而章其光。法自然，那时简单，将之凑在一起，即成智慧的产物。《易》到底几千年？不得而知。应好好培养自己的智慧，将自己放得很大，与天地合其德。

嗑，恰到好处。威与明、威与德，恰到好处。没有不服的，即"章"。雷、电，两个作用，合了，才能章。要特别用智慧，人家都懂"合而章"。

"不当位"，固有所失，但言如能用两犬看之，以守言之利，则可以补不当位之失。净嘴硬，就挨打；嘴柔些，就不挨打。

最高的外交官，是志在必得，非志在斗嘴。"无所不用其极、无入而不自得"，无论在什么地方，无不用自己最高的手段、谋略。《大学》《中庸》如精通，还得了！

"六二"中正，"六五"正中。"柔得中"，能上行。刚没得中，就下狱。狱，有形、无形皆有之。

"虽不当位，利用狱也"，成王败寇，见恶必除，人人必为。改造，将嘴中物消掉。有大德用观（guàn），以观（guàn）化天下；不能，则"用狱"。化不了，就得争。

我一生没大成就，至少没大失败，就用笨方法，在屋中读五十年书，绝不动。人格不是那么容易培养的，人有所守，然后才足以有为。

竹子有节，台南开元寺有七贤竹。竹子一冻就死，北京必放在木桶，下窖，明春再拿出。我去年回去带竹根，有所爱，用以勉励自己。用各种环境勉励自己。门口栽竹，警惕自己：难道不如竹子之有节？

贞松，"岁寒，然后知松柏之后凋也"，但没有香味。"兰为王者香"。王，天下所归往也，此德可不易。我"竹梅堂"，竹，守节；梅，耐寒留香。我也喜兰，但不重视，因时间太短。

中国时代来临了，要靠文化，要有奉元、华夏观。我自"长白又一村"后，确有思想。

人最重要的是过精神生活，精神如一颓废，就完蛋了。我看每卦，皆亲密得不得了！有人仔细，懂得关心别人，许多地方表现出人性。今多少人盲动，不知自己为何要如此做。

《象》曰：雷电，噬嗑。先王以明罚敕（诫，正也）**法。**

如雷之明、如电之刚，必公而无私，才能树威，再做噬嗑的事。以明于威来正法，得刚断。做公平的裁判，必得具有修养，柔而得中。

有法，再订罚则。"明罚""敕法"，"用狱"的两个重要方法。依法处罚，不可以有偏私，不法则失仪。特权，立法而不守法。真明白，才能用，印证外边事。为学，要整理众人的事，"儒，人之需也"。

噬嗑，效雷之明、电之威，以迅雷不及掩耳之势，否则夜长梦多，除害可不能客气。老期待别人有善的回应，应知噬嗑是罚与法。

聪明男人，把钱交给太太，她是装钱的皮夹子。用激将法，问："怎么不花？"反而不花了。懂得术？都交出去，反而给几千元。过家之道，两口子都没处好，还有学问？皆实学也。光知信佛，没学佛，把老婆气得生胃病。会背书，只是书呆子。吃素，还争口味如何？

初九。屦（jù，意同"履"，足也）**校**（jiào，枷械）**灭趾，无咎。**

走路，是用趾，不是用脚。行远自迩，登高自卑。

"屦校"，刑具加在脚上；"灭趾"，刑具超过脚的尺寸，使其行动不便，非毁其趾。脚上戴刑具，低头看不见脚趾头，并非最重的刑。初犯毛病，给予警告，小惩而大诫。

《系辞传下·第五章》子曰："小人不耻不仁，不畏不义，不见利不劝，不威不惩。小惩而大诫，此小人之福也。《易》曰：'履校灭趾，无咎。'此之谓也。"所以，学《易》可以无大过。一般人不仁，没有爱心；仁者爱人，而无不爱。为政之不二法门，小人怀惠，"先之劳之"（《论语·子路》）。"世路难行钱为马"，绝不可以随便花钱，必要时"宁可填城门，不可填壕沟"，要会使钱。

《象》曰：屦校灭趾，不行也。

我讲微言大义，并非讲字。

不听话，先限制你的行动，以刑具当鞋子，低头看，不见脚趾。给予教训，叫你"不行也"。"灭趾"的目的，在"不行也"，警戒不要再错下去，"履霜，坚冰至"。刚犯错，知所悔改，"过，则勿惮改"，就无咎。一个人开始犯错，学校、家庭不管，坏！应自"灭趾"时，就惩之。

"初九"阳居刚位，阳刚太盛，无人能化之，乃惹是生非，有"灭趾"之凶。初犯，如原谅，则成姑息养奸；积恶成习，则灭耳也。应惩之于初，使"不行也"，小惩而大诫，不至于"何校灭耳"。

没有"屦校灭趾"之智，就面临灭亡。

六二。噬肤灭鼻，无咎。

"灭鼻"，如小孩吃蛋糕的模样。

二、三爻，管犯毛病的人，做事有表现，但并非成就。

除患，总有点过，狠狠咬一口，用劲过猛，把鼻子都埋上了，即失中。老头左看右看，恰到好处。虽失中，但无咎。

嘴好说，又好吃，一切祸端自此来，"病从口入，祸从口出"。想成大事，必得守口如瓶。逼不得已，也必顾左右而言他。

《象》曰：噬肤灭鼻，乘刚也。

切肤之痛！

咬时，用口劲，咬肤，目标是骨头，用狠劲，故灭鼻。用这么大的劲，怕降不住里头的骨头。什么都不怕，刚；"乘刚"，骑住你的刚。

过犹不及。除患，得有经验者，明而后动，不必过火，要恰到好处，"乘刚也"。

"柔得中"，承势而行，至少保存既得利益。现实如此，不承认也不行。应与，唱和。中国思想就在"中"。龙德，最标准的德，但超过一步也不行，所以"亢龙有悔"。真懂中国文化精神，则百发百中。中国人多，有才识的人也多，后面总有一帮人。老谋深算者，得天天静静想事。

《易经》要总琢磨。用世,见仁见智,事情发生了,就可以找到用世之道。许多博士讲,下面的就不敢笑。发生事了,再找方法,与没遇事者,两者绝对不同。经验太宝贵。

六三。噬腊肉,遇毒,小吝,无咎。

"毒",《说文》云:"厚也。"味特别重,陈年的。做腊肉必高手。吃腊肉遇毒,常有的事,吃坏肚子,拉完就好,无咎,不必大惊小怪。

反常的事虽小,也可能出大事。吃不新鲜的东西易得癌,罐头、腊肉少吃。同学为了省事,净吃罐头,得大肠癌死了!

最坚持,也是最可怜的一爻。常事,有吝,不一定有咎。但有吝,也可能出大祸。

《象》曰:遇毒,位不当也。

《小象》与爻辞不一。爻辞说常态,《小象》说"位不当"。碰到厉害人了!"位不当","名不正,则言不顺"(《论语·子路》)。

北京夏天,有几天特别热,说"今天太阳太毒了",即太热了。"你这个人太毒了!"即太狠了!超过一般人接受的(常),即毒。

一个家真不容易!妈妈很受罪,活得太苦,孩子还天天发脾气,妈妈帮忙还不要。"慈恩罔极,悲心无住",无所住而生其心。人没有私心,不易!要小孩子多做事,是自理智来的,不使其成废物,将来懂得应事。告诉怎么做,就不懂用脑。

孩子问功课,说"明天问老师",要他多想一想。写字、作文有老师。古人易子而教，自以为教得尽心，听者可是不尽心。从开始就要养正，"蒙以养正"，拨乱反正多不易！小孩一年、半年不注意，一生就完了。超过标准，就毒了！"养不教，父之过。"（《三字经》）

对事情、东西、环境了解不足，"位不当"，故不真知。人最要当其位，"不在其位，不谋其政"（《论语·泰伯》），因不称职。

好的厨子，拿出来就会做，不会有"遇毒"之患。自吃，可看出中国民族智慧之高。清末，大家不读书了，就天天玩。什么茶用什么壶泡，改变，味就不好。一过度，就不行了。

以主观见解解决问题，绝对出事。中国东西下功夫，治事保证是高手。但读不通，因没工夫读书！

《周官》不论是谁作的，分天、地、春、夏、秋、冬六官，列四百零二种职官，什么官管什么事，多么致密！中国人确有长才。有人批评《周官》为"六国阴谋之书"。但值得学，防人之心不可无。

西汉河间献王刘德，以重金购得《周官》古文经后，献给朝廷，深藏于秘府，"五家之儒莫得见焉"。刘歆最早奏请列《周官》于经，而称其为《周礼》，认为它是"周公致太平之迹"。

《周礼》所体现的制度设计，包括器用、衣冠、官制、军制、田制、税制、礼制等国家政治制度。《周礼》与《仪礼》《礼记》统称"三礼"。唐代立为"九经"，为"十三经"之一。《周礼》成书于何时，也是今古文之争的一大内容。王莽托古改制，以《周礼》为本。何休认为该书是"六国阴谋之书"。

你们遇事，反应慢。智不低，是入途糟蹋了。培元，智慧可以培养，把自己塑造好，然后奉元而行，可以有大成就。成就要有创见，发前人之所未发。

早得结论："愚者好自用，贱者好自专。""舜其大智也与！舜好问而好察迩言"（《中庸》），注重舆论的反映。"禹闻善言则拜，大舜有（又）大焉，善与人同，舍己从人，乐取于人以为善"（《孟子·公孙丑上》），察言观色，见时怒目以视，有机会就说。你们太不懂自己不懂，坐井观天，所见者小。

应培养自己：培元，元培，奉元行事。蔡元培，清末翰林，留德，对中国教育有贡献。奉元行事，才没白元培，必须深求。

笨人，就别太管闲事，太分心。智高者，可以多管。我愈放假愈忙，忙着教书。自以为是，坐井观天，早晚惹祸上身。

知足即愚，独断即贱。自己把脉，看自己患什么病。你们时间不多了，快的话还有转圜的余地。你们愚得出奇！净以自己所知衡量别人，非失败不可。

每卦，都有莫大的启示。乘势、顺势，《易》即讲理与势。袁了凡有《了凡四训》，我写《奉元五课》。《论语·子张》云："夫子之得邦家者，所谓'立之斯立，道（导）之斯行，绥之斯来，动之斯和，其生也荣，其死也哀'。如之何其可及也！"

九四。噬干胏（zǐ），得金矢，利艰贞，吉。

"九四"，重臣，管国家大事，斗梗，要灭梗，在第一线。"干胏"，干肉又有骨的环境，最艰难的环境。

干肉里头犹有骨头，不用"金矢"灭不掉。"金"，最刚、锋锐的；"矢"，直也，不能有点偏私。"得金矢"，得如金之矢，有点偏锋,就完了。

有"金"与"矢"两个宝的修养与才智,如金之刚、如矢之直。守住正道,碰到环境就能。大家有灭的对象,"九四"要灭同僚。"矢",代表直,得正直,其直如矢;"金",纯、刚,得无私、无欲,无欲乃刚。金之刚,还得直,才可除"干肺"之凶。好贪,则不刚;直,没有突不破的。"利艰贞,吉",有了刚、直,还得经过艰贞之苦,才能吉。

用刚,易引起误会。想除同僚之梗,谈何容易!本身站得住很重要,修德不易。

我五十年,遇见不少年轻人。回忆自己年轻时,陈宝琛反对"满洲国",有人批评他落伍。我失业半世纪,但结果仍算最好。没有人会说我有先见之明。现在盖棺论定,那些人,今天活着的已不多。我现在是"梁惠王治国,尽心焉而已矣",说一说,听不听在乎你们自己。

是中国人,就好好做中国事,中国有十几亿人。我好坏事皆经过。应善用己智,为己之所当为。唯有做千古事业,才不是个点缀。中国人要做千秋事业。

天文,自日月星辰入手。人文,"子以四教:文、行、忠、信"(《论语·述而》)。"行有余力,则以学文"(《论语·学而》),非学文章,经天纬地之谓文。"泛爱众而亲仁"(《论语·学而》),泛爱众,仁也;能亲仁,安仁。没有此高深的修养,不配做经天纬地的事业。

《象》曰:利艰贞吉,未光也。

"得金矢",还有要"利艰贞"的修养,才"吉",但仍"未光也"。

"未光",即屯(䷂)"九五""屯其膏,施未光也"。你的吉,是自艰贞来的,未足以光大天下也,故不足为法。

"听讼,吾犹人也",未光也;"必也使无讼乎",才是高手。天下无贼,根本没有贼,才是高手。"必也使无讼乎",光大也,真正观天下了!

难,不一定艰;艰之难,才难。噬嗑的时代,不容易!突破困难,非一下即得。人做事,不能光想得便宜。怎么突破障碍?"得金矢,利艰贞",才能吉。一层层上来,事一步比一步难。

环境,实际之逆境,有障碍。随时,时一直在变,半个小时即不同,客观环境影响大。"君子无所争,必也射乎"(《论语·八佾》),心正矢直,争的是德。谈容易,但临事能应,难!

要教将相,非教妓女。除弊,没除尽,就"未光"。如本身没除好,又如何改造别人?"得金矢",只得利器而已,本身还得有"艰贞"之德。想改造,得从自己开始,团体得清清白白的。

人都有长短,要用其长,避其短。孟尝君养鸡鸣狗盗之徒,什么人都得养,有时必得说假话。"时乘六龙以御天",每爻都不落空。

文天祥临危致命,灭梗,代代有文天祥,就求一死。不言之斗,"九四"要灭不忠的同僚。今天如有,要怎么斗?一个个衍。不识奸,怎么除奸?斗同僚,太难!势均力敌。自以为有绝对把握,最后都失败了。

易经日讲

找人才，非拉帮，多有何用？不要多，是要能。好好读书，得启示。太愚了！可用之才没有。你们真是什么也不懂。再不建设文化，就没有办法。

六五。噬干肉，得黄金，贞，厉无咎。

"黄金"，"黄"，"黄中通理，正位居体"，中道。"金"，至刚也。

"贞"，正固。"厉"，"战战兢兢，如临深渊，如履薄冰"，才得无咎。

冷静想，得太多的启示。不是完全以德化天下，还得含术。

《象》曰：贞厉无咎，得当也。

"得当"，恰当，不多不少，不肥不瘦。两个东西配在一起，正好，"得当"。

伏生（伏胜）背书，谁也听不懂，只有他女儿懂。

秦焚书时，伏生壁藏《尚书》。汉文帝闻之，欲召他进朝，但此时伏生已年逾九十，不能出行。文帝派时任太常掌故晁错到章丘伏生家中，当面亲受。但伏生年迈，话难懂，只有他女儿羲娥能听懂，只好先由伏生言于羲娥，再由羲娥转述给晁错。终于将《尚书》整理出来，补出所失篇章，使《尚书》得以流传。

朱子不够冷静，也未必有真智慧，命名《周易本义》，证明其吃天下人。

"中的"还容易，"得当"可不易。父子之亲，都有代沟。

一拍即合，相见恨晚，谈何容易？

"六五"，合法的头头，"得当也"。柔处事，必得有"黄、金、贞、厉"的功夫。

治狱之事，即行威之事，要面对，贞可无咎。乱了，证明无智；有智，就不乱。大家都要谋国，血气方刚，却成先烈了。

曾文正说"做大事业以造就接班人为第一要义"。

人最重要的是功满全期一般同。盖棺论定，历史值得论的没多少人。

奋斗要有目标，在自己本分内好好做。最低限度，得把家弄得很温暖。家，人生最重要的地方，还斗？

到观了，要防未然，因为乐极生悲。必须知怎么读书。文子问道，老子曰："学问不精，听道不深。凡听者，将以达智也，将以成行也，将以致功名也，不精不明，不深不达。故上学以神听，中学以心听，下学以耳听。以耳听者，学在皮肤；以心听者，学在肌肉；以神听者，学在骨髓。故听之不深，即知之不明；知之不明，即不能尽其精；不能尽其精，即行之不成。"（《通玄真经·卷五》）

东坡语曰："多好竟无成，不精安用夥？"（《和子由论书》）

卖国求荣，为夷人之奴，一群无耻之徒！何以一事无成？就因为什么都不精，顺嘴胡扯。要永远具英雄本色。人到无耻，则无不为矣！知耻，才近乎勇。

上九。何（荷，负也）校（刑具，又厚又重）灭耳，凶。

"校"，枷械，是最轻的刑罚，如《女起解》中的玉堂春所受。重则没耳，自脚至耳套上刑具。仍不知悔改，则用刑益重。

《系辞传下·第五章》："善不积，不足以成名；恶不积，不足以灭身。小人以小善为无益而弗为也，以小恶而无伤而弗去也，故恶积而不可掩，罪大而不可解。《易》曰：'屦校灭耳，凶。'"知有问题，快快解决，灭耳，就凶。不能防未然，则有"灭耳之凶"。

宋早晚"何校灭耳"！宋，历史不放过，现世也绝不放过。弄不好，李亦在"上九"一爻内。

《象》曰：何校灭耳，聪不明也。

积恶之所致。顽固分子，不听善言规劝，故用重刑。

由"履霜，坚冰至"到"何校灭耳"，乃根本不了解外面环境。外面环境没好好了解，"聪不明也"，连听都没听明，听，察迩言，"舜好问而好察迩言"，聪的功夫。尧、舜"辟四门，明四目，达四聪"。

《尚书·舜典》："舜格于文祖，询于四岳，辟四门，明四目，达四聪。"

《史记·五帝本纪》：尧使舜"宾于四门，四门穆穆，诸侯远方宾客皆敬"，"舜宾于四门，乃流四凶族，迁于四裔，以御螭魅，于是四门辟，言毋凶人也"。

《潜夫论·明暗》："夫尧舜之治，辟四门，明四目，达四聪，是以天下辐凑而圣无不昭。故共鲧之徒弗能塞也，靖言庸回弗能惑也。"

观世音，寻声救苦，即听之道，听得明。

人要不怕死，还有什么不成功？自知，特别难。不能谋国，至少要能谋家。无谋家能力，就不要结婚。家，必营造成安乐窝，父父子子，其乐也融融。

为小丑者，一阵风来，乌云即散。

培己，有自知之明；不能，要多接触。王船山作《读通鉴论》，有社会经验；《通鉴辑览》，枭雄之主（乾隆帝）批的。要学人家的经验。本身智不高，又不学，能够应事？花花公子还有一套，历史犹留名。

齐家，亦为八德之一。如一德都无，即缺德。活着只一次，没有来生。学生，亦得知生。求学，学什么？中国之学，即生之学。仁，二人偶也，必得生。《易》之道，就讲生生，终始之道。

人不能都谋国，但最低要齐家。家如不愉快，就活得没意思了。

遇事就生疑，乃乱。黄代表中，"黄中通理"。贞厉，造次必于是，颠沛必于是，素富贵行乎富贵，素患难行乎患难，富贵、患难都一样。人在富贵前后，脸上笑容多不同。有人忘记富贵自何来，却回头咬给予富贵者。

杭辛斋（1869—1924）看过八百多种《易》注，作《辛斋易学》。虽浏览多，但中无所主，不能立说。

台湾地区的《四库全书》不全，在北沟被水淹了，也不知毁了多少卷，黎东方大骂。

北京故宫文物于1948年底至1949年初，分三批运抵台湾。在台中糖厂仓库暂存一年后，1950年起全部文物迁往台中雾峰吉峰村（今吉峰里）北沟，直至1965年台北外双溪新馆落成后运往新馆。

什么都有，什么都不像，水准如何可知。要懂得修，改变器质为第一要义。净骂老贼，连老贼都不如，如跳蚤每天吵。器质没改变，等于没读书。每天斗，太没人味。以前人至少有点修养，还言中有物。今天的大学生，何以没有知识分子的风味？老像小孩子。

我每天读完书后，晚上两个小时发发闷气。听课如同听京剧，听完又有何用？一句话不明白，绝不放松。每个人都要天天训练智慧，坐着想，"思之思之，鬼神通之"。

有智慧者，绝对精神饱满。写注的，都是失业的读书人。你们笨，谁的话都相信！有小错，就得教训之。

"噬腊肉""噬干肺""噬干肉"，每个肉代表什么？此卦弄通，绝对得统一之术，不必用战争。我于此卦，得三术焉。

中国人的智慧，履霜，知坚冰至，"屡校灭趾，无咎"。智慧放诸四海而皆准。

时很重要，制造气氛。现都后悔了！写历史，是非都得明白。

人许多智慧是天生的。百姓糊涂，但多想，就不糊涂了。

一个人必须有政治智慧。是人，就要有做人的原则。必懂本身的价值，然后求生存，而不是欲望。

你们应知怎么好好学，"时乘六龙以御天"，六龙是怎么动的，必须明白。人生是剧场，没有天天排戏，怎么演？

遇事，要用哪个成方子治？治世之方没看明白，则白用了。

做什么事，都要有原则，艰贞。口耳之学，不能生根。

《荀子·劝学》："君子之学也，入乎耳，着乎心，布乎四体，形乎动静。端而言，蝡而动，一可以为法则。小人之学也，入乎耳，出乎口；口耳之间，则四寸耳，曷足以美七尺之躯哉！"

从小就要训练，要随时锻炼，他说东，你说西，得有爱心。仁，讲两个人的关系。仁，讲生，两人在一起，生。爱（愛），指心居中，偏了不行。严正，就没有转圜余地，乃"盟而必荐"。

我讲经，能养德，也能养寿，一乐也。你们挨骂，也得交学费，"作之君，作之师"。

灵，"人为万物之灵"，灵魂。我解释字，王氏父子得逊位。

王念孙花费十年时间，搜集汉魏以前的古训，详加考证，成《广雅疏证》，为训诂学研究贡献颇大。其子王引之也是一位语言学家，人称"高邮二王"，著有《经传释词》《经义述闻》三十二卷。阮元称："高邮王氏一家之学，海内无匹。"

读书，就是功夫，必须练习自己能想。

我不喜的人，不接触；如有用之人，绝对主动。不喜一个人的卑鄙。人必走得正、行得正，不可以卑鄙。

曾文正转战二十多年，延长清廷之寿命近五十年，其间死了多少人，是否识时？一朝到应亡了，谁也挽回不了。历史是一面镜子，故可资治通鉴。识时，何等难！刘备临终之际，如何交代阿斗的？但是阿斗最后仍乐不思蜀。可见识时、识人、知人是何等难！

"噬嗑"，除恶务尽。"耻不从枉。不从枉，则邪事不生。"（《管子·牧民》）会读书，是你一辈子的财产。我近四十，犹有老师。

"噬嗑"，"初九"至"六五"，均"无咎"，唯"九四"言"吉"。四爻何以吉？

"初九"至"上九"，"履霜，坚冰至"，要防未然，否则姑息养奸，"何校灭耳"。应不客气，除恶务尽。中间皆讲"除奸"，此即"噬嗑"之义。

人必懂历史是一面镜子，才懂得爱国。读书要深入。

什么都有，就没有脑子，结果堪怜！你们的知识，一点也不能改变自己的生活，太缺德了！骂人，都有根据："小惩而大诫，此小人之福也"，"屦校灭趾，无咎"。

《春秋繁露》如何解释《春秋》？圣人绝不和后人捉迷藏。要学会用脑，圣人想的绝对比坏人多。有书不看，空想有什么用？

朱子释"九四"："《周礼》'狱讼，入钧金束矢而后听之'。九四以刚居柔，得用刑之道，故有此象。言所噬愈坚，而得听讼之宜也。然必利于艰难正固，则吉。戒占者宜如是也。"朱子讲错了。

看王船山注："初、上，不审势度德，强欲折服之，四必亢而与之争，操矢相加，所必然矣。不受噬者，正也，孤立于中，上下交噬，非艰而无以保其贞。四不恤其艰，而贞不听命，故吉。"听讼者遇艰险，必如金矢之刚与正直，虽艰难，必守正之道，终吉。

噬嗑卦第二十一

书要一部部读，不可以"獭祭鱼"。我绝不高明，但绝对不错，至少比你们用功。人有良知，如说不出口，就是不合良知。不能逆天行事，否则如曾文正，成名了，也没成功。

到南朝，有成就的都是讲学的，必要更新、立说。人得识时，告知好坏、结果。许多事有必然，"率性之谓道"。敢说出口的，即合乎道。明辨之，然后笃行之。知一人说话的目的。人的毛病，在于义利不分。

《易》为智海，非辞海。《春秋》"加吾王心焉"，"王"，名词当动词。新王之心，即素王之心。多看书，才有自愧心。要发愤。

要成文学家，得诗词歌赋都行。人要脚踏实地造就自己。

你们不知在什么环境活，太不努力，没学问，必说有学问，还为人师。脑子不灵光，因人世的事也不懂。人必自己求，哪有送上门的？邪不侵正，谁也侵害不了。有功夫，何不好好修己？

恶除尽了，接着要做什么？除掉口中之梗。除完，要"自求口实"。"自求口实"有深意，不一定都好。作用不能空，必须动，主动求口中应充实的东西，得求圣洁的人才充实社会、国家。凑在一起，好好研究。读史，如脑子都不苏醒，社会焉有希望？

"不食五谷，吸风饮露"（《庄子·逍遥游》），道家养生之道。皇宫有承露盘，每早接露水煮着喝。

"噬嗑"到"颐"（噬嗑、贲、剥、复、无妄、大畜、颐），天地才翻新。颐卦《大象》"慎言语、节饮食"；卦辞"自求口实"，自求多福，谁也不会给你。

性相近，自养；习相远，所养。必主动组织，利用环境。

道理与利益，不一样。我不在了，你们绝听不到骂你们的话了。唯消灭同等地位之梗，才吉。想除恶，依此类推，擒贼先擒王。

一、"工欲善其事，必先利其器"，工具；二、"居肆，才能成其事"，环境。在什么环境，都会发挥作用。我自登上这块土，就按计划行事。必企划要怎么做，如零件，都一一预备好，到时凑在一起，即可启动。

以什么方法除梗——难碰的"干肺"，败类？要懂得深思，观其所养，观其自养。什么都有一定的路子。只有识时、知人，才能成事。瓜熟蒂落，则力难回天了。曾文正背着"圣相"的包袱，要尽愚忠。

《资治通鉴》人人可用，但书成，国亡了，并没能救时。自此，可知自己要怎么做事。

知钓多大的鱼？人之小器，绝成不了大事。不花钱，怎么赚钱？不叫他满足，他会给你拉套？如见人就想"利"字，最后什么都得不到。

遇事，即知所学如何用上。"世路难行钱为马，愁城易破谁为兵？"宁填城门不填阴沟。要找城门，小门也比阴沟好。没门，做事不成。你们脑子通一通，早做准备。

除恶务尽，还得"自求口实"，此为真学问。最笨的人，也要懂得分层负责。全身是铁，能打几个钉？再有能，一个人也不能成事。"人之有技，若己有之；人之彦圣，其心好之"（《大学》），不到一个境界，没有用。如一个人对你印象好，你更要好好努力。人都有智慧，笨人想几天也会明白；聪明人，一见即知。

看你和谁交往,知你是谁,哪一流的?真会吃,把肉埋在碗里吃,自己香。自一举一动,即知其属于哪一流。

太平天国忠王李秀成(1823—1964)与曾文正有一次对话。在这个环境中,得立大志,绝不可因利而动摇,为一时之贪欲而出卖子孙。事情发生了,问自己:到底明白多少?用智慧,什么逆境来,都得面对。为文,得有环境,才有成就。

求才,有两方面:一、观颐,观其所养也;二、自求口实,观其自养也。怎么制造核心人物?没有有德之民,哪有有德之时代?"慎言语,节饮食",不懂慎言、慎语,永远打不进核心。核心,必有机密。叫人知,作秀,声东击西,假、空。"非上智,不能使间"(《孙子·用间》),不是一般人能的。重要事得转使,是那边相信的。使间,用间。转使,非最高机密人物不懂。

"蛊、临、观、噬嗑"四卦必知,防人之心不可无,周公还有管蔡之乱。社会,不是利就是色,两大诱惑。有些人太笨了,不吃小亏,私心太重。人多一分私心,就多一分失败的机会。人心一卑劣,就无不为矣,不入流!我有生以来,最讨厌人的卑鄙。

懂得政治,不在乎什么职业。分二组:一、归仁组,克己复礼;二、安仁组,天下一人,没有分别心,则可以担点责任。读这么多书了,得有知识分子的力量,多一分知识,少一分危险。不到用事时,绝不能多事。灵,万物之灵,辞灵。独,慎独。独与性,有何不同?

好好努力,与历史争长短。天天无所事事,太可惜!不懂人的价值。极乐世界,哪有那回事?人之为道。

"蛊者，事也，有事而后可大"，观天下。除恶务尽，得内外皆充实，而后文饰。捧自己，也得绕个弯。捣毁，对方绝对狠狠下手。孔子有德，上台先诛少正卯。千万不可贸然行事。障碍了别人，绝对死路一条，千万"慎言语"。

近代史区分多，中国近代史、人类近代史……在人类近代史中，最严重的问题是什么？

坏人能出卖你，绝对能出卖任何人。"自求口实"，造就自己的干部。真肯干，几个就成事。造成一最清新的头脑，则足以有为。要知自己为什么而活。

我虽没成事，但绝对始终如一。有一目标，永不改变，耻不从枉。

思想演变的历程，要清楚，精细，深思、练达。中国思想源于《易》。明德，为天地立心，智周万物，道济天下。许多事，人算不如天算。搞政治，必无所挂念，如我。

每天之乱，就贪就欲。要以组织对组织，不可以私人关系，会有障碍。人都有嫉妒心，立场必须把持住。人真明白，太难！文饰，得去伪。好名者，必作伪。看破世情惊破胆！

你们要知怎样活，再几年，看能自保者有几人？何以不好好学做人？好好玩味《易》，智慧无量。没有文化基础，傻。

"为往圣继绝学"，每个人的责任。"继志述事"，活着必须有意义。想留点东西，得真有点"精"的功夫。有明一代，勉强出一个王阳明。熊十力讲《大学》，用王学。但明代最大成就是李时珍，著有《本草纲目》。

夏学归元，所以要另辟天地，恢复中国学问的本来面目。奉元，非空言，有目标，多少会有一点成就。无论看什么，先把握住元。元朝，大元，大哉乾元！修北京城，以《周礼》为结构。

退休教师是至宝，有经验。讲学，得绝对讲专学。

天下文化，天下一家，天下太平，天下为公，"人力所至，舟车所通……日月所照，霜露所队"，皆应做事的范围。得有入手处，在哪里？自知止入手。知止，而后有定、静、安、虑、得。得一了，"天得一以清，地得一以宁"，得元，思想境界高。知止，就很难，人亦得知止。如对中国东西懂得怎么做，则境界高。

六祖，没有人祖的聪明。我、你、伊（他）。"伊真美！"闽南话文明。本来面目——元，断了。

"太太死，满街白；老爷死，无人抬"，这就是人世。何不把有用的精神，用在正经事上？说造就人的话，做对得起人的事。好好聚精会神，做微元未断的学问。"大易"与《春秋》为我们的显学。

"不在其位，不谋其政"，反之，在其位，必谋其政，按己位行事。政谋好，就有绝招，有高明的办法。

位，无分高低。五十年所成何在？天天诊断毛病何在？每人皆想自己打江山，没有群德。不知自己的位，怎会有成就？

天津的大麻花，又长又粗，入口即酥。北京的王致和腐乳，专卖一样，卖完为止。坐这想那，什么也没有落实。画蛇添足，画虎不成，反类犬。各行各业，都有高手，要识势。

做大事业，不要做大官。看历代史书的《儒林传》，人才济济，又认识几个了？妇孺皆知，多不容易！是以没世不忘也。何以如此？

《大学》："《诗》云：'於戏！前王不忘。'"君子贤其贤而亲其亲，小人乐其乐而利其利，此以没世不忘也。

心（性）生万法，要会想。则天，日月星辰之运，"譬如北辰，居其所而众星共之。"(《论语·为政》)北辰何以居其所？众星何以必拱之？不明白，怎能悟出为政之道？不知其所以然，没有摸透、参透道理。明白，则既不欺心，也不欺人。

《读通鉴论》有许多事印证，王夫之启发了熊十力。了解真理，非文章家，必须慢慢读。学为文，读《孟子》，但其思想不若《荀子》《韩非子》。道理不难，用理特别难。没能至日月光华的程度，则是非多。

今天稍有机心，也能占一席之地。历史没有空档，只要不荒腔走板，绝对可以留下去。人要有所专，三五年也可以有成。

要正视问题。在旧书中，找出许多方法，解决今天的问题。有机心者，应知自何处入手。不懂天文，如何则天？忙一辈子，所学不合时，也没有用。

旅游，要吃特产。杭州的臭豆腐席比肉席贵。泰安有豆腐席，四川亦有。北京，便宜的特产还没失味；贵的特产已不行了，完全变了。

熏肉，熟的熏，吃火候。人生最重要的是吃。赌最糊涂，一夜就完。吃永不穷，走不正的路才穷。尝新，不要太早吃素。

贲卦第二十二

（山火贲 艮上离下）

"山下有火"，明照万物，贲（bì）也。上艮下离，明而止，知止而后有定，止而有所往。

《序卦》："物不可以苟合而已，故受之以贲。贲者，饰也。"

苟合，不伦不类。得加上文采，贲。一个文饰的东西，"绘事后素"（《论语·八佾》），贲的本质为素（白）。没有洁白的本质，怎么也不能够文采。

"苟合"，两个相差太远，合在一起。孔子父母年纪相差大，因长子孟皮有残疾，不能承祭祀，他父亲乃再娶年轻太太，以求生一周正儿子。苟合就奇，虽合，但有所损伤，必有所装饰。"偶合"，两个才貌相当。配偶，当也。

《杂卦》:"贲,无色也。"

"巧言无实,令色无质"(王肃语),无质即无色,无色才要装饰得过分。先有质,再加上文饰。太重文饰,"乡原(愿)者,德之贼也"(《论语·阳货》)。

"噬嗑",既把害除掉,破坏完,必得建设。"贲",文饰也。粉饰太平,开始有伪的性质,饰中有伪,故曰文饰。但最终要归于质,提醒我们:在文饰之中,不可忘了质。

祖宗多聪明!通神明之德,类万物之情。类情,没有主观,才能为人接受。知识分子要关心时政,政治乃众人之事。

德,有成果,含性与用。木头能做木头的事,我们懂其德性,可以发挥其德用。万物的德是什么?通药性,药才能有用。情,有性智之情、情智之情。性智,血缘;情智,情缘。"有德者必有言,有言者不必有德"(《论语·宪问》),有经验、有成就,当然要写下。人的责任"在明明德,在亲民,在止于至善":此为责任之所在,责无旁贷。"天命之谓性,率性之谓道,修道之谓教",据此去做。"君子之道,造端乎夫妇","食色,性也","率性之谓道"。《大学》与《中庸》相为表里。

类情,出发点如错了,乃造成言行不一致。开始第一步:"己所不欲,勿施于人。"(《论语·颜渊》)君子不夺人所爱,第一步先做人。

物没用错,就人用错,故很少有"言行一致"者。通物,没有通人,人性没有弄好。是否得另类人之情、人之用?多少知识分子完全是盲从。人之为道而远人。仁没了,才加个义,成仁义。

贲卦，文饰，能给人许多启示。每代离经叛道之书仔细研究，自其中找寻真理，人世可能就不乱了！

并非不可以和女孩在一起，应是怎样和女孩在一起。男女分班，男生更偷着看、更想要看，可见出发点就错。性，德之用，完全用错了。忠忠现在上初中了，说"爷爷很开明"，没有奇迹，可以和女孩在一起玩。不可以说"不可"，却偷着看。以前骂朱子伪学者，被视为离经叛道。

应约法三章：一、己所不欲，勿施于人；二、不夺人之所爱；三、君子之道，造端乎夫妇。不用人性，完全用人情处理事情，自开始即违心之言，没人相信。尧舜那么好，何以他们的儿子坏？孔子亦明白"道不远人"，但没有勇气翻版。

孔子一辈子宣文，死后有成，人称"文宣王"，"其生也荣，其死也哀"（《论语·子张》），真能表人性者，称之为"文王"。尧为文祖，《尚书·尧典》道其功绩"钦、明、文、思、安安"，"安安"即晏晏，海晏升平。

读《易》培智，发现《易》海，取之不尽，用之不竭。智不足，必得培元，孟子称"养浩然气"，道家谓"真元"。元，最古的观念。夏学，中国人之学，不碎尸万段，按时代分。入中国则中国之，非民族观，不分鼻子大小。还元，自元入手，故要奉元行事。不懂培元，不能元培，更谈不上奉元行事。

你们读书、做事没进步，学了不能用，没用！老同学到现在也没能明理，办的杂志有几人看？人必须捷足先登，即先时。何以不懂怎么为自己活？应了解什么是智慧，才能用智慧，知所以用理为难！现在是违时，热闹。问题必解决，谁先时，即领头。不谈政治，不谈别人是非。中国书必读的少，《大学》

抓住要点,即能成事。

同学有干劲的,多半欠缺修养。孔方兄,内方外圆。做事,成功是目的。同学勇有余,仁不足。守位曰仁,守己之位,多少有点成就。要以柔克刚,《老子》值得读,有作为者,多半不动声色,大智若愚。

贲,亨,小利有攸往。

"贲,亨",得文饰得中才亨,否则仅"小利有攸往"。有所守,自明而知止。知止,而后有定静安虑得。有所止就可以有所往。

文饰何以是小利?"虽小道,必有可观者焉;致远恐泥,是以君子不为也。"(《论语·子张》)先有实,再加上文饰,"质胜文则野,文胜质则史。文质彬彬,然后君子"(《论语·雍也》)。一文饰,恰到好处最难!抹多了,即"文胜质则史",有虚文,"乡原者,德之贼也"。

成就在乎质,不在文,应树本。光重外表,利之小者,无表里合一。失了中道就坏,恰到好处最重要。"文质彬彬,然后君子",但最难以把握。

人人都为自己打算,不为自己打算就值得赞美。一个朝代必出几个英明之主,才能延续几百年。清有近三百年江山,功在雍正。其善用情报,大臣在家不敢做坏事,没人敢骗他。政治必清明,使官不敢贪、不敢欺民。

清朝县官每天都要摆谱,享受,喝凉酒,吃钱……如此吃法,百姓焉能不穷?《红楼梦》里,下人吃得好、穿得好,不愿结婚,过着纨绔生活,家家摆谱,皆民脂民膏,鱼肉百姓。

每个时辰过一两次点心。男用酒漱口，女用香的水。

《彖》曰：贲，亨，柔来而(能)文刚，故亨。

再没比《彖传》解释卦更好的，离题太远的都是废话。

泰卦，坤上乾下，坤之"上六"变"上九"、乾之"九二"变"六二"，成贲卦，艮上离下。贲卦"六二"当位，"六五"没当位。

"柔来能文刚"，王船山注："自上接下曰来，一阳之上，一阴即至，以相错而文之。"泰卦，上坤之"上六"来，居二位成"六二"，成下离，"而文刚"。人不能光靠刚，刚受柔的调剂，故"亨"。《尚书·洪范》曰"刚克、柔克"，"沉潜刚克，高明柔克"，刚，用柔克；柔，用刚克，并非固定的，刚柔相济。

柔来能文刚，肯定的。中国人的功夫，专以柔克刚，故亨。柔来能文刚，没有痛苦，随遇而安。下策就是忍，有痛苦；忍不住，就得癌症。成功的秘诀，一部《老子》。"不敢为天下先"（《老子·第六十七章》），一冒头就回去，就怕吃亏，"故能成器长"。想要御天下，必先叫大家御你。明知吃亏也得吃，否则大家都不吃，这个团体就垮了！外圆内方，做事业怀百刃之血心，百忍，"百忍堂中有太和"。心能够受一百刀，还不感觉怎样，就成功了！

要学会受气，是初步、是涵养。想成事，能不受气？宰相肚子得像馊水缸之能受。你说一句，我回一句，常人也。要学会吃亏，养成吃亏的德。你干得这么久，更得学会吃亏。

小孩脾气坏，父母为之佩韦，即牛皮，意在提醒："不可以老坏脾气。"个人有脾气，得自己改，柔来能文刚。哪个小孩不气父母？

分刚上而文柔，故小利有攸往。

"分刚上能文柔"，泰卦，下三阳分"九二"之刚，往上为"上九"，成上艮，"而文柔"，使不过柔。但未得中，故仅"小利有所往"。

太刚、太柔都不行，刚、柔必得既济。但《易》最伟大的是"未济"，并非"既济"。"既济兼未济"，刚柔交错，天文也。老祖宗的智慧，是自法自然来的，仰观俯察，作八卦，"以通神明之德，以类万物之情"。

"以通神明之德"，通神德、明德。神德，"妙万物"，生生之德，造物之德。始、生，"生生之谓易"，《易》为"变经"。明德，"大明终始，六位时成"，终始之德。第一件事"明明德"，则有"环保"的观念。"七日来复，天行也"，为天地立心。

八国联军侵入北京时，将太庙当饲马的马槛。我对寇、奸痛恨。有志青年再不受刺激，岂不是活死人？

"以类万物之情"，智周万物，道济天下。《尚书》是最重要的一部政书。蔡沈没做过官，注不好。曾运乾《尚书正读》不错，惜亦不懂政治。

蔡沈（1167—1230），师事朱熹于白鹿洞书院。专习《尚书》，朱熹晚年命蔡沈撰《书集传》。

曾运乾（1884—1945），字星笠，晚年自号枣园，湖南益阳人。自湖南师范学堂毕业后，历任东北大学、中山大学、湖南大学教授。在考古、音韵方面造诣颇高。

刚柔交错，天文也；文明以（因）止，人文也。

今本脱"刚柔交错"四字。王弼注："刚柔交错而成文焉，天之文也。"据增。

"物相杂，故曰文"（《系辞传下·第十章》），经纬天地谓之文，指用说。法自然，经纬原为天文的作用。大发明家均自法自然来的。

锦，是按方格图案做的。百蝶衣，蝴蝶之美，天地之大文。人工尽了，也不能与于天地之大文。虫子，五颜六色，是"体万物而不可遗也"，"人之为道而远人"。

"刚柔交错"，自然之事，"刚柔杂居，而吉凶可见矣"（《系辞传下·第十二章》）。自然界有迅雷、疾电、狂风、暴雨之变，非平衡的。古时应天文之变，人亦变，得正襟危坐。《论语·乡党》"迅雷、风烈，必变"，必变色而作。

"文明以止"，止于文明，"为人子止于孝，为人父止于慈"（《大学》），止于文之明。将"文"明之于天下，即明明德于天下，止于至善。"子以四教：文、行、忠、信"（《论语·述而》），教成"君子儒"（《论语·雍也》）。文明在乎实践，才能把"文"明之于天下。孝友慈悌，就成为文明宝岛。

"人文"与"天文"互为表里、体用。"止于至善"，是人文，即止于一。"天下之动，贞夫一者也"，"天得一以清，地得一以宁"（《老子·第三十九章》），地能载在宁，所以要得一。"吾道一以贯之"，故得天下，则"绥之斯来，动之斯和"（《论语·子张》）。至善，"元者善之长也"，改一为元，"一"与"元"必体悟。"蒙以养正"，"子帅以正，孰敢不正"，所以，必得一。止于一，

贲卦第二十二

才代表"文明"。

用墨的功夫难，手劲必一。溥儒教画，先研墨一百天，从早磨到晚。写字，自"永"字开始。从"一"到"仁"，中间即为修为。中国文化应好好正视。求真明白，特别不易。

一部《大学》，文明之典。"文明以止"，"文明"是自"止"来的，"知止"而后有定、静、安、虑、得，是修为来的，"人文"也，"知所先后，则近道矣"。

"知止而后有定"，自己有没有为自己立所止？知止，绝对有成，就是大事业。群德，众志成城，"二人同心，其利断金"。

"人文"，人的一切行为，包含太多，好坏皆有，"人皆曰予智，驱而纳诸罟擭陷阱之中，而莫之知避也"（《中庸》）。许多"人为之文"不好，应用好的化之。

你们何以那么低、那么没有出息？《大学》曰："于止，知其所止，可以人而不如鸟乎？"自己成就了什么？看到什么，必有所警惕。一个"止"字，道尽一部《大学》。知止而后有定、静、安、虑、得。《大学》固然为汉儒所写，但是"道统"早有之。

偶俗，即"易乎世"，与世浮沉，绝不会成事。读任何书，都不影响自己有前途。医、卜、星、相，做什么都有一个境界，中国无一无成方子。深自省：生为五千年文化中的国民，一生没去求，岂不如入宝山而空手归？必体悟到极境，达至深之处才会有用，五千年文化必有五千年的功夫。要持之以恒，天天看，烂熟于胸。心中必须有部书作为主宰。

人很软弱，要以别人的智慧来支持你，软功夫，磨过一切，阿Q精神。对付凶人，用眼睛征服，"士可杀，不可辱"，是障碍物，必快除掉。年龄有关系，不到九十岁，不知到九十岁的境界，姜是老的辣。

"殷因于夏礼，所损益可知也；周因于殷礼，所损益可知也；其或继周者，虽百世可知也"（《论语·为政》），不忘本，所以通三统、张三世。小康、大同，政治最高为大同，但得经小康。三阶段：夏、诸夏、华夏；所见、所闻、所传闻；据乱、升平、太平。智能之所在，求知识，均超不出此三阶段。我对小孙子自此训练。好好练习思维，中国有文化在此。

《论语》要另排，依孔子思想之三变；修德、立身，则无时代性。懂"贬天子，退诸侯，讨大夫"，才可以讲《史记》，明白《论语》。要接着讲，非照着讲，画蛇添足。

我要造就你们有思想、有头脑，和历史争长短。整理完的书，称《奉元经解》，旧注完全不要。注，后人的，画蛇添足。《中庸》"事死如事生"，《论语·先进》"未能事人，焉能事鬼""未知生，焉知死"，依经解经，不可以无根据地造谣。讲书，要仔细，不可信口开河地讲，例如朱子解"里仁为美，择不处仁焉得智"，即有所疏失。

你们要有目标，好好整理。人愈老，愈想显己有成就，退休后的人如发心，可有超乎人的成就。要知为何而活，懂得利用环境。要好好认真，有承先启后的抱负。你们太懒，缺乏功夫，看你们的生活即知。

为什么写这个，可以说出道理。要重视思想，不是替古人算账。《易》为"五经"之源，亦即智慧之海。《中庸》如同小《易经》，是学术的快捷方式，与《易经》相表里。要如何思维才能真正了解？

现在很多书不能读，因你们连"四书"的基础都没有。传承最为重要，孔子有系统的思想，却缺少人传，所以后人看不懂。古人留下致密的思想，后人应再传下去。

观乎天文，以察时变；观乎人文，以化成天下。

"天人合一"的境界，不是梦话，"吾道一以贯之"。得了解宇宙现象，加上自己的修为，修人文之层次。

"观乎天文，以察时变"，黄历记载时变，二十四节气，二十四个时变。"四时不忒"，要以天文的智慧观察时变。看到今天，应想到未来。今天的中国人，得天天察时变，瞬息万变。

"观乎人文，以化成天下"，"圣人成能"，以文化成天下。"人文"，即礼、伦、序，"以化成天下"，久而成俗——习俗、民俗、风俗。伦、序不正，则天下乱矣！知自哪儿入手修？修人文，得了解人的性与情。至圣，犹是人的境界，不太高。齐天者大，"大人者，与天地合其德"。要另树立人文，必也盘皇另辟天。

有没有将自家弄得像个样？要以"文化"化成自己的家，成一有文化家庭，使家人满心欢喜，快快乐乐过日子。至少，也要把个人的小环境弄好，"人人为我"，如此，就有希望，不必唱高调。自己的家如都没有改变，焉能化成天下？要把心境放宽。齐家，就看你"心正"了没有。要先"正心"，心正而后身修、家齐。

人文在乎行，并非空话，要"其心三月不违仁"，才成"人文"，即"止于至善"的境界。提倡人人做孝子，天下文化。要做益世之事，实至名归。都接受了，才能化成天下。

和尚没到化境，就靠忍。我每天上课两个小时，出出气，

易经日讲

此化俗之道、养生之道也，亦可警世。忍的人内伤，面黄肌瘦。你们必得化气，不可以用忍，光忍不行。曾文正，事繁用忍，六十多即故去。

《象》曰：山下有火，贲。君子以明庶政，无敢折狱。

"山下有火"，火可以照明天下。明，无私，如火之光照天下。

明有所止，自明而知止，止于至善。君子以止于至善之德"明庶政"，庶政既明，何狱之有？故"无敢折狱"。

噬嗑卦专讲司法："明罚敕法"。贲卦专讲行政："明庶政，无敢折狱"。古时，司法与行政分立，司法归司法，行政归行政。

"明庶政"，"庶政"，众人之政，政治是管理众人的事，含"养"与"教"。贲之德，以养以教，养在教之先，衣食足然后知荣辱。明，无私，一个"私"字害尽天下苍生！权钱交易、派系林立，"庶政"乃出问题。

"无敢折狱"，狱事为庶政之要，不敢掉以轻心，详审而后发。汉以《春秋》决狱，《春秋》重人，《孟子》民贵，重视人权。折狱，得有"日月之明"。"子路片言可以折狱"（《论语·颜渊》），因他心中一点污秽都无，并非过誉之词。玩味之，可知事的正反面，知要如何处事。

初九。贲其趾，舍车而徒。

此"近取诸身"。

"初九"居贲之始位，在离之初，具阳刚之德，文饰足趾，自根下功夫，"本立而道生"。

"趾"，走路用力处。没有趾，怎么走？十个小趾的作用。足是体，趾是能，要饰这个能，而非体。曾子有疾，召门弟子曰："启予足！启予手！"可见足之重要。出门之前，先把脚准备好。汽车不能跟一辈子。脚趾头跟一辈子，本立而道生。

"贲其趾"，尽性也。尽己之性，则能尽人之性。自己的本位很重要，怎么文饰，也不能失去自己的本能。不假之于物，发挥本能。做任何事之前，必先把基本的准备好。

"趾"虽小，能竟全功。不在大小，而是能否发挥能。自己能，不假他物。许多人忘了自己的本能，假他人以为荣耀，真是对不起自己！自己应奋斗，有所发挥。"夸大而愚，妄而愚"即我的学生，治之，即自知。征服人，即完全在乎己之能、己之德，什么术都没有用。"圣人成能"，并非逞能。今人以逞能为圣人，伪人逞能。成能的本是什么？"乾道变化，各正性命"，"含弘光大，品物咸亨"。

"贲其趾"，从根本做起，将趾文饰得够标准，就能发挥大能。没有贲其本，焉能处理大事？本立而道生。怎么浮狂，也不可以言中无实。一事发生了，要马上从根本上认识。

应好好训练自己，在什么环境皆能行己志。培养自己，是日久天长的事。为了吃饭，找不耽误自己的事做，做不影响己志，方为有志。一天不看书，能养志？看书，也必知所择，天天净看没骨头的书，没用！人都有志，不是一件简单的事。

学生不成才，最使我痛苦！先要像个人，不要想学圣人。不理你，不是我冷酷，因你不是铁。你们做事，一点器识、容量都没有，完全小家碧玉，净搞小势力。不是志同道合能说出？在乎自己培养，必须有真材实料。真有志向，不要放松自己，会谈说的太多，然皆不成事。

旧时文人如果没有用，只点缀朝廷，连自己的生活都不能支配，只会说，那只是时代的消耗品而已。必须有用，知识分子要好好培养自己的环境、家庭。贤妻良母总是重要的，大事不能解决最糊涂。

《象》曰：舍车而徒（徒步），义弗乘也。

"舍车而徒"，行之义，目的以行义为荣，内圣功够，故舍车。"贲其趾"，目的以行义为荣。假物，即失义，故舍车，义不可乘也，"力恶其不出于身也，不必为己"（《礼记·礼运》）。

舍车，并不丢脸，"赵孟贵之，赵孟贱之"，舍去外在的荣华富贵，隐居以达其志。

愈无知者，愈以有人侍候为荣。既自有，又何必舍弃，要借助外力？懂自根上贲，能不成功？舍车而徒，显己之本能。

现在小孩出门都有车接送，将来能够吃苦？何不叫他两条腿跑跑？人都有本能，自己好好悟。有些人如半个死人，完全没有生气。

自"根"下功夫，自己奋斗，有所发挥。不要忘了己之所能，而要借他人之荣耀。自己有大能，当然要舍物，而表现己之大能。好好想如何深下功夫，将本能文饰得更好，以显己之大能。愈有智，愈要用尽方法，发挥智慧文饰这个能，使能更能，知道面对现实去想。

出门就开车，身体怎能好？千万不能失本，更不能失去本能。走路，力量在脚趾。大陆的澡堂，修脚趾是一大享受。修饰好脚趾，更要发挥其本能，所以舍车而徒步。

人有两条腿，何不好好发挥其本能？车，外力；徒，本能。不假外力以丢掉自己的本能。几千年前就有此一思想，真是了不起！

一爻一乾坤，读明白一爻，就能成事。自义理可以想很多，只知字面，则无法了解深意。趾，一切行之本；贲，即加以训练，可以成为舞蹈家。深思义理：趾，就十根小骨头，但是可以美态无穷。

张派（张君秋）花腔比师父梅兰芳高，本之则无，至少差两个音符，高不上去。马连良大舌头，将缺点变成优点，自成一家，马派，声不尖、沉闷，耐听。

马连良（1901—1966），在师法前辈的基础上，独出心裁，加以融会贯通，成"马派"，以"美"为核心，取各家神韵，一招一式，都显示出自己鲜明的特色。他的嗓音甜净醇美，善用鼻腔共鸣，晚年又向苍劲醇厚方面发展。对于气口、音量，甚至音色，都有较高的驾驭能力，演唱从容舒展。唱腔新颖细腻，流畅华美，大段、成套唱腔固然饱满酣畅，而小段唱腔或零散唱句，同样推敲打磨，愈见精彩，决不草率从事。他的流水板、垛板，都轻俏灵巧，层次清楚，节奏多变，于闪板、垛板时，气口巧妙。散板、摇板更见功力。念白，充分做到了传神、俏美和富于生活气息，抑扬合度，顿挫分明，绝无矫揉造作痕迹。对白，自然生动，有如闲话家常。做工，于洒脱中寓端庄，飘逸中含沉静，毫不夸张而具自然渗透的力量。

麒麟童（周信芳，1895—1975），会摆架子。杨派（杨宝森，1909—1958），声音高亢，清新。

杨宝森的演唱，则颇具余派稳健含蓄、韵味醇厚的特点，在吐（咬）字、发声、行腔等方面的技巧，体现了余派那种刚柔相济、曲中有直、圆而不滑、平中见奇的艺术特色。在倒仓后，杨宝森能扬长避短，就玉塑形，充分利用自己嗓音偏低、音域宽广、嗓子坚韧耐久、胸腔共鸣较好的长处。各种演唱技巧配合得当，使其声音甜美隽永，柔和圆润，宽畅饱满。他以那醇浓的韵味、低回婉转的旋律及稳健的节奏，来表现苍凉、悲哀、凄惨、沉郁的感情，有很好的艺术效果。他吐字坚实有力，实中有虚而不轻飘，使得每个字、每个音听起来都十分饱满、醇厚。他在唱腔处理方面更有新意：高低音的变化幅度虽然不大，但是把抑扬、强弱、虚实、大小等种种关系，表现得错落有致、柔中见刚，其旋律与节奏舒展流畅，气口处理巧妙得当，有时一气呵成，声情并茂，振奋人心。

是用嗓子的，少吃猪油。

"坐山看虎斗，泡上冻顶乌龙"，做任何事总要怀着愉快的心情，养着愉快心，"万般皆由命，半点不由人"，该做什么就做什么，不要怕。必须善用智慧。

不要英雄主义，天下事无一人能成功的，你们必须懂得怎么做。"相与"才有价值，不可以跑单帮。"相与"才能成事，找志同道合者，三三两两。成事了，也未必成功。能有自知之明者，才叫真有智慧。有大志，可以做很多事业。

择书如择友，完全在乎自己吸收。"大易"之道，孔子读了"可以无大过"。净看无用之书，于己有何用？政纲政策怎么定的？完全不知所云，于实际生活有多大关系？必须求实学。

贲卦第二十二

写文章不要写废话，有过经验后才立言，光写文章，绝不可看。

要读活书，不要胡扯！选活书，想用世，必下仔细功夫。客观看，读完此书，有什么用？何以他要写这部书？有时，作者对实际政治无认识，只根据理论讲。没作用的书，没心得，没有用。应读有用书，此讲原则，看有用东西，认识作书人当时的背景与环境，才知其思想产生的渊源，以之印证自己的环境，自己应如何想。

六二。贲其须。

"六二"阴居阴位，在明之中。

须，在颐；髭，在口；髯，在颊。近取诸身，从"趾"到"须"，中间历程没说。

中国旧规矩，男人六十必蓄须。娶儿媳就得留胡子。儿子结婚，公公得先留胡子。

"身体发肤受之父母，不敢毁伤。"（《孝经·开宗明义章》）小孩第一次剃发，做成毛笔，叫胎毛笔。

《象》曰：贲其须，与（附）上兴（起）也。

比"六二"，"柔来文刚"，与"初九""九三"比附，相得益彰，群德，"群龙无首，吉"是自群德来的。天下无一事能自己成功，不争首，相与相成，才能成就事业。《礼记·礼运》曰："大道之行也，天下为公……是谓大同。"即天下文化，可约言之，以六个字表达出：行礼运之至德。

须虽美，仍须附于颐以为文，虽有美，没有附，亦显不出。在文饰之前，应先重其体，如看脸之胖瘦，须相与相成，才能成就事业。好坏绝对在客观环境内，附得有智，如爬藤类靠大树生存。须，得长在脸上。在文饰须之前，还要看脸形，即须的环境。看脸的胖瘦，必须两下相得益彰，相与相成。

文饰之道不易，治国之道亦如是。偶一不慎就假，欺世盗名。文与质不相称，名实不相符，"文质彬彬，然后君子"。

最要在有形，人得成形，"觚不觚，觚哉！觚哉！"（《论语·雍也》）人不人，人哉！人哉！有形，"苟有形质，犹可即（就）而求之"（《人物志·九征》），就其形可求也。自己有形，则人一看就知。

贲己须，修饰己须；在"与上兴也"，得和上发生关系，有环境。"上"，包含德、智。人有成就，必得有人提拔。"良禽择木而栖，贤臣择主而事"，有无此种智慧？主子无法做天下范，训练不了人才。

做事目的在成功，必善用智慧，可绕个弯过去。要看左右客观环境办事，方法得变。这边不怕，那边也不怕，完了！甘罗安邦，非安床。

甘罗，战国时秦左相甘茂之孙，十二岁时成为秦相吕不韦宾客。吕不韦企图攻赵，他自请出使赵国，说服赵王割五城给秦国，并将赵所攻取的部分燕地给秦，因功任为上卿。

"九合诸侯，不以兵车"（《论语·宪问》），深思怎么用智慧。

九三。贲如（语气助词）**濡**（滋润）**如，永贞吉。**

"九三"阳居阳位，在离之上，明之至。

"濡如"，润泽，一点一点，滋润愈久，成就愈深。"濡如"，得天天做。

"永贞吉"，正固之道永守到底，则谁也没办法超过你，吉。如有一点成就了，就溺于所安，则一天天坠落，"管仲之器小哉！""管仲知礼乎？""管仲俭乎？"感到享受，就一天比一天坠落！甘地成事，一天比一天俭，只剩一条裤子，最后成圣。

既装饰脚，又装饰头，为的是质量好，而且得永远好。讲品质，品是濡的功夫，贲是质。"贲如濡如"，有本质，加上文饰"诚于中，形于外"，才能"永贞吉"。是靠自己，而非靠外在，外来东西无法控制，人家一有高过你，就来不及了，孤陋寡闻也。

化妆，也得慢慢来，哪有立竿见影、一本万利的？装饰自己，得慢慢来，不是大喊一声，就成了。最会化妆的，是慢慢地上妆，自然，看不出来是化妆的。文质彬彬，彬彬即"濡如"，慢工出细活。想文明社会，也得慢慢地化成。

"永贞"，不在一时之名，得有多大的正知正见才能守。人有贞节，太难了！"永贞之吉"，永远是"贲如濡如"。"厉，无咎"，乃自"终日乾乾"来的。人有享受不了的福，没有吃不了的苦，知此，就懂得怎么做事。

有所欠缺，就"贲如濡如"，改正自己的缺点。人必御己，马连良大舌头，但将短处变成长处，而成为马派。后来唱马派的，还得故意学大舌头。言菊朋，我的一家子，天资高，皇室有爵位，清帝逊位后，下海成名角，也自成一派——言派。

言菊朋（1890—1942），幼年就学于清末陆军贵胄学堂。满业后，曾在清末理藩院，即民国以后的蒙藏院任职。值京剧兴盛之际，言菊朋好听京剧，常出入北方戏场、茶园，常至"春阳友会"票房彩唱，并与梨园界广有交往。由于旧时代对演剧业的轻视，言菊朋亦以"请假唱戏，不成体统"的名义，被革职。言迫于生计，加之对京剧的酷爱，遂"下海"为专业演员。言有很高的文化素养，精通音律。20世纪20年代末自己挑班后，又在"谭派"基础上，博采众长，吸收京剧其他行当和京韵大鼓的唱念方法，根据自己的嗓音条件，创立了以音韵声腔取胜，具有自己演唱方法的艺术，世称为"言派"。其演唱特点：腔由字生、字正腔圆、吐字归韵精确。在演唱上多用字重腔轻的方法，旋律丰富，抑扬顿挫，千折百回，若断若续，变化多端。行腔似险而实圆，似纤细而实苍劲。每出戏的唱腔都各有异致，绝少雷同。念白也深具功力，字字清晰，娓娓动听。

《象》曰：永贞之吉，终莫之陵（侮）也。

第三爻教人戒伪。"三多凶"，"其柔危，其刚胜"（《系辞传下·第九章》）。

王弼注："永保其贞，物莫之陵。"

"永贞"，正固且永久，恒，永守得住。"永贞之吉"，靠自己有的，非靠外在的，外来的东西无法控制。"终莫之陵也"，焉有人敢凌辱你？"人必自侮，而后人侮之"，女子自己严肃，没人敢碰你。坤卦讲"永贞"，"永贞以大终也"。

社会变迁大，要留得清白在人间，不容易！要做事又要把持得住，太难太难！做事，别人知否不重要，应问自己知否？人做坏事多，则永不宁，到晚年往往会精神崩溃。不要做亏心事，胜不过去，就崩溃了。权势有用？权势一过，就完了！

但"永贞"太难！稍一马虎，即露出"黄脸婆"。西太后的本来面目，没有几个人见过。旧时许多女人卸妆时，绝不叫先生看到，屋中绝不许点灯。现在的人，什么规矩也不知。

装腔作势，也得天天装。"久假而不归"，焉知其非真？此为活智慧。要持之以恒，永不懈怠。人都是自己塑造自己，习以为常，就改变不了。怎么培，就怎么结果。别人以为你装腔作势，但你能永贞，则无人能凌驾于你。

孔子"五十以学《易》，可以无大过"，"五十而知天命"，开始著书立说。以孔子之智，都得费段苦功。你们最可怕在，自己不知自己不懂。常人不加倍努力，怎么治事？人一己百，人十己千，照样惊天动地。

永贞，最难！不永，愚也不明。真能了，到时真如泉涌，不冒都不行，源源不绝。熊十力晚年才冒，应接不暇！不是读博士就有学问，必到时候。

"白"是质，一装饰完，成为上品。想有成就，"濡如"是功夫，滋润。一个东西成了，是慢功。京戏用许多红色，但人不觉其艳。要将自己饰成什么材料，完全在自己的功夫。鬼精灵，灵明不昧。哪类人怎么用，完全在乎你，识人最重要。

六四。贲如皤（音pó，白、素）**如，白马翰**（疾）**如，匪寇婚媾。**

"六四"阴居阴位，在艮之初位，与"初九"相应与。

"皤"，白也，即质、素。"绘事后素"，先有白，后有文采；先有本质，才能成其文采。一个人想修德，必有圣洁的本质。

"翰如"，形容马飞之快！翰，疾也！四雪蹄最名贵，少之又少。蒙古马多，有奇异马出现曰龙驹，四尺以上马曰龙。天下名马半在御槛里,有马官训练。

"贲如皤如",白加上文饰。一张老脸就是怎么贲也不行,不是任何人都可以装饰。"绘事后素",想化妆美,也必须本质好。由此爻可知,保持洁白之体,比文饰更为重要。一个人想修德,也必得有圣洁的本质。

"白马",形容"皤如"没有受采的;"翰如",翰,鸟疾飞也。白马得到消息了,飞得如鸟之快速。"匪寇婚媾","六四"与"初九",天经地义的夫妇,中间被"九三"隔离,而耽误了婚媾。"婚媾",结婚。有机会就"白马翰如",仍要找相应的结婚。

由三至四,中间是奋斗的功夫。好事多磨,不动心,不为小人所动,心有所定,向"初九",中虽有波澜,"终无尤也"。"六四"与"初九"为正应,相为文饰,相为文德,阴阳合德。

我今天有这样的家庭,毫无血缘关系,还天天过得热热闹闹的,谈何容易?什么叫人生?有多大的容?等到"白马翰如",至少还有个人样!哪个年轻人没有梦?所给的环境比他梦的环境好,他才待得下去。

"生不如死"是什么样的环境?一天就等三餐。

《象》曰:六四当位,疑也;匪寇婚媾,终无尤也。

"六四"阴居阴位,"当位,疑也"。"六四"与"初九",既相应又相与,但环境阻隔,乃至"疑也"。障碍在有"九三"寇。但"六四"守正固,"当位",心有定向——"初九"。"九三"寇,中有波澜,但不为所动,虽然好事多磨,"终无尤也",尤,小的毛病。没真寇,结果结婚媾,环境很重要!

由本爻可知，保持洁白之体，比文饰更重要。《易》，一爻一世界，读了就是智慧，得会用。本质清白，人家照样疑，得不处嫌疑间。什么事都必仔细、小心，不可大而化之，则可以减少很多的麻烦。

"当位疑"，所有斗争都此三字，谁也不相信谁，无取信之道。

不是寇婚的，他虽在我们中间，我们要结婚，"终无尤也"。真有智，则"白马翰如，终无尤也"，但距"永贞，以大终也"还远！

"贲如"，白的；"皤如"，亦白的。第一眼看，是白的；第二眼看，确实是白的。既证明是白的，那白的作用是什么？应如白马跑得快，要达到目的。因不是寇，而是要婚媾。"翰如"，如婚媾之急。"终无尤"，因为当位而不变。每人都有位，"素其位而行，不愿乎其外"。做事，总是一线之隔，成败就在此。

绝不能叫任何人利用，如朱子。当位，对方都疑，偶一不慎，当位而受疑。利用朱子，标准的愚民，伪学，自南宋经金、元、明至清。看一个人的立身，多么地难！

先道德而后学问，博学之，审问之。

"君子不处嫌疑间"，"当位疑也"，何况不当位？权势、利诱，能胜过的人太少，多少人处在嫌疑间。知人，也得识时。此何时也？所为何来？自己应做什么？怎么做？如无所为，那真有福了！

一分工，就易合作。抢旗夺号，人家都明白。求荣，纷争。应识时、知务。

按本分做事。名位与权势，连出家人也不放过。不是不争，而是怎么争。非不做，而是怎么做。要做活的。

成事，可真不容易。人就是人，就好好地做人，不要净扯闲。到底是捡便宜，还是吃亏？

六五。贲于丘园，束帛戋（jiān，浅小）**戋，吝，终吉。**

"六五"柔得尊位，为贲之主，但下无应与，乃上求贤于"丘园"。

孔丘，字仲尼。丘，在孔子时代何所指，不得而知，值得研究。依经解经，即以经证（正）经，必须下功夫。

"丘"，山的一半。在山腰做事者，为"丘园"。"贲于丘园"，即野无逸贤，只要是贤者，政府都用了。

"贲于丘园"，丘园，在野，野无遗贤，"举逸民"。丘园之君，都有文采。溥儒号"西山逸士"，即自我放逐。

多少人专做机心事！"吾谁欺？无臣而为有臣，欺天乎？"（《论语·子罕》）谁都不可欺！今天"正人心"为第一要义。家家都齐了，家齐必国治。

"束"，不只一块，而是许多块捆在一起，"束脩"。"帛"，丝织品中最普通的。祭孔，有燎帛，死人烧纸自此来。与祭人看着烟，称"望燎"；完了，祭祀才完成。"束帛"，非一件。"束帛戋戋"，拿几小块束捆在一起。信笺，"笺"，形容小的东西。"束帛"，不多不少，并非行贿。文王请太公，连"束帛戋戋"都没有。

能有成就，必有牺牲。"隐居以求其志"，不是等死，要去干，不是发牢骚。姜太公"隐居以求其志"，可不是牢骚客。礼贤最重要，"礼云礼云，玉帛云乎哉？"礼不在多，礼到即可。

礼最重要，但不是多，虽"吝，终吉"。"吝"，应给人而不给。可以有俭德，但不可以吝赏，否则无干部。

不可说"人无千日好"，跟着一个人不易，今天儿子都要自成小家庭。人都得老，将会很可怕，身体不好，多希望别人能照顾。"率性之谓道"，不必外求，佛在家中坐，何必远烧香？佛教亦重孝道，故有目莲救母。每个人都想有一最温暖的家，最真的。绝不可违背人性，我现是"言必正性"。

《象》曰：六五之吉，有喜也。

"有喜"，得有成物。三顾，礼贤下士，以心会心。因得"上九"高贤，为君的有吉，乃天下之喜。哪代帝王不懂得养贤、尊贤？经过这些步骤，就野无遗贤。

相面，常看很有用。处过两天，谈过两次话，可断定一个人的终生。不以成败论英雄，于右老一坐，不能不承认，看之就不凡。气度不足，成大事办不到。貌不压众，还谈什么？

上九。白贲，无咎。

"上九"居贲之极，在艮之上，"分刚上而文柔"，以节柔之太过，"丘园"之君，无求荣之心。

"贲"，本身最美，无色。"白贲"，白其质，求其本色，不必文饰。"白受采"（《礼记·礼器》），但如采得不好，还不如不采，而"守其白"。强调本质的重要性！必文胜而后返于质，"文质彬彬"（《论语·雍也》）。孔子返鲁，删《诗》《书》，定《礼》《乐》。

"绘事后素"，"礼后乎"？（《论语·为政》）强调本质的重要性。"白贲"最高，白受采，受采就不同，或为高手，或为俗手，就看修养如何，是否为能手。

贲卦最后一爻，仍强调本质的重要性。文胜质，中有间，外力一加，即剥而落。如文不过质，就不易剥落。

返璞，文采太多必伪，"文胜质则史"(《论语·雍也》)。懂得是实学，每句话皆用得上。不必看眼前的乌云，马上过去。在乌云下努力，成功非一日之功。

吃素应注意，素鸡有防腐剂。我不常吃豆腐，因有卤水。豆腐皮亦有卤水，古人喝卤水自杀。我吃豆子，各类豆子。要吃新鲜东西。青菜、水果，愈鲜愈好。不要乱买东西。报名学气功，真是生气的功。

《象》曰：白贲无咎，上得志也。

"上得志"，双关语：高尚之贤得志，但"六五"得高贤，亦得志。

纯其素，永保素不易，"绘事后素"。人一尘不染，谈何容易？君子不处嫌疑间，偶一不慎，就完了！

与草木同朽，是是非非皆不足道，但不与草木同朽者则不然。事过境迁，都得浮在水面上。《性理大全》《周易折中》，康熙帝假他人之威以愚民。

清康熙帝为了巩固统治，大力提倡程朱理学。他尊奉程、朱，排斥陆、王，不仅刊刻已经成书的理学著作，还令儒臣搜集资料，重新编辑不少程、朱之书，刊行全国。较大且重要者，有《性理大全》《朱子全书》《周易折中》《性理精义》等。康熙此举虽促进了清初的统一，巩固了统治，增强了国力，但也使理学进而衰颓，导致清文化专制，思想界万马齐喑。

人没有不愿向上的，一线之隔！分裂国土，唯一死刑，辨忠奸。必得守得住，特别不易！

贲卦每一爻，均可写一本书，自纲引出思想，是智海。第一爻立本；第二爻相与，言人之所附；第三爻戒伪，讲文饰之道（术、方法）；第四爻讲当位疑；第五爻礼贤；第六爻仍守住本质，高尚己事。贲卦各爻，层次分明。

贲，文饰。彩绘的东西，慢慢地必得剥落，因非自肉生。智，性智，乃本智；情智，有点文饰，随环境转。聪，耳听得清楚；明，眼看得清楚。聪明，不代表智慧。智慧怎么来？

人每天少用性智，多半是情智。何以不爱国，净用情智——爱之欲其生，恶之欲其死。伟人用性智故伟大，发挥一己所不欲。情智要达到性智，必须培养，要返本求源。"日知其所无，月无忘其所能"，就怕无德、无品，每天应知自己的缺点，每月保持自己的优点。复正，得日知其所无，月无忘其所能。复正，复元，复性，一步一步来。

嗜欲深者，天机浅。智慧是自培养来的。绝对能管自己，肉吃多了，头脑绝不清楚。

识时，与科学观念无关，有看不见的力量。你们要自求多福。你们发财，我也花不到钱。所为何来？要识时、知敌。爱国是大前提。必得识时，要懂得民心的向背。

识时，并非感情用事。就因伪饰，所以剥了。珍品彩绘，日久亦剥落。

势利之诱,连朱子也挡不住。"朱子曰"比"康熙曰"有用。朱子犹有良知,避居福建讲学。熊十力说"五经遭窜改",启发人做有用之学。

好好研究外国语,要与外国学者讲得一样好。应学实用之学,要知敌,了解敌人,真了解。时间、智慧够,做通儒,否则学实学,不要自己骗自己。

本质美,不必化妆就美,自内里发出的。化妆到一境界,达标准,是末路。一举手、一投足,绝对中规中矩。昔日女子训练之严格!娶什么?什么目的?贤妻或闲妻?自己必使自己达到水平。

有多少智慧、知识完全用不上,就等于没有学。先道德,后学问。必须把学的东西一点一点用于生活上。为人师者,必须说点人话,不要做事都有目的。

我坐屋中五十年,必我、必固,不怕死,谁敢惹?与"高尚其事"一样得志。华夏精神,是前人种树,后人乘凉,守死善道,死而后已。"鞠躬尽瘁,死而后已",没有自杀的。

人始终能白,太难!"白贲无咎"。有德,才是"上得志也",得志,非得钱。文采,也得有白。脸抹得太白,下面不值得一看。年轻轻浮就撑不住,必须下精一的功夫。

尧传舜,"允执厥中"。禹时,"人心惟危,道心惟微;惟精惟一,允执厥中"。要"执中",得费多大的功夫?因历代都出几个"怪物",明末王夫之、顾炎武、黄宗羲,清末谭嗣同。

骄官穷,骄客富。"子罕言利"(《论语·子罕》),子实惠利,懂经济学,"惠而不费","因民之所利而利之"(《论语·尧曰》)。"小人怀惠","小人喻于利"(《论语·里仁》)。中国的社会学。

今天为文，没有组织，尤其报纸文章。朱自清，白话文好。经书真明白也不易。练习为文，对一卦来个总论，一爻一爻凑在一起。

本容易，而求诸难，就天下不平了！在必用阴谋的环境，不用阴谋怎么办？"吾党之直躬者，子为父隐，父为子隐"（《论语·子路》）。读书，不要"读输"了！必须把自己训练得如常山之蛇。但没有质，怎么训练也不成，因他根本不明白你说些什么。

对你们担心，自经验来的。有想法，还要有做法。文王"三分天下有其二"，是阴谋，不是德，否则纣是君，必感化之。要看是要成事，或是成德。胜王败寇，要用阴谋。看谈德或功业，有时一迟疑，德没成，功也没立。成败就在一念之间。

儒家搞一辈子，要做什么？为往圣继绝学。所以，要造就承学脉的人才。必须"学而时习之"。

《易经》的注应另写，因为时代变了。圣人不能生时，时至而不失之。朱子到金门看马，但仍是亡宋之学。元、明都用，因理学能愚民，绝对没有生命力。文饰漂亮，但一出汗，完了！不卜而已矣，"不恒其德，或承之羞"。

中国文化绝不是那样，必得还"元"，看老祖宗是如何想的，老百姓接受这个。学术是跑接力的。我自经验过来，觉得仍需中国这一套。

文、武之道，大孝、达孝有别。要追本溯源，自来源——"元"追。"长白又一村"，老祖宗那一村打出江山，"又一村"要文化上的大变革。中国时代变了，必须复中国文化的"元"。今天的丰功伟业就是要还"元"，所以要奉"元"，另辟一代文化的江山。要点抓住，就可以立说；博闻强记，则可以引申很多。

心有多宽，就有多大成就！《大学》说"人之有技，若己有之；人之彦圣，其心好之"，几千年前就有的智慧。学大，至大无外，至小无内。看别人好就嫉妒，焉能成事？就因为你感到有我，才觉得苦。没有到大德，就不生作用，"大德敦化"。天下一家，中国一人，大同，华夏，"夷狄进至于爵，天下远近大小若一"。

读《易》，以事卜，并非骗人。如有秘诀，何不自己发？如是命，又何必卜？在"剥"时，需要哪种人才？

许多儒丐，什么都不是。儒家教人活着享受，非死后才享受。弟子出家后更爱财，我不喜，说她比在家还认真。我喜穷人，必须有让穷人上的庙。

喜欢一人，也必知其短；不喜一人，应恶而知其美。人要求知，应看其长。何以多少人牺牲自己，而就造就了他，必须分析之。得有才智，否则是个废物。连买馒头都得识货。想成一点事，必得有诚，头脑得特别致密。不知饰能，专饰非、饰过，净做浑事，还设法掩饰。

失伦失序，就缺德。好好自"通德类情"入手，绝对立学。积非成是，何以不正视？"君子不入庖厨"，伪君子！自"类人"开始，天下才能和平。培元，元培，即成能了，"圣人成能"。按元行事，奉元，好好坐着想，不要再讲假话。

何以"类物"严格，能物尽其用，却无好好"类人"，使人尽其能？医生有医术无医德，则难尽其能，所以并非科学家。有成就的科学家，真是尽其能。

《易》为智海，"六爻发挥，旁通情也"，"利贞者，性情也"，如不了解性情，又怎么类情？一部《易经》，就讲类情。《易经》

者，情书也。

"中和"还未达到，只有"致中和"才能"保合太和"，此修养之层次。"乾道变化，各正性命。保合太和，乃利贞"，人人皆有尧舜之德，人人皆可以为尧舜，则"首出庶物，万国咸宁"。

研究《易经》，得打破砂锅璺（wèn）到底。天天笔之于书，不对的废掉，早晚打通！

智周万物，道济天下，裁成天地之道，辅相万物之宜，自此入手，否定过去人为的，才能建立真正的"万国咸宁"文化。

一法通，百法通。真大本通了，到那儿一看，就知对不对。活着要有意义，不要坐着等死。求不得之苦，最苦！没有来生，要好好努力。说"人死如灯灭"，中国人多有智慧！

民国学术勉强就一个熊十力。历代都改书，读书人逢迎胡扯。有抱负，不能因小害大，司马迁中了读书人的毒。士尚志，应按己志行事，何必与草木同朽者争？一个人一出手，就知其成就多大！现在应做什么？如都不知，还扯什么？争什么？自低身价。济世活人，要自哪儿入手？光有想法，没有做法，一做就糟。所争不过一个"伪"字，都在名利中，皆名利中人。

每周整理笔记，作索引。随时写，想到就写。要整理，不断地改才能深入。用心啊用心！不要争长短，一笑置之！私心窃笑："小子，没出息。"有出息的人，绝对有量。多少名流，而今安在哉？

培养思想家，大思想家才能成大政治家。智慧，是平日培养的，遇事要思，"思之思之，鬼神通之"。中国思想的演变有三段。

易经日讲

剥卦第二十三

（山地剥　艮上坤下）

剥（☷☶），九月卦，一阳在上，阴盛阳孤，渐进，一层一层地，阴阳消长之道。

《序卦》："致饰，然后亨，则尽矣，故受之以剥。剥者，剥也。"

"致"，是个功夫。"致饰"，"巧言令色，鲜矣仁"（《论语·学而》），亨之道用尽了，到尽头了，接着就剥。

一阳覆盖五阴，上实下虚，有生生不息之机，邪不侵正，有一机之存，即有复的时候，故接着为复卦。一阳（良知）之存，特别重要，"过则勿惮改"，改是良知。

《杂卦传》:"剥,烂也。"

"剥,烂也",阴长阳消,剥而落。文质不相称,就剥,做事要重实际。粉饰外表,必垮,"令色无质",习惯就坏。

来知德《周易集注》:"至高之山,附着于地,有倾颓之势。"王夫之《周易内传》:"自外割削,残毁以及于内,曰剥。"落为结果,剥而落也,受外力,必防止得当。

"汝为君子儒,无为小人儒"(《论语·雍也》),永远的标准。剥卦的时代"小人长也",皆纯小人,连伪君子都不是。

既是世界大同,焉能讲民族主义?应是民有、民治、民享。夏、诸夏、华夏(大同),是有步骤的。

剥,不利有攸往。

文质不相称!文胜质,中有间,外力一加,即"剥而落";如文不过质,就不易剥。恶势力剥蚀正义之道,渐进,一层一层地,阴长阳消之道。

"巧言令色,鲜矣仁",巧言无实,令色无质,粉饰太平!着重文饰必垮!做事必重实际。

在剥的时代,对有所表现者不利。乱世有恶势力,不利于有抱负、有奋斗精神者。保存抱负心,应有自知之明,观时之象,不盲动,否则朝不保夕。

《彖》曰:剥,剥也;柔变刚也。不利有攸往,小人长(当令)**也。顺而**(能)**止之,观象也。**

剥,自下层开始,一层一层地剥,柔把刚变成剩下一个,柔变刚也。此时,不利君子有所往,小人当令。

小人，未成德之人。"小人长"，小人要当令，就糟！"立委"，其智绝超不过乡民代表，既不懂道也不懂德。

你如是正人君子，群小对你都不高兴。以文王之德，犹"愠于群小"（《诗经·国风·邶风·柏舟》），何况我们？"羊羹虽美，众口难调"，权势震惊上下，都说你好就危险。"小人之福，君子之幸"，小人有钱能满足，事就好办了，"世路难行钱为马"，如都是正人君子，就难办事。记住一原则：宁填城门，不填阴沟。然都是小人，还要选一选。科长作用，比科员大。钱不可乱花，到时必会用，非爱财也。填城门，还有所余，才可行。自己不花，为俭；该给人而不给，为吝。钱非重要，而是有用，可成你的奴才。

溥二爷《慈训义证》，用史事印证其母所言，说：盲目攒财，又舍不得用，就成财奴。第二次世界大战后，我印证此段，很有用。天国则不一定有用，皆正人君子……时代必认清，君子无所不用其极。天生此人必有用，必重视自己的价值。

一个人有没有道德，就看其儿子。

要找病根，愈弄愈热闹。

"顺而止之"，既是"小人长"，不以硬克硬，而是"以柔克刚"。顺的功夫不易，"和而不流，强哉矫"（《中庸》），才是强中之强！不可与小人正面冲突，要用釜底抽薪之术，"不与祸邻，祸乃不存"（《韩非子·初见秦》）。

王夫之注："极于剥，阳失其尊位，为君子谋者，视阴之极盛，勿以其不利为虑，而取坤之顺德，顺而受之，止于上而不妄动。"王船山经过百乱之后才著书，有丰富的人生经验，此为其了不起之处。

剥卦第二十三

阴长阳消，小人当令，邪气胜王气，剥的时代。言遏小人之道妙极，顺而止之，不可与小人正面冲突，要釜底抽薪，无所不用其极，无入而不自得。此一阳之存，特别重要。

"观象也"，看时事，顺时而止之。此何象也？大家都观象，谁敢确定？事办之前，在屋中假设都没用，必观象，则可百发百中。没观象，就背道而驰。就是看小孙子，也必须有阳谋，看他喜什么。

无法除群小，知己之所止，做中流砥柱。做事绝非一人能成，有群力就有群策。动脑练习，做就一百分。懂做不好，就会改变，下次比这次好，愈做愈有经验。

观环境之象，环境不允许，就得"顺而止之"。看环境，观象，乃为了合时。

君子尚消息盈虚，天行也。

法自然，"尚消息盈虚"。自然之变，超不出"消息盈虚"，每天以此四字衡量天下事。自然环境，"天行也"，谁也逃不过去！

观事、观时之象，君子随之，以消息盈虚，法天之行，"用之则行，舍之则藏"，"素夷狄行乎夷狄，素患难行乎患难"，岂能失乎？

谦卦《彖传》称"天道亏盈而益谦"，人不能自满，满而必溢。"地道变盈而流谦"，地有不足之处，下雨，土流到低洼之处。谦卦，六爻皆吉。"鬼神害盈而福谦，人道恶盈而好谦"，人没有不嫉妒的。如见人好，嫉妒，则知己之人品卑鄙。

小人之行，无往而不利于君子，"人之视己，如见其肺肝然"。《资治通鉴》，"由天子以至于庶人，一是皆以之为鉴"，但被当"术"了，骗人！丢掉一切包袱，必也"盘皇另辟天"。依经解经，绝不可造谣。

此言遏小人之道妙极，顺而止之，时察其象，君子随之以消息盈虚，法天之行，以稳妥处事。深深研究一卦，马上可以得教训。明白一爻，就可以写一本书。

迎接盛世，好好关门整理中国文化。一个人要有远见，争什么，愈争愈丑。

剥皮，一层一层地剥，一阳之存，所剩的一爻，多么宝贵！否则必得"一阳生"，才复。变，永不停止，刹刹生新。合久必分，分久必合。

我现在想发牢骚，都找不到对象了。太阳焉有立正的？顺自然之势而止之。自然之运，消息盈虚，谁也违背不了。几千年前就有这种思想，《尚书·洪范》称："五纪：一曰岁，二曰月，三曰日，四曰星辰，五曰历数。"四川都江堰至今仍可以使用。复元，中国人思想的本色。

《象》曰：山附于地，剥。上以厚下安宅。

山倒下，而附于地，如此，山吃亏，但地有得。"城复于隍"，有还所借之意。

山在地上，土必往下掉，厚下也。厚德是怎么修来的？得牺牲自己，帮助别人。真要载物，得德厚，坤道"厚德载物"。做老板，不要净剥下，要为他们谋福利。

为政之道最重要的为"厚生"。老百姓要安居乐业，损上益下，其目的在防剥；厚下，益下，在使国家安于磐石。治剥之基本方法，使他人不能损下。在上位者必吃点亏，可防剥、治剥。"百姓不足，君孰与足？"（《论语·颜渊》）剥已以厚生民。

坐着不动，宅居。写"宅"，自己的房子；写"寓"，租的。公寓，谁有钱谁住；旅社，住几天。

"安宅"：一、安民之宅；二、安君之所守，宅之守。孟子"有恒产者有恒心"（《孟子·滕文公上》），即"安宅"。百姓要安居乐业。"上以厚下"，就能"安宅"。管子"衣食足然后知荣辱"。读了，就能用。想做一固定的事业，下面的基础必须先打好。

小孩要随时教。吃东西时不让，借机施教。先问二人是什么关系。说一个爸爸一个妈妈，就懂得很近，由此考虑有东西应给他们。如此，长大才能济众。有人说"亲兄弟明算账""外孙是条狗，吃了就走"，此非道德教育。要随机用脑，就渐生责任感。都成形了，再教育能成？没有家庭教育，小孩吃饭，从小就不懂怎么吃，长大无法无天，此非一日之功。上学再教，晚了，都已成形了！败坏太容易，再回头多费劲！天天提醒你们，生于斯、长于斯、死于斯，还不好好下功夫？天天用脑，智慧就是权力、权威，应好好下种子。

山剥，土无流失，"上以厚下"，下面得到好处，此种剥，天下太平，各安其所宅。安宅、安居，各安其所宅。宅，居也、位也。择业，即居业，守住职业。"里仁为美，择不处仁，焉得知（智）？"（《论语·里仁》）安其位，安其所居。

剥，往往由下层开始。贪污，非厚下。官高若永远不知足，就贪、嗔、痴三毒。皇后犹怕皇帝爱别的女人，贪，怎能不痴不嗔？知识分子何以要贪污？知易行难！多少才子与佳人，而今安在哉？一个"私"字，害尽天下苍生！

应学山，自己剥落以厚下，如此，方使万物各安其居（位）。宇宙之妙，造端乎大至，生生之道。乾元、坤元，两个名词；大、至，大哉、至哉，两个动作。要识微、察微。

"厚下安宅"，本固枝荣。要学会吃亏，即以上厚下，才能安宅，即安定民心。周太王（古公亶父）逃亡，跟从者众，从豳迁到岐下周原。为政之要道：厚下、益下，剥己以厚民生，使国安于磐石之上。

自然界无多寡、损益，而是人的眼睛有好恶。邪气胜王气，剥的时代。治剥的基本原则，使他人不能损下，在上者必须吃点亏。损上益下，其目的在防剥。

初六。剥床以足，蔑（灭）贞，凶。

象床，以床、以足取象。初爻为群阴剥阳之始位，自床足开始剥蚀。以邪灭正，自下层入手。自作孽，不可活，导致动摇崩溃。真阴险的人，害对方，对方都不知。

"蔑贞"，"蔑"，抹杀；"贞"，正之固，不会随便动摇。把贞毁掉，凶！许多凶，皆自毁正固来的。行贿，正是要损你的贞。

邪不侵正，有一机之存，即有复之时。

《象》曰：剥床以足，以灭下也。

什么事都自根上剥，故要"贵微重始"（《春秋繁露·二端》）。家教失败，"剥床以足"，从根烂起。

做事，开始不好，不做。根扎不住，不行。足为一切之基，民为国之基。由最下层的基础入手，导致动摇崩溃。"履霜，坚冰至"，国之不可存者，以其民心散矣！

社会何以乱？皆人谋不臧也。天下本无事，庸人自扰之。制礼作乐，即针对人谋不臧。"行远必自迩，登高必自卑"，做事要慎始，先扎好根。

"尺蠖之屈，以求信（伸）也"（《系辞传下·第五章》），还净正面？要毁一团体，先自根上着手，导致动摇崩溃。人家想害你，就自根上挖你的床脚，叫你睡不安宁。喜听甜言蜜语，一失足成千古恨！

六二。剥床以辨，蔑贞，凶。

旧床下面的横梁，即辨，床之干也，为人托身之处。"辨"字义重，床为托身之处。其剥至辨，尚不知戒，终至灭尽，故以防渐之至也。如能未至辨就绝之，犹可以存床面，只剥床足而已。明此，就可知辨之要义。当作智慧产物，冷静地读。

《象》曰：剥床以辨，未有与也。

"六二""六五"不相与，在上位者懦弱无能，没有好帮手，没有良师益友，高而无民，孤芳自赏，故凶。

此警惕、防渐之道，"履霜，坚冰至"，亡羊补牢境界略低，为政要有远见，要防微杜渐，贵微重始。国家之所以剥，多由于小人之蛊惑，"耻不从枉"（《管子·牧民》），才智之士乃成隐士，而无济剥之士。

"未有与也"，"与"，参与，参加一个团体。"未有与也"，没有人参加和你合作。不是社会现实，而是需要而有用，不要责备社会不公。人不理你，因你没有利用价值。

"吾谁欺，欺天乎？"（《论语·子罕》）人世多可怕！学文的无实学，这社会还用得了？怎样达成人人之所需？必须识时。不识时，能有与也？国家大事亦如是。

我所说闲话，皆根据上下言。必知其所以，才能用上。

六三。剥之，无咎。

"六三"，失群小而就君子（上九），是小人中之君子，犹比君子中之小人好。众阴协力剥阳，做事不能不重视公论。

小人之中亦有君子，虽在小人圈中，但还知与阳刚之士（上九）相应与。小人中的君子，一样有人拥护。就是在小人中，也必做小人中的君子。

懂得谁是我们的应与，则可以和而不流。看谁是我们的阳，是"上九"？要看结果。虽处于剥，能看清时势，失上下群小，而就"上九"是君子，故无咎。

慢慢读，用脑慢慢地玩味。如认为读古书，如读天书，那就不易读了。汉儒、宋儒讲《易》，如捉迷藏。其实就易简，《系辞传》即告诉人："易则易知，简则易从"，"易简而天下之理得矣"！何以说得那么麻烦？

《象》曰：剥之无咎，失上下也。

剥时必用这种人。三居四阴之中，不怕失上下，出淤泥而不染，不做"后夫凶"者，故换来"无咎"。

"六三"与"上九"相应与。无咎，因有应与，宁失上下四爻，找"上九"，懂应与之道，而将手帕交都丢掉。自史上看，二十几岁挑大梁的多得很。看怎么选，能得渔人之利。但和而不流，中立而不倚，难！

卖祖求荣者，哪有人格可言？就只知利害。懂得人世愈多，就对《易》的了解愈多。就是磨破嘴皮说给小孙子听，他也不明白。

六四。剥床以肤，凶。

下卦为床，四爻为上卦之始位。与床干平行的是床板，不说床板，而说"肤"，因人躺在床板上，床烂而及其肤，凶。

"剥床以肤"，足、辨、肤，渐进，坏事一点一点地侵凌。

《象》曰：剥床以肤，切近灾也。

"切"，没有含糊。"切"字用得吓死人！"剥床以肤"，皮肤与床板切近，床干烂了，躺着的人皮肤都烂了。"切近灾也"，切身之灾。

切肤之痛，"浸润之谮，肤受之愬"（《论语·颜渊》），渐进，如水之浸物、纸被墨水浸润，谗言佞语，日久能不动心？

六五。贯鱼，以宫人宠，无不利。

鱼贯，以贯穿之，即标准、类。大陆买鱼，用柳条一穿，即"贯鱼"。柳条，即标准，类。

盗亦有道，阳唱阴随，不取阴长阳消之道。小人有中正之行，宫人的领班，牵引群阴顺承上九，以类相牵，十个臭皮匠发挥作用。人以类聚，物以群分，志同道合。

"六五"位好，有位得有德。中国讲有德者才有位，三公，乃修其天爵，而得其人爵。"六五"，宫人的领班，不与宫人争宠，是小人中有中行者，牵引群阴顺承"上九"。征服小人，在乎自己有无实力，社会事即如此。因小人皆势利之徒，你有实力才会拥护你、崇敬你。

《象》曰：以宫人宠，终无尤也。

"终无尤也"，一字之褒、一字之贬。无不利，终无怨尤也。

征服小人在乎自己之实力，小人皆势利者，因你有实力，反对者可能反而拥护你、崇敬你。

"贯鱼，以宫人宠"，皇后领一帮宫人求宠去，守本分，以宫人的身份求宠，"无不利"，"终无尤也"。以类相牵，人以类聚，物因群分，志同道合者在一起。鲤跃龙门，即成龙。应如此读《易》，看每爻所居的位与时。

动作：承乘应与、盈虚消长。人事（世）懂愈多，愈能用上。必须熟，遇事能迎刃而解。一爻一世界，见仁见智，百姓日用而不知，"君子之道，费而隐。夫妇之愚，可以与之焉，及其至也，虽圣人亦有所不知"（《中庸》）。

不必拉架子背经，散步时玩味一两句。我早起，绕台大醉月湖味经，日久，玩味愈精。昔日吃槟榔在漱口，玩味槟榔片约一小时，慢慢化，有青的、烧的，中药店有卖。读书也不要求快，慢慢化，每天想的都不同。

现在每天耳提面命，你们第一要义要养勇。想得都对，等谁为你干？想对看准了，也无勇气干。我出主意，要你们做。第二代不能越俎代庖，也没有影响力。但你们必得养勇，胆小不得将军做。

如懂得此爻，就后福无穷，可以在史上成名。唯有业随身，唯有德随身。可被一时代利用一时，但不能利用永世。乱史之总结，终必载诸史册。

上九。硕果不食，君子得舆，小人剥庐。

没有纯阴、纯阳。阴阳图，阳中必含阴，阴中必含阳。

剩下一硕果，未被阴所剥。硕果之中有仁，可以延续生命。硕果不可食，恐连种子都没了，千万要留点生机。君子做事必留生机，小人做事则赶尽杀绝，不懂保存硕果。

"舆"，如得车，可以载重致远，发挥效率。一个人做事，应永留点退路，才有转圜余地，还可以再生。做事不可以做绝了，至少要留一点。

"庐"，安身之处。连房盖都剥了，还能安宅？小人不守分，把盖都揭掉，完了！连房子也没了，焉有庇身之所？净走绝路，无立身之地。

应留点转机，话不要说尽，事也不要做绝，势利没有力量。知所以用理为难，在名利下能冷静，可不容易。多少人在名利下失身了！社会经验多，读《易》明白多。

《象》曰：君子得舆，民所载也；小人剥庐，终不可用也。

小人至极，亦不能生存，损人不利己。小人之行无往而不利于君子。"终不可用也"，终，肯定的。此提醒人不可做坏事。

得一粒米的存在，就可以使全人类有饭吃，载重致远，做事必得留生机。小人净走绝路，到最后，"终不可用也"。

剥时，不要怕，要懂第三爻"失上下"，有此基础，才有第五爻的好,"终无尤也"。一爻一世界,每个都是实际的,要将每一爻的意思弄懂。

剥卦,并不完全坏,如用得恰到好处,还可以安宅,需要"六三""六五""上九"这三种人才。精神一到,何事不成?要与历史争长短,不要争一时。

人才找到,也得养。但不可将小人当君子养。中国人之智:易则易知,简则易从,有亲有功,可久可大。

退休老师接着做,可以事半功倍。大家在一起切磋琢磨,可以拨乱反正。硕果仅存,就能载重致远。人有了盼望,就会奋斗,士尚志。

中国学术得好好整理。《尚书》应注成最有价值的政书,可以来部《民政全书》。

只有懂得怎么用精,才能成功,"惟精惟一,允执厥中"。孚、中孚、有孚;时、时义、时用之义。识精用宏,分得愈精,才能用宏,"精"字没懂,不能用宏。思精用宏,"思之思之,鬼神通之"。

孔子"得一"了,后来"变一为元",走到老子的前头去了。"变一为元",必知一与元。一个东西必有元。"神也者,妙万物而为言者也",妙,形容词当动词。天下文化简言之,就六个字:行礼运之至德。

道教的最高神是元始天尊,出自乾卦。道与儒何别?我学你,你学我。要有学(血)脉,都一个系统。曾文正实际是管子的继承人,义理没学好,就用忍,没能化,故六十初即故去。

剥"六五""贯鱼,以宫人宠,无不利"。"贯鱼",将群阴贯在一起。软弱国家必须有"六五"的领袖。"贯鱼"的目的何在？求谁宠？玄机在此。

"硕果不食，君子得舆，小人剥庐"，如连自身都不保了，还求他宠？"硕果不食"，如遇上一好（喜爱）吃的，那岂不是断子绝孙，生机尽失？

有"贯群阴"的抱负，也得有机术。费尽心机，其目的安在？要求谁宠？保"上九"，乃缓兵之计，等候生机。"贯鱼"，是贯阴济阳，串在一起，叫好吃的别再吃了。

一个领袖得用多少心机，有多丰富的智慧！唯他可以保生机不断，等"七日来复"。

人之生也直，直人即真人，必须存真。处剥之时，再不惊醒，真令人惊心动魄，真要祸延子孙了！到时，虽有贤者亦莫如之何矣！净争官，却无人争德，为社会谋福利。可能要"礼失而求诸野"。人心就是个戥子，知识分子是天地的良心。

夫妇以义合，学文史哲的得为伦常请命。人的事，猫狗也都会，但它们可不懂得伦，乱伦即畜生，此乃人性的，并非顽固与否。师生恋，到底谁先说"我爱你"？

书呆子有时被利用，朱子恐亦犯此毛病。读书人要是书呆子，真一文不值。有些人满口道德，实则伤品败德之士，必到"复正"的时候了！

君子之道，即一"伦"字，亦即孝慈义、智仁勇。同学绝不能不孝，本分如都未能尽，还谈什么其他？以孝定德。先有慈，后有孝，"为人父，止于慈"（《大学》）。必动笔，练习写，智周万物，道济天下；裁成天地之道，辅相万物之宜。

立"人祖庙"，铸鼎以纪念，因人必须有根。祖，伏羲；宗，女娲。无法知万物到底是怎么来的，所以设几个偶像，乃有了图腾。

你们要充实实力，不要净嫉妒。怕这怕那的，就剩下自己。培养实力，"先为不可胜""不可胜在己"（《**孙子兵法·军形**》），自己要站得住、起得来。是卑贱货，怎能成大事？求不得就恨，因为嗔、痴。释迦了解人生，但其办法并不能解决问题，乃说"死后上极乐世界"。

我在台五十年，也从未想过出家。何以不明白以后再出家？真智慧是实行。现在究竟有多少人看得懂中国书？依经解经，在还原。

《**序卦**》云："物不可以终尽，剥穷上反下，故受之以复。""剥穷上反下"，这一返，多重要！剥了，必得复，"故受之以复"。到复（☷☳），一阳生。既济（☵☲），必得未济（☲☵），既济兼未济，豫解无穷，生生不息。中国人总有无穷的盼望！必须体悟。《易》为智海，就视你有无接受的能力。

"学而时习之"，"圣之时者"，此何时也？

好好塑造自己，能自己之所能。天下事，有一定的轨道可循。你们办事，连乡愚都不如。有雄心，要善用智慧。好狗不露齿，必须知道用智慧。

你们何以天天"思有邪"？要多了解。自元以后，朱子红了，但是宋史批评朱。熊十力在《读经示要》谈圣庙要整理整理。为国捐躯的好人都没有进忠烈祠，近百年中国死了多少人？

能，一个就成事。怎么复己之心，剥他人之墙脚？拔掉其桩脚。

你们做"逸士"，是废物！合"群"力，何以不做？同学学什么都有，何以不组织在一起？你们会用人的才与能？学非所用，不务正业，就外行领导内行。

不合理，要正之以礼（理）。正贯，以正贯之，正以贯之。以正贯天下事；不正，拨之以正。拨乱，以正贯之。要知乱之所在，皆实学也。

什么叫心？"在天曰命，在人曰性，在身曰心"，"天命之谓性，率性之谓道，修道之谓教"。

我有时觉得很悲哀，你们何以不明辨是非？学有用，每天读书要有用，一个人无用，只成点缀品罢了！

将来做事，重用谁，自己知，不可以让人知，否则，人毁掉你的根之后，进而就会毁你的大梁。干一旦灭亡了，能不凶？有术者，叫人知道的并非其真大梁。重用之才，都得保密，你不在，还可以继志。会下棋的，总要摆几个空棋子。一个人不能成事，必得有一帮人。好说，败事！能发挥作用？自己扯一辈子，仍没人理你。人，一个时、一个位，多重要！

何以干受剥了，还无自救之道？何以不能事先防备？"未有与也"。女孩有个厉害的妈妈，像样的都不敢追她。

我因"六三"一爻而成功，你们有"失上下"的勇气？不和上下的浑蛋对付，不理，唯我独尊。不谈政，是缩头乌龟；在众小人之中，特立独行。真懂，就应知怎么做事了。长白又一村，皆长白，我是又一村，包含思想、人格。懂时、位、人，故无咎。要懂得深意，懂此，则知我何以要为你们做事业。到时不必跑，也不做"三三九"（此相对"二二八"而言）的鬼。

都是群小，在群小中，要与人办事，必须有器识与胆量。

没有人承认你是领袖,多难做。搞政治,到指空卖空,就得指空卖空。"宠"是空的,以"宠"作为号召,中间的曲折太多,得用什么机术(权)?

此卦,《船山易传》有三分之一错,《程传》至少一半错。

女人争宠,不嫉妒不可能。"贯鱼",声东击西,要群阴别争硕果,要争宠,愚民也。宫人多半是愚人。

"潜龙勿用,阳在下也"(《易经·乾卦》),"龙德而隐者也。不易乎世,不成乎名,遁世无闷,不见是而无闷。乐则行之,忧则违之,确乎其不可拔,潜龙也"(《易经·乾卦·文言》),"鸣鹤在阴,其子和之;我有好爵,吾与尔靡之"(《易经·中孚卦》)。"尺蠖之屈,以求信也",即"六五"。

不要唱高调,能做多少做多少。"贯鱼",是缓兵计,从有所突破到有所得,有一个号召:宠。"六五"凭什么使人相信他?用"狗不理"叫狗,狗必理,吃在口中,甜在心头。以小事大。

如何处剥?以"危邦不入,乱邦不居"(《论语·泰伯》)为原则。但处剥之时,必入、必居,必懂处剥之道。己立己达,何等重要!己立而立人,己达而达人。

《易》为智海,如无能力,也吸收不了。一样东西,用的人不同,结果也不同。学术,乃智慧之产物。

《孟子》有句话重要:"诸侯恶其害己也,而皆去之籍。"可见经、子皆经过大删、大改。必须下深功夫,面对中国学术时,以注解作为参考,绝不可跟着哪一家走。

我认为民国时期学术就造就熊十力一人。看汉、宋、明、清历代儒者是怎么想的?魏晋,偏虚无,道家思想。中国学问是自体验来的，不能光讲。

读《易》，要"行健不息，厚德载物"，即内圣外王的功夫。有套功夫，即自"自强"来的；厚德对缺德，厚德才能载物。无善智慧，焉有善行？载重致远。

《春秋》则重外王之道，"公羊学"为中国的绝学，在中国已无几个能造谣的了！阮芝生赶上时代，那时我在屋中讲学，少出门。但阮有个性，怎么读也不输，主见太多。做学问，面对真理，并非主见。我至少在屋中读五十年书，看书做消遣。

我那时，刚开始吃饭有四个人陪，还有人陪散步，后来降为两人。人不知，胆才大；了解多，胆就小。其实，懂得人生了，才知愈是坏的环境愈能增长智慧。纨绔子弟的脑袋能有什么东西？智，知日，日知其所无，也要日知其所能才进步。《论语》要细读，深玩味。

你们一动笔，根本不知所云，完全未入流，道理真通，不易。以你们的程度，怎么教学生？确实有整理的必要，日后每个皆"真毓"。

先看熊子的《读经示要》，再看《原儒》，就知做学问不易。跑接力，要接实的棒。熊十力抛弃一切旧说，可得许多启示；接下去，可以复元——中国学问。

旧时代读书人必投君之所好，书才能流行。钦定的书更不必谈了，代表一个时代，并不能代表真理，汉人骂"真儒不是郑康成"！熊十力努力要成为真儒。大智慧加上真功夫，熊十力兼而有之。尽量多了悟，都出自一人之手，但前后大有不同。《新唯识论》到《体用论》，熊先生对佛学的造诣深。佛学绝对有深度，我对佛学只知皮毛。

  正视中国文化到底是什么，丰富到极点！有智慧，无世俗之欲，可以下真功夫，时至而不失之。真把思想境界弄成大国了，则日月所照，霜露所坠，莫不尊之亲之。

复卦第二十四

（地雷复　坤上震下）

刚柔始交，地雷复（☷☳），坤卦初爻变，下卦为震，震为长男。任何东西初交，必有动之主，坤虚而受之，物之始生。初交，生之几，动之主，一阳生，震为长子，震为雷，雷为动，"反者，道之动"，一元复始，终而复始，生生不息。

一阳生，含无尽生机。《春秋》改一为元，生生。复卦，终始，生生之谓易。复，明也，"大明终始，六位时成"。懂复卦了，就知何以要"明明德于天下"。复卦学完，多有生命力！

《序卦》："物不可以终尽，剥穷上反下，故受之以复。"

《序卦》："物不可穷也，故受之以未济。"物包含人、事。物不可穷，《易》以"未济"终焉，含无限的生机。

"物不可终尽"，剥极而复，穷上返下，硕果坠地又生，故曰复。没有失败,不能复。复,循环往复,"反者,道之动也",由剥而复。

《杂卦》:"复,反(返)也。"

一阳返入始位,复自内而出,自下而长,阳长阴消,自然之势,故无害。一阳生的成就,天德,仁也,"精"之另名。既明其体,也得明其用。

《系辞传下·第七章》称"复,德之本也",德之本,生生不息,"复其见天地之心乎"!不诚无物。一阳生,小,生之机,"复,小而辨于物",初动之机,防患于未然,一阳微要养生机,不使之绝了。"复以自知",自知,才能复性,与生俱有的,没人能帮忙。复性,"克己复礼为仁。一日克己复礼,天下归仁焉。为仁由己,而由人乎哉"(《论语·颜渊》)。

剥卦"六五","贯鱼"的目的,在缓阴济阳,要戒急用忍。"上九"硕果没被吃掉,才能穷上返下,功劳在"贯鱼求宠"。人家多会用,到剥了,再一用,则一阳生,因有"雷"的作用,下卦震,"震为雷"(《说卦传》),春雷动,"帝出乎震"(《说卦传》)。

这就是智慧的产物,懂政治的当政治学,懂科技的当电脑,全视人如何运用。以时事印证。你们要真明白,才能用上。演算,复原(元)。

复,亨。出入无疾,朋来无咎。

硕果坠地又生,故曰"复"。爻位在上为外,在下为内。由内往外曰"出",由外往内曰"入"。"出入",一出一入,来复。一阳返入始位,复自内而出,自下上长,阳长阴消,自然之势。

"出入无疾","疾",急迫也,出入没有急迫,不行加快,要顺其自然。则天,天为自然的代表。什么事都不能以人力违背自然。按标准行事,不加人为。人的毛病,在没法守住度。过犹不及,就是要好也得慢慢来,天天干,每天心平气和,连疾病都没了!中国总抓住"中"字不放,中行、中道、中国,中国永远是中国。必抓住文化的核心。

复之所以亨,生生不息,就在"出入无疾",四字多么传神!多么正常!生病乃不正常,好发脾气所以生病。

"朋来":"朋",指阳,初爻;"来",由外而之内。有贵人相助,利有所往,"无咎"。

多少人坐着净琢磨,用智慧使人生与文化愈来愈深。"般若",妙智慧。

人生不如意事,十常八九。我个人一个如意也没有,年轻时净做梦。后悔事太多了!人的嘴怎么辩,但事实就是事实。儿子说:"老爸回我们家来了!"自以为聪明、有智慧,不服输,至今一无所有,还自以为是。人生必须好好过生活,就择偶与择业,要慎择,要有一个安乐窝。

许多事有规律,即天则,要"出入无疾"。尧有智慧,则天;我们,"修道之谓教"。必须突破自己的伪装,才能进步。我一天和谁说笑话?人就是人,天下无异人。吃亏了,快快走回头路,不要一错到底,此我之体悟。说真,才明白,出入要顺其自然。自以为和人不同,最大的骗子。

"疾"与"不疾",个人的主观。自真的动静去了悟。疾、慢有其时,要顺应环境。但人对环境未必真明白,因而老有成败、善恶、毁誉……在人为之下,都有成败;顺自然,没有成败。

许多事，都是环境决定的。

诸子都有所不足，都有其主观。我不要以主观决定事。但多少人认清自然律或环境的限制了？

反复其道，七日来复，利有攸往。

"反复其道"，"反复"，终而复始，生生不息。反复己道，乃自性所有。

"七日来复"，每七天一来复，有度。以月令计，夏历五月，夏至为白天最长的一天，然后渐短，又至冬至最短的一天。往复，一阳周而复始。阴消阳长，循环无端。

阳刚势长，阴邪消退，故"利有所往"，能有所作为，一点也不感情用事。

中国古时亦七天休息，称"来复日"，要养生机。不复，则宇宙灭绝，所以一阳生，是生机，要休息以养生机。必须懂用脑，因就只一点阳。不懂得培养自己，是消耗生机。看一个民族的思想，懂此，每人都懂养生机。什么都拼命，则成拼命三郎。

中国自有文化以来，来复日休息，在养生机，知此，第七天应怎么生活？有伤生机的事不可做。

复卦富有生机，一阳生的成就，仁也。天有好生之德，"大易"之道尊生，仁也，中国传统之道。

《彖》曰：复亨，刚反（返），动而以顺行，是以出入无疾，朋来无咎。

"复亨"，复卦有亨之象，周而复始，生生不息，故曰"一元复始"。

"刚返",阳刚之返于始,如回家,是有本的。震者,动也,其象主动;起也,一阳复于始位,春回岁转,草木萌动,复其见天地之心!天地之心,仁也,生之机。

剥,顺能止;复,动能以顺行。不论急或缓,都有己意所在,就没以顺行。

"动而以顺行",动,不可盲动,要动能以顺行,即顺自然、顺道,无违逆,故有无限生机。顺乎理势之自然,顺而行之,故能"出入无疾,朋来无咎"。

"出入无疾",做事急不得也慢不得,不急不慢,动乎顺也,出入顺其自然,顺乎理势之自然而行动,不疾言厉色,故能"出入无疾,朋来无咎",此为做事的办法。无咎,人人皆有士君子之行,"安仁者,天下一人",世界大同。

每天找毛病,成立一笔队,随时写,写放诸四海皆准的文章。非偶发事件,有通盘计划,每天按计划发表意见,不能说外行话。同道,专谋福利。有大目标、小步骤。朋,同道。有大同道,有小同道。

何不自己脚踏实地做,先自小问题论起。文章就怕写,辞达而已矣。

打杂的没有位,每天上班,空心码子,没有专长。今天有些知识分子都打杂的,没几个真正专学的。总要认清自己的本来目面,多一分真诚就多一分成就。小人之行无往而不利于君子,好好努力!

我聪明不足,但绝非糊涂人。人有点成就特别难!春风化雨,非你说,而是看别人是否接受。

"在其位，必谋其政"，此乃责无旁贷。培勇、培刚，无欲乃刚。自无欲入手，轻欲。

反复其道，七日来复，天行也。

"反复其道"，一阳复始，春回岁转，草木萌动，见天地之心，仁，造物之意。震者，动也，其象主动。反复己道，有一定的程序、规格。

"七日来复"，代表立诚，没有一锹就挖一个井的。剥复、泰否，都是一步一步的。

来复日，初一、十五，祭拜，祭牙。农业社会的休闲日。

"天行也"，则天，"唯天为大，唯尧则之"，一般人无此智慧。天代表自然，则天，尽物之性，没有神秘。尽己之性，尽人之性，尽物之性。小为家，大为国，是否尽性了？"为人谋而不忠乎？"（《论语·学而》）为人做事，有没有尽到自己的责任？尽性，尽自己的能力。没有尽己之性，焉能影响别人尽其性？"在明明德，在亲民"，皆自试也。

利有攸往，刚长也。

"刚长也"，阳刚势长，阴邪消退，故利于往，而有所为，但要有时机，再看群阴。"天地之心"，仁也，生之机。顺乎理势之自然而行动之，故能"出入无疾，朋来无咎"。

何以利有所为？得"刚长也"。无欲乃刚，刚长，欲就低。欲深，天机浅；欲浅，天机就深。天下焉有糊涂人能做事？

奋斗的目标，为后人留下什么最重要。看清人生，就知自己要做什么。一辈子为人做嫁衣，最后自己什么都没有。要干就自己独当一面，卖豆浆也行。在自己所学上表现自己，此乃为自己。懂为自己奋斗，才有所成。"象喜亦喜，象忧亦忧"，活着有什么出息？在社会应利有所往，其利在能向前奋斗，因"刚长也"，"君子以自强不息"。

"尊其位，重其禄"（《中庸》），彼此尊重，父慈子孝，家焉能不快乐？爸爸叫倒杯茶，应该高兴才是，父母为你倒过多少次茶了？为父母亲尝汤药，是发乎情，父母即如此照顾子女的。知之深，必孝之切，尽己之性，尽责。素其位，尊其位，家就和美，建立一有人性的家庭。父母对儿女之尽责，儿女对父母如有其十分之一，即得奖。"祭而丰不如养之薄"，"子欲养而亲不待"，尽孝心，父母多希望你们的温存。儿女使父母高兴，太简单了。人同此心，心同此理。

"刚长也"，刚长阴就消，"君子道长，小人道消"（《易·泰卦》），即"不仁者远矣"（《论语·颜渊》），日久，不论远近，都成仁者，新民了。

必将中国东西变成有用之物。要下功夫，不要净人云亦云。读《尚书》，以曾运乾《尚书正读》作为入手。

复其见天地之心乎！

到六，绝望了，再进一步，有胆、有见地；复，得一了，就生生不息了！"七日来复"，中国人喜用"七"，生字，天地之心，一阳生。念七遍，中国人之伟大，使佛教兴于世。

复，生生之精。生，即精。心，仁也，花心，粉可播其生，体万物而不可遗也，承认有神。神，"妙万物而为言者也"，言，所以然者也。橘子加人工，改种就不如自然，违背天行，味就变。德，必有东西给人看，所结之果。见天地之心，造物之意。天地之心，生、仁、爱，有无穷的盼望！

好好读，每一卦都是活泼的。多试验，有经验、有结果就能立说，有德者必有言。德，有恶德，有善德。

恢复人性，要把家造成快乐窝，谁回来都高兴。不要一进屋，就冷战。要自自然然，每个人都素其位而行。《大学》"格物致知，诚意正心，修身齐家，治国平天下"，层次要弄清楚。心不正，身能正？要养正知正见。这也不能做，那也不能做，净邪知邪见。人活不易，不要贸然决定一事。不到三十岁出家，那后半生如何过？是人，必须做人事。

《战国策》《三国演义》多看，也可以懂得动脑，要好好看。为了存活必得斗，诸子百家、《农政全书》《黄帝内经·素问》都要看。

《象》曰：雷在地中，复。先王以至日闭关，商旅不行，后不省方。

"《彖》曰""《象》曰"，两个作用不同。有何不同？这是活的智慧。

"《象》曰"，即"《大象》曰"。"雷在地中"，地雷复，春回大地，周而复始之象。在教人养生机，凡事不可以过力。一言以蔽之，在自养。与《大学》"知止，而后有定、静、安、虑、得"相互印证。

"地雷复"，春回大地，草木萌芽，周而复始之象。"有朝一日春雷动"，春雷动，生之动。春雷惊蛰，二十四节气应认识。

养己生机，微阳，应好好培养，有希望。天地是大宇宙，人即小宇宙，亦必按自然好好养。摄生之道，到什么时候吃什么，斋戒。想身体好，必在年轻时就好好养，以养微阳。复，讲一切之生机，生生不息。

"帝出乎震"，帝，主宰义，一切主宰都出乎动。帝尧、帝舜，天下的主宰，"德合天者帝"，德合天地，以德服人；后来皆自己抢的，故称某帝。"震，一索而得男，故谓之长子"（《说卦传》），"主器者莫若长子"（《序卦传》），长子对家所负的责任重。

雷在地中，养生机。节气，"惊蛰"那天雷一响，闭眼的都睁开了，岂不是复了？自今天应惊蛰，不就复己之本性，就不迷了？一阳之复机，静静地培养。重机之微，为转机之所在。注意节气，一月有两个，到节气那一天一定要养生机，绝非迷信。生机，"精气神，人之三宝"，要善养这个生机。闭目养神，少看，因"五色令人目盲"（《老子·第二十八章》）。养气，少说话，不可以过力，太消耗自己。精神一到，何事不成？

冬至日，阳长阴消之始，"冬至大过年"，比年还大。

古人重视冬至，有"冬至大过年"之说，此日敬神明、拜祖先、吃汤圆、做腊味糯米饭、杀鸡宰鸭炖八珍。过了冬至，白昼一天比一天长，阳气回升，是一个节气回圈的开始，也是一个吉日，应该庆贺。从此日起，大地阳气开始增加，人体内的阳气也适应大自然而渐复。

冬至，古时闭关之日，就是不知，也能养生机。初一、十五祭祖，要斋戒。闭关，为培养一阳之复，静静地培养，养微阳，重机之微，转机之所在。

失败之中不失望，努力培养复生之机。做事不要逼人太甚，重德行，要留一手、留一步，为自己留下转身的余地。

旧社会，每餐要少吃一口，留给别人用。剩的不可以倒在一起，一类类倒在一起，下工时可以带回去给父母吃。我家族是最丰厚的一家，溥儒家已断了。富而不骄，必须培德。我小时想学汉医，但我母亲要我救国。国没有救成，自己一人过半生。你们偶一不慎，像我；守不住，则出笑话。人生不容易！愈富，应是愈有慈爱心，家才能传之永久。权不可以用尽，福不可以享尽。要少吃一点，留给别人用。

没有要饭的，饭菜应少做些，不但卫生，也少糟蹋，千万不可以扔东西。人一旦缺德，再恢复就不易。名门，不失义，要向善。

伯鱼趋庭而过，孔子问："学《诗》乎？""学《礼》乎？"诗礼传家久，讲礼没有用，是要学礼。没能教子，丢祖宗的脸。孔家丢汉族的脸，孔裔有南北宗，南宋时嫡系到衢州，明时二系相争，至康熙时立南北二宗，始化解纷争。衢州孔府挂的孔子像，吴道子画的，有张九龄题字。我光宗耀祖办不到，绝不丢祖宗的脸。

不争家世，要争家教。人皆望子成龙，不能光是望，而是要教，不是讲，是行。讲学与教，不是一回事。

"先王"，创事者，先觉。"后"，君也，奉行者。在管子的时代，有领导能力者称元后，后，酋长。刚有文化开始，管子即有深的谋略，远虑。管子时，齐国仍处一荒凉的时代，要注意《管子》一书，实学也。

"枢机之发，荣辱之主也"，生机之所在。自剥的"上九"，成为复的"初九"，表现的贤与不贤，就在一刹那间。一刹那间，可能造成终身遗憾，人生太不容易！

　　冬至日，阳长阴消之始，古时封关闭口之日，为培阳，"商旅不行"；为了静养，"后不省方"，"省方"，巡狩，省察四方。诸侯也不到四方省察。

　　重"机之微"，转机。一阳之复机，必培养，"失败之中不失望"，努力培养复生的机会。培养一点生机，快停止做事，静静培养微阳。做事不逼人太甚，重德行，留一手。

　　年轻气盛消耗过度，到老才打太极拳便来不及了。养，要随时养，人要随时养生机。

　　我这套必得想，考据学是抄的，不必想。一个时代，有时代的学风。用忍，绝对伤身。必用化，化育万物，管子用道家功夫化自己。必须养生机，精神不足要注意。吃饭绝不可过饱，习惯很重要。晚上空腹总是好的，头脑清楚。

初九。不远复，无祗（qí，大也）悔，元吉。

　　由剥返于复，中无距离，物极必反，有旋转乾坤之气魄。"困心衡虑"，左右环境皆考虑好，正之己心，悔于己行。

　　克己复礼，天下归仁矣！"过则勿惮改"，求则得之，舍则失之。

　　"复，小而辨于物"，辨析术。"无祗悔"，没到悔的境界，马上就复了。已经做错，才悔恨终生。念头动了，但是没做，复。在意念之中，知道马上改。克己复礼曰仁，自我了悟。

　　熊子的启发大，传统注解没有想。《系辞传》中有许多重要的东西，必须整理之。

知要复就复，"不远复"。不至悔，无大悔，刚有一念，要错，马上就复，所以是善吉。

一阳始于下之一线生机。剥极而复，能挺住剥极，不易！有旋乾转坤的气魄，挺住其中的苦，物极必反，"反者，道之动也"。

"初九"当位，懂自己是干什么的，就明白了，素其位而行，不愿乎其外。"不远复"，没有错得太离谱，便懂得复。遇事，要知其所以然，你们遇事往往不够沉静，且心有余而力不足，一出手，令人啼笑皆非。一个人要有成就，就得有组织的智慧。同学不但不能办事，且常将事情整个败坏了。

《系辞传下·第五章》子曰："颜氏之子，其殆庶几乎！有不善，未尝不知；知之，未尝复行也。《易》曰：'不远复，无祇悔，元吉。'""知之，未尝复行"，改过了，颜回"不贰过"（《论语·雍也》）。距离标准太远，又回到那个标准，此即"克己复礼之谓仁"，克己，就复了那个标准——仁。"不贰过"，"过则勿惮改"，"一日克己复礼，天下归仁焉"。

"无祇悔"，去其所当去，为其所当为，往其所当往，故无大悔。曾子"启予手，启予足"，"启"，视也，拿我所当拿，行吾所当行，如此，当然元吉。元吉，与大吉不同，"元者，善之长也"，故为善吉。

元朝以《易经》立朝，按八卦方位修北京城。

《象》曰：不远之复，以（因）修身也。

"不远"，即回原位，就以此精神修身。"不远之复"，善心之萌，马上克己复礼，复的功夫即克己。拿不义之财，即欲。"造次必于是"，仁者安仁。

"反身而诚"(《孟子·尽心上》)，多一分修为，就能多接近一些正常人，就多一分成功的机会。常人要真有定力，可能在六十以后。

刚长，第一个德，"大哉乾乎！刚健中正，纯粹精"，没离人性，就复性，以修身也，因以天地之心为己心。

养生机，养精气神，"以修身也"。人若是不迷，便是智者。许多自以为了不起的人，还给妖姬磕头，根本是迷和贪。

发现有毛病，不终日，改正之。修身为一切事业之本，养成旋乾转坤的魄力。反省自己能诚一，"反身而诚"，每个人都懂得反省，何以没有成功？"不诚无物。"(《中庸》)

《读经示要》问题多，我写"补"，改正之。

号召，政治家的手段。"以宫人宠"，宠乃至高之权，愈愚者愈信而不疑。"可与适道，未可与权"，人的境界不同，权的境界非一般人能懂。

六二。休复，吉。

"六二"当位，中正之吉，吉。

"休"：一、美也，美复。存疑，是否应酬语？二、休养。"休"的本义，人靠着木头休息，有所依也。

"依"与"休"有何区别？休复，休，依于仁，从休到依，有什么距离？"据于德，依于仁，游于艺"(《论语·述而》)，据、依、游，皆恳切的。"中立而不倚"(《中庸》)，倚，不能离开，不中立就得倚。

"休复"，"依于仁"的境界，"其心休休焉，其如有容"（《尚书·秦誓》），"人之有技，若己有之；人之彦圣，其心好之，若自其口出"。依经解经，可见我悟之深细。

亲仁、养仁，乃生息之机，而复见天机也。其在人身，乃至高灵敏、无昧之元智。

《象》曰：休复之吉，以下仁也。

"六二"柔顺中正，下为"初九"，而有"休复之吉"。

"以下仁也"，仁，生人之道，仁政、仁心、仁性、仁德，仁者爱人，仁者无不爱也。"杀一无辜而得天下，不为也"，然有辜者必杀之。以柔克刚，才能成其大者。仁道，仁之行，"君子体仁，足以长人"，助人为善，促其有所成德，仁以行之。

何以不说"六二，乘刚也"？知此，才明白"休"的境界。此"仁"，指生命而言，是自剥的"上九""硕果不食"来的。自剥的"上九"，至复的"初九"，中间经过的一段，即休。看古人头脑之致密！

依靠仁之吉，因下仁也。下仁，礼贤下士，"居是邦也，友士之仁者"（《论语·卫灵公》），"下仁也"，见贤思齐，此贤即"初九"。

克己复礼曰仁，培养此仁，此仁有生机，如杏仁、桃仁。现在小孩要培养生机难，看西门町（台北闹市区）如何？没有仁，那以什么下仁？"下仁"，即乘马，所乘的马为仁。有仁的环境，所以好是必然的。在中正的环境中，当然美复。家的环境不同，人当然不同。

要下赢一盘棋，必须处处找生路。周太王去豳，百姓跟着跑，因有生人之道。人人好生，要他离开都不。以空言号召不成，岂不是更糟？叫一人生，并不是施与，而是给他生之力。老年人给钱，照样自杀，必须叫他生得有意义，则不用你的钱照样能生。人活着，不是为了吃饭，一个人生存不易。我现在可以讲老人之道。有生民之道，必使他活得有生的意义。

六三。频（数，反复）复，厉无咎。

"六三"以柔居刚，在震之极。"频"，数也。"厉"，奋厉。距离仁者远，必下"频"的功夫，反反复复。有过而文过，最可怕！过而改，改而又过，虽改过，但不固。"频复"，但结果"无咎"。然此非善策。

有错误马上改，"过则勿惮改"，但有条件，得"不贰过"，所以，频复，就不太好。"人心惟危，道心惟微"，微，隐而未现，因人心有情欲，即有私，故危。要终日乾乾，法"天行健，君子以自强不息"的精神，"终日乾乾，反复道也"，"夕惕若，厉无咎"，戒惧小心，只要守得住，在大义上应无咎也。

《象》曰：频复之厉，义无咎也。

有屡次改过之心，"无咎者，善补过也"（《系辞传上·第三章》），"义无咎"，应这样做。

人最大的毛病在原谅自己，《大学》"毋自欺"，就不会"频复"。厉乃自人心之危来的，"人心惟危，道心惟微"，所以要"惟精惟一，允执厥中"。错误很快发现，下"克己复礼"的功夫。礼，元，止于一，止于至善。

"频复之厉"，也总比不复好。印证自己，考详，自讼。人要自讼，多少有点自讼功夫，就不会糊涂。就是精一，天下无论怎么乱，但你本身要不乱。知怎么用自己，则每天都不浪费。

六四。中行独复。

以六画卦而言，四居人位，"中行"指人说。

"六四"处上下四阴之中，但"中行独复"，有特立独行的行为与见识，舍群阴而下应乎"初九"，有识先机之智，故能捷足先登，与"后夫凶"（《易经·比卦》）正好相反。

《象》曰：中行独复，以从道也。

《中庸》"中也者，天下之大本也"，"中行独复"，独行己是，中立而不倚，"和而不流"更难！

"六四"与"初九"为正应，故为"从道"，而非从朋。道为生民之道，生一切之道。仁心，生民之心；仁政，生民之政。自己认为是者，独行其是！"从道"，非从朋。

"六四"处于群阴之中，到底走哪条路才对？"初九"，初微之阳，未来成就未知，"六四"能舍其同党，而与"初九"相应与，此其有远见、先识，"从道也"。自己有"中行"的本钱，当位，又有应与。

自己心中有"中"，懂得"从道"。别人迷，自己不迷，不离人性，不离道。有中道的行为，"同声相应，同气相求"。别人虽反对，自己也要"独复"，"以从道也"。

"鸣鹤在阴，其子和之；我有好爵，吾与尔靡之"，究竟是以什么情？如系亲情，是应该的，又何必说？什么都无空话。是同学，未必是同志，因不相和。相和之道，在能通情。儿女也得与父母相和，才有奖赏。相和，情相通，非亲相通。

文从道，名字取得好，代表一个境界。我为孙子取个皇帝名"中中"，真爷爷查笔画，改名字为"忠忠"。大陆有家风的家庭，名字取得雅。

六五。敦（厚）复，无悔。

"六五"阴居尊位，为坤之主，厚重自持。

"敦"，诚笃，"诚者，天之道"，不贰，一也，"得一善，则拳拳服膺而弗失"（《中庸》）。敦复之诚，信道之笃，善行之固，故无悔。

书都活用，并非理论。细心，如数学公式般，有一定的。读完，都立体化，才有用。了解深意了，则知在什么环境怎么做事，才能应世，因山以为高，成就自己的事业。

《象》曰：敦复无悔，中以自考也。

"敦复"，笃于复善，能"无悔"。有"敦复"之诚，小则复己之德，修在应世，成其有用之德。有所凭借，因山以为高，成就自己的事业。

"中以自考"，自己无必胜的把握，就拿"中道"以自考，即自试。"考"，察也，成也。"自考"，"自"的功夫，《坛经》心即佛，成佛得自己求，此源自《大学》《中庸》。自明、自考、自讼，是功夫，未下此自修功夫，将来如何担当大任？将"大易"之道用于生活上。

用中，事情都有两端，不走两极，执两用中。止于一，即不二。一即诚、元。有元，就有乾坤。自根上认识。不偏激，执中。

尧传舜,"天之历数在尔躬,允执其中";舜传禹,就加以解释,执两用中;禹不明白,就传给儿子,用"宗",宗法社会。越讲越多,越是糊涂。以后的人并非智少,而是欲多,嗜欲深,天机浅。看《易经》的智慧,多深!随时要运用自己的思想。

"中以自考",以中自考也,虚中以自考,"吾日三省吾身"(《论语·学而》)。中,礼义也。《春秋》者,礼义之大宗",一切断之以礼义。礼,天理之节文,则天。义,宜于道,做事与道合。宜于理、宜于性,顺着人性去做,就是义。以礼义考察,成就自己。

虚中以自考,有敦复之诚才能复国,小则复己之德。诗言志,可以兴观群怨,读《诗经》,恢复人性,别像个道学先生。非化育,乃就道,克己复礼。脑子无障碍,因无贪欲。

上六。迷复,凶,有灾眚。用行师,终有大败,以(与)其国君凶,至于十年不克征。

"上六"居复之终,亢极,有"迷复"之象。王船山注:"不度德,不相时,迷而凶矣!"天天在自己的想法中看一切事,乃不懂相时。"圣之时者"不易!

此爻值得我们参考、警惕。有外来之灾,乃自己造的业,不德之眚,不知自考。"迷复",坐失复机,违天心,遭天谴,凶!灾眚并至,虽有贤者亦莫如之何矣!

"至于十年","十",整数,喻永远。"不克征",不能征服对方。

《象》曰：迷复之凶，反君道也。

"迷复之凶"，迷于复，不知何时为复，坐失良机，可就凶得不得了！

"反君道也"：一、不能选能任贤，坐失时机之成，违反为领袖之道，君为国之主，心为身之主。失其正，故凶。二、君者，群也，反群道也。违反了为政之道、为君之道，"君者，群之首也"。"迷复之凶"，反群道也。

应其时而乘变，随时乘变。柔弱，必招致失败。复卦二爻讲仁，"休复之吉，以下仁也"；四爻讲"中行独复，以从道也"。

有所见，就有进步。迷者自迷。由剥而复，乃自然之势，无不可复之理，世上无绝望之事。

摆脱一切环境的束缚，自元入手。立说必得有所本，依经解经没有流弊。得下全功，没功夫则出问题。思想的问题，没有止境。

不必强调自己甜不甜，真甜必有真滋味。应考虑自己所用的佐料是否为人所喜。粉饰不行，人之为道而远人。

想，练习思维，《易》为智海，真是取之不尽，用之不竭。

社会，人比人强，才进步。复性，复元，"复其见天地之心乎"！一点毛病也没了。不诚无物，"诚者，天之道；诚之者，人之道"。

要特别领悟，学会深思，否则遇事不知怎么办。求职，必要生活。求学，学无止境。学己之所不知，不知就得学。一个人活着，每天头脑都得清楚，不能糊涂，要日知其所无，当然必得学。

复卦第二十四

"诚者，天之道"，天道无私，人道才有私。人活着，日知己所无，才能进步。没有什么找什么，所以要求。求，拿来，求学、求师、求婚。天天学些什么？生。学生，即学生之道，求学生存之道。学生，得卫生，要优生、育生，保卫自己的生命。求职，亦为卫生。环境好，更要求学。

"国之将亡，求之于鬼神"，迎佛牙。其实，佛牙不重要，佛心才重要。我天天试验自己，看有无先见之明？都一一应验了。你们必须活下去，得惊醒。

卫生，吃维生素，仅是其一，应求己所不知，不必在乎别人怎么看。我经过战乱，学会用脑，不自我陶醉。不能用智慧，遇大问题能解决？

中国讲天下，取消际与界，要达平天下而天下平，乃"舟车所至，人力所通，天之所覆，地之所载，日月所照，霜露所队"的境界，因有界与际，就不能达天下一统。奉元，就没有界与际。

不是人家怎么看我，而是我怎么看别人。懂怎么用脑，才知怎么去领导人。能善用智慧，还在乎别人怎么看？

如完全不能吸收，根本不知自己是干什么的。如有往前进的机会，绝对前进。王永庆绝没停止学，学历不代表智慧，不懂事情要怎么做。即使在山沟也能做事，有丰富的知识，在什么地方都能成就事业。

不学，根本不知自己不懂。不在乎哪里人，而在乎学。你们连写封信都不会，怎能不好好努力？在乎学与否，不在乎是哪地方人。应日知己所无，不要天天吹牛，净食色性也。

十年至此，我的教育完全失败。你们生于斯、长于斯，应负起大任。如再胡扯,绝路一条。

有界际,乃天下一统的障碍。夏,大也,"唯天为大",有天下观:夏、诸夏、华夏。"夷狄之有君,不如诸夏之亡也"(《论语·八佾》),"华夏"一词出自《春秋》。夏学社,只要中国人的思想都收入。一部《大学》,就为了天下平。

我老重复讲,是要你们将观念快快改过。"清风不识字,何必乱翻书""维民所止",掀起文字狱风波,汉奸之可恨在此。年轻必学仁人君子,自小就卑鄙,没办法。先道德(良知)而后学问。认贼作父,大不孝。对父母不孝,其他都是假的,不过利之所在。

要懂用智,培智。练智慧,如太知足,又如何去学?外国语必学到一境界,贵精不贵多。精可不易,经刚、健、中、正、纯、粹了,才达精。了解多少,就通多少。不通,没法用上。不用功,就不能传道,不知从何开始、落脚。有精一的功夫,才知怎么守中。中,己之性。懂得守中,就已成道了,又何必下精一的功夫?

现在必须从头开始。文人读书没明白,贻祸无穷——假自由之名。治国,有一定之道。读书人的责任,见到问题要说,责任在拨乱反正。多少年轻人自以为有智,所行皆卑鄙龌龊,净出卖别人,换取一些蝇头小利,根本无正知正见。

求学,要有玄奘取经的精神,历尽千辛万苦,终达精一的境界。应求己所不知,学会吃苦。一举一动卑鄙,无智亦无脑,上下交相欺、上下交征利。

勉励学生去开创,认识天下事,海阔天空。嫉妒、小器,守得紧紧的,焉能成事?中国人精神之所系必得明白。对国家民族不能起死回生，没有用。走和平的路，必须唤醒世界和平。人生就是跑接力，无能没有贡献。不看书不读书，还以大学者自居。发掘人性的卑鄙，太可怕！

中国学问高，讲"类情"，"六爻发挥，旁通情也"。负起时代责任，不要白读书。要每天培智，做学问有点懈怠，要马上想玄奘的精神。问自己：才智、为文能如玄奘？《心经》译文，真是美到极点！寥寥数字，将《大般若经》要义揭出。

如《大般若经》为佛家最重要经，为何还有法界？"般若"，妙智慧，入不二法门。既无界，焉有法界？般若智，如天下观，一切没有。诸佛是空的，又怎么现金身？

练习思想。你们既不会办事，也不会想。真明白，三年可有成。盲人瞎马，怎能不掉入河？脑子总用，人不会老。

八正念（正见、正思维、正语、正业、正命、正精进、正念、正定）很重要，不能天天胡思乱想。天天接触肮脏，做事都有目的。拨乱反正，"乱"包含太多。没有人不想成就，就是没有真知。

《系辞传下·第七章》称"复，小而辨于物"，《原儒》说"复以辨小（物）"，复以小辨，万物生生不息。有体，形而下的，为小。物，小也，辨物，辨小。万物生生不息，生完又生，终而复始，所以复，能分辨出万物。

从汉至民国，有影响力的思想家不超过十个，以董子最有成就，代表一个时代。研究那个时代，必自那里开始。孔子则放诸四海皆准。以后的学者大多是化妆师。

汉，我喜董子、王充，除此二人外，无书可读。董子在汉朝有多大的影响力？董仲舒的成就大，罢黜百家，独尊儒术。

王充《论衡》，至少有想法。

扬雄处处比孔子，结果搞一辈子，得"莽大夫扬雄死"六字。何以有此错误？因"好名者，必作伪"。《论语》什么都讲，《法言》言为世法。《易经》易简之道，《太玄》玄之又玄。处处作伪，人格亦作伪，费尽心机，所得无非六个贬字。

"迷复"，偶一不慎，即凶。"频复"，错了改、改了错。读书，马上得到教训，知道错在哪里？要如何改变？此即"大易"。

必须有思想，不能再抄书了。十年研究一个，绝对成学。你们有我的修养？心静为要。没到精，绝不能成事。"人心惟危，道心惟微；惟精惟一，允执厥中"，自看不到、摸不到的地方，再下"执"的功夫，允中。王弼《易》一出，郑氏《易》就绝了。孔氏《易》，潜龙，尺蠖之屈。

"留得青山在，不怕没柴烧。"不卜而已矣，"不恒其德，或承之羞"，以德为本，恒己德，就不必卜。

今后以"元"为源，与历史争，不与常人争。要迎接未来。练习思维：我、你、伊（他），"元"动以后。"元"发之前，那个境界是什么？要辟时，从脑子产生的学术。我的传人，绝不是会抄书的。有脑，则放诸四海而皆准，才能改造这个时代。我的传人无一超水准、有脑的。

子书，以《管子》为本，《晏子》《商君书》为辅。《晏子春秋》，后人写的。有德，必有所守，绝有至高智慧。管子很享受，懂培养自己的生机。

管子使其君霸，晏子碰三个昏君，却使其君显。文丐，连个签呈都不会写。管子、晏子有政治经验，但二人的环境不同。商君使其国亡而身灭，商君、李斯自己有所不足。此三人皆有政治经验，值得参考、借鉴，看他们怎么做、结果如何。懂商君之所以失，用了，即你之所得。商君是尸子的学生，尸子是高手。好好读书，就知自己要做什么。如读书本身无得利，又如何教人？什么都不可以求速，欲速则不达。

我健康，我怎么做，你也怎么做，可是心不静，仍没办法。社会乱，人谋不臧，应止善以治之。必须有智慧的境界。今应"中行独复，以从道也"，有中行之德，独复，因从道也。此"独"，即"慎独"的作用。本身需要改造，又如何改造别人？怎么做，都有一定的，如同下棋，必看出五六步，知道一步输了，要搞哪步弥补。

如本身都安排不好，其他免谈。找一合适的对象，就过安定的生活。"牺牲享受，享受牺牲"，我喜这两句话。白天想一天，晚上讲自己的看法，五十年功夫，有一套看法。

一个人要有情义，《易经》即讲"通德类情"，"六爻发挥，旁通情也"。"精义入神，以致用也"（《系辞传下·第五章》），学以致用。"精"，是功夫；"义"，是德守。此即读书的功夫，至此功夫就能致用。不学以致用，那读书做什么？

读复卦，知如何防奸——"频复""迷复"。秀才遇到兵，就是有理也讲不通。"复其见天地之心乎！"天地之心，"初九"，以下"仁"也。剥之"上九""硕果不食"，成复之"初九"，有生命之仁，一阳生。"硕果不食"，生机，乃剥"六五"之功，"贯鱼，以宫人宠"。

悟，企划，下功夫。我开个门，你们往里深入。懂得复卦，知自己责任之所在。读完一卦，有心得，天天改，以之作为自修的功夫，每天活在"大易"中。无真知，知识没变成生活，

易经日讲

享受不到趣味。见年轻人，如此讲，就是无志者亦有志，使其明白，可以奋斗一辈子。

学术外，有副业，不可以做活死人。有目标，用脑，可想，脚踏实地负时代使命。"利用安身，以崇德也"（《系辞传下·第五章》），老婆最低限度要如太史公之妻。

看完《原儒》，可以更了解复卦。熊十力敲第一棒，我接着做。台北讲新儒者，无一懂熊十力。华夏文化必得在中国。

什么样的人才不过去？必本身分量足，得中行才能独复。但中行何等难！有"中行"的行为，才有"独复"的智慧。一个人苟苟且且，焉能成事？读书，才知衮衮诸公，均不足道！

《孙子》简略，不全。为间、使间、用间，"非圣人不能用间"（《孙子兵法·用间》）。一般书呆子可以讲《孙子》？

狡兔有三窟。以后安定了，好好向东北投资。东北之富庶，一百年完全供外人消耗。

自己处理问题，不假手他人，才有尊严。摆一盘棋容易，但走子难。

找同志，得有品，团体以品德为第一要义。天下事无论怎么进步，成大事者必有德。不能振奋人心的人，焉能有影响力？

做事，敌人反对，天经地义的事。必有反对的，看是谁反对，敌人嘴说赞成，心里实要害你。搞政治，必须练胆识，还要有量，婆婆妈妈，绝不能成事。无超人的见识，怎能成事？

做大事业必得有守，有守才足以有为。在什么环境有什么规矩，仆人有仆人的守则。没有勇，焉能做事？

要自求多福，不要仰赖任何人施予，不要贴上标签，此成功之要素。活棋子对死棋子，百战百胜。以道为帮手，自己的本钱为中行。贞，利永贞，绝不可失德，如频复。

一切讲实学，文章是生活的经验。复卦，复什么？自问：克己复礼为仁，那克己复什么为心？"复其见天地之心乎"，那天地之心是什么？

"七日来复"，七，阳之正，易之正也。明明德，为天地立心。终始，克己复始，终而复始。"大哉乾元，万物资始""至哉坤元，万物资生"，"始"，天地之心，"资始"；"生"，天地之德，"资生"。一元复始，始其天地之心乎！生其天地之德，故曰"天地之大德曰生"。

一元复始，由一变元。纬书说"元者，气也"。公羊学产生于纬书盛行的时代。讲真理，也得分时候。《原儒》以"大易"与《春秋》为主。

谭嗣同与戊戌维新，谭有《仁学》一书。我不提南海，有原因。

没有明白，如何讲书？自"四书"温习、钻研，才能上课。要随时布道，布道与证道不同。

一元，一阳，乾，"大哉乾元，万物资始"。在明明德，明德，终始，生生不息。说"先造死，后造生"，要懂得惜福，省着用，以前的人如此教子，家庭教育，跟着学，不觉得困难。用时再学，慢且有压力。天天有压力，就未老先衰。

天行，"天行健，君子以自强不息"，法天，法天行之终而复始，没有休息，故曰"行健"。复卦的作用，至此可以完全明白。"乾道变化，各正性命"。复，绝对亨，因"朋来无咎"，"出入无疾"，疾，快，则失准，不自然。准，中也，不快不慢。失疾、失慢，就不合中。

易经日讲

打坐，何以得利少？愈想静，愈静不下，气不顺，病自此生。打坐，得分房，否则静不住。

复之亨，得"出入无疾"，即中，"喜怒哀乐之未发"的境界。生机特别微，为养生机，得"出入无疾"。大家都不动，出入皆中，复。没复，则失掉天地之心。"出入无疾"是功夫，"出"与"入"得皆"中"。复了，利有所为。刚返，一阳生。"贯鱼，以宫人宠"，是缓兵计，保住了生机。刚返，回家，否则剥庐，什么都没有。

怎么以复的智慧办理天下事？必须好好养生机，一刹那间，在冬至那一天，谁也不能动。动而以顺行，动而顺才能亨。动能顺行，才能"出入无疾"。复礼，人之行也，生、始之用。

我何以天天如此忙碌？因已习惯，没法休息。春雷地中动，惊蛰（伏）。另辟天地，一元复始。有远望、大志，上对得起祖宗，下对得起子孙。我将苗栗那山改名"乾元山"。从剥到复，得把持得住。

我每讲一爻，都是活的。真听得懂，才能过生活。给个启示：过这个村，可没这个店。如重要书会背，可以随时想，串在一起。不能笔之于书，怎么教人、办杂志？中国人有爱心，将智慧与人力结合。至少要提醒下一代。不知哪块云有雨？历代史书的《儒林传》《艺文志》何其多，又如何？与历史争长短，不要扯闲，要造就自己。"休复"之吉，非主动的，乃见贤思齐，可谓乘人，因下仁也。

读完一章，必明白此章有何用处。将来所读经书，皆有本有源。变一为元，一者，善也；元者，善之长也。止于一，止于元，才能奉元行事，为万世开太平。

王弼出，扫象，郑氏《易》作废。宋出《程传》(《周易程氏传》)，至清初王夫之亦讲义理。清末民初，熊十力出，在前人之上。每天必读书，选一喜者为主。《乾坤衍》《体用论》《读经示要》为基本书，必读书；读《尚书》时，则看相关部分。

"大易"与《春秋》为书院主经。没有学问，怎么讲学？狗扯羊皮。人之所以是人，即因有品德。你们的学问只能好好为子孙谋。

我一生守己，受尽多少苦，失业五十年。是人，必得做人。没德行，如何相信你？是非不分，早晚没裤子穿。不学无术，没出息。读书，得成方子，用以治病。

何以"四书"重要？因为是个本。如断章摘句，易出问题。

一、"无友不如己者"，传统说法，应是孔子"从周"时期说的。"过则勿惮改""君子不重则不威"，从周时期。

二、到"三人行，必有我师焉"，已感到无一人不可取。

三、前后不一者，以"一"贯之，说"吾道一以贯之"。

孔子的思想，在《论语》有三变。读《论语》，必分出时代。刚开始，很骄傲，说"无友不如己者"。

要看主旨何在，是有层次的。宾主必分清，才能解决问题。

所有古书的智慧，就要求我们做个"成人"。看《论语》谈"成人"："见利思义，见危授命，久要不忘平生之言。"(《论语·宪问》)

《尚书》二十八篇，讲为法为戒，完全治事之学，政治入门可知。

从熊十力的《原儒》与《读经示要》看，何以二十年功夫即变？熊先生《新唯识论》出，拨者多，最后以《体用论》代替。

熊十力是民国第一个"文化大革命"者。学术的思想，没深思的头脑不行。必特别客观，不能主观。

《易经》仍必挑一挑。读《易》，以来子注作入门，应以义理为宗，如《文言》解乾卦，其余皆画蛇添足。我讨厌迷信。依经解经，不能造谣。

乾六爻，都是龙德，时、位不同。隐时，不可以做汉奸，"不易乎世"，不被世局改变；"不成乎名"，亦不可欺世盗名；"遁世无闷"，虽遁世了，可不能天天发牢骚；"不见是而无闷"，不被肯定、承认，也不发牢骚。到什么境界？不能讨价还价，"确乎其不可拔"！我这辈子按卦行事。

今后讲义理，以船山作初步，上溯至王弼、程颐。为了未来中国文化，才倡依经解经。实用与否，视你的智慧，也非复古，如同医生治病。《船山易传》，就是孔子来听，也必交学费。

脚踏实地，将文化变成自己的生活。克己，孔子的境界，但我感到人会有痛苦。如《系辞传》也是孔子所作，那"克己复礼"恐为其早年的思想。孔子晚年赞《易》，讲"通德类情"了，并非克己。类情，顺自然。类完情，绝不悖伦。勇者不惧，包括自己的痛苦、矛盾、断绝之苦。"情"包括太多，"六爻发挥，旁通情也"。性都是善的，但用情太难了。《易经》讲情，不讲性。最难的是类情，人什么都没有，见义必得有大勇。

作《春秋》，不为东周了，为新王立法。改一为元，元的文化，奉元。奉元、类情、行仁。人之元，为父母。奉元五德：孝、慈、智、仁、勇。

类情，得有智与勇。如敦伦，得有勇，使"好恶敦伦"（《春秋繁露·必仁且智》），不合伦的不能做，绝不能讲价还价。敦厚、敦笃、敦诚。有勇无智,亦不能敦伦。在权势、名利引诱下,明知不对,却无勇气拒绝,而一失足成千古恨!做人特别不易,不失足,得有多大的勇。闹笑话的,多半是有知识的。缺德,鬼名堂多。

现世界乱,太可怕!不是叫别人心灵改革,必讲自己做到的事。天天讲道德、说仁义,却是一点道德、仁义的事也不做。21世纪如是中国的,必是中国文化。必也"盘皇另辟天",帝王时代学人不敢讲违时的言论。朱子所以被称为"伪学",因其行为与所言不合,人轻之。

依经解经,第一个革命的是熊子。但熊子主张"五经皆遭窜改",不易为人所接受。我受启示,但依经解经,以"元"演变,在使后人相信,脱离奴儒。如数学之演算,要还原印证。人要有志,能说必能行,必知行合一、体用不二。称"奉元文化",元为形而上。奉元,能知能行,知行合一。《中庸》"其为用不贰……"

廖平(1852—1932)、钱基博(1887—1957)的弟子还能讲,在台湾地区研究公羊学的都是我弟子。是为人类,否认有界——世界,奉元文化即华夏文化。中国讲天下,不讲世界。天下没有际界,远近大小若一。

平天下,入手处;终极目的,天下平。天下平自哪儿入手?人人亲其亲而天下平,君子笃恭而天下平。"笃恭"指用说,素其位。今天乱,即不亲其亲、不笃恭,虽有贤者亦莫如之何也。

以寰宇言,为天下文化。天下无际界,故曰"天下一家"。如两口子都不一家,同床异梦,还谈什么天下一家?做多少,讲多少。已无"人形",更别谈"人德"!

我们是适逢其时,第一个创儒宗的是熊夫子。熊子喜吃花生米,怪怪的,我也喜吃花生。我来台读的第一本书《读经示要》,熊十力给我许多启示。徐复观失业,摇身一变成学者、大师。我托他将《读经示要》交给广文书局印。

"长白又一村",我知自己没有政治前途,但向人低头办不到。讲"奉元文化",是五十年功夫悟出的。五十年功夫,五十年多长啊!有时在屋中净琢磨,拿书当消遣,自找麻烦,读得滚瓜烂熟。我的个性与人和不来,人喜的我不喜,有自己的审美观,什么都不接受,有个性,但处人有原则。

你们记笔记,往往片段,无系统。讲学,必自己通了,才可以讲,通儒。有志,要下真功夫。没真功夫,骗不了人。你们再懒,也要承担一样家业。女孩子,诗、词、歌、赋,选一个。中国学问门类太多,选一样,也没白活。

你们哪是写书?那是偷书。我写的,必是前人没有讲过的,非空的。行的文化,动的文化——奉元文化,是高深的,要人人亲其亲。大奉元,通神明之德。不要囿于注解。

证明马一浮有先见,"复性"即奉元的入手处。在人人不亲其亲,则乱。奉元非空的,类情得有大智。两性之情必类之,第一个类情。"利贞者,性情也",一部《易经》是人世的事,无一句鬼话。高者可以立说,做通儒。

"世卿非礼也",但孔子子孙代代为世卿,都被历代帝王糟蹋得一塌糊涂。孔颖达的《五经正义》,把经弄得乱七八糟。历代帝王皆世卿,乃不讲这一段。《孔府秘事》,孔德懋写的,揭示孔府黑幕。孔府、张天师,最大的两个世卿。

程子不讲卜筮。朱子自称《周易本义》，讲卜筮。两个非一个系统。《本义》的序，并非《本义》序，乃《程传》序。

我不厌其详，乃希望你们说出你们懂的。来子注《易》，只要细心，都能读。今后所有经，都必依经解经，得有高智慧，且经文必熟，要盘皇另辟天，非标新立异，乃要恢复思想面目。"奉元"一词，出自董子，"此奉元之应也"（《春秋繁露·王道》）。

中国学问尽在《易》与《春秋》。《尚书》是政治史、政治学。《诗经》是社会学，可以兴、观、群、怨。《礼记》"礼以时为尚"，要随时而转，不是要恢复旧的。《周礼》乃一部行政制度的书，可以了解古人如何制礼作乐。《易》为"五经"之源。《春秋》为孔子之志，孔子作《春秋》。

奉元五德：孝、慈、智、仁、勇。智，"智者不惑"为初步。智的最高境界：智周万物，道济天下；裁成天地之道，辅相万物之宜。仁，从仁者爱人，到仁者无不爱。勇，"勇者不惧"乃初步，因要"贵通天下之志，贵除天下之患"，所谓大勇即"人心惟危，道心惟微；惟精惟一，允执厥中"。至精不行，还得"得一"，下精一的功夫，经过危、微。

书院宗旨："秉大至之要道，行礼运之至德。"与天下同归于仁，以礼运天下，谁也不欺负谁。书院、学会、同学会均以此为宗旨。

学什么，只要一门精就够了。大家对西方思想都一知半解。

要你们自己有思想。文化是跑接力，不可以欺师灭祖，熊十力跑第一棒，要接下去。错的，就不要再接下去。思想一有矛盾，问题就出来了。《中庸》"隐恶扬善"实是"遏恶扬善"，

易经日讲

自《易经》《春秋》引证据。前后贯通不易。今天讲《易》的皆索隐行怪，一点根据都没有。

"天下之动，贞乎一者也"，"吾道一以贯之"，《春秋》正贯（《春秋繁露》有《正贯》篇）。《易》之道，改一为元。一是什么？"帝出乎震"，一切主宰出乎震，一阳生，动的，非死的。但动，也非乱动。

复，一阳生，到这天什么都不敢动，要护生机，因极微。"天地之心"，一，生之机，仁，桃仁。中国人是最尊生的民族，因尊生而不杀，非怕因果。

吾道"生"以贯之，生的文化、生的哲学，所以必"学生"。最高的为"大人"，《大学》讲"学大"。每天必修养：学大、用中。中，喜怒哀乐之未发。禅，喜怒未发之形象，外不着相。"致中和，天地位焉，万物育焉"，故曰"大人者，与天地合其德"。人的最高成就——大人。

"学生"有深意，非徒名词而已。不称"学人"，因"生"是机，生机。"生"与"中"同一重要，"喜怒哀乐之未发"之形象，元气，元气十足！

自根上了解字义。"卒业"实比"毕业"好。卒业，一段结束；毕，完蛋，"六王毕"。

《大学》"格致诚正，修齐治平"，八骏图。一部《易经》就是讲"尊生"，放诸四海而皆准。

诸侯得一，不杀，岂不天下太平？桃仁，有生机之仁；瞳仁，眼睛之所以有作用。求仁而得仁，求一而得一，"唯圣人为能属万物于一，而系之元也"（《春秋繁露·重政》）。

先道德而后事功。萧规曹随，萧何月下追韩信。韩信能忍胯下之辱，是大才，但其才犹不如张良。张良能拾履。一个人不能忍、不能容，绝不能成大器。脾气大，只能做科员、科长。从懂事就养成卑鄙，最后皆"狡兔死，走狗烹"。有些人来书院，根本不是来读书，只是当副业，来打听消息的。人家一看你，便知你心里想些什么。

无妄卦第二十五

（天雷无妄　乾上震下）

天雷卦，乾上，乾为天，天行健；雷下，震为雷，震为动，《说卦》曰"雷以动之""万物出乎震""动万物者，莫疾乎雷"。震为长男，长男主器，承续家中的责任，主器者得完整。"帝出乎震"，"帝，主宰义"，主宰是自"动"来的。

动，得有胆量，"动乎险中，大亨贞"。动之善，即主宰。如心动，就坏了，乃动之失，即欲。心动了，要正己之心。用什么来制动？以止制动，"知止"而后有定，定了就不动了。定静安虑得，成功了！此我之理学，与宋明理学不同。先训练有胆量，再学政治，"天造草昧，宜建侯而不宁"（《易经·屯卦》）。串在一起，学完，就知怎么做。

"天雷无妄"，雷是什么？要懂深意，非只是字面。如照字面讲，与自己有什么关系？应知自己怎么想，圆融。雷，震也

(《说卦传》"震为雷"),"帝出乎震"。无妄,即诚,"诚者,天之道",至诚,天道无妄,"大哉乾乎!刚健中正,纯粹精也"。"不诚无物",诚才有物,一物一太极。非讲道,要行道。明理容易,知所以用理为难。

《序卦》:"复则不妄矣,故受之以无妄。"

"复"之一阳,即仁、生、生机,有生生之意。"无妄",即诚,"诚者,天之道"。至诚无虚妄,以诚动则无妄。想复,必诚,一阳生,外顺(坤上)内动(震下),故能生生不息。《中庸》"不诚无物",复,生生,就得诚,不妄,"故受之以无妄"。

"其为物不贰"(《中庸》),即一,"吾道一以贯之",即诚以贯之。无妄,以诚为主宰,"诚者,天之道",至诚不息,终始之道,终而复始。人法天,"诚之者,人之道"。法天,"大人者,与天地合其德",达天人合一的境界。

熊十力说:《序卦》非圣人(孔子)不能作。我以为《序卦》作得太好了。我坐屋中读五十多年书,《四库全书》翻几遍。你们不努力,太呆!现在进修什么书?

"复则不妄",诚才复。有妄,即不诚,"不诚无物"。何以无妄就复了?因为什么?"以(因)下仁也。"(《易经·复卦》"六二"《小象》)人最可怕的是内不刚,无实际下有仁,也成功不了。本立不住,无法发挥大力量。

"吾道一以贯之",即仁以贯之。"无妄",诚、有物,因下仁也,休复。有杏仁,就生杏。想成就,有无"仁"的种子?脑子是否真明白机关?下有仁,就成了!所以说"复其见天地之心乎",知此,就视在人事上如何处理。指空卖空,焉能成事？仁，诚之种子。

复卦就一句话，"以下仁也"。到下种时不下种，就不行了。仁，比种还重要，有些种没有仁，白忙了。"下仁"，必得生，绝对成，百发百中。死蛋，没有仁，不能生小鸡。读书就是功夫，我久琢磨，悟出一句话的生命。人就好奇，性好邪，就导之以邪。

无妄，诚，孚。复性，复元，"复其见天地之心乎"，一点毛病也没有了。不诚无物，"诚者，天之道也；诚之者，人之道"。要特别理悟，学会深思，否则遇事不知怎么办。

《杂卦》："无妄，灾也。"

妄，不诚。妄语，说假话。"无妄"，就诚。诚，有诚之灾，"无妄之灾"，实心实意。

"无妄"，无虚妄，至诚，"诚之者，人之道"。无妄之灾，诚之灾，不怕！做事，必有黑脸、白脸配合，才是正道。为一奸人跑腿，将其当人看，结果他"不是人"，所以得"无妄之灾"。

《中庸》与《易经》相表里，"诚者，天之道"。一句话明白，就成大事，终身受用不尽。《中庸》说"不诚无物"，无物，焉能复，生生不息？不诚，绝对没有成就；诚，虽然吃亏，必有成就。复者，诚矣，故受之以诚。抱诚，吃一次亏，不证明你失败，但不诚的永远失败。

无妄，元亨利贞，其匪（非）正有眚，不利有攸往。

六十四卦中，具备"元亨利贞"四德的有几卦？

"无妄"，就能"元亨利贞"，四德俱备。"无妄"，以诚行事，无不亨通。至诚不息，终而复始，完全发乎至诚，才"元亨利贞"。

来子注:"《史记》作无所期望,盖惟本无妄,所以凡事尽其在我,而于吉凶祸福,皆委之自然,未尝有所期望,所以无妄也。"

练智,"无虚妄"与"无所期望",两者层次不同。"无所期望"不等于"无期望"。广钦,"无期望";我们,"无所期望"。真和尚,无期望;看佛牙的何等热闹,就有所期望。"无妄","无所期望",没有贪图。既得利益者,有得放掉,太难!有所期望,乃走错路,出卖人格。期望,败事之根苗。我领你们做买卖,在有立足之地,绝对正大光明。人要有良知。一有目的,有所期望,则投其所好,什么卑鄙事都可能做出。

在此环境下,期望什么?有了期望,要达到,第一步如何、第二步如何、结果如何?失败了,又如何收拾?也得有略、有纲,既有方略也有大纲。转危,要用什么方略、什么大纲?既无略亦无纲,就束手无策。

失败了,值得检讨,不必忧伤,失败是交学费。志同道合在一起,检讨一事之是非成败,必须有接受别人的修养。有工夫要看《战国策》。正反两面都得对付,否则无策,就束手无策了。没几个段,怎能成就大事业?读有用书,不要净学抄书。曾文正就成于幕府。

曾国藩幕府八十余人中,后来官至总督、巡抚、尚书、侍郎者,有李鸿章、李翰章、郭嵩焘、左宗棠、刘蓉、唐训方、彭玉麟、钱应溥、黎庶昌、何璟、倪文蔚、李宗羲等十余人;还有科学技术专家如徐寿、李善兰等。拥有这些人才组成的智囊团参谋其事,曾国藩的成功是不难理解的。

"其非正有眚"："眚"，《释文》："子夏传云：伤害曰灾，妖祥曰眚。郑云：异自内生曰眚，自外曰祥，害物曰灾。"灾，自然界，天灾；祸，人为的，人祸。侵害别人，就有祸。打人一巴掌，人亦还你一巴掌。说惹祸，不说惹灾。每个字查字典，要知其深意。

来子注："若处心未免于妄而匪正，则无道以致福，而妄欲徼福，非所谓无妄之福；有过以召灾，非所谓无妄之灾。""正"，达"无妄"的标准。正好，有准；不行，不正好，不合标准。正好，正合适。不正，就有灾，不利有所作为。稍一偏，亦不利有所作为。操守不正固，不着根，往往见异就思迁，大则祸国，小则亡身。

要练习会想。"无妄"，何以还灾？恋爱，盯太过，垮了！"无妄"，诚，代表认真，何以又得无妄之灾？失败在什么地方？其"匪正有眚，不利有攸往"。追女孩，也得懂得缓急，否则成"绑票"，因非正而有灾，诚实过度之灾，失在"非正"。那何谓正？何谓偏？

有"天则"则天，是以天为标准。学大，亦以天为标准。做事与"则"正合，即"正则"，不大不小。"君子不器"，就没有标准。瑚琏（庙堂重器）与夜壶（夜间便器）同样大，只是用途不同。画，有时赝品更好，有高手。真品，往往是兴之所至，往往有败笔。

"政者，正也"，"帅以正"，在其位，必谋其政，"正其位"谈何容易？天下最难的是为人师，最高标准是"至圣"。"无妄"

者，至诚无虚妄。至诚、至圣、至德、至道。中国的思想即"大与至"——大哉乾元，至哉坤元。奉元，秉大至之要道，"诚者，天之道；诚之者，人之道"，"非至德，至道不凝焉"(《中庸》)，"大人者，与天地合其德"，天人合一。大至，天之道与人之道。

"大学"，学大，才能与天合，"与天地合其德"；学天，"唯天为大，唯尧则之"，尧则天，比学谁都厉害。希望你们有成就，自己往前走。学术是跑接力。

学完无妄卦，就可以精神百倍。不能触类旁通，怎么用上？经必须烂熟在胸。

《象》曰：无妄，刚自外来，而为主于内，动而健。

"刚自外来，而为主于内"，乾上震下，外健内动，动而应乎乾，天理也。有欲，即非天理。乾、震，两个体，两个作用。"刚自外来"，上乾，外健，乾为天，天行健，无欲、无私，天之道。"为主于内"，下为震，怎知为主？"帝出乎震"，帝，主宰义。

天雷无妄，"动而健"；地雷复，"动而顺"。"动而健"，有人动，未必能健。"天行健"，永不停止。本身无此能力，则"见贤思齐"，作为内圣的力量。不是一刹那，得"动而健"，天天健，"天行健，君子以自强不息"。"见贤思齐"，还得"为主于内"，成为力量，"帝出乎震"。

吸收了外来思想，能运用它为主于内，不可以照样画瓢，必将之融化。将思想化了，为我所用。《心经》译文，中国人可以不加考虑就接受了。今天译文，外国思想不能融入，中国思想也不懂，可看出知与识与古人差多少。必须使人知其所以，人才看得懂。接受任何思想，必须融会贯通，能"为主于内"，就如自己本身所固有的。

我自《易》得的启示特别多。中国人是"天下观"，非世界观。如何达天下志？天下无际、界，际、界为障碍物，无际、界就"大一统"了！元一，体用具备，天下大一统。今后，你们要好好为后生讲中国文化，有朝一日春雷动，才能生生不息。

我这一生白活了，没有风趣可言，没有人陪喝小酒。饮酒、喝茶，风趣，一乐也！我每天看一卦，喝茶，焚香。

读书，对人生有何影响？非空话，皆有用，好自为之。读书，要下真功夫，不要巧取。不可以欺世盗名。只要肯努力，在山沟照样有作用，得有真玩意儿。真成事，很难！人有成就，太难，得刚，无欲乃刚。见贤思齐，为主于内，变成内圣功夫的主人，非一刹那间，要"动而健"，变成活学问、生命。有成就者，必有所牺牲。慢慢悟，才能明白。讲学不可以有目的，有目的就有所偏。聪明可以糊口，但不能永世。

刚中而应，大亨以正，天之命也。

刚中能应，"九五"刚中，能与"六二"相应与。"动而健"，私欲不行，何妄之有？乾为天，"诚者，天之道"，天道无妄，以正大亨，天之命也。"在天曰命，在人曰性"，"各正性命，保合太和，乃利贞"。

"唯天为大"，学大，"在明明德，在新民，在止于至善"。"在明明德"，第一个"明"字为动词，即宣扬、赞美、报恩，"明德"，生生不息之德。将生生不息之德宣扬于大下，使天下人懂得报恩，尊生，才能生生不息。

无妄卦第二十五

其匪正有眚，不利有攸往。无妄之往，何之（往）矣？天命不佑（助），行矣哉？

"其匪正有眚，不利有攸往"，不正有灾，不利于有所作为。"无妄"，"六二""九五"当位，刚中能应，完全自然之所施。但不正就有祸，不利有所作为，虽是"无妄"，天命不助，焉能求福？

佛教是宗教，非现代思想。女子以发垫路，是迎佛的最高礼节。反对，世俗之见。批评，主观，证明其人无常识。宗教无法以主观批评。

儒教，"修道之谓教"。要奉元、归仁，"一日克己复礼，天下归仁焉"，元与仁，体与用。道家修成，曰"归元"。最要是如何用脑，何以办事用不上？"不诚无物"。儒家讲用，不能办事，非真学问。

儒教入手处，知止。孝悌，不是修身，"其为仁之本"。修身，自知止入手，知止而后有"定、静、安、虑、得"五步功夫。我要造就张良之才。"为人君止于仁，为人臣止于敬，为人父止于慈，为人子止于孝，与人交止于信"，一个"信"字。佛讲"正信"，止于至善之信，《大学》曰"在明明德，在新民，在止于至善"。

"一言偾事，一人定国"。何不严格训练自己？你们亦人，而英文程度如何？净想什么好处都有我，知耻？何以你们中国字不懂、外国语也不会说？对得起自己？何以自己不努力？天天自以为了不起，看有些人外语能朗朗上口。并非责难你们，而是要惊醒你们。常说"未入流"，你们入流了吗？还不自耻，谈何其他？既是地球村，怎可不知他村的事？但你们距离太远了！

宰相得学会受气，宰相肚里可行船，得如大海，"大人者，与天地合其德"，天地之间有什么东西？无所不有。大人，宰相，美其名"能容"，事实上即"能受气"。天不得了，人犹有所憾！政治家"治大国，若烹小鲜"。严格训练自己，有个性的都是野狼。

五十年未听一学生问我的意见。旋乾转坤的人物，尚未诞生。想成事，必学"胯下辱（韩信）、拾草履（张良）"。

快快努力，你们纯粹是幼儿班，哪一国语言精通了？不要自欺，有无每天读外语？

人的潜力不得了，自小就要学。要努力，什么都不通，办事却扯去了。你能干什么？做事要分阶段。为人师表，谈何容易！在乎自己求，谁也帮不上忙。

卖祖求荣者，求荣多可怕。真明白，马上学，必须有"悬梁刺股（苏秦）、凿壁偷光（匡衡）"的精神。你们太不知自勉了，一点也不笨，净耍小机术。

识微，察微，国家所争，即在微处。订条约，一字之争，"or"或"and"。由隐之显，由显之隐。要查小孩看的读物，应特别注意。

不知自耻，还要领导别人，就不识时！最低也得识时。买到假货，即不识货。如肯发愤，三年小成，四年就成。

你们天天做什么，自己知道。反对你们写无病呻吟的文章。浑碰到浑，即浑浑，盲人瞎马。得自己努力。外国语，不是学问，是工具。

中国地大，每地人都有个性，湖南人千万不要没了湖南劲。

你们虽年轻，但头脑比我旧得太多。废才造危，危及子孙，除非上天堂了，才不找你。"女子虽弱，为母则强"，保护儿女一生。

说可怕，不是要你们怕。知识分子没有遭逢乱世，怎显出自己是张良？你们能奋发图强，有所突破？必须乘风破浪，愈是不行，愈要奋斗。要学活学问，有懂得用脑的智慧，思考了？

我修庙，要满足穷人的梦，庙必须大众化。大弟子在静园悟了，出家，我要他好好想一想。

为政者应好好读无妄卦。你们应好自为之，人必须有智慧。

今后做事，必须想到年轻人在想些什么，否则有朝一日，弄到他革你的命。

《象》曰：天下雷行，物与(yù)无妄。先王以茂对时，育万物。

春雷动，无限生机。二十四节气，完全是经验的产物。一物一太极，民胞物与。人为一小天地，随时都能生，故人为万物之灵。

"物与无妄"，不诚无物，"诚者，天之道"，"惟精惟一"，二就不生，因惑，疑也。因无妄而动，"物与无妄"，有连带关系，就因物参与了无妄之诚。想旋乾转坤，人、事、物都受自己支配，本钱是无妄。有妄，什么也办不好。净耍机术骗人，能成？

"先王"，古圣先王。今王也能。

春雷动，无限之生机。物物皆"对时而育之"，过时即不生。凡事都要恰到好处。"茂对时，育万物"，众事众物皆必与时相对。物禀受天之道，不诚无物。

"以茂对时"，与时对上了，才茂盛。"对时"，即不违时。时，有先时、治时、因时、违时。达到最圆满的是对时——"以茂对时"。

颐卦《彖》曰："颐，贞吉，养正则吉也。观颐，观其所养也。自求口实，观其自养也。天地养万物，圣人养贤以及万民，颐之时大矣哉！"万物之所以茂，"对时"，就茂。两人一见，就成，乃对眼了，恰到好处。

"育万物"，"育"，生也。篆文 ，小孩出生时，小孩的头触下，加上母亲的功夫，即育，生育。"育"是个功夫，养育、教育。

许多事很难解答，要留意。学完乾卦，做事时，有什么启示？训练你们，都能拿得起来，可以独当一面。要经心。自己做，成败有个把握。做事业，没有人可以把你免职，否则"赵孟贵之、赵孟贱之"，就是有天大的抱负，也不得发挥。

我办学校六年，此外晚上在家教书，干了五十年，至少也有个名，此即有始有卒。练习能独当一面的才与智，此可以培养。你们突破不了障碍，我则以为逆水行舟，不怕逆，就看自己有无"刚"的性格，必养成能冲锋。哪个人没有抱负？何以一碰到障碍，就打退堂鼓？我骂人，人也必骂我，笑一笑！

天天讲实学，皆实学也，即实用之学。有了启示，即根据启示做事。太客气就吃亏，人家什么都敢说，你们要练习说话。乾卦于立身、判断事情有何启示？

在今天环境下，脚踏实地做事，来日方长。做梦没有做一辈子的，要走入正途。不能合作，永不能登大雅之堂，要为第二代提升点水准。

见什么人，都有什么人的水准，发展得有个立场，有目的地去，要尽量广交同学。成功，必须有群力；有群力，必须有群德。六十年工夫专研究怎么对付事，容、能忍才能成功。有意见，少数服从多数，决定了，往前做。你们如偶一不慎，子孙会很可怜！

培智，才能自谋福利。我再活十年，会为你们安排至十分之九。培智，培群德。你们生在新时代，脑子必得新。

乾卦六爻的解释，以孔子为最，多么亲切！"龙德而隐者也"，有龙德了，时与位不好，能隐（忍）。想成功，得能忍，"燕雀安知鸿鹄之志"？如没志，忍什么？就打。隐，可不是等死，"不易乎世，不成乎名"。

《易经·乾卦·文言》"元者，善之长也。亨者，嘉之会也。利者，义之和也。贞者，事之干也"，嘉会，嘉年华会。希望同学会是"嘉会"，加上朋友，成"学会"，华夏奉元学会。

"君子体仁足以长人，嘉会足以合礼，利物足以合义，贞固足以干事。君子行此四德者，故曰元亨利贞。"读完乾卦，每天考核自己，问自己：有无天天"善"长（cháng）长（zhǎng）？

乾德是什么？"乾元者，始而亨者也；利贞者，性情也"，始亨，"乾始，能以美利利天下，不言所利，大矣哉！大哉乾乎！刚健中正，纯粹精也"，乾卦每句都是修为、指示、方针，完全没有空话，一卦对我们的指示太多！

"人心惟危，道心惟微；惟精惟一，允执厥中"，不怕危、微，就能抓住它的中，都是实际功夫。因什么能达精的境界，既无损"精、气、神"三宝，还保持"真人"？佛家讲"勇猛精进"，

易经日讲

精的功夫。

不要拿它当文字读,每个同学都能把持得住,绝对能做大事业。"大人者,养其大者也。"你们现在要学生:自生、生他,社会才能生生不息。

元是什么?元的用是什么?仁也。"以下仁也",即下元、下一。元,为体,"元者,善之长也"。仁,为用,"君子体仁,足以长人",以用事言,体仁阁大学士。学《易》,不但悔过,连吝都没有。

《易经》读明白,能做汉奸?《船山易传》周正,但未至通神。孔子不谈性善或性恶,就谈性情,"六爻发挥,旁通情也","错综其数,非中爻不备"(来知德)。

下种,未必百发百中;下仁,必百发百中,有生命。说千言万语,即行,是"行此四德",而非讲此四德。如能行乾坤,宇宙为一大乾坤,人即一小乾坤。

春雷一动,万物生。"物与无妄",诚也,不诚无物,诚就有物。与于诚,可不一定茂;要对时了,才能茂。"时"的观念,有先时、治时、因时、违时(包含失时),但最要为对时,最发挥作用。

"对时"与"失时"相对。孟子说"鸡豚狗彘之畜,无失其时"(《孟子·梁惠王上》),而多少人慢了一步,就失时了,一辈子都没赶上时。人一生都碰到机会,因为失时,一辈子都没成功。一失足成千古恨,一失时就千古酸,终身衰!

人能"治时",很不容易。人生太难了!我失败一辈子,吃尽了苦头。最苦,莫过于心之苦。人就是苦。无术,求不得苦。求得太多,一事也无成。乾隆帝一生净享受,真是十全老人!

无妄卦第二十五

人生两件事：择偶与择业。必须用智慧。

我每天为你们出谋划策。你们将来举步维艰，有大智慧，会有大的突破。小智至少求立足之地。认识时，特别重要。随时警惕自己：是否义和、嘉会？今天年轻人就"群居终日，言不及义"(《论语·卫灵公》)。

以上所说，皆为有志者说。

何以年轻时所编织的梦，一样也没有达成？我一生一件满意的事都没有碰到，没想过后半生会只身在台过五十年。不要空想，要特别重视现在。在社会能有点成就，可是不易！

就好好安排这一生，至少要过个像样的人生。过犹不及，应实事求是，千万不要空。人必得有个像样的人生。做事离题太远，则愈做愈邪。岳麓书院的院训——实事求是。

我真是无尽慈悲心，将一生经历的要点都告诉你们了。立定目标，脚踏实地，有个理想的家，夫妇各尽其责。不会家事，生活没法过，家中得能吃饭。往上爬，慢；往下滑，快。

昔日老太太有传统的民族精神。如一家人都貌合神离，危机就大。人不能颓废，还是得往前走。做传道师，在家传道。

春雷动，无限生机，万物复苏。无妄，才能生。"物与无妄"，不诚无物。佛有"不二门"。其实儒、释、道差不多，人同此心，心同此理。

"以茂对时，育万物"，孟子道"不失其时"，就能育万物。荀子说"望时而待之，孰与应时而使之"(《荀子·天论》)，否定了待时。应多看《荀子》，其中许多论调"超时"。中国东西其实很进步。不看今人文章，不知其陋。

第一步要有"识时"的智慧，否则办不到。要常问自己：

易经日讲

此何时也？当教授的多少如行尸走肉，以平时经验扯，怎能往前走？必须知现在是何时，就能"对时"，"不失其时"。"时乘六龙以御天"，"应时而使之"，厉害！何以在那个时代，头脑能如此致密？论学不易。懂论文？好好看《春秋繁露》。

现已是颠倒颠。不是吃素，而是戒杀，六祖就吃肉边菜。孟子说"闻其声，不忍食其肉，故君子远庖厨"（《孟子·梁惠王上》），伪君子！

答话的没有机巧，比我的孙子还笨，今天鹿死谁手犹未知。应时而使之，何以不懂说好话？真是上帝叫你灭亡，先叫你发狂。

"以茂对时"，必对时。正对时，才茂；错了时，就不茂了。不正，差一点点，花生也不长了，"不失其时"。对时而茂，所以才能"育万物"。

没抓住时，都是马后课。诸葛亮自命不凡，成就仍只是三分天下有其一。如智不足而担大任，危险性多！

初九。无妄，往吉。

"初九"，当位，象人性之初，性善，至诚则无往不吉。

"无妄，往吉"，因真诚，故往吉。帝出乎震。一物一太极，含大同义。一物一主宰，含平等义，民胞物与，仁之至也。人人皆有士君子之行，人人皆可为尧舜。

诚能动物，一个人说话、表情，人之视己，如见其肺肝然。如每天办得到的事，怎能不得志？以诚处世，得诚心之所主，君子无入而不自得，"路遥知马力，日久见人心"。

识机先，"至诚之道，可以前知"（《中庸》），先无妄，因为最可怕的是妄，如妄想。自基本入手，一步步来。

无妄，诚，做什么都吉。只要有诚，做啥事都吉。知易，行可不易。人有情意，人都以为自己对，行事往往考虑到我；无我，才能到至高境。

证严读过"四书"，用志工。"士尚志"（《孟子·尽心上》），"吾十有五而志于学，三十而立"（《论语·为政》），立于志。义即勇，"见义不为，无勇也"（《论语·为政》），见义必为。没有志，焉能有勇？焉能行义？许多人论断事，多半主观，要举例证明自己对。但如读书少，见亦有不及。什么都有印证、有层次，见地不同。

你们现在要学的事太多，每天都有几出戏，看哪个医生下药下对了。什么叫真对？不管公猫或母猫，抓住耗子就是好猫，以成果论。

项羽"力拔山兮气盖世"，后面"虞兮虞兮奈若何"，完了！

项羽《垓下歌》，起首"力拔山兮气盖世"，大有气壮山河、势吞万里的气象，然最后"虞兮虞兮奈若何"，从一位众望所归、叱咤风云的义军领袖，到强弩之未竟，不仅战无计，且连爱妃虞姬都保护不了，何等震撼人心的千古绝唱！

刘邦原来只会喝酒，"大风起兮云飞扬，威加海内兮归故乡。安得猛士兮守四方"，真有能，一鸣就惊人。

刘邦平定英布之乱后，回到故里沛县，在宴请乡邻的酒宴上，吟唱《大风歌》，气魄恢宏，流传千古。

成败全取决于自己，何不自己度志，还必得出国？有一标准，即诚，守得住，做事就成功了！多少人一出手"气盖世"，最后"奈若何"！没有抓住重心，扯一阵子，完了！虎头蛇尾。重心，诚，一切的原动力，放诸四海而皆准。现在中国国力蒸蒸日上。冷静可学事，有经验就能治世（事）。经验老到，即到家了！

说佛牙是假的，主观；说是真的，因相信。庙中佛像，泥塑的、木制的、铜铸的，是真的？不真，何以那么多人拜？理事时，观念必须厘清。

武则天有智慧，其所作谒："无上甚深微妙法，百千万劫难遭遇。我今见闻得受持，愿解如来真实义。""受持"，受而持之，得到了，就能行。因迷而信，仍拜假的。什么是"真如"？

"真如"，哲学用语，表示"如是如是地呈现""如是呈现的状况"，是事物之所以为此而不为彼的那个性质，也就是事物的真实本质。释迦牟尼住世时常自称"如来"。真如即非真如，假名为真如。既然名真如，真如即不是真如，而是"真如"的名相，真如无名相，无名无相便是真如，何以无名相？名由心立，相由心生，无心则觉一切真如。

思想家的心智特别清晰，看东西特别透彻。要真正看透一东西，是心智，嗜欲必得浅。看事如永远站在一己立场，就看不清，迷妄。要知引申义。有清净心，得有大修为。

君子不器，有容乃大。有大志，要拨乱反正，焉用杀？中国人的思想、智慧、见地，不同于外国人。烹，大厨师的技艺。

无妄卦第二十五

人的成就就在功夫。

你们有跟着走的容量？孺子可弃也，五十年教出一些废才，不会明而受之。真想济时，好好正视自己是哪一类，此为真功夫。自己好好训练自己，不必看别人。

《象》曰：无妄之往，得志也。

"初九"阳居阳位，在无妄初位，实而不虚，实则无妄，诚也。在人，性本善。无妄，至诚，好的开始。至诚之往，无往而不吉。识先机，"至诚，可以前知"。为政不在多言，不练真的绝不成。

一爻一乾坤，六爻六个位、六个时，始、壮、究，究（终）而复始。此爻给人许多启示：把持到重点去办事，"得志也"。无妄，吉在得志，无入而不自得。想得志，必须操之以诚，以诚赴事，得心之所主。有至诚的作为，才能得我们的志。"德者，得也"（《管子·心术上》）。净以骗为术，将人都当傻子。

说"人生不如意事，十常八九"，因为净想不如意的事。我天天安步当车，"安仁"的境界并非空谈。家庭生活是基本问题，家齐而后国治。雍正"戒急用忍"，慈安"一生别无所长，就能忍"，遇事一笑置之，"百忍堂中有太和"。知足常乐，能忍自安。安很不容易，安于仁，安其位，非只是平安。

基本问题解决，没有后顾之忧了，才能往外发展。天下事，好坏皆自求。自求多福，而非颓唐。

六二。不耕获，不菑畬，则利有攸往。

"六二"阴居阴位，中正，有虚心之象，虚则无妄。

"耕",农事之始;"获",农事之终。治田之事,一岁为"菑",反其草入土中也。二岁曰"畲",土渐和柔也。三岁曰"新",谓已成田而尚新也。四岁则曰"田"。

心畬,心作良田百世耕。"正其谊不谋其利,明其道不计其功",种瓜得瓜,种豆得豆,明道者做事,必有结果;失败,"观过,斯知仁矣"(《论语·里仁》)。

农家,始而耕,终而获。自己空到什么程度?就不懂务正业。希望你们有"知而能行"的活学问。至少读死书,亦是务正业。务正业,就不犯"始而耕就想获"的毛病。

"六二",有虚心之象,虚心则无妄念。人的妄念,由欲而生。当位,凡事只管耕耘,不问收获,天下无不劳而获的事。柔顺中正,没有"耕而获,菑而必畬"的心理。"仁者先难而后获"(《论语·雍也》),"君子居易以俟命"(《中庸》),仁者,利有所往。无妄,做事的精神。进德修业,"富贵在天"(《论语·颜渊》)。没有"正"的认识,焉知什么是正业?

慎独,佛"唯我独尊",解成自大;既是人人皆有佛性,何以唯你独尊?生下就是佛种,不然又怎能众生平等?什么都不尊,唯有自己的"独"尊。想成圣成贤,必慎自己的"独"。我,"万物皆备于我",因自己是天民。草木亦说"唯我独尊"。何以知有正?一开始就养正,"蒙以养正",自根上说。

搞政治,第一步要注意什么?做大事,为谋臣,绝不能步文种的后尘。

文种和范蠡,为越王勾践谋臣,为勾践立下赫赫功劳。灭吴之后,范蠡隐退,文种自觉功高,不听从范蠡劝告隐居,继续留在朝中。范蠡不忍文种遭毒手，自齐国发书："蜚（飞）鸟尽，良弓藏；狡兔死，走狗烹。越王为人长颈鸟喙，可与共患难，不可与共乐。子何不去？"文种见书，乃称病不朝。有人进谗言，说文种要造反，勾践听信谗言，赐剑于文种，说："你当初给我出了七条对付吴国的策略，我只用三条便打败了吴国，你就用剩下四条，去地下为寡人先王去打败吴国先王吧。"于是，文种自刎而死。

《越绝书》记载文种向勾践进伐吴九术：一曰尊天地，事鬼神；二曰重财币，以遗其君；三曰贵籴粟槁，以空其邦；四曰遗之好美，以为劳其志；五曰遗之巧匠，使起宫室高台，尽其财，疲其力；六曰遗其谀臣，使之易伐；七曰疆其谏臣，使之自杀；八曰邦家富而备器；九曰坚厉甲兵，以承其弊。

"赵孟贵之，赵孟贱之"。必要除掉几个倒霉的例子。要做实学，解决许多不能解决的问题。不但要立说，还要提出实际办法。

《易经》是体，《春秋》是用，皆实学也，非讲故事。

不能叫人完全利用，那岂不是太笨了！有人利用你时，要马上警醒。功劳？到时，命都没了！

《象》曰：不耕获，未富也。

"耕"，要得的开始；"获"，耕完的结果。"富"，财、道、德。
"不耕获，不菑畲"，即"明其道不计其功也"。不可以妄想，如"得陇望蜀"，则永不满足。现年轻人犯的毛病真没法想，脑子到底在想些什么？遇事，总要考虑，不要自以为比别人伟大。"不耕获",空想能够富？天下没有不劳而获的事。自己不努力，光有妄想。我活这么长，没看过一个没受过苦而成功的。

六三。无妄之灾，或系之牛，行人之得，邑人之灾。

此爻：你捡便宜正乐时，正是那人落泪时。

"六三"以阴居阳，处震动之极，时穷势极，故有"无妄之灾"。

"或"，设词，不定。牛，稼穑之资，"或系之牛"，为行人所得。"行人"，"初九"为震动之主，"无妄之往，得志也"；"邑人"，系牛之人，"六三""无妄之灾"。

"君子终日乾乾"，仍应有所警惕。虽以诚行事，但时、位不同时，仍应慎之，有求全之毁。"瓜田不纳履，李下不正冠"，要躲避无妄之灾。天下事就如此，还想捡便宜？无妄，灾来；没无妄之灾，就得便宜了。

一点好事也不做，净做坏事，哪有福可言？相随心转。没想骗人，还受祸；骗人，还想得福？人要走得正、行得正。做事，必须想得周正。人要了解周遭是多么难，正因为你显财（才），才叫你死。真有才能，也要藏点拙，不可以全说出，否则"卧榻之侧，岂容他人鼾睡"？要你们真明白，真用得上。

君臣相忌，不要显己有才，知无不言、言无不尽，否则最后呜呼哀哉！死后，吊你的祭文：两代功臣。

《象》曰：行人得牛，邑人灾也。

邑人之灾，最是可怕！如要有所作为，必须容乃大。不容，

无妄卦第二十五

就争。群策群力，否则会一个个叫人给收买了。就怕有内斗，祸在萧墙之内。社会上有很多捡便宜的。好处被人捡去，居住此处的人则有灾。

九四。可贞，无咎。

"九四"刚爻，在乾之初位，刚则无妄。

"可"者，当也，当其可。"当其可之谓时"（《礼记·学记》），"可贞"，时贞，无咎。时，太重要了！用，仍必看时而用，"君子而时中"（《中庸》）。吃，为了营养，但吃多仍是毛病。

"可欲之谓善"（《孟子·尽心下》），当其可之欲，是节欲，非绝欲。求"当欲"，恰到好处，克己复礼。不假外求，皆与生俱来的。小孩懂顾面子，就"伪"了。

才难！人愈有系念，愈易妄。人的失败，"情"字很可怕，一切都是情。都说不好，他天天赞美，不就妄？

《象》曰：可贞无咎，固有之也。

"可"，当也；"贞"，正固也。"可贞"，当其正固之道，不偏不倚，"君子而时中"，当然无咎。

"固有之"，与生俱来，不假外求。在，自在，观自在，"在明明德"，非外来的，自己是万能的。

"可贞无咎"，不用学，乃本性所固有，克己复礼。"固有之也"，非自外来的，"喜怒哀乐之未发，谓之中"。

许多注解完全是做文章！读古书，在以古人智慧启发自己的智慧。学古人？那伏羲向谁学的？"舜何？人也。予何？人也。有为者，亦若是"（《孟子·滕文公上》），发挥自己的"自在",只要有为,人人皆可以为尧舜。"文王既没,文不在兹乎?"(《论语·子罕》)文没在兹,人人皆有文,就在自己的身上,"文武之道,未坠于地,在人。贤者识(zhì)其大者,不贤者识其小者,莫不有文武之道焉"(《论语·子张》)。了解,对自己就有无穷的盼望。有此精神,通生科学。1953年,慈航讲唯识,老太婆哈哈大笑,通俗。高深东西浅讲,不易!

"诚者,天之道;诚之者,人之道",天人合一,故曰"固有之也",即与生俱来的,"在天曰命,在人曰性"。我反对小孩出生就上保温箱,恐以后很难适应外面的环境。

九五。无妄之疾,勿药有喜。

"九五"以阳居尊位,为无妄之主。"初九"为震之主,"得志也"。无妄,诚亦出毛病。无妄的病,不要乱吃药就有喜。既为"无妄之疾",就不必乱找偏方,顺自然之势,其终"有喜"。

不以外力治,用自己的力量解决问题。时、位不同,并非无德;耐得住,最后会"有喜"。没病乱用药,愈用愈糟糕。

想,无妄;一做,出毛病,话说多了!弟子什么都不缺,就缺勇。想得,绝对无妄。

《象》曰:无妄之药,不可试(用)也。

既是无妄,何必乱投医?那个药,可不能试也。"试",用也。试,稍(少)尝也。少尝都不行,乱吃才出毛病,喜没了。善用智慧,不要病急乱投医。

许多人发生点事,于本身不利,就乱了。若此病是"无妄之疾",那又何必到处找医生?海瑞(1514—1587)、包拯(999—

1062），"无妄之疾"，谁能为其治病？必须明白自己的病是怎么来的。如方寸一乱，病急乱投医，就把自己毁了。没病吃什么药？问心无愧，何必到处送礼？

扯了一辈子，一无所得，人生真是苦！无知的人，还自我陶醉。必须正视自己的人生，懂得怎么活。我这辈子是空心码子，哪天用，就填写，不永久，用完，就再见。

出门以诚做事，别人误解，不必解释，日久见人心，否则愈描愈黑，千万试不得。连无妄都有毛病，况有妄？"人之视己，如见其肺肝然。"今天的毛病，掩饰妄之疾。心若是无愧，又何必解释？

"若药弗瞑眩，厥疾弗瘳"（《尚书·说命上》），此服药成了，是有形的都垮了。要有用时，自找上门来。

上九。无妄，行有眚，无攸利。

"上九"居无妄之极，健之至，然时、位、势穷，人微言轻，此时，行有祸，无所利。

"眚"，人祸。人都有倒霉的时候，不可以为别人管闲事，必先自己做好自营之道。

《象》曰：无妄之行，穷之灾也。

诚是本，但处穷势极之时，亦不可以管闲事，必先做好自营之道。到了穷极，就是诚，都不能做事，"亢龙有悔"。

"穷"，究也，极也，代表自己的功夫，才达到登峰造极，"文穷而后工"。中国文人有许多病态，误以为"文穷而后工"，是过穷酸日子。穷，是到"极"的境界。

没经验，要怎么耕，也不懂。讲有地狱的人，根本没有去过地狱。信不信，就看你迷不迷了。变戏法，即"耍"魔术。

"夏学"确是解决人生问题的不二法门。我"以夏学奥质，寻拯世真文"，用中国东西，好好编些治世之术、策、略，一个比一个仔细、实际。

诚，也得用时中。如忽略了时、位也不行，可能走上绝路。许多人就因为说真话而招祸的。岳飞喊"迎二圣还朝"，置"三圣"于何地？穷途末路！真有大志，绝不能说；说了，绝对招祸。成败就在一转之间。人有成就，谈何容易？好好下功夫琢磨。志特别重要，不可以巧取。

遇事，要学怎么破解，才是上策。要多练习，这是学习的机会。釜底抽薪，使新的、旧的皆进入棺材。失败，一念之差；成功，一念之正。我自试也，养兵千日，用之一时。为人类奋斗，必须有志。

你们没有"天行健"的观念。"天行健，君子以自强不息"，多么体用兼备。"天行健"，不息。人不是天，必得息，终而复始，人的感觉。以此立说。你们不懂得"自强不息"。

专修《管子》，能行。必须懂精，贵精不贵多。有使命感，有脑则无一人、一物不可用，愈活愈有生气，不知老之将至云尔！好好拉开架子，在屋中造就一切，造就新纪（新世纪）。今后，要立新纪之学，"新纪夏学"有别于"钦定夏学"。必须懂得自己怎么读书。了解时事，以印证之。

"费而隐"（《中庸》），"费"，用之广；"隐"，体之微。用之广，由悟"体之微"来的。《太玄》何以不传？因是模仿的，没有悟。教子，不要他死读书，要告诉他怎么想。必须想，学

无妄卦第二十五

会用脑。思之思之，鬼神通之。

《系辞传上·第八章》："鸣鹤在阴，其子和之；我有好爵，吾与尔靡之。""鸣"，有条件，"和"也。连父子之亲，都得"和之"；有"好爵"，才能"与尔靡之"，一同享福。

子曰："君子居其室，出其言善，则千里之外应之，况其迩者乎？居其室，出其言不善，则千里之外违之，况其迩者乎？言出乎身，加乎民；行发乎迩，见乎远。言行，君子之枢机。枢机之发，荣辱之主也。言行，君子之所以动天地也，可不慎乎？""枢机之发"，"枢"，支配的力量；"发"，一刹那。无妄之灾，因行出毛病了，包括言在内。

读书，必须用脑想，每字都不放过。深想、细思量。研究讲过的课，练习能讲，辞必须能达意。早点成形，办个刊物给人看。练习为文，要弄明白，必须自己明白了，才能使别人明白。能看出"用"，成"活"知识，要学以致用。能理事，太难！

学完无妄卦，就可以精神百倍。不能触类旁通，怎么用上？经必须烂熟在胸。

一画开天地，中国一画立文化，"一生二，二生三，三生万物"(《老子·第四十二章》)。何以几千年前中国人就有那么完整的智慧？改一为元，元生万物，奉"元"行事。如似懂非懂就没有办法，必须完全通了才能立说。稍微有点假，就达不到元。元生共荣，强调元的文化，以达人类和平。

坐着冷静想，哪有迷信？《心经》"行深般若波罗蜜多时，照见五蕴皆空，度一切苦厄"。自度，空了，见什么都不贪恋。老年人戒之在得，有法界就有鬼界。悟，比讲有用。

八八六十四卦，每卦皆可由内圣到外王，即一部《大学》，"格致诚正，修齐治平"。要学怎么行道。

我一生尽在乱世，"或跃在渊"（《易经·乾卦》），事情出，估一下，不出三天即兑现，要以实际事自试。事情发生，不是逃跑，而是要用什么方法解厄结。知识分子遇事，不是逃亡，是在解救没有读书的，使他们少受苦。有斗志，打不过，就跑。有功夫，没到境界，狗急跳墙，回头咬你一口，准中要害。再逼，对方绝对要你报销，没有还手余地，打平以后再建设。

人要是不斗，那活着又有什么劲？岂不是等死？自试，没有专利。有时环境之骤变，可怕！每天必须自讼、自试，不在乎别人说，君子坦荡荡！知不足，要多学。学完，天天练习，知自己怎么做。

看熊十力的书，中国人的想法，没有回旋。学熊先生怎么想，再接着想。台北大师所写，如外文译过来的。熊先生确实下过功夫，他批评佛教，《新唯识论》中肯。印顺（1906-2005，是解行并重的大修行僧，被誉为"玄奘以来第一人"），佛教的"熊十力"，说真话，现享福。我与印老同岁，也曾有交往。梁漱溟（1893-1988）到北大教书（应蔡元培之聘，1917-1924年任北大印度哲学讲习），真是奇迹。不是学历，而是有无境界。

"非不能也，是不为也"，不能发愤图强。有特殊环境，才能造就出特殊人物，养出精神，在家应抢着做活。有些人的聪明才智并不低，就是懒，还在床上读书。

有"妄"字，在提醒我们何以不诚。看自己一天有多少妄想？每天净想做不到的事，故有求不得之苦。我不想做不到的事，此必真有自知之明。想做得到的事，天天琢磨。我训练全家人，天下没有不能的事，就看认真与否。

力争上游，发愤图强，千万不要自欺。一个人和你亲近，必得知其动机。遇事，要"明辨之"，逃避不行，必须面对。读书人得详谈、必谈，读书的作用即化民。

基本学问有了，应练习自己能看书。就认识一个"元"，真理。见利忘义、见利忘身，多么糊涂！不允许坏人存在于这个社会，所以要"遏恶扬善"，不许恶再发展下去。

我在百般大浪中没有成为罪人，岂是易事？你们有这个守？"守位曰仁。"学问，是实际的东西，贵乎力行，且得笃行之。我一生无愧于心，无忝于行。是实学，不是空讲，要学习做，愈做愈有经验，前次失败，下次之师。一个男人如无慑力，能发挥作用？有几人有"望之俨然"的气势？

有志于学，选一专学。有专学，才站得住。选一专学，可读许多书，触类旁通。知止而后有定，如定不住，能与权势抗衡？熊十力是中国学问敲木钟的第一人，必须另辟蹊径，开启中国学术新章。

许多会说"人话"的，不做"人事"。多读书，至少有丰富的常识。必得表达，发表自己的意见；不表达，究竟是胸无半点墨，还是白痴？为文，就是没人看也要写。是中国人，必得关心中国事。爱国，就会有自己的意见。

《易经》读完，还不能"时乘六龙以御天"，废才！"人之道"是什么？回想《论语》所说"克己复礼为仁"，《中庸》说"仁者，人也"，乃诚之用。《大学》与《中庸》相表里。好好整理笔记，结果比宋明理学高。《说卦》"和顺于道德而理于义"，即理学。

看完《大学》"格物致知"，再看《论语》"不患寡而患不均"章。

《论语·季氏》："丘也闻有国有家者，不患寡而患不均，不患贫而患不安。盖均无贫，和无寡，安无倾。夫如是，故远人不服，则修文德以来之。既来之，则安之。"

必须有大学问再扯闲。恶政猛于虎，为政者若无智慧，就会拼命乱开发。一个人没有大智慧，怎么担当大政？多少坏人都是乘人之危，净甜言蜜语。

大学之道，首"明明德"，懂得生生不息了，再谈消费。物资都没了，怎么消费？明生生不息之德，再谈天下平。复其天下归仁，则天下太平，"一日克己复礼，天下归仁焉"，效果之大！做一群有用的人。一个学者用尽头脑都赶不上时代，时代走得太快了。

深思，上句不懂，不读下句。专一经，最好会背，行住坐卧皆可想，"思之思之，鬼神通之"。

《尔雅》，最古的一部词典，识字词。《大学》《中庸》作为修身的功夫，"德者，本也"。本是什么？"本立而道生"，"德者，本也；财者，末也。外本内末，争民施夺"(《大学》)。《诗经》是一部社会学，"《诗》可以兴、观、群、怨"(《论语·阳货》)，知民间疾苦，"吉凶与民同患"。

"微哉，微哉，无所不用间也"，"事莫密于间，非圣智不能用间"(《孙子兵法·用间》)，况为间乎？不是自己圈里的，即间。做的事不必人知，左手的事不叫右手知。

无妄卦第二十五

"知耻近乎勇",看近代中国,在列强的蹂躏之下,百姓之苦!你们不知用智慧,浪费宝贵时间。必得学会深耕,才有丰厚的收获。要懂人生是有境界的,孔子集大成,"慰苍"使我干一辈子,"安仁"。我孤高自赏,喝茶想,做笔记。必须深悟,了悟高,境界就高。

大畜卦第二十六

（山天大畜　艮上乾下）

大畜卦卦体，天为健，艮为止，止健。

山天大畜（chù），畜，止也，聚义。天在山中，"唯天为大"。天为大，艮为止，止其大者，所聚多也，万物具备，无一或缺。盛世，大富。

《序卦》："有无妄然后可畜，故受之以大畜。"

因无妄，诚，才大畜。人必有诚，然后才有所畜，含学问、道德。不诚无物，有诚才可以大畜。

《杂卦》："大畜，时也。"

畜其大者，必识其时。

时，先时、治时、随时、因时。时大矣哉！时用大矣哉！

时义大矣哉!

"所畜之大"(程注),不等于"所畜之力大"(来子注)。"畜之大"者,卖得也多,没用。应"畜之力大",伟大在无形上,如王永庆与其一生相终始,绝不因贪而富贵。要养成畜之力大,与你相终始。你不死,力量永远用不完。

诚,即畜之力大,因不诚无物。懂了,就要会做事。王永庆晚年犹英气焕发。王之可贵不在有钱,而在他那股劲儿,兄友弟恭,会做事。择业、择偶,乃人生两件大事。怎么突破障碍?必有大畜之德,凡事有万全的准备,所畜之力大,无穷,精神生活。何必盲目出国?不出国,照样出英雄。财富微不足道,要分析清楚。

遇事,要冷静分析,不可人云亦云。不是正经玩意儿,永远不正经。你相信,是你不正经。聪明人,是骗不了的。

人最可怕的是无耻,但你不知谁是无耻的。老年人应教育下一代去做。做大事业,以造就接班人为第一要义。应叫其弟子上阵才对,要特别了解人生的责任。

"茶,泡茶,泡好茶",分三等招待。这就是社会。社会把你利用了,你都不知。我和谁都开玩笑,什么人玩什么鸟,不要叫人耍。此为我的不传之秘。

组织,必建立在三二人关系上,才有力量,马上可以谈的,比在马路上"挖"的人头易于成功。如以此基础发展关系,则一年可有五十人。一个人能有什么力量?怎么发展,是有一定的。

讲怎么会用脑子,可以无穷。奉元书院的主经:"大易"与《春秋》。

大畜，利贞，不家食，吉；利涉大川。

"大畜"，畜大。"畜"，止也。储蓄，把钱存放在银行。大者，天也，唯天为大。天在山之中，畜大。人必有诚，然后才能有所畜。不诚无物，事事必诚，学问、道德在内，但诚最难。

"利贞"，利于正固。如不正固，则帮你造孽，因福而得祸。

"不家食，吉"，"食"，享受。一、不自家享受，靠自己奋斗，各奋其志。二、财聚则民散，好东西不可以只留自家用，有丰富的经验、财富应为大众服务，吉。

陶朱公能畜能散，不家食，故长庚（同"更"，愈加）。不家食，不是为自家享受，是为大众享受，养贤也。养贤，得天下贤者之助，其具备之德能，能助你渡过一切艰险。今天最大的毛病，在不尚贤。多知道些，则多有力量，遇事能有担当，非常人是慢慢来的。

不家食才吉。群力，没有渡不过的险难；群策，三个臭皮匠相当于一个诸葛亮。大丈夫得"不家食，吉"，有办法就能渡过险难。

怎么做？"朋友先施之。"（《中庸》）看一天，能替别人想过几两？如都没替别人想过，能做领袖？"先施之"更难！领导一个团体不易，必须懂得如何组织。拔一毛而不为，没办法做领导人物。有些人不必说先施之，为别人想都办不到，就见利忘义。要养大器，得先施之。

在大畜之时，其利在守住正道。始终如一，则可以领导时代渡过难关。

为人君应养天下，养贤、养老、怀幼。有好东西，不是自家吃。昏君以天下为家，都养自家。

要好好正视人生，第一学会"不家食，吉"。要养天下。有此境界，在社会哪有办不到的事？必有大畜之德。小有事业忙，大可以养天下。

日本人是大男子主义，认为男人晚上回家吃饭，没出息，风俗习惯："不家食，吉。"

择业、择偶，乃人生两件大事。怎么突破障碍？必有大畜之德，凡事有万全的准备，所畜之力大，无穷，精神生活。

《象》曰：大畜，刚健、笃实、辉光，日新其德。

"刚健"，"刚"，无欲，无一毫人欲之私；"健"，"天行健，君子以自强不息"。有大担当者，靠修养功夫：修德，德行；修学，知识。有存主功夫，"成性存存，道义之门"（《系辞传上·第七章》）。

人生，说长也长，说短也短。我一天忙，还不打瞌睡，因刚健，无欲乃刚。我所想，完全与你们不一样。

"笃实"，知而必行。笃实能大畜，笃恭能天下平。必讲得使人懂真理是什么。

"辉光"，德能之美；光辉，本质美。两者境界不同。一个人得天天"辉光"。天天为什么活着？就为了"辉光"，自"刚健、笃实"来的。

"日新其德"，苟日新，日日新，又日新。修德、为学，学才有术，有学问才能应世。有大担当是靠修养功夫。

刚上而尚贤，能止健，大正也。

"刚上"，指"上九"。一个有刚的人能居上，笃实。

乾卦"上九""亢龙有悔"，大畜卦"上九"能尚贤，礼贤下士。不尚贤，如何与人斗？大畜之时，君须有柔德、涵养。

"止健"，"太健"也不行，含"时"之义。一卦代表一个时，一爻一世界。卦有体，天为健，艮为止，止健。"天行健"，天能使之立正？能止健，何等修为！大畜之时，君须有涵养，才能止健。

止健，得识时，使一切健皆恰到好处，无过与不及；否则，太早出，浪费；太晚出，"后夫凶"。"刚健"，在日新其德，是日课。刚上即艮，得止健，必得有识时的功夫，识时就有用。

"大正"，大居正。正，止于一。"一者，元也"，孔子"改一为元"，止于元。"元者，善之长也"，"止于至善"。至善者，善之长也。"大正也"，大"止于至善"。知做错，能停止？何以一错再错，而错到底？"止于至善"，止正，奉元。自今天起，必从自己修德，先自孝开始，以顺为孝。要顺善，非顺恶。

大学生明白，是金字塔学问，得"老妪都解"，奉元文化应是人人都可以用。讲得没有水准、没有深度，才是真学问。慈航讲经，老太太都哈哈大笑。"百姓日用而不知"(《系辞传上·第五章》)，才是文化。

同学们内心对谁服气过？不能成事在此，不知自己不知。中国就因为历史太悠久，任何事都有成方子（术）。现在同学中有些人无一不出纰漏，无能到极点。你们必须养才。不知自己不懂，一伸手就完了，真是看破世情惊破胆！不知有多少人在看笑话。

人称《史记》文章之美，但能与《易经》比？今人更是望尘莫及！

大畜卦第二十六

不家食吉，养贤也。

一个有刚的人居上，崇尚贤才，才能养贤、养才，"不家食，吉"。

见利忘义就完了！不能违背天则、自然法则。好好锻炼自己。

尚贤，找几个真朋友。朋友之道，先施之，不要净想占便宜，不家食，有条件。立"子志会（群）"：老者安之，少者怀之，朋友信之。成立同学会，要做，自中国做起。夏，诸夏，华夏。

五十年有成就的没几个，有点成就的丢盔卸甲，所学根本没用上，光知用刚，争先恐后。没有远见，小气，不知有别人，连父母在内，焉能不私？君子之道，"百姓日用而不知"。

利涉大川，应乎天也。

"利涉大川"，渡过一切难关；"应乎天也"，应乎天时，乘时而出才真正成功。

冒险，愚者，人的生命就一条。每早面对镜中的自己，好好分析自己，就能进步。渡过一切难关，应乎天也，才真正成功。

大畜之时，须有涵养，才能止健。止健很难，如车下坡要刹住。

我遇事，写一段，给后人启示。我遇事，准有许多笑话，天天开玩笑。

《象》曰：天在山中，大畜。君子以多识(zhì)前言往行，以畜其德。

远取诸物，唯天为大，天最大。

"天在山中",把天畜在山中,畜大。止健,天行健,天能使之立正?能止健,何等修为!

"多识前言往行","识",默而识之,心会神通。多识前言往行,上与古人为友,看前人都做些什么,"多闻,择其善者而从之"(《论语·述而》),辨得失,定是非。能博学,因畜大。

"以畜其德",畜养己德,充实自己的学问,见贤思齐。才德、学问皆畜到极点,则无所不通,"吾道一以贯之"。学才有术,不学无术。

要心会神通前人之言行,因其言为世法、行为世表。辨是非,定得失,以畜养己德,充实自己学问。空想无用,贵乎行。

某大纺织公司总经理,留美硕士,父亲八十岁以后愈糊涂,不能管事了。我一进门,说:"想不到老师来。"答:"想不到的事多着哩!"留个伏笔。一句话出口,使父母伤心多久。老太太哭了好几天,老爸爸已不知人事。小儿!你父亲绝对为你擦过屁股。做人都如此,还像人?孝道绝不是如此,想都不可以。有此行为,有则改之,无则加勉。

以"大易"与《春秋》为本。《尚书》为法为戒,一部政书。《诗经》看社会的反映,兴、观、群、怨。《礼记》"礼以时为上",故曰"圣之时者",当其可之谓时。

讲夏学,依经解经,非盲目的。有帝王的时代,都讲帝王之所欲。昔日无大财,焉能出书?我如何不好名、如何有修养,谁办得到?假话说太少,别人不满意。假话说多了,人家不知?最低的修养:知己。不知己,绝对欺世盗名。

大畜卦第二十六

初九。有厉，利已（止）。

"有厉"，有危厉，识时务者为俊杰。有些人天天在刀尖上跳舞，犹不自知，因不知"有厉"。

"利已"，利于止。"已"者，止也，"止于至善"，不到境界绝不止。知止，方有所畜。"于止，知其所止，可以人而不如鸟乎？"（《大学》）人知止，最难！知止，而后有定、静、安、虑、得。

"为之者疾，用之者舒，则财恒足矣"（《大学》），要慢慢用，知止。懂得心理，女子真能管钱，是装钱的匣子，能使家无后顾之忧。

《象》曰：有厉利已，不犯灾也。

此爻犹可自主，知难而止，有厉则止。能止健，太难！太难！难在何处？难在知厉。不知厉，什么灾难都会来。

知厉，才能知止，所以"不犯灾也"，不主动请灾神来，否则为致灾至、致寇至。人不犯灾，则灾不找人，皆咎由自取。该止不止，就犯灾。现天天犯灾，还自我陶醉！弄得愈艰难，你死我活，看最后谁吃亏了？要懂应世之道。活要懂生存之道。

"临大节不可夺也"（《论语·泰伯》），绝不可把国土送给人。京剧《洪母骂畴》，外传他殉国，崇祯赐祭。洪返家探母，洪母闻讯，闭门不纳，并痛斥其叛国之罪。卖国小群，应听听此戏。

个人的厉何在？要是每个人都知厉，还会失策？人少有愉快的生活，一懂事，社会环境净给痛苦。家中人不要净为小孩制造痛苦，要使他享受些人的滋味。有错，要慢慢说，绝不能打、骂。不可以用成年人的观念要求小孩。小孩高兴，进门一跳就摸梁，说："爷爷时髦！"答："不是，是通圣。"小孩感到家是安乐窝，一进门就要表现他的乐。这是最深的道理。

九二。舆说(脱)輹(辐)。

"舆说輹"，车的结构用什么连两个輹？轴。车跑得太快，輹脱了。

"九二"阳居阴位，中正自守，居健体中，动不失中，"中无尤也"。有所守，狷者有所不为，否则自陷。

用行事好好想一想。"公亮"，大家的诸葛亮。大礼送那么多，还闹得如此！

《象》曰：舆说輹，中(中轴)无尤也。

车脱辐，罪过不在中轴。

凡事不冒进，有中德则无尤。"中"，中德，自中行来，"不得中行而与之，必也狂狷乎"（《论语·子路》）。

天天骂，做什么？得看环境，不当做的不做。如误上贼船，终整个毁掉。不能动，有点"卧薪尝胆"的样子！在危险环境中，不允许不止。阳居阴位，所以停止了。最近许多事，因环境才停止。

九三。良马逐，利艰贞；曰闲(习)舆卫，利有攸往。

三爻为苦命之爻，但以乾"九三""终日乾乾，反复道"为最好，"夕惕若，厉无咎"。此爻，阳居健极，前为艮止，有蕴畜义。

"良马逐","逐",竞逐,比较义,角逐、竞逐,一个就不逐。"良马","骥不称其力,称其德也"(《论语·宪问》)。治国平天下,看德,非计谋。古今成功者,皆有德。《资治通鉴》可以参考,但非最高境界。读古书,在吸收智慧。有德者在外赛跑,都未必成功。良马买了,但没草料。

"利艰贞",柔顺利贞,君子所行。有志,就要柔顺利贞,素富贵行乎富贵,素患难行乎患难。真想成就事业,无眼前的牺牲,就无未来的成功。

不论男女,都得守贞。罗振玉,"贞松堂"。一个男人不贞,谈不上有德。贞的对象不一样。我不是汉奸,给中国留幸福之策。

"曰",《说文》:"词也。象口气出。"《尚书·尧典》:"曰若稽古,帝尧曰放勋。""曰若",启语词。

"闲舆卫","闲",闲习,娴习,熟练,特别熟习。"舆",载重之物;"卫",应变之物,贵乎识时。舆、卫,内政与国防。娴习御之道,防未然,有远见。御天下,乐以和性,成于乐。

来子注:"涵养于未用之时,以待时而动。""害人之心不可有,防人之心不可无",有变故发生时,则可大展其才,一鸣惊人。

"利有攸往",真知人、识时,经过这么多的苦练、修为、谨慎,才利于有作为。

孔子何以说"五十以学《易》,可以无大过""五十知天命""不卜而已矣"?《易》为悔吝之书,有害于人的为大过。

我多年没盖被,因没有躺下。不用的几床被送出去。锻炼身体应自年轻开始，年轻没能守住，老年时必百态尽现。酒喝多，肝痛。精神想好，自年轻就必有守。小孙子吃糖，现已镶牙。人活着不易。要希圣希贤，因不圣不贤。

我来台五十年，没害过人，还被骂；净做好事，没发坏念，没人说过好话。一定要躲开伪君子。装得像个人，净做男盗女娼的事，还言之成理。愈是假仁假义者，愈要防之。不要学阴险、伪装，缺德报在子孙，因果。

孙子问："对未来的期待是什么？"答："不许做官，不许做杀生买卖。"吃生猛海鲜，太残酷！都想活，看蟑螂跑得惊慌，打死一只也无用，将之驱逐出境即可。

《象》曰：利有攸往，上合志也。

"利有攸往"，成就伟大事业，必有志同道合者，先培伟大精神，养群德。成就伟大事业，必先培伟大精神。真想成就事业，若无眼前的牺牲，就无未来的成功。"仁者先难后获"（《论语·雍也》）。《论语》好好看，看久就通神。

"上合志也"，士尚志。志不同，不相为谋。组织，合志，内圣、外王均在内。"九三"与"上九"皆阳爻，同体异位，任务不同，"上九"荷世界大同，"九三""上合志也"，志同道合，养群德。

百姓永不变。要做永远的事，不要随波逐流。要善智慧，能自保就不错。

洪帮反清复明，青帮安清。政治之复杂，表面安宁。没脑，给你什么地位也没用。

环境与时不同。每个人的时与位不同，办法也不同。久经其苦，不希望中国再乱。一治一乱，永无宁日。

用智慧解决自己的问题，养智慧。亡国，因瓜熟，蒂必落。如不待蒂落就复，乃不亡。

"不可为典要，唯变所适"，将自己升华到人的境界。做人之道：抱孙子了，就不养宠物。做人不易，必要有分寸。

良马逐，其利在于艰贞。

六四。童牛之牿，元吉。

"六四"处艮之始，与"初九"正应，以柔止刚，"能止健"于初，禁于未发，善吉。"元吉"，善吉，本然之善，吉。

"童牛之牿"，"牿"，横木的作用，以示告也。虽是童，可是牛有角，本能，可用以对付人。时与势，必设法防祸。自本质上防，必了解牛的习性、身体结构。先给牿，两角间的横木。用的牛，必须从小就培养、控制好。防微杜渐，免得养成后患。

"履霜，坚冰至"，"由辨之不早辨也"（《易经·坤卦·文言》），什么事都要防未然。小孩说假话就要改正，挑明，就没有罪孽感。一说"偷钱"，即在心中降低其人品。对小孩要有爱心，一切不良言语不可加在他身上。

《象》曰：六四元吉，有喜也。

善始。好的开始，是成功的一半。自未懂事，就要好好培养，就有喜，如栽培小苗。培养四五年，也是中流。

"元吉"，善吉，因为当位。当位，母亲像母亲，素其位而行，不愿乎其外。"有喜"，"中心悦而诚服也"。

移民之风盛，有能力的都走了。小康之家移民，大康之家投资。怎能不防微杜渐？就剩下扫马路的。谁来都一样，没注意到防未然，自由操在别人手中。

六五。豮(fén)豕之牙，吉。

"六五"以柔居尊，为大畜之主，与"九二"相应与。"九二"刚中，"六五"豮其牙，刚柔相得而安，吉。

真有咬人的野猪，去其势，凶劲就没了，釜底抽薪。童牛没好好教，早晚给人去势，就没有阳刚的本钱。

对象不同，用的办法就不同。小孩教育，自开始使他懂得细心，学会规矩，必先示范。自小没培养好，人家就要动武，去势。至少有人管，不至于判死刑、坐牢半生。

《象》曰：六五之吉，有庆也。

"六五"以柔中居尊，"有庆也"，其有善，皆由"知止"而来。应世，了解"世"了？

天下太平，一人有庆。自己积善，永远用不完；有余，应给人，而不是自己享受。殃及池鱼，还好；殃及子孙，就糟！如小心谨慎，减少余殃亦可。

这块土的文化太浅，我登上这块土，"君子居之，何陋之有"？但五十年后，依然陋，骂我"王八"。

记住：要给人留余地，有转圜余地。都有成为伟人的机会，伟人并非专利，视谁的方法对了。

上九。何(荷)天之衢，亨。

"心在身中坐，就怕有心人"，书读百遍自通，"大易"为智海。

"何",荷也,担负;"衢",通行无阻,如圆环。"天之衢",指用,四通八达,能行。畜极而通,乃一部功夫,自求多福。

"上九",畜之极,居天位,行天下之大道。

《象》曰：何天之衢，道大行也。

荷天之衢,荷天之道。"道大行也","大道之行也,天下为公",即世界大同,入中国则中国之。中国,即"舟车所至,人力所通……日月所照,霜露所队"。中国起来,至少几百年,如就此好下去,世界就至于道。

毒方,不到最后不用。能盼望,就慢慢往下盼。天天喊"二二八",小心来个"三三九",瞻前不能顾后。

我是中国人,临大节而不可夺也。自十三岁起,心中无一日舒服过。现在留恋十三岁以前的日子,到外婆家横行,还以为舅舅怕我。俗话说:"外甥是条狗,吃了就走。"十三岁到日本,寄人篱下。现在回家,儿子已经六十多了。

应知道怎么摆弄人生,千万不要在梦中丢掉人生。要完这盘棋,绝对有输的。

成立基金会,要你们和祖国发生关系,你们根本不知明日。中国历代最大的毛病,"其人存,则其政举;其人亡,则其政息"(《中庸》)。自己必知怎么做。解铃还得系铃人,必用智慧解决。学会合作,要有群德,一个人绝不能成事。

人必有豪志,仁者无不爱也。护家,连鸡都会。过温暖的家,鸡之德。为天下人大畜,荷天之衢,"道大行也","大道之行也,天下为公"。

不是为今天读书，是为天下读书。将有用智慧、时间都浪费于无用之地，学堪舆。我家，死人不看风水，结婚不看日子。人必有守，怎可人说什么都相信？一个人无所守，我不接触。修德，高调，必须守住人的本分。一个人连个"格"都没有，还谈什么？我"阴险"，做事都有计划。你们懂得太少，不懂求，怎么成功？

颐卦第二十七

（山雷颐 艮上震下）

颐卦上下二阳，中四阴，外实内虚，上止下动。"颐"，本义：腮帮子。

颐，养也，颐和，养和，"保合太和"。

《序卦》："物畜然后可养，故受之以颐。颐者，养也。"

畜，畜己德，自养之术，"衣食足，然后知荣辱"。

物畜然后有养，畜多然后可以养。养贤，"不家食"，不是自家享受。养天下，济天下之道。

《杂卦》："颐，养正也。"

"蒙以养正，圣功也"，"养正则吉"，吾道一以贯之。颐卦讲养育之理，养身、养德、养才、养贤，一切修养皆在其中。

颐，贞吉。观颐，自求口实。

养生，衣食足。"养"有二义：一、自养，养德、立德，内圣；二、养人，立功、立言，外王。

"贞"，正固也，贞比正难，没有贞，焉得正？养之道，以正固为吉，养正就能吉。

新戏《洪母骂畴》，畴对"贞"没办到，洪母骂之。《苏武牧羊》，在大"节"不亏。男女皆必守贞节。大贞大节，对国家民族；小贞小节，夫妇之间。除刘瑾外，少有守贞者，笑话！罗振玉有"贞松堂"，取自"岁寒，然后知松柏之后凋也"。

"不曰坚乎？磨而不磷。不曰白乎？涅而不缁"（《论语·阳货》），真有定力，不动心的圣人。闻一知二，人一己百，人十己千。

"观颐"，研究颐之道，看养之德，自试、自明、自诚，自求口实。

"自求口实"，每天知自求所养之道，则有进步。

喜吃好吃的、看好看的，谁不爱？天性。讲大同，无论什么人都有爱好，喜欢漂亮。是喜都好，天性。

《彖》曰：颐，贞吉，养正则吉也。

《彖传》太美！应作《彖传解》。

"养正"，"正"的标准最难求，人云亦云的正，危险。

昔女人不上家庙。立的贞节碑，如歪了，要受家法。坤卦讲"永贞"二字。"永贞"，才有坤之德。

知识分子多认识些字，应探究全世界何以至此。现在亚洲最安定的即大陆。

要培德。想站得住，必得有德。

我为母亲念经到她百岁，自己不过生日。

孙中山为尧舜后第一人，结束帝制。

应正人伦，圣宗教，谋厚生，不发起没有正义的战争。

正人伦：一、对父母孝，无法讨价还价。他们生了你，永无法改变。二、贞，如男子不贞于其妻，还是人？夫妇以义合，不仁不义还是人？一个不仁不义的人，不可以交往。

圣宗教：宗教，必须圣之。宗教要圣洁，应严选传道人，通过考试才可以传教。西方有神学院，毕业才可以传教。宗教不圣洁，就是生活团体，对社会半点贡献也没有，在社会上无影响力。宗教必得有威仪，讲经十分钟，可以让人进入状态。今天讲经没有威仪，焉能有作用？我在雍和宫皈依班禅九世。

谋厚生：不是贫富悬殊，而是生活差距太大。我做买卖，有一套规矩。今后最有希望的是中国，你们必须好好活下去。我买面条，走半小时，利用人之欲以健身，一举数得。活着，必有活的方式。

正义的战争：战争，是征不服于道与德者。完全为私利而战，是新帝国主义，做什么，都以其国家利益为主。

好好活，好自为之。中国这回再起，至少千年。中国的民族性，如同橡皮糖。不要因为短视近利而忽略了未来。切记：件件通，件件松。人贵乎有专学，才能有超乎常人的贡献。

观颐，观其所养也。自求口实，观其自养也。

"观颐"，象二唇，中为牙。

"观其所养也","所"字重要。养民的目的,在使其各得其所。圣人无所不用其极,训练百姓得"所"。训练小鸟,何不训练孙子?有几人明白人生?

观世音,察世音,在寻声救苦。我自小,就对观世音菩萨特别有感情。

"自求口实":一、外人的批评,自找的,口实。二、想吃、养,没有实,能养?此解好。要成名,"自求口实",不要什么都包。喜吃,觉其味好。

养之术各处不同,得"自求口实",到哪儿都能合适,唯变所适。你们入门犹未深,应再悟。

小孩没有好吃的就哭。感里头有不对,因为知礼,正。礼,与生俱来的,知合理与否。平与均,大家都同,"性"相同。不同,乃自"习"来的。习性不好,也是主观的,只能说是夷风。要注重大处同,不重小处。地方特产,因习不同。倡大同,最高的智。台湾天天讲习性。少数也得能适合多数。谁会去学少数文化?只当研究而已。

找个男朋友棒,能当面包吃?我喜吃法国面包,在其硬。想身体健康,必自年轻就好好养,否则到老必兑现。我至今尚未掉过一颗牙。天下无难事,在持之以恒。你们都懂,就缺恒力。立功课表,但做不到。

"自求口实,观其自养也",一切操之在己,看自己用什么自养,怎么过日子。用什么养自己,看选什么自养。每天知自求所养之道,则有进步。你好不好,看你交的朋友,"不识其人,则视其友",则知其属哪类人。

读完一东西,精神就得增百倍,所读即自己的口实,就有养。接触些什么朋友？用什么以自养？不能将自养变成养料，绝没精神可言。每天手不释卷，实是中毒，如同吸毒品。"观其自养也"，看其自养之道。读物之于人，影响太大。读完《孙子》，得如常山之蛇，活起来。打中间，双赢，用头尾对付你。

天地养万物，圣人养贤以及万民。

颐卦，自养，养贤。一爻一世界。颐卦六爻，哪几爻讲自养，哪几爻讲养贤？

养人，还有个界说，怎么养人？"圣人养贤以及万民"，养人非舍善，而是将贤人的德、能及于万民，分层负责，养贤的目的在及万民。

能养贤，分层负责，就有闲。事必躬亲的，最是废物！"舜其大知也与！舜好问而好察迩言"，无一不取于人。在人类中，最好做的是领袖，只要有量，无一不取于人。浑身是铁，又能打几个钉？

不告诉他怎么做，他做的比你想的好，即得人，表示没有白教育。事事告诉人怎么做，最愚！应由其自行发展。做错，失败一次，记得"上次就吃这个亏"。失败就是交学费，下次绝不再吃亏。如永远护航，则什么都不能独立做。小孙子买报纸，给五十元，在后面观察。家中的主轴有钱要会花，女人有阳刚之气才能成事。

祸福与共，你们应善用脑，好好地培智。"云雷，屯。君子以经纶"，"动乎险中，大亨贞"，做事不冒险，焉能成事？视会用脑与否，要会自养、养贤。训练你们的脑子，但你们的嘴好说，知无不言，嘴都看不住，不成才在此。

圣人有选贤的智慧，故能养万民。普贤，普世皆贤，发多大的愿，自己却闲不住，必先自己贤，此即人生。自己没有做，如何使别人好？仁者，"先难而后获"：一、先做事，报酬放第二位。二、交朋友，朋友先施之。人家吃一次亏，绝不吃第二次亏。先施之，朋友绝不走。简单，无高深的道理，却办不到。争利，当然吵。小人怀惠，惠而不费，必须有大智慧。因民之所利而利之，必须懂民之所利。道理平坦，中庸之道，就是做到与否。

颐之时大矣哉！

养之时大矣哉！不可以告诉孩子是在读旧书，要说是吸收祖宗留下的智慧。

懂"时"没用，得会用。同学贤，今天未必用上，一个时。今天用上的贤，实时贤。同学多，未必能治时病，非不能也。没有糖尿病者，学糖尿病专业就没有疗效可言。

《易》时大矣哉、时用大矣哉、时义大矣哉、与时偕行。《易》谈时多，时为其要义。《论语》"学而时习之"，学旧的，但以时习之，可得新的。孔子是"圣之时者"。孔学是一个"时"字，中国道统是"仁"。

孟子"愿学孔子"，讲述"不违农时""不夺民时""不失其时""虽有镃基，不如待时"。应时、顺时、乘时、御时，绝不能待时，但孟子是"待时"者，等死学派。

识时，才能拿出办法。《荀子·天论》"望时而待之，孰与应时而使之"，荀子头脑比孟子致密，但倡"性恶"，不若孟子

"性善论"受欢迎。

今天"时"太重要，要常问：此何时也？不管别人，就看自己每天净做些什么？识时，就能乘时、御时。做事苟且，因不按章法出。苟合，偶合。

我现在才感到孤掌难鸣，天天喊，没反应。昔人读三年书就考进士。同学读了十多年，也没成事，太呆，真是三呆！

应与，应而不与。应时而使之，不在乎什么时，都要主动，造次、颠沛、患难皆必于是。必须自己深入，注入式的没有用，教不来。"应时而使之"，不是一句空话。

此卦详说，好好体"颐之时大矣哉"。现大猫走大洞，小猫走小洞。何以不一个洞，大猫小猫都走？

必了解中国文化，才能在中国做成事。

历代开国军师皆通《易》，善于演八卦。明朝开国，刘伯温重演《易》，他是浙江青田人。每天都要琢磨，都要演《易》。我与小孙子有空下象棋，有时还赔钱。问："没涨价？"答："平价。"

人没有死，就应有志，活着才有劲。志，说不好即贪。应知怎么动手，不可等死（待时）。造次、颠沛皆必于是，都得主动，"无所不用其极"，最高的手段、办法。极，太极，生万物。"所"，即造次、患难、颠沛。有所，就得入，"无入而不自得"，皆自得也。自得，没有标准，不满足，哪有不贪的？"贪、嗔、痴"三毒，"戒、定、慧"之后，还是贪。贪，是个力量。三达德：智、仁、勇。五步功夫：定、静、安、虑、得。读书，必记住书中要点。

孟子"愿学孔子"，但距孔子的境界太远了，完全没有中道，所以遭荀子批评。孟子除"民贵君轻"(《孟子·尽心下》)外，皆为封建的护符。现在圣庙应清洗一番。

有时间好好看《荀子》。荀子"上下易位，然后贞"(《荀子·臣道》)，"上下易位"，隐藏多少杀伐？孔子"首出庶物，万国咸宁"，境界最高。

"五经"应串在一起，"八子"也应串在一起。读中国书，在启发智慧。

《周官》政治组织之致密，绝对有政治经验者才能写出。孔子当官时间不长，经验不足，可能非孔子所作。此书研究政治、社会者应好好研究。

是宗教都不能疑，"信望爱"，都要你信，人之为道而远人。

学术应跑接力。熊十力晚年感慨来不及写。批评熊十力的人，非但不懂熊学，也没读懂中国书。你不说，人家焉知你讲错？熊先生对儒、佛下的功夫"深细"，知其所以才真懂。"知所先后"，也不过"近道"矣！"无所不用其极、无入而不自得"，非圣人不能。

《象》曰：山下有雷，颐。君子以慎言语，节饮食。

"山下有雷"，雷动于山下，万物资之，有"所在"之动，得时而生，以正。

来子注："帝出乎震，万物得养而生；成言乎艮，万物得养而成。"生的目的在成。

"慎言语，节饮食"，养，得慎与节。"慎言语""节饮食"，两件事。"慎言语"，养德；"节饮食"，养体。病从口入，祸从口出。言语不正，损人不利己；饮食不节，则伤身。推至天下政教，法令不时，则伤民、害民之至！

闲话少说，连正经话都少说。春雷动，得"慎言语"，不可比春雷更春雷。

竹子有节，在此节绝不超过，否则即失节。要有所节制，以物自勉，天天看就懂。莲，出淤泥而不染，中空外直，不枝不蔓。周敦颐《爱莲说》有智慧，"中通外直"，中空，可以吸收一切外来的东西。

《爱莲说》：水陆草木之花，可爱者甚蕃。晋陶渊明独爱菊，自李唐来，世人盛爱牡丹。予独爱莲之出淤泥而不染，濯清涟而不妖；中通外直，不蔓不枝；香远益清，亭亭净植，可远观而不可亵玩焉。

予谓菊，花之隐逸者也；牡丹，花之富贵者也；莲，花之君子者也。噫！菊之爱，陶后鲜有闻。莲之爱，同予者何人？牡丹之爱，宜乎众矣！

我讲书老重复，因你们未到体悟境界，似懂非懂，没有深入。自己悟的，才能生根、有用，注射式的没有用。真明白了，才能受用。

我小时被逼背书，不懂。愈老愈感有智慧，走路会背，受用。小孩不懂，现不骂孙子。

初九。舍尔灵龟，观我朵颐（大嚼大吃），**凶。**

"初九"与"六四"相应与。颐，艮上震下，"初九"为尔，灵龟之象，为动之主，得失之几。吃东西时，上止下动。

"舍尔灵龟"，舍掉你的灵龟，即舍掉自己最宝贵的本钱。人人都是灵的龟，人人皆可以为尧舜。"观我朵颐"，瞪眼看我大嚼大吃，凶。

"灵龟"，养之以气，"自求口实"。此爻教人善养自己的精龟，绝不羡慕别人的好东西。

龟是吉祥物。不杀龟，因其灵。台湾地区祭拜有红龟粿。

红龟粿，台湾地区传统米食之一，常用于节庆或祭拜、祝寿场面，糕粿形状多以"圆"为主，取"团圆和谐"之意。红色象征吉祥，龟甲象征长寿，取"龟寿绵延"之意。

养龟，不必喂。龟善养气，可经年不食、不动，能吸灵气，有自养之气。龟为四灵之一。

四灵，也叫作四象、四神，即青龙、白虎、朱雀和玄武（龟蛇），是古代中国的吉祥物。《礼记·礼运》："麟、凤、龟、龙，谓之四灵。"《礼记·曲礼上》："行，前朱鸟（雀）而后玄武，左青龙而右白虎，招摇在上。"

后四象演化成为道教所信奉的神灵，称四灵。墓地地形前方，左右两边突起可以当作墓穴的地方，称左青龙、右白虎，取"护卫"之意。公堂中，左右堂柱上绘有青龙、白虎，用以镇压邪灵。

练功，贵持之以恒，出气平稳，到一个境界。睡前坐五分钟，气不平不坐，不要勉强。练完，在屋中绕几圈，再睡。要休息，坐，气出得平，持之以恒。坐长了，觉得躺下不舒服。

天下无难事，难在持之以恒。

我向乡下人买菜，买最野蛮的东西。什么都得有节，吃七分饱，反之为暴，暴饮暴食。人能控制自己，但最难，所以才没有一个人能控制别人。别人怎么吃不重要，看自己怎么吃。每个人都有灵龟的本能。别人能修成，你也能，有为者，亦若是。你将之神化，他才骗人。

《象》曰：观我朵颐，亦不足贵也。

欲太多，人轻贱之。

一个人不好好用自己的宝，光瞪眼看人吃，亦不足贵也。应好好正视自己，不必羡慕别人。自己放弃了，光说别人如何。

必要发愤，外国语必须学得好，现是地球村，离开自己的村，必用外语。

六二。颠颐，拂经。于丘颐，征凶。

"颠"：一、顶也；二、倒也。每爻，都有相应与者。"六二"不能自养，求养于"上九"，不能自养，求养于上，于丘养。求不相应与者，逆养也，"颠颐"。

"拂经"，反于常道，违背常规、常行，求养于不相应与者，"征凶"。

社会即需要而有用，水到渠成。应练有用，将来他方需要时，一拍即合。

《象》曰：六二征凶，行失类也。

忽略了正性，妄动。养道，各从其类，行为失类，乃凶。

把实力变成有利，叫智慧，才能转败为胜。要懂避风头，中国起来，至少一两百年。应放宽，不一治一乱，要重视问题。

有时舍近求远，总觉远来的和尚会念经。往求奋斗，绝对凶，行为失类也。

"致寇至"有二卦：需卦"九三""需于泥，致寇至"、解卦"六三""负且乘，致寇至，贞吝"。

人以类聚，不识其人，则视其友。谋幸福，必须用智慧。自求多福，做主动，应时而使之。如坐这山，望那山高，则任人宰割。应素己位而行，不愿乎其外。

六三。拂颐，贞凶。十年勿用，无攸利。

此爻不讲应与，讲上下。来子注："口容止，下三爻养于动者，皆凶；上三爻养于止者，皆吉。"

"拂颐"，违背养之道；"贞凶"，正也是凶。

三爻处于震动之极，阴柔不当位，虽"上九"是应与，但"上九"乃艮止之极，在颐养之终，相应虽是正，但并不真正好，而得相反的结果，正也是凶。

时常有变局，社会事多出于变数。有时以为合理，但并不合于所行之事。"拂颐"，违背所养之道。

《象》曰：十年勿用，道大悖也。

动极，妄动，"大悖"，拂养，有违常经（正道），干一辈子，也还失败。

不应去时，不必去，"不为已甚者"（《孟子·离娄下》），否则狗急跳墙。做事专走绝路不行。

六四。颠颐，吉。虎视眈眈，其欲逐逐，无咎。

"颠"，顶也，天也，顶天立地。

"六四"居臣位，但阴柔不足以养人，与"初九"为应与，又求养于"上九"，使天下人得其养，故"颠颐，吉"。

来子注："天下之物，自养于内者，莫如龟；求养于外者，莫如虎。""六四"与"初九"应与，视近；求养于"上九"，志远。"上施光"，养及于四，其欲逐逐，无咎。人贵自知、知人。用"自知之明"者，吉。

"虎视眈眈"，"眈"，视近而志远，精神，精细。才能不足，尚知求贤才，不能自用，能用人。

"其欲逐逐"，形容欲壑难填。"逐逐"之欲，人没有满足的。小孙子吃完，还抓一把放在口袋，说待会儿再吃，没想到好吃，多给人尝一尝。没想要天下人享受，都想自己再来。

"虎视眈眈，其欲逐逐"，无一满足过，一个样子，达不到目的，什么手段都来了。《易》文笔之美！真是非圣人不能，常有如诗之文句。

想成功，必须"终日乾乾，反复道也"。求之得道，吉。

《象》曰：颠颐之吉，上施（及也，布散惠与）**光也。**

有的"颠颐"，凶，"六二"；有的"颠颐"，吉，"六四"。学成方，不一定能治好病。时不同，势亦不同，宇宙为"时势"两个字，自试，自明，孔子为"圣之时者"。

看乱象，等于上一课。如自己没办法，怎知如何做？有志，要好好培养，先自讼，然后自试，还要自考，考详，此为检讨自

颐卦第二十七

己的步骤。如都是能手，弹丸之地就不得了。好好努力，先继承，融异，再创新。有所本，融异，不是骂。学人，是学着骂人？

中国学术丰富。社会的组织、行政来自《周官》。教育，"修道之谓教"，"道也者，不可须臾离也"。玄奘取经、译经，绝对有创新，佛学太高深。"举皋陶，不仁者远矣"，都变成仁者了，不仁之事都远离，仁者无敌。如是不仁者远离，则不论跑多远，仍是皋陶的敌人。

养正重要，如何才是养正？止于一，如何止？这个小岛的邪风，从哪儿来的？天天打坐，所为何来？极乐世界，是残疾养成所？哪有二十几岁，就瞪眼坐着！社会的养正，太难了！

近视而志短，每天自圆其说，不喜听不一样的话。必用教育力量改变，否则终无大用。扯到底，必有毁家之祸，"子孙虽愚，经书不可不读"，读经，可以解其愚。读书，绝不做逆伦的事，否则不孝。

六五。拂经，居贞吉。不可涉大川。

顺以从大佬，以当济人之任。

"拂经"，"经"，常道。"六二"与"六五"，违背常道。通权达变，"可与适道，未可与权"。有时，万不得已必"拂经"，即行权，但得守正。"拂经"而能笃信不疑，守正固亦吉。

"六五"能自养，但阴柔不正，无养人之才。领导人不能，要能用人，求人之助。人都有野望，见好，都想归为自己所有，谁没有妄想？但是做事没有才，什么也办不到。不可不量己力而当济人之任。不要做伪君子，自欺。应做真君子，表里如一。

"拂经，居贞吉"，处承平之世有余，然处艰难之世则不足，"不可涉大川"。"不可"的境界，不同于"不利"。

用"涉大川"，因为那时的环境，过黄河即涉大川，百姓容易懂。得将古人的话，用现在的环境去想。了解环境，然后一步一步来。

行权，必须守正，国之大本不能违背。大佬，既不争名也不分利，何以不听？

《象》曰：居贞之吉，顺以从上也。

"六五"与"六二"应而不与。有位，但是阴柔之士，违背常道，得守正才吉，绝不可做患难之事，要好好顺从"上九"才是。"上九"，国之大佬。

上九。由颐，厉（思危）吉，利涉大川。

"上九"，颐道已成，及万民。"六五"，瞪眼叫别人摆弄。

"上九"是周公，用养世之道，居安思危，位高权重，连皇帝都听他的，握发吐哺，厉而后吉。

学周公之"假"者，以曾文正学得最好，久经患难，才有智慧之生。

"由颐"，非颐由。周太王去豳，百姓仍跟着。爱这块土，必由颐行。做事不考虑是非、利害，就由颐行，每天与百姓斗术？儒家"善"的观念重要。

"厉吉"，厉而后吉，自己有所惕励，权高必须有所守，由厉中求吉。"听其言也厉"，《管子》中的"厉"字，即为"励"。

不经患难，焉有智慧生？久经患难，才有智慧生。处世之道，居安思危，由厉中求吉。曾文正足以当之，领导时代度过艰难，而不居功。

《象》曰：由颐厉吉，大有庆（善）也。

"由颐厉吉"，能战胜一切危厉，行颐养之道，上下一体，当然吉。

"由仁义行，非行仁义也。"（《孟子·离娄下》）从仁义行，居仁由义，守仁从义。养天下太难，一天出毛病都不行，"终日乾乾，夕惕若，厉无咎"，懂得惕厉，则什么艰难困苦，都能渡过。

"大有庆也"，领导时代度过艰难，可不易！历史不会埋没之，有德者居之，"一人有庆，兆民赖之"（《尚书·周书·吕刑》）。

张居正（1525—1582，明万历首辅），权臣，忽略了"厉"。权高必得有守。郭子仪（697—781，平定安史之乱）"厉吉，大有庆也"，儿子打金枝，还说"薄天子而不为"。郭缚子入宫请罪，唐代宗说"不痴不聋，不作阿家翁"。

人缺少内圣的功夫，怎能行？养德、养身、养心、养性，人人皆可以成佛。舍己之佛性，又如何自养？把持己之佛性，即可以成佛。应保自己的灵龟，不在乎别人的朵颐。有为者，亦若是，人人皆可以为尧舜，六祖是性生万法。

看别人错，应自讼，问：自己如是他，应该怎么做？有钱人不愿走上社会主义道路，但潮流是挡不住的。

颐卦自四爻以上，皆贤者养万民。初、二、三爻，皆不懂自养之道，结果皆舍己，凶。四爻，权臣、宠臣、重臣，其责任在选贤，从上，有养士之道，则吉。要如何养贤？得"虎视眈眈"，注意力集中，不分神，欲得贤如不及，一点也不放松。能如此，才无咎。此无咎，乃在上位者散布其选贤、知人之光。

自养三部曲：自省、自讼、自试。欲及时也，识时，得经自养三部曲，才能及时。识时，乘时，应时，使时（御时）。脑子无转弯，焉能知方？"见贤思齐，见不贤而内自省"（《论语·里仁》），不要骂人。赶上时，就能先时、治时。

喝茶时，琢磨，脑子别停下来。这么好的环境，还一事无成？智者就不怕世乱，大元帅不怕战争，必须懂得怎么做。

你们光有学历，没有学力，净发狂语。电视节目多，请人亦不易，每天必须有节目，但是深度不足。

应时而使之不是一句空话。不可以多话，左手办的事，不叫右手知。

"养贤以及万民"，分层负责，清朝皇帝就管八大军机而已。笨蛋则事必躬亲，不懂得分层负责。养贤的目的，在及万民。"圣人养贤以及万民"，是个伏笔。

兴京祖肇堂股份有限公司，资本五百万，每年增资，集腋成裘，可以发挥大作用。正牌山参，货真价实。振兴祖业，使参农得好处，做奉元书院福利社。人无远虑，必有近忧，成立福利社，自己的团体不能谋福利，焉能为人谋福利？胆小又笨的讲学，书呆子。得如常山之蛇，灵活。做善事，也得有钱，要扶孤，此为同学的责任。

七年目标：与韩国争衡，其制参水准高。韩国人参能贵卖，天下奇闻！人参要地气，长白山是正宗。人参不长在长白山，就是甘薯，还用水长的？有中国人的地方，都吃参。现在人家买参，不怕花钱，就怕买到假的。注册，品质保证，免得有冒牌货。

你们发财,我一分钱也花不到。不能维护天下,不能不维护小群。君子不党,群而不党。做事业有机会,要利用上环境,不在一己,成果是大家的。做得彻底像样,不可开始就骗人。永远如此,品质保证,做人亦如是。我至今未贪过一文,但对坏人可不能放过,杀恶人即救好人。

经营事业,先立信,绝不可骗人,商标在负责。做事业,要有做法,先创立口碑,有信誉,必须诚,不诚无物。女人是最好的宣传员,有便宜到处讲,最好的广告。应知本是什么,不要忘了根。本固枝荣,就向你靠。

你们应学我的精神,九十岁还创业。前人栽树,后人乘凉。活一天,做一天,不可以如活死人,行尸走肉。你们不知我干什么,我干什么总像什么。做生意,你们发财,我一分也花不到。无财,焉能养义?开拓自己的心胸,养量,见利不可以忘义。我在台五十年,对人性了解至深!

《易》讲"承乘应与"。做事要乘势,善用脑,天下没有不能办的事。

这地方太陋了!"君子居之,何陋之有?"还要加紧讲学。好自为之,善用头脑,你们太呆了,完全不懂得批判。我替良知说话,"率性之谓道"。你们受苦以后,必会想起老师当年说过的话。

政治是需要而有用,没有力量就不要下海。

要将所学用到事上,张良天天琢磨《黄石公三略》。我是中国人,在台五十年装老师,必须说真话。近一个月感触多,人品太重要!五十年不能改变一个人,太可怕!海豚都可以训练，何以你们就训练不来？

想任贤，也必是真贤，如找不到超过小舅子的人，当然就用小舅子了。我第一次回家，带一位同学；第二次，又带一位；最后，带张同学。带他，是要试他。要有所用，必有所试；要有所试，必有所悟。你们办事，丢三落四的，如何成事？真有量，也未必真找到贤，指德而言，如"子路无宿诺"。可见知人多难！

恩不自出又能养人，即惠而不费。如何用事？大的自然环境，自然地生长，即恩不自出。神也者，"妙万物而为言者也"，"体万物而不可遗也"，创造万物之美，到无以复加，自然界之妙！中国人对事物的体悟，到了至高之境，归纳出几个字，形容到最高境界。利用一切自然环境，使人得到好处，此乘势也。拆东墙补西墙，恩必自出，但总有所损。

想实际的问题，看要如何解决，不要空想。都读了，能用上多少？没有不能改变的环境，就是不知如何改变。个人环境有个人之势，能乘势，就可以惠而不费。细读，才能用上。没有刚，净用柔，如何做事？要练气势、养阳刚之气，"望之俨然，即之也温，听其言也厉"，自束其心，以束修己，不懈怠。"人之视己，如见其肺肝然。"有爱，得自性发；真爱，才没有变故，至死不渝。没有阳刚之气，又如何渡艰险？涉川，必乾刚。

人必得自厉，利害一冲突，马上做不道德的事，此人的劣根性。

严格约束、考验自己，必须每天自讼，才会进步。年轻人要向上，要严格训练自己，才能成事。人的潜力，真没法形容！自己得好好厉之以道。不能引发潜力，浪费！天天固守一个形，学谁就坏。得无常师，自师己性，性生万法。

《论语》真深入了，可以发无量智。厉己的第一步是自讼。见好东西就起贪念，祸之根苗，早晚出事。没有德，光有位，早晚得失败。你们细想，应立德。贪，偶一不慎，就糟。有德，能渡天下险阻。庆，善也。一人有庆，兆民赖之。

批评中国学术，批评容易，必求真懂。应先懂正视问题，再去研究。做学问要好好做，教一辈子书，未必有学问。

《尚书》易读，《诗经》民俗，《礼记》人事之节文。《春秋》其事齐桓、晋文，其义孔子窃取之。必先了解齐桓、晋文，传统以之为霸主。何以孔子以此二者做例子？汉儒注："以鲁当新王。"必有所本。何以不说"其事则桓哀"？注应有可靠性，距孔子才两三百年。"夫子之言性与天道，不可得而闻也"（《论语·公冶长》），性与天道，指"大易"与《春秋》。

清末《春秋》当令，连孙中山都受影响。熊十力的《原儒》应看，论"大易"与《春秋》两部书。

《论语》中没提及《春秋》，何休说"孔子志在《春秋》"。孟子知人论事，讲《春秋》深刻。《史记》距孔子时代近，说《春秋》"贬天子，退诸侯，讨大夫"。

《史记·太史公自序》：上大夫壶遂曰："昔孔子何为而作《春秋》哉？"太史公曰："余闻董生曰：'周道衰废，孔子为鲁司寇，诸侯害之，大夫壅之。孔子知言之不用，道之不行也，是非二百四十二年之中，以为天下仪表，贬天子，退诸侯，讨大夫，以达王事而已矣。'子曰：'我欲载之空言，不如见之于行事之深切著明也。'夫《春秋》，上明三王之道，下辨人事之纪，别嫌疑，明是非，定犹豫，善善恶恶，贤贤贱不肖，存亡国，继绝世，补敝起废，王道之大者也。"

《易》智周万物，道济天下，裁成天地之道，辅相万物之宜。裁成，即"易其田畴"（《孟子·尽心上》），才能"制民之产"（《孟子·梁惠王上》）。《易》放诸四海而皆准，上自天下至地皆以之为准。后人研究《易》，无一自根上论，都自以为是真诠、本义。朱子《周易本义》，自以为最真，但人读完仍不懂。因不真懂，不知其所以。

孔子的东西被毁的很多，留下的都是与当政者有关的。孟子称"诸侯恶其害己也，而皆去之籍"（《孟子·万章下》），如修德，改了多少不合于己的东西，是有目的，所以要修。自现有舆论，可以证知。

熊十力翻版，其《原儒》《乾坤衍》是"文化大革命"。"安仁者，天下一人"，"大道之行也，天下为公"，"大易"与《春秋》绝对是革命的书。

熊子说："看乾、坤两卦的《彖》，思想的总纲。"《易经》所有的卦，应是解释乾、坤二卦，"大哉乾元、至哉坤元"，"首出庶物，万国咸宁"。但今本《易》却不是。要知中国思想开始是怎么一回事，才能够超越。

吸收佛学，也必是中国式的佛学，必如中国人之影响佛教。自玄奘所译的佛经看，绝对中国化，确实下过功夫。看今天大师文集，其语言文化只有一小撮人懂，虽有学问，但对谁都没有影响力，能影响老百姓？学术，重在融会贯通，才能立说。只有不失掉自己的民族文化，才能影响中国人。自大环境看，必做超时代的人物。玄奘将佛学中国化，融异，此后佛教影响中国之深刻，与百姓打成一片，合而为一。现在各大学讲什么文化？一出校门，就没有用。

如早树立一个文化，也不会"全盘西化"至此。现中国文化正处在分水岭上，如何走是智慧？怎么做学问？真想站起来，文化必须先站住。你们应立志，每个知识分子都应以这八十年作为警惕。"豪杰之士不待文王犹兴"，要培养正知正见，有先觉有后觉。可以不成功，但不可以没有见地。要接棒，述而不作。

你们应好好努力，做全民族的人。亚洲联盟要形成，非洲亦如是，此天命也，但自己也要有所树立。租借地悬挂"华人与犬不可进入"的牌子，是把中国人初步地打醒。

中国有悠久的文化，不做时代主人翁，也太可笑了！人必须有特殊立场，才有特殊地位。下十年功夫，至少找到路子，再往深的方向去走。

《春秋》比《易经》还革命。《孟子》中谈孔子作《春秋》，证明孟子学过《春秋》。当时孔子为诸子之一，其作并非经。《荀子》文中，有"上下易位，然后贞"文句，因为是子书，所以没有被毁掉。自思想努力，没有所谓新旧。

人活着不在长短，而在乎有用。看人上极乐世界，亦极乐；住大宅院，还嫌麻烦。自观念树立正确，在大学混饭吃，太丢脸！我好坏地方都去过，什么事都做过，就没做过"总统"，否则，太不懂得人生。教书，不可以当饭票，就得说真理。

季刊、年刊、期刊，那么多的刊物，何以要写文章？做什么？对很多人一点帮助也没有，未见太多有启发性的文章，现在犹未跳出五四的范畴。

北京今天的变，真没法形容，进步之快速！应树立中华民族文化。中国问题、人类问题，要做华夏文化——有人的地方就有中国人。中国强，至少三四百年，今后不再有起落政权之变。

要有目标，看走哪条路子，必须用中国智慧，即成方子。《战国策》即成方子，至少懂得怎么办。再按时、环境印证。诸子百家皆成方子。看三个方子，用上就够。听说话，就知是否愚人、废物。对方一丈，你应高一丈，得有先识。

南非曼德拉有政术，达到了目的。自实际看，你们何不好好造就自己？

孩子交给没有知识的人带，形同喂小猪，就光会养胖。生小孩，必须有所牺牲。于人无好处，何必自己受苦？先立个目标，要有方向。脑子有启发，最为重要。自讼，自明，自求口实，自试。

伯夷、叔齐的伟大，在反对"以暴易暴"。管仲功高震主，有微词在此。孔子赞美管仲"如其仁，如其仁"，但又批评"管仲之器小哉"，因为不再往前进步了。

古代讲理学的，很少只一个老婆。讲易行难！唐君毅（1909—1978）算（人生）较为完整，孩子也正常。许多大师，儿子与他处得不好。

将来做事，必须将所学的智慧用到做事上。中国学问，完全是实际的，能用事。"利有攸往"，即利于有所作为。"利涉大川"，即能渡艰难。都不是空话。"学而时习之"，就有心得，能不悦乎？因此，"有朋自远方来"。

"入则孝，出则弟，谨而信，泛爱众，而亲仁。行有余力，则以学文。"(《论语·学而》)能亲仁（人）了，"行有余力，则以学文"，没有行之德，又如何经天纬地？孔门四教——文、行、忠、信，"文"为首，是学治国平天下的大道。文王，文德之王，圣王。文没在兹，"法其生，不法其死"，是活文王，不是死的周文王。学夫子之文有一套，并不是学文章。我再四五年，将"五经"另弄一遍，读《春秋》有帮助。

回去要接着想，不是笑一笑就过去了。"德之不修，学之不讲……是吾忧也"(《论语·述而》)，学了，就得讲，孔老夫子何必天天担忧。你们懂中国学问是什么？何以不讲？不讲空，先自实际入手，知行必得合一。不做，没有体悟。必须真做。

老祖宗创造，仰观俯察。《易》到孔子才完整，中国学术到孔子才完整，故曰"集大成"，成大成至圣先师。要有多高的智慧？至少要有判断力。看《易》的文字结构，可真是伟大的文学家，乾坤两《象传》，把宇宙都连在一起。

《心经》译文之美，真到无以复加！"行深"，体悟到道之深，深入得不得了！人必须要有包容心，不必老看别人的不对。

"不可为典要，唯变所适"。读一卦一爻，要深思，追其所以，问："何以说这句话？"一爻一世界。"天之历数在尔躬"，此中医"天人合一"之思维。

大过卦第二十八

（泽风大过　兑上巽下）

兑为泽，巽为风，为木；泽本润木，今乃灭木，大过。

大过卦卦体，大即阳，阳为大，四阳居中相聚，二阴在外，阳过于阴，大者过也。大象坎，坎为栋，坎为险，栋桡之象。

《序卦》："颐者，养也。不养则不可动，故受之以大过。"

一个人不能没有修养。环保，捡心理垃圾，比捡外面垃圾重要。"不养则不可动"，今天是不养则动，没读"四书"教"四书"。大人之才过于常人，才能正天下之大过。"大过"，大过于常。常，常例，即超过普通水准者。不是超乎常理，索隐行怪，如特权阶级。大过之才，大过人之才。有特别超常之才，才有超常之业，成不世之功。

大过之才，是自大畜来的。大畜者，畜大也，"养其大者为大人"(《孟子·告子上》),有所畜才有所养,畜了大才能养这个大,才有大过人之才。自养力量,不必顾虑太多,谁也不能把谁怎么样,小人之行无往而不利于君子。

《杂卦》:"大过,颠也。"

大过于常,即超过普通水平。大过是好卦,但如用之不当,也成坏的。过中,过其所适,则害之。适其可,过之则害,害己害人。

《杂卦》:"颐,养正也;大过,颠也。"颐、大过二卦相错。得自养,才能养民、养世。有自养,然后有超人之德,才能立大业。养学识,养德,得养自己,不能光有野望。盲动,其失败一也,碰鼻子有先后。成就大过人之业,必能抓住大过人之时。刘邦角力不过项羽,但能抓住时发狠,低调些,以柔克刚。

来子注:"乾坤也,坎离也,山雷也,泽风也,此八卦也。乾与坤错,坎与离错,泽风与山雷相错,风泽与雷山相错,六十四卦,惟此八卦相错,其余皆相综。"注意错综。

今天第一步得正什么?正伦。拨乱反正,格致诚正。人伦大过时代,必有大过世之才才能正,首为孝慈。今天台湾地区政府、学校、家庭都没有伦可言。昨天两个小女生失踪,今天忠孝东路三人抢北企银,真是《新世说新语》,写都写不过来,一个月就发生那么多的事件!

今天即大过之时,必有大过于人者,才有大的成就。"空城计"即大过,诸葛亮的智慧、胆识大过于常人,超过标准。我不喜孔明,但肯定其具有大过于常人之智、识、胆。空城计只能用一次,因其为人平时谨慎细心,不敢迈大步,所以司马懿也被瞒过。普通人不能用。

传统以"中"为标准，超过一点为小过，超过多则为大过。矫枉，必得过正，超过了，一松手，弹回到中。

每卦要深入。就卦体而言，大即阳。中国人学大，读《大学》，学完，必有大过人之智勇，成就大过人之业，但得大才才能。要自养，没有自养之德，能养人？没能知"民之所欲"，能"民之所欲长在我心"？防未然可以，马后课没有用。人必要有自知之明。人必自侮而后人侮之。

中国人一开始就学大，应好好冷静读《大学》《中庸》，对做人处世有莫大的作用。我讲错的，有价值，不是常人所能了悟的。性生万法，"率性之谓道"。学大，得"明明德"，明"明"之德于天下。大的德行即"明"，"明"即"终始"，生生不息。"明明德"了，即自觉；先觉者的责任，在觉后觉，"新民"。做事，得"止于一"，即"止于至善"。"唯天为大"，"大"的含义太多。成就不世之业，必大过于常人。大过，大者过也，"君子不器"即大，能容，有容乃大。

大过，栋桡，利有攸往，亨。

以房子的结构形容骨架。中间四阳爻，大者过也；"初六""上六"皆阴爻，"栋桡，本末弱也"。

大过者，大者过也，成栋梁之材。《释名》云："栋，中也。居屋之中也。"任重之义，任重并不吃重，不费劲。抓住机会，既识时又有才，"圣人不能生时，时至而不失之"。

《说文》云："桡，曲木。"弯曲也，如何利有所往？百余年来，中国有大过之才的人有多少？一时代有大过之才的人太少了！

没深究，没震惊，没用处。民国时期的学术宗主，唯熊十力一人而已。

不要刚一懂事就自欺，先要畜大，以大养之，才有大过人之才、之能，才能成大过人之德。武将不怕有战争，读书人在乱世，不能显已之才能？在乱世，正是显才能之时，是济世之才，所以亨。

《象》曰：大过，大者过也。

程颐注："大者过，谓阳过也。在事为事之大者过，与其过之大。"任何时代，皆有惊天动地之时来，但无才亦不可过。有才则知进退存亡，可成千古人物。

栋桡，本末弱也。

以卦体引申卦德，上兑（☱）下巽（☴），"栋桡，本末弱也"。"有始有卒者，其惟圣人乎"（《论语·子张》），可以不朽。人如"本末弱"，就完了，没有承担的能力。

刚过而（能）中，巽而说（悦）行，利有攸往，乃亨。

刚过能中，刚多了，能守中，是一个德。守中，太难！尧、舜、禹三代都守中，但方法（术）不同。"人心惟危，道心惟微；惟精惟一，允执厥中"，"中"可以消灭很多祸患。

巽能悦行，巽顺，谦言德，谦、巽，两个德。"其言不让"（《论语·先进》），不懂谦。谦，其言必让，说话总给人留一步，"似不能言者"（《论语·乡党》）。谦能悦行，利有所往，才能亨。

刚过能中，矫枉必得过正，才能发挥效率。巽能悦行，才能成大过人之业。孔子之学讲的是个"时"字,故《论语》以《学而》篇为首。《论语》读明白,不得了!学问随时都能使你修为。不要妄想,必脚踏实地。

用历史印证,有功夫,何不好好造就自己,成大过人之才?

大过之时大矣哉!

程颐注:"大过之时,其事甚大,故赞之曰大矣哉。如立非常之大事,兴百事之大功,成绝俗之大德,皆大过之事也。"任何时代皆有惊天动地之时来,但无才亦不可过,有才则知进退存亡,可成千古人物。

"时大矣哉","和顺于道德而理于义"。

"大过之时"太重要了!在大过之时,大过人之才可以治时,如此,绝不被人牵着鼻子走。天下人都不同意你,你必须站得住。古代再没有比儒家肯为别人多负些责任的。

在大过环境中,要有所成就,必把握大过之时,君子而时中。成功者既识时又有才,常人则不识时亦不知己才,过力甚苦。识时,方能济时。

佛即觉,众生与佛,差别在觉与否。学者,觉也,效也,必须觉。学,非自外买来的,本身就有,"我固有之也"(《孟子·告子上》),不知道即迷,知道即觉,觉就显现。"菩提本无树,明镜亦非台。本来无一物,何处惹尘埃?"(六祖偈)无镜亦无台,不觉就不显现。六祖觉了,不必擦拭。无妄,就成佛。自"可欲"入手,亦即中道。

有些人之短处:无情、自私、短视近利、不团结、争名夺利、愚笨,不仁、不义、不孝、不慈。人要自觉,才能成才。

想怎么样，没用；得怎么样，才有用。醒世之言。你们偶一不慎，在劫难逃，哀莫大于心死。常问："此何时也？"不懂，就不知如何处理问题。

《象》曰：泽灭木，大过。君子以独立不惧，遁世无闷。

程颐曰："泽，润养于木者也，乃至灭没于木，则过甚矣，故为大过。"泽能润木，至灭木，则太过了！以"泽灭木"这种大过修自己。有智，可用《易经》发挥一切。冷静好好读《易》，什么病来都治。

"独立不惧"，修养己之气魄；"遁世无闷"，"不见是而无闷，乐则行之，忧则违之"，有此修养，才能"独立不惧，遁世无闷"，自己独立，可不易！"知我者，其天乎？"（《论语·宪问》）独立了，已见成效，此慎独的结果。

什么是独？在己曰独。人人都有独，必须慎这个独。慎独，因己之独未立，"君子必慎其独也"，"天上天下，唯我独尊"，最尊的即独，亦即人性，人人所独有，各正性命。慎独，独立了，大家都慎独、独立，当然不忧不惧。有独之立，才不惧，"遁世无闷，确乎其不可拔"！

怎么慎独？从哪儿入手？修完慎独的功夫，才能独立不惧，才能"遁世无闷"。"不见是而无闷。乐则行之，忧则违之，确乎其不可拔，潜龙也。"必以精神养身，胜于有形的养。德是龙，时则潜，不潜则违时。

任何问题，都依经解经，深求入手。"吾道一以贯之"，证明孔子"得一"了，最后"改一为元"，因为道不能以数论。"大易"与《春秋》立了本。讲奉元之学，就重视《易经》。

何以惧了？勇者不惧。人心无所挂碍，就没有恐惧。惧有深浅。林觉民《与妻诀别书》，无一句话语无伦次。我们有些人是装腔作势，净说假话。

人不闷，岂是容易？诗文中过闲云野鹤的日子，修养高。我在屋中五十年，没想过要出家，否则已成长老。出家非易事。十几岁被送到庙出家，最不道德。假出家，干不了。出家，就得守戒，干什么像什么，戒、定、慧。不可以将出家当职业。

大过之时，等大过之才来成其大过之德。权势机巧奸诈，都无法立身。不怕不识货，就怕货比货。什么都不怕，最后什么都得怕！我赶上从"亡国奴"变成"主人"了！史家净写流水账，应是思想家才行。流氓，皆过眼云烟。蔡锷，时令成功，借小凤仙。研究人家怎么成功，天下无巧取豪夺而成功者。时至而不失之。真懂，才用得上。

人必须有点见地，不可以利令、势令智昏。一举一动平添许多笑话，《笑林广记》都记不过来。

《笑林广记》是清代文人"游戏主人"——编成的，可算严格意义上的笑话集，语言风趣，文字简练隽秀，表现手法也十分成熟。分十二部，每部皆有其独特主题。一古艳（**官职科名等**）、二腐流、三术业、四形体、五殊禀（**痴呆善忘等**）、六闺风、七世讳（**帮闲娼优等**）、八僧道、九贪吝、十贫窭、十一讥刺、十二谬误。

其素材多取自明清笑话集，或编者自行撰稿。在形式上，以短小精悍者为主。大部分作品抓住了生活中某些丑恶现象的本质，深入揭露，一针见血。刻画人物大多用夸张手法，文字简练生动，语言犀利，风趣幽默，结构精巧，具有很强的喜剧效果。全书对于芸芸众生里常见的贪淫、鄙吝、虚伪、昏昧、失言、惧内等现象，多所嘲讽。对于某些生理有缺陷者，也不忘挖苦戏弄。整体而言，虽难免有不够厚道之讥，但其题材为各种人、事、物之现象，因此具有扣紧社会脉动，呈现民间风俗的功能，故颇能反映世情，振聋发聩，值得玩味。

　　许多学人并非讲道理，而是作文章。押韵好文，但不见理。王弼是天才，文与义并茂，值得重视，但没作完《系辞传》就走了。任何人著书，皆一家之言，自圆其说。程朱之学，说句公道话，并非孔子之学。熊十力霸道，人称"新儒祖师"。有些人可以教书，未必能用世。可以胡扯，但扯完就完了。得实际，通达。活得健康，不要自欺。要求己，不要求人。

　　"知人则哲，唯帝其难之"，所以尧还有四凶。不要着相，《金刚经》"应无所住而生其心"。人最善于说自欺的话，想自欺的事。

初六。藉用白茅，无咎。

　　"初六"以柔处下，谨小慎微，可以"无咎"。

　　"藉"，垫个垫子。东西放在哪儿，下面必垫个垫子，古时用茅草。为显慎重，乃用洁白的茅草。白茅可能更为柔软。白茅，茅本白，又用白茅，洁中之洁，慎之又慎。白茅保护东西，最高的保险。

　　有才能，想救世，必"藉用白茅"般谨慎小心。知道用物，才能无咎。为达目的，必须有点术，此智慧之事，"治大国，若烹小鲜"。治小国，必存大国所无之精神，才能生存。

　　《系辞传上·第八章》子曰："苟错诸地而可矣，藉之用茅，何咎之有？慎之至也。夫茅之为物薄，而用可重也。"昔日贵重东西，用茅垫上，以此保护之，超过一般的谨慎小心。贵重之物，不见得就有大用；茅并不值钱，而用处特别大。"人皆知有用之用，而莫知无用之用也"（《庄子·人间世》），永保存薄，你才有重用。人家愈是不重视的东西，你去重视才有用。

"慎斯术也以往，其无所失矣"，慎术，如很多修为。慎术之士，于社会上什么滚都打过，以后所行皆功夫之术。保存本色者，懂得政术。必须保存自己的特色。无论官怎么高，仍要保存平民特色；一旦失掉特色，就没有作用了。

乱，得"藉用白茅"。今后问题太多了，你们应好自为之。你们应怎么办？到哪里找白茅做垫子？下一步怎么做？

什么是白茅？如找不到白茅，修为又不足，能无咎？社会事，需要而有用。看今天需要什么人才，就学什么，即圣之时者。

《象》曰：藉用白茅，柔在下也。

《小象》，"柔在下也"，美之极！特别值得深思。柔，犹不足，还要在下，巽而悦行，想成事必用柔。以此修德，才能成功。

在大过之时，不可掉以轻心，粗心大意地决定一事，什么书也没看过，就空谈！要小心谨慎，如一宝贵的东西，下面垫白茅，才能无咎。偶一失策，满盘皆输，无法弥补。

以柔克刚，刚办不了事，柔在下，才能保住一切东西。谦巽，慎而又慎。体，为巽；用，柔。以柔克刚。实际多学习、多领悟，然后判断，慢慢地就能进步。这时代好好自试，看自己的判断对否，长了，可以有自己的看法，不要人云亦云。以现在局势论，看现在谁是输家？

大过卦第二十八

九二。枯杨生稊（音 tí，杨柳新长出的嫩芽），**老夫得其女妻，无不利。**

杨树易于生长。"稊"，第二代树的生命。杨木长得快，木质松且直，经久不烂。杨木本质轻，一着水就重，愈潮愈硬。

"枯杨生稊"，比初生、再生还重要，成生育之功，可有无穷的厚望。"九二"阳刚得中，当大过之时，应于少女。兑为少女，老夫少女苟合，两人年龄相差大，老夫少妻，过以相合也，可以成生育之功，故无不利。

齐桓公能用仇人，故能成就大过人之业。管仲与齐桓公，二人原是敌对的。一个成大事业者的胸襟极为重要。齐桓公能相信敌人、用敌人，终成就霸业。成就不世之业者，必须有大过人之智。没有超人之智，能渡过大难关？讲大过，非讲故事，没有大智、大德，绝不能成就大过人之事业。

做大事业，以造就接班人为第一要义。枯杨本身枯，但其身上又生出小杨木，为第二代。能齐家，就能治国，《大学》《中庸》必须好好看。任何事业无一人成功的，必须有群德。

《象》曰：老夫女妻，过以相与也。

刚开始画卦，教百姓怎么用记号。在危局中，要如何求福？

"老夫女妻"，处世，刚柔相济，生稊之功。老夫得少妻，人永没绝望。在社会上有"忘年之交"，想办法，用非常手段，求相与。得会用自己之长，不是完全用优越取胜，有时用缺点亦可求胜，如吕尚。

据民间故事传说，吕尚不得殷商诸侯所赏，至渭水钓鱼，希望能遇见明主。他的钓法奇特，短杆长线，线系竹钩，不用诱饵之食，钓竿也不垂到水里，离水面有三尺高，并且一边钓鱼一边自言自语："姜尚钓鱼，愿者上钩。"樵夫武吉嘲讽道："像你这样钓鱼，别说三年，就是一百年，也钓不到一条鱼。"吕尚说："你只知其一，不知其二。曲中取鱼不是大丈夫所为，我宁愿在直中取，而不向曲中求。我的鱼钩不是为了钓鱼，而是要钓王与侯。"后来，他果然钓到了周文王姬昌。

"老夫得其女妻"，是圣洁的帮手，而非破烂货。"过以相与"，过因相合，虽"过"，需要就有用，求相与，绝非无希望。做事无帮手，绝不会成功。但"相与以德"，找志同道合，必要圣洁，以义、道合。以"宁缺毋滥"为原则，志不同、道不合，不要扯在一起。

九三。栋桡，凶。

"桡"，曲木，已有桡败之象，栋不能胜其任。
阳刚不能胜其任，"不可以有辅"，凶。

《象》曰：栋桡之凶，不可以有辅也。

"九三"为下卦之末，"九四"为上卦之初。三、四爻皆中，为栋。

以刚居刚，太刚则凶，刚愎自用，"不可以有辅也"，"贵而无位，高而无民，贤人在下位而无辅，是以动而有悔也"（《易经·乾卦·文言》），亢龙有悔，爱莫能助。往实际想，不要做文章。

"九三","栋桡之凶,不可以有辅也",本身如朽了,"不可以有辅也","朽木不可雕也,粪土之墙不可圬也"(《论语·公冶长》)。自己必须有站起来的能力,否则人一松手,你就倒了,帮你的并非你的腿。朋友之道,救一饥,无法供百饱。责备朋友得有道,不能无限求。

刚强太过,处处显己。如看人家好,心里不舒服,即卑鄙,以此衡量自己。人之短,即嫉妒,日久则离开你。如天天表现"柔在下",朋友必助你一臂之力。

九四。栋隆,吉。有它(tuō,别的,另外的),**吝。**

"栋隆,吉"为原则,亦即定理。"有它,吝",心有别念,吝道也。

"九四"阳居阴位,故为"栋隆",本位。刚而守中,吉;"有它",心有二用,吝。"九四"与"初六"相应与,可成栋梁之材,不必再与小人交往。如心有其他的寄托,心有牵挂,即吝。不可"有它",三心二意。

《象》曰:栋隆之吉,不桡乎下也。

"栋隆之吉","九四"臣位,阳刚有才可担大任,因刚柔相济。

"不桡乎下",人能守住欲难,可不能"桡乎下也",让部下扯了腿,要明察左右有无败事者。身负重任,一弄砸,下就桡,不可因"初六"而使自己腐朽。"下",阴柔的东西都在内。

担当大任者，不可以有私心，否则虽无大危，亦吝之象。要好好玩味，《易》的智慧只要了解，随时都可用上。

九五。**枯杨生华**（花），**老妇得其士夫，无咎无誉。**

"九五"以中正居尊，找不到相与，就找相比，即"上六"。

"枯杨生华"，生花无益于枯杨。"老妇得其士夫"，生育之机绝，不能成大过之功，只是无咎无誉。

该枯者不应再令生花，反常。自己到什么境界必自知，素贫贱行乎贫贱，不必打肿脸充胖子。

中国常"老杨生华"，一朝代又一朝代。时事要研究，练习对国家负实际责任。大家都可以有意见，不待当官才做。智周万物，道（结论）济天下。人生观特别重要，努力，要将成果贡献出。读了，可得启示。

《象》曰：枯杨生华，何可久也？老妇士夫，亦可丑也。

"何可久也"，言终散漫，"亦可丑也"。

宇宙间有一标准，即中。"枯杨生华"，顶多昙花一现，"何可久也"？要把持可久之道。

"士夫"，未结过婚的小男孩。"老妇士夫"，一愿嫁一愿娶，"无咎无誉"，但失偶，事情不圆满，"亦可丑也"！丑，不美！

人生多半如此，碰上环境，一讲就明白，多么惊心动魄！成就在自己，无人能帮你忙，成就多么不容易！

上六。**过涉灭顶**（首），**凶，无咎。**

"上六"处大过之极，才弱不能以济，自始基础就不好，不能冒险过涉，凶终隙末。自取其咎，何可咎也？

要慎始诚终。在最光彩时，就可以功成身退，急流勇退。否则，"过涉灭顶"，逞强，就灭顶，凶。中庸，用中之道。用中，则左右逢源，和而不流，"君子而时中"。

灭顶之凶，何以无咎？如文天祥，凶，但无咎，大家说他"正气长存"。岳飞，虽凶，但无咎；只是读书没明白，口号喊错了，"迎二圣还朝"，那置"三圣"于何地？凶。但大家不能不赞美他的一片精忠报国之心。

《象》曰：过涉之凶，不可咎也。

"过涉"，大家都强渡，是冒险。勉强做一事，有灭顶之凶。"不可咎也"，人无得而咎之。自取其咎，何可咎也？

遇事必须冷静，天下无不可过去之事，不要拼死命，最后想投机，终同归于尽。

历代都有愚忠者，错虽错，"不可咎也"。

大过卦，自初爻至"上六"，为成大过不世之业的步骤。贵乎有信心，才能自救，人就怕有志、有意念，相信自己很重要，成功于此、失败于此。自己有所立了，才能有成；如立不住，就完了。想成事，必须用柔，此属于智慧之事。最低必须有信念，跌倒了，必须自己有站起来的力量，相信自己，否则别人是爱莫能助的。

今天必须勇于济，因凶而吉，如史可法、文天祥。中国文人，不只谈政，还要搞政治，因为"吉凶与民同患"，"圣人贵除天下之患"，通天下之志，才知天下之患。

养大、畜大，即则天，唯天为大。养，可不能"舍尔灵龟"，最要为保、养、存己灵龟，自己都有，不必外求。学佛，本身就得成佛，活着成佛，行。学佛，以佛心为己心，以佛志为己志。人的修行，真不易，守太难！不用责备别人，应责备自己，自己的生活自己知。一请死的一请活的，如妓女之争宠，哪有修？想成事，必须有德，言行一致。德不足，不能成事。人缺德，是不得了的。

我"千佛刊经"，佛像拿出，但送回的不到两百人。我索隐行怪一辈子，但平平安安的。我总画观音佛，一边画一边吃豆子，已画四百张。

总有自己不完全说出的伪，不好利但内里仍存好名。人死什么也带不去，唯有业随身。松山寺一烧，我哈哈大笑，德不足也！

我夜以继日做善事，但有些人逼我不善。我写《恶僧传》，三个没骂的和尚，皆列在《天下》杂志内。不希望你们上庙，可以信宗教。德不足，不能做事，不必嫉妒。

真想做事，不要开始就自欺，"人之视己，如见其肺肝然"。人生就是一台戏，我这生苦，但未做一违背良心之事。杀恶人，即为善。孔子一上台，即诛少正卯，不许恶人传染。该杀与不该杀，分野何在？

我反对新帝国主义、汉奸。许多人引狼入室，只想保住己位。为何而活？人必得知为何而活。我这台戏唱完了，也过点人的生活，可再组一饭局，最少每个月一次。人活着就为吃，但有人真吃素，几个真正迷信的学生。我是六祖式的素亦可吃。

佛牙，就宗教而言，当然是真的，宗教是信，庙里有泥塑佛。自己要懂得辨，坤卦专讲辨，"履霜，坚冰至"，"由辩之不早辩也"。

《春秋》与"大易"相表里。开窍才知，到程度就懂，以时事印证就明白。必有境体悟到，一提就明白。

拨乱反正，矫枉过正，"正"为中国的标准，"子帅以正，孰敢不正"？以正衡量所有人正的观念。礼，处理一切事物的规则。《诗经》，性与情的表现。《礼记·乐记》看中国人如何调和人与人之间，闲事就生非了。《周官》讲联与均。"元生共祖，仁无际界。万物备我，均享天福。"元、仁、性、一。

理路必须弄清，否则怎么走路？学什么，都有一定的理路。修史，历史是一阶段一阶段地记录，把于大道无关者去掉。《史记》，例、纲、要，史学的洪范，有无尽的蕴藏。从《史记》一直读到《御批通鉴辑览》。好好努力，现在有何值得看的？为何不换一脑子？动脑子最重要。想有成就，必有环境。

领袖必须有智慧。看今天人心变得多可怕！拨乱反正岂是空的？这个时代是什么？皆逐欲也。一旦掉入欲海，失败了就起不来。周文王被囚演《易》，失败了也不废颓，我在屋中溯本追元。要知道怎么用智慧，不要净逐欲。不懂失败，焉能取得成功？你们的脑子太笨，为你们讲多少宝贵的东西，你们都浪费了！

绝不可以养欲，有什么嗜好都一样。食不求饱美，不要非什么不吃，应遇什么就吃什么。求饱美，"自作孽，不可活"。我做事有恒。人第一个要修"毋自欺"，要时常检讨。

许多文章不明白，另串一下，就明白了。"大哉乾元，万物资始，乃统天"，"立天之道，曰阴与阳"，"一阴一阳之谓道"，"继之者善也，成之者性也"，"阴阳合德，刚柔有体"，"天命之谓性，率性之谓道，修道之谓教。道也者，不可须臾离也，可离非道也"。何以从元就有了万物？"立地之道曰柔与刚，立人之道曰仁与义。"此即功夫，非一般人能懂，岂能首肯？下功夫，非聪明即可巧得。

另出发，得有种子、元，以肥料培养种子。有丰富的肥料，创世的智慧，通（同）化。

瞪眼说瞎话，人就是人。人生就因一个"欲"处理不对，造成多少的"伪"，大大方方就不出事。做人事，我都赞成。我是怪人，净做怪事，十年还不打算死，成立书院，要重兴中国文化。最可怕的就是一个"伪"字。很真地去做人事，是人就可以做人事。社会的罪孽就自"伪"来的，要把这个时代"伪"的文化翻过来。百姓想维持现状，不想要战争，如何做到此？此乃知识分子的责任。

解决民族问题，要尊重各民族的文化。改其姓，其心中能服？谁也不侵害谁，就成了！

怎么处理族群问题？要点在哪里，症结之所在，懂得病根，就知怎么治病。要面对现实，解决真正的问题。

读这么多书，何以用不上？太笨了！我可增长许多方法。头脑要致密，必训练、培养。看《乾坤衍》，说出六个字即知明白，必如此练习读书，才能开窍。根据一点，可以写出很多办法。不在文章好，贵乎能行。没发挥效率，空文也。

是中国人，应用中国的"礼"与"法"治国。要懂用脑，读完一篇，真得其好处。以一公式，可推演很多。大同，非小处同。

此讲学宗旨，岂是腐朽教授所能明白？多读书，存肥料。

读书，懂用脑，一个字都能促成功，一字诀。

自《超限战》可得多少启示？

大陆作家乔良、王湘穗，1999年出版《超限战》(2016年8月于长江文艺出版社再版)，此书立足于美国在越战后的历次战争，特别是第一次海湾战争与科索沃战争，并且与网络攻击、亚洲金融风暴、国际极端恐怖主义相结合，认为未来的战争将是无处不在的，不论何地都将是战场。

正面启示，更要振兴中华文化。看什么书，都要做卡片，玩味。得启示，马上写下。各人所得启示不同，在各人知识范围内。

高血压、心脏不好，用醋泡花生米，加大蒜，至少泡上七天。每晚睡前吃六七粒。

我在台吃素是为自己的胃。回北京，可听戏。只要不花钱，什么都干。但有时为许多事，不能不放弃己欲。我是人，你也是人，我能做，何以你不能做？我的坚强，是自环境训练出来的。在日本，不与汉奸说话，最瞧不起"奸"字号人物。人品很重要，交友，看他是不是人，他能出卖别人，就能出卖你。不孝人不可交。穷朋友有义气，可为你两肋插刀。

不迷信，使之信之有道，找一替代品，用正说补邪说。

"没有梧桐树，难招凤凰来"，所以要修书院。这块地，有人出五亿元。要懂你们责任之所在，自求多福，不仰靠他人，实事求是。

一个人要有价值，非学尸。到哪儿都要表现自己能动，是

易经日讲

活人。即使有人骂，都是成功。有人骂，证明你一定高过别人。失败了，要想怎么东山再起。做事必须有人、有步骤、有计划。

书非看完一遍即完了，必须深入。读完之后，必问自己：得到什么了？人的智慧不一，许多人不知社会的演变，所以不知时，净扯后腿，百姓焉知往前走？皆人之为道。我就守分，许多人净造谣，不伦不类。

有人侵害了自己的权利，如果你不说话，他就会得寸进尺。

何以三级贫户、一介书生不如人？我们的教训太多了，成死棋子，又有何用处？没用，成尸。贵乎有智，到什么时候应怎么做事，不能以常道论。摆在面前的许多例，应怎么做？重要是防未然，不使危险发生。谈怎么解决问题。"慈济"因一帮女的成功了，心肠软，有真爱。我强调"道济"，贵乎能行。

听一人谈话，就知其观念如何，不怕不识货，就怕货比货。你们留心时事否？要时时留心。不得志者，给一个得志的环境。人才都有用，得会用。学过的都要会用，读过的每篇、每章都可以用上。现在已到阵头，不可以再拖了。不能靠任何人解决自己的问题。一件事发生，即"机"之所在，应马上知道要怎么下手。看事，要分析。

什么书都看，才知怎么谈问题。此机也。抓住机，要会利用机。必须有丰厚的常识。机会来，随时会用，得多么聪明！什么准备都没有，就靠民间救灾。民间说：公家医院医药都成问题。天意？巧合？埔里祭拜，十三年建的庙，三秒间垮了！埔里遭劫了，一群缺德鬼！

儒家讲御天。元，能统天，天人合一，人能御天，所以"与天地参矣"！儒家没有宗教观，自《易经》可以看出。"太极生两仪"，道家学派。

成功在于：是你背龙（变也，时也），或是龙背你？必资"时"与"龙"，术为"乘"，则能御天。

强本，有正当职业，再节用，天也不能使你贫，《大学》云："生财有大道：生之者众，食之者寡，为之者疾，用之者舒，则财恒足矣。"

读一书，必了解其人。思想家因缺少勇，所以少有成就。有思想，得按着思想去实行，自试也。没胆，怕死，有智，没有行的胆量，也没用。应按自己主张干，但不失于正。止于至善，知止而后有定，定于什么？定于一，止于一，正也。读书，必都贯通了，才懂得"吾道一以贯之"。止于元，境界更高，奉元行事。

以熊子的观点看，康有为等人皆有毛病。《乾坤衍》到底讲什么？看熊十力如何解释乾六爻。《乾坤衍》好好看，才能看懂我讲的《易经》。自己要体悟，自《春秋》悟。

什么不好的事，内都藏着"善"。如因一次地震，知不能战争，岂不是善？以小事大，必得占便宜。要认识问题。宇宙就是个戏台，必有打旗的。领袖不会坐满广场。遇事，要懂得分析。

细心读书，很慢。每天有读的书、浏览的书。读的书，不在乎一天读多少页。浏览的书，一天一定看多少，博，边看边做卡片；几个月后，列入读的书。一句话，可以想一周。时间有一定，专学的必研究，浏览的可以博。看报，也必须限时间。方块，理路要清楚，阮文达的不错。晚上，必须有立说时间，"谬论"必写，然后不断改，此即治学。就是奏厕时，也可以想出道理。说容易，难在持之以恒。

类情，方法。情，为性之用。不知性，不知应变。应，感到舒服，怎会捣蛋？不类情，不知应变。《易》"类万物之情"。载物，不能挑，是牺牲的，无分别心。

时至而不失之，养兵千日，用之一时。想天下泰，得表现人之性。今后治世标准，按人性（良知）做事，违背良知的事绝不做。"愚者好自用，贱者好自专"，以一得之见，就以为了解一切。

看现在一般人怎么看中国学问。必须多方面接触，讲学可非易事。民国以来的名杂志有多少？抗战期间，多少有识之士致力于讲学。知名学人：罗振玉、王国维、陈寅恪、钱锺书。许多非学人，乃时人。何以许多书院都断了？因无学可承。熊十力的思想未来如为大家接受，则成为显学。

学人不是流氓，所守的是学。一个人成功，多难！

我早将生死置之度外。无耻之徒，以他心理度别人。我做事向历史负责，勇气自知耻来的，拼命讲学，不寝在此。知耻，亦有高贱之分。你们要好好努力，社会留下的是什么？懂得历史，能没有定力？我来台办山地学校、慈航中学，写《恶僧传》，办天德黉舍、奉元书院。人负责任多么难！有一分精力，也要向历史负责。

懂得病源，才能治病。你们太愚了！要懂病根，不是怕。人生短暂，精神有限，要懂得怎么活。

为学如此难，人生短暂，就算是脚踏实地、战战兢兢，也未必有成就，干一辈子，都未必有成就。必得有实学，争什么？

时人不足取，过去就完了！慎重思考，就会努力学。学文史哲的，好好加班，贵乎有志。

两口子不吵才有快乐。不吵，得有多大的耐力，"百忍堂中有太和"，不是谁怕谁。慈安说她一辈子没什么长处，就会忍。人一生，什么都可以缺，绝不可以缺德。喜欢幸福，也要懂得幸福。人就是人，人都有缺点，就是七仙女也不行。事情决定了，就往好处想。连处人都不懂，怎会有幸福？心中恨，表情笑，表里不一，有修养。要有大志，我看不起没有人形的。要懂得幸福是怎么来的，人有智必懂得怎么处人。人都有七情六欲，各有所私。一桌吃饭，口味绝不同，都吃了，即修养。

"刚柔始交而难生""动乎险中大亨贞"，此即讲人生事。昔有父母在，不过生日，过母难日。"刚柔始交"，为震，震是长子，"帝出乎震"，主宰出乎动，领袖是从动中来的。

玩味"造"字，创与造有别。《说文》云："造，就也。"引申，造房子，造就，仿造，建造，造邦，造说，深造。《易经·乾卦》"大人造也"。熊十力喜用"造"字，熊十力造。

有"定于一"的功夫，才能到"一"的境界。真深入了，会过上愉快的人生，因为有目标。没等做，患得患失，心里就有了负担，就有痛苦。心中有一点"伪"都不成，骗不了人。必有真爱，才能有成。发真心，不要天天机心。

必学习能做。不能行的，非真智慧。有范围，以道德取胜。何以不能合作，而要彼此嫉妒？应争成。成立团体，绝对以德为本，贵精不贵多。文人玩世，一个文人到必要时，也得有玩世的胆。开阔心胸，才易有成。

必须知什么是对的，责任在拨乱反正。正，"率性之谓道"，"各正性命，保合太和，乃利贞"，内圣；"致中和，天地位焉，万物育焉"，外王。皇宫的前三大殿，性情表里如一，体用不二。"致中和"即"君子以"。所讲，都马上能实行，做到才有用。

习坎卦第二十九

（坎为水　坎上坎下）

此卦名"习坎"。《易经》六十四卦，唯坎卦加上个"习"字——习坎。八卦的名字，都有缺文。何以有的卦名两字，有的只有一个字？

一阳陷于二阴之中，此坎陷也。人生无一个没经过险，但习于险者不多。坎，险中之险，前后皆险，进退不得，处此应习坎，戒慎恐惧乃可过关。

《序卦》："物不可以终过，故受之以坎。坎者，陷也。"

过，超过标准。有大过，就有大的险陷。事情不可以永远有大过。没有永远的大过于人。应学会用脑。

太阳不永在一家红，必有点缺陷。做事，要跟旭日东升者走。以此原则衡量一切。

人一开口，即知这人有用没用。必须有面对现实的勇气，不要净想当年。懂得面对现实，就天天有事做。北京旗人要饭，满而必溢也，"满而不溢，长守富也"（《孝经·诸侯章》）。讲，容易；守，不易。

《杂卦》："离上而坎下也。"

坎离，"离上而坎下"，渡险继明。坎坎，知渡险，才能继明。

《易》上经始于乾、坤，终于坎、离，习坎，继明；下经始于咸、恒，终于未济，豫解无穷。

坎卦，加一"习"字，成习坎。"时习之"，习，左一遍，右一遍，即重复。《易》中文字颠倒、讹漏者甚多。《金刚经》，敦煌本与今本多有不同。《金刚经讲义》根据敦煌本，自此了悟佛教的意义是什么。

江味农（1872—1938）居士，江苏江宁人。一生教宗般若，行在净土。少时即随其祖读诵《金刚经》。在《金刚经》上用功四十多年，根据敦煌写经及唐以前古注，逐字逐句校对订正全经经文，著有《金刚经讲义》，它可说是《金刚经》最好的版本。

必须有几个成才，发挥中国学问的精华。传、承，做学问，"传不习乎"？融异，美其名曰"敦化"，"大德敦化"。《春秋》以鲁当新王，自立一家。中国是倡华夏社会，既民主、自由又共产。"易（治）其田畴（增加田地），薄其税敛，民可使富也"（《孟子·尽心上》），儒家古时的经济制度，什么情况？

"乾道变化，各正性命"，各正性命，才能"保合太和"，"保合太和，乃利贞"，否则什么都会亡。宋明理学受禅宗的影响，外儒内禅，也是一个境界，但非最高境界。六祖的智慧自性来，性生万法，如大海水。

历代政治之可怕、无聊！朱熹将中国摆弄了八百年，戴震首先骂他。

戴震（1724—1777），乾嘉考据学久负盛名的皖派宗师，是在儒学内部最早批判"以理杀人"的思想家。其视个体为真实、批判程朱理学思想，作为中国文化现代转型的本土资源，对晚清以来的学术思潮产生了深远影响。

元、明、清利用朱子，中国人的脑子因此而僵化。蔡元培任北大校长，请马一浮到北大教书，马以"只闻来学，未闻往教"回绝。鼓吹朱子学，有政治目的。学人多，但成就一人而已矣！民国以来，我最推崇熊十力，他出佛入儒。

在险境中，就地取材，寒酸也比没有好，终无凶。遇险境，要知如何脱险。周文王老滑头，假惺惺，用美人计脱险。所以，经书中的"文王"，绝非周文王。何休注："法其生，不法其死。"今文思想所在。

净时髦，能叫你女儿去干？如不能，即有违良知，有害于人，焉知你女儿、孙女不如此？遇事，要以良知作为标准。以"推己及人"之术立学说。

将中国的思想变成活泼的，"学而时习之"，"不亦说乎"，悦其时习的结果。不适时，不可为典要。

读书太慢不行，挨累不讨好。在乎体悟，每个人所得不同，性含万法，没有标准。你们应有所创新，学而时习之，乃有所悦。都有所悦，学术进步不得了。性含无量义，后人愈想愈多。

中国是华夏社会，夷狄进至于爵，远近大小若一，大同。近代学西方一百年如何？我至少坐屋中读五十年书，也不太笨，总有几招。

1994年正月十六日成立华夏社会基金会。华夏怎样达成的？远近大小若一。远近，大一统。大，有文化的民族；小，没有文化的民族。若一，奉元。教如何去做，得"首出庶物，万国咸宁"。社会何以能生生不息？继明也。宇宙何以能生生不息？"七日来复。"练习将笔记串在一起，不下功夫，怎能明白？我每天琢磨三个小时。

大学生智慧犹在蒙卦，毛病在于不深思。要做华夏社会，就得重视亚、非二洲。看你们净争些什么？佛教"怨亲平等"，何以要将此观念加在别人身上？

同学到北京，没有问我："要先看什么？"有一个还说："皇宫才如此！"根本没细看。你们必须知自己有不懂，要问。生来就是跑单帮的，不懂求知、求智慧之发展。舜之成为大智，是自好问、善察左近言论来的。

必须有应世之道，不可以盲目。

同学们太缺德了，何以不养点德？就我忠言逆耳，人不可太过。你们知少胆大，看破世情惊破胆。人必须留有余德，积善之家，必有余庆。

我每天修行，引起你们一念之善。你们根本不知道明天是什么。

不要受约束，要"学而时习之"。不"终过"，还可回去，矫枉必得过正。《易经》细讲，每句话都有问题。

习坎，有孚，维心亨，行有尚。

"习坎"，处险而习于险、势。"学而时习之"，习了，久即成。

"有孚"，"孚"，诚也，有诚信。"有孚"，不失己信，则心无愧咎。吴佩孚，名取得好，出门什么都不佩，就佩孚。

存心养性，心有所主，定于一。习坎，又需持之以恒、诚，享患难之福。在苦环境中，必习于苦，然后才足以有为。

"维心亨"，不忧不惧，自己有主宰，成为宇宙的主宰，则可渡险。习于坎了，才能履险如夷，要练习有"临危不乱"的功夫。

"行有尚"，行动有所尚，有目标。知险而能用险，以险为利、以患为利，则无入而不自得。

聪明，不显山不露水，那人是你的工具，所以，三达德第一个是智。人没有经过苦，就不生长智慧。食不求饱美、居不求安适，随所遇而安，没有不高兴的。

读书能用上，才是学问。走平路，陷到泥里，知此，就知了解社会事不易！做事，不要净看到私利，此最为迷人，是陷的初步，最后连良知都没有了！没有比陷再险的了，故曰"险陷"。

有些小孩，正事不足，乱事有余，何以不能做正经事？不净想办不到的事则苦恼少。求不得之苦，多苦！人生最苦的，即求不得之苦。我一生不想办不到的事，没有求不得之苦，故体健。

在这块土上，谁成功？许多事，冷静想才有用。小人物潮起潮落，何不说些造就人的话？何不好好平平稳稳地做个人？为何谈话总要于人有害？走得正，行得正，人人皆知。应以平常心做事，不要因小利而有损于人，就争小利，太损害人，最后被干掉了！是普通人，潮起潮落，何不本着良知做事？往前争可以，但可别侵害别人的利益。现在每天都报复，无日无之。

险中之险，"坎窞"。"率性之谓道"，好好做点正经事，多说造就人的话，别开口净批评。养成自知，自知才能做事。

做事绝不许侵害别人，尤其在今天，可能命不保。没有必要做违背良心的事。"言语，君子之枢机"，话不谨，就招祸了！

《象》曰：习坎，重险也。

圣人（孔子）说习坎是重险，"重险"，险而又险，如在刀尖上跳舞，进退不得之际。险中之险，处此应习坎，戒慎恐惧。有习坎的功夫，习于险才能履险如夷。遇险愈镇定愈好，儒家之学以定静为功夫，《大学》"知止"，而后有定、静、安、虑、得。

天下没有不苦的事，不苦焉能成事？人没经过艰险，怎能不平庸？习坎，在危险环境中，哪有不惊心动魄的？

有思想，要推动，培养你们要有智慧。没有成就是一回事，造孽的却不少。应按部就班，"率性之谓道"，如证严。许多庙皆职业团体，那里的和尚不过是乞士。

讲中国学问，做事绝不许离开中国思想的标准。中国文化是要把人造就成什么？士君子。"天下之人人皆有士君之行，而少过矣。"（《春秋繁露·俞序》）小孩并未造孽，何以要把他们造成小菩萨？

人最卑鄙的，就是见不得别人好。《大学》说："人之有技，若己有之；人之彦圣，其心好之。"讲五十年，犹未使学生不嫉妒。心中嫉妒，就没法成事。说人不好，忘了自己比人家不好，有人形？必知别人有长处，才能见贤思齐。你败毁人，人亦败毁你，此即险陷之根苗。应以证严为法，也做成功的事，人人皆有士君子之行。慈济有十戒，证严奉行《法华经》，将经变成实行的纲要。

"慈济十戒"：一不杀生，二不偷盗，三不邪淫，四不妄语，五不饮酒，六不抽烟、不吸毒、不嚼槟榔，七不赌博、不投机取巧，八孝顺父母、调和声色，九遵守交通规则，十不参与政治活动、不参与示威游行。

我们天天讲奉元，何以不能做"大易"与《春秋》的实行者，把中国文化思想马上实用化？

伦乱了，伦之本为孝，则失孝了，"夫孝，德之本也，教之所由生也"（《孝经·开宗明义章》）。劫机、劫公交车，没安全感，在险陷中，大本不立。"孝弟也者，其为仁之本与"（《论语·学而》），本立而道生。问自己：尽孝了吗？

大环境皆在坎中，别以为你坎、我不坎。识坎，认清楚，否则进退不得，出不去了。即使险陷，只要自己行得正、走得正，大家都好起来，就有希望。有过错，"过，则勿惮改"。最重要的是心理革命，而非心灵改革。

今后讲学贵精不贵多，成立同学会也如此。我讲五十年，要交班了，得有人接。对自己有错误的认识，高估了，对别人焉能有助益？

在坎险中，不是没办法，"九五""坎不盈，祗既平"，可以"无咎"。

习，重也。习坎，"学而时习之"。朱子云："习，鸟数飞也。"鸟之习，在练羽，受刺激，毛就丰，能飞了。小鸟非一下子就会飞，要天天习，愈飞愈高。

习，坏习气，习气太坏了。习出毛病，险陷都来了。坎险，乃自习来。"性相近，习相远。"懂得"习坎"之深意？"习相远"，乃离中、性远了。

有一学人讲《老子》，可能老子也不懂，新名词太多。

中国最高神——元神。道教为元始天尊。称世尊（佛）、师尊。我不反对宗教，反对迷信。自宇宙万物，体会妙万物主。

水流而不盈，行险而不失其信。

"水流而不盈"，中国人赞美水之德——"盈科而后进"，无论怎么流，淌满一切坑，再往前走。永不会满而高出于地面，能平天下之不平。不懂谦虚即"盈"，满而必溢。

孔子赞美流水，"逝者如斯乎，不舍昼夜"，川流不息。可不能"许水德"，淌得太慢了。好名，被糟蹋了。

"行险而不失其信"，应如水。无论在怎么险陷的环境中，诚信仍为第一要义。

为人做好事，即修行。无论做什么，无诚不行。必须有自信，没先建立自信，什么也办不到。在坎中，要怎么出险？就在智与德。天下无傻子，笨人多想一天，也终于能明白。聪明人则和你斗一斗，要你吃亏。一个人必受过危险了，日后才知怎么出险，事非经过，不知难。

水流之形虽危，但仍不失其信德，"盈科而后进"，就因刚中。刚，无欲；中，率性而行，喜怒哀乐之未发。做事得有你的配，绝非一人能成功。往前奋斗，要有承乘应与，才可以成功。乘，高过你；承，低于你。应与，"同声相应，同气相求"。承乘应与，四者缺一不可。

动心机的，无一不失败。

维心亨（通），乃以（因）刚中也。行有尚，往有功也。

对人有诚信，有孚，"维心亨"。万事唯心不变，祸福皆在己。"维心亨"，除了"心"的作用外，没有办法。爱（愛），是发之于心的，"心"在中间，不是口说。有孚者，心无内疚，"维心亨"，不忧不惧。心怀鬼胎，别人不知，唯心痛、愧。

"维心亨"，我一生就为此三字活，外面障碍于我无关。己心亨了，即成为宇宙的主宰。六祖《无相颂》，即懂"维心亨"。

迷人修福不修道，只言修福便是道。布施供养福无边，心中三恶元来造。

拟将修福欲灭罪，后世得福罪还在。但向心中除罪缘，各自性中真忏悔。

忽悟大乘真忏悔，除邪行正即无罪。学道常于自性观，即与诸佛同一类。

吾祖唯传此顿法，普愿见性同一体。若欲当来觅法身，离诸法相心中洗。

努力自见莫悠悠，后念忽绝一世休。若悟大乘得自性，虔诚合掌至心求。

"刚中"，既刚又中，无欲又"发而皆中节"。于坎险中，守住刚中之德，若无其事。

"行有尚"，行为有所崇尚。遇险时，必须知出险之道。环境险，本人不一定险。在险境中也不投降，不丧失自己的格。行有所崇尚，即有目标，"造次必于是，颠沛必于是"，"素贫贱行乎贫贱，素富贵行乎富贵"。

"行有尚"，做事有宗旨、目的；"往有功"，有功可尚，将心所想的都表现出来，则无所往而不有功。

人说话得留半句，做事要留余地。一样的话，何以必得那么说？将来如果冤冤相报，何时了？皆咎由自取。

大学毕业不知做什么，乃行无尚。应在大学时就有目标，什么环境都能行自己的目标。行有尚，才能达人人为我，国家才有成就。做事光知有想法，不知有做法，怎能成功？有想法，必得有做法。有知行的功夫，才能往有功也。

试问自己能做什么？社会并不是养老院，而是需要而有用，充实自己，就能通对方。要有方向，行有尚，懂自己缺什么就补什么，求阙，自育。

天险不可升也，地险山川丘陵也，王公设险以守其国。

古时有"天险"观念，不容易！不可升，高不可升。

"地险"，兵家必争之地。"山川丘陵"，山河之险。丘，山之一半。陵，又低于丘。皇陵，即小山丘。

"设险以守其国"，以城郭沟池设险守其国，最要利用环境，得善用环境。知险，能用险，以险为利，此为人的智慧。无一城是修在平地上的，国都大多在龙盘虎踞处。"设险"，是为了保卫国家，应先了悟自然环境。要解危，必须快快设险。今天有形的丘陵已无多大用处，得设看不到的险。

"维心"，当然亨。如真万众一心了，绝对没问题，但心一多就完了。自己心中都没险，又如何设险？

家有小孩的，别强迫小孩按你规矩行事，"所学乎上，所成乎中"，要他自己发挥。不要使孩子左右都不行，尽量使小孩发动自己的小脑子。自始即要小孩自由发展。会背书不能解决问题，有什么用？必看《原儒》，多看几遍，真懂。

险之时用大矣哉！

险之时用太重要了！险不足惧，要懂得险之时用，乘险。居险之时，致险之用，要得时之用。

政治也得有术，"险之时用大矣哉"！懂利用险之时用？得知时，用险。知险，知什么时候用险，险在何处？如何利用时之险，以转败为胜？

"动乎险中，大亨贞"。动乎险中的本钱是什么？必利艰贞，即具有贞德。其次，要因时制用。险，得用这个险。现就在险中，别自我陶醉。水之为用，固然伟大，但戏水也得有技术。

利用自然环境，还要法自然环境设险。这是药方，正可用上。险不足惧，要懂"险之时用"，乘险。环境，就看怎么利用。谁都不敢面对环境，你面对就成了。得知时用险，知什么时候用险，必懂利用"险之时用"。险中弄险，显才能。险在何处？如何利用时之险，以转败为胜？政治也得有术，险之时用大矣哉！

习坎卦第二十九

《象》曰：水洊（jiàn）至，习坎。君子以常德行，习教事。

《彖传》讲"渡险、出（除）险"之道。《大象》讲"以水为师"。读坎卦，要懂怎么出险。老子以水为师，以柔克刚，水可将石头磨圆。儒家以水为师。圣人无常师，"率性之谓道"。

"水洊至"，"洊"有两义。一、再也，再至，水再至，中间有空间，经过一个险，再来一个险，不以为险，就要利用这个险。水之德，"盈科而后进"，填满天下的一切不平，平天下之不平。二、仍也，水仍至，中间无空间。食谱早拟就，菜一道道上，即仍至。来一客人，再准备，就来不及了。水仍至，接着淌，水中人却不自觉。

"常德行"，与一般人不异之行为，"逝者如斯夫，不舍昼夜"；"习教事"，"学不厌，教不倦，诲人不倦"。以"常德行"，行"习教事"，履险如夷，在险的环境中修养自己。

川流不息，不舍昼夜，"常德行"，天天如此，不索隐行怪，是人人能行的德行，与人打成一片。非常人，常人就不与你在一起。人处富贵就变，"素富贵行乎富贵"最难！

非生而知之者，是先觉觉后觉，"习教事"，以平常的行为"习教"的事，修人性所能发出的无量本能、智慧。得数次，并非一次来的，所以用"习"字。《坛经》，六祖一辈子得来的。"学而时习之"，有所得，故"不亦说乎"。渡险，并非易事，就在"习"的功夫。

有智慧，看书，真有无尽的甜蜜！我一天看一品《坛经》。几本书摸透，不易。修与生俱来良知的事，不违背良知。自己要下功夫。

荀子的思想与孟子完全相反，看其《天论》，自此看荀子对天的观点。明白《天论》，绝不迷信。

荀子（约前313—前238）约晚于孔子（约前551—前479）一百多年，那时孔子的思想已被改变了。荀子固然亦唱高调，说"夺然后义，杀然后仁，上下易位，然后贞"（《荀子·臣道》），有御天的思想，但是仍脱不掉旧学的束缚。可见思想的分歧多么严重。旧思想之集大成者为周公。

新说要立住很难，连弟子都不接受。孔子的弟子如子路，有传统派的忠君思想，程度不及，仍死在"迷"上，愚忠！孔子本身的思想有三变。人的思想得有进步，晚年再定论。

前有障碍，不一定要铲除，应利用之。知险、习险，不知不觉将险变成帮手。何不投其所好，以达成自己的目的？"世路难行钱为马"，但如碰上岳飞，就没用。渡险，必须有胆（勇），三达德缺一不可，胆小不得将军做。得"日知其所亡，月无忘其所能"。立说以领导时代，只要能"常德行，习教事"，就能领导社会。习教事，非成方子。

讲中国学问，做事绝不能离开中国思想的标准。中国文化是要把人造就成"士君子"，人人皆有士君子之行，然后人人皆可以为尧舜。"士者，事也"，能干事，有行的功夫；君子，成德之谓。士君子，事君子，不是讲的，必须知行合一，即言行一致。怎么成德？事做得好，习教事，学而时习之。

曲求，索其情，索求。求一东西可不易，得天天求，分寸不可失。求学，要下"曲求"的功夫，但非一日之功，如程门立雪，还要有耐力，常德行，习教事。

初六。习坎，入于坎窞（dàn），凶。

坎中之坎，陷中之陷，即"窞"，当然凶。"坎窞"，深处于险中之险。如无"习坎"的修养，入"坎窞"就凶，难以自拔。

年轻人做事，光知道往前跑，而忘了后面的险，都不知明天怎么样。都有想法，但做事只知有想法，不知有做法。哪个同学成功了？

有想法，"行有尚"；必得有做法，才"往有功也"。非一往就有功，得有做法。不知自责，光知批评，嫉妒。要学习人家的长处。

《象》曰：习坎入坎，失道凶也。

居险，在险中不知险，又入于深险中戏水，"失道凶也"。

"道"与"教"的关系如何？体用也。办教育，教为道之用，"率性之谓道，修道之谓教"。

戏水，失了水之道，就凶。按水道行，没有毛病。处世，以刚明为尚，有孚即刚中，把持之，守诚信，恒其德。不当位，则祸不单行。要天天小心翼翼，否则"失道凶也"。

为政，得有为政之道，"失道凶也"。"为政以德"，大放厥词，就得罪人。玩火自焚，险中之险，玩水入于"坎窞"。坎中之小坎，没人知；真懂，就躲开。社会上玩票的，最后完了。

脑子要活，要会用。不要一点品德都没有，转圜余地皆无。既得的利益不能丢，还得占点小便宜，才聪明。

九二。坎有险，求小得。

"九二"阳刚，中而不正，但还不失德，在险中就不要妄求，以待亨时，识机，"求小得"。但又有几人知自己处在险中？知自己有险，求所以处险、出险之道。脱险不易，但知险更是不易！知有险，就会戒惧小心。

"九二"启示人：须知险、识机、识时，然后俟机、俟时以出险，则虽未能立即出险，能小有得。

《象》曰：求小得，未出中也。

没办法出于险中，虽居正中之位，也没办法达到目的，没有大成就。但只要是锥子，不会不露尖。

受外国气太久了，重民族主义，得利之处，同仇敌忾。没办法出险中，能够同仇敌忾？你们不能救时，也得自救。

下卦坎，一阳困于二阴之中，求则可小有德，因未出中也。"人心惟危，道心惟微；惟精惟一，允执厥中（危、微之中）"，中道，中国，"喜怒哀乐之未发，谓之中"，想得通，用得到，才成为中国。"非不能也，是不为也"，知耻近乎勇。中国需要做的事有多少？

大过平常之时，跟着的即坎。许多事，盈虚有数。对时，怎么治时？拨乱反正。应自己找自己的麻烦，真有责任，天天找用什么方法能治时。今天即失序，如何恢复这个序？现在有卧龙冈之安宁，有无天天找材料？有大志绝不会去搭班。应治时，怎么对付时？搭班，演得不红，往车下推，使之退班，因戏演得鼓掌者少，赚钱不多。志，一件事；能办得到否，又是一件事。治时，得有丰富的知识，你们下功夫了？每天看戏，坐山观虎斗，犹比搭班高一级。应知要做什么。

愈乱愈没有位。听我之弦外之音，非就事论事。无躲灾之术，不懂什么叫险，一登台，岂止骄、傲、慢？就以为宇宙间只他一人。

治时，责任；躲险，智慧。怎么对付现在？不满意者，对付之。何以闹这么多事？已公认的，再胡扯，即索隐行怪。大宇宙不因这个地方而改变。"圣之时者"，并非空话。自己制造多少麻烦？人不能脱时，否则格格不入。治时，非想怎么做就怎么做。

做事业，旁有险（自然环境）、陷（人为的，推波助澜者，陷害者）。必有反对者，不会大家都拥护你。坎，险与陷。人不会都一个看法，各人的审美观不同。丑女，亦有可能嫁俊男。

要防险与陷，大畜、颐、大过、坎、离，自然演变的。大智者早知，能防未然。

中国抬头了，能对世界有担当。每件事都有来龙去脉，细究其中，有高深的学问。成功，表示有远见；失败，表示陷害者有先见。社会事即押宝，但真懂的少，最能骗人的才能唱"失空斩"（京剧《失街亭》《空城计》《斩马谡》合称）。早知，又何必演此出戏？不知什么棋来出什么子。现在唱戏的，完全没有味！

有智慧、头脑、冷静的思维，有独立的作为，不盲从。有反对，让你达不到反对的目的，躲过去。说，不高明，痛快嘴而已。高明者，四平八稳坐在那儿等你，失败再批评。有思想，能看一个问题。

佛牙，看从哪一立场看、什么环境看。我票戏，师母说"五音不全"。做事，入什么班，人家给你封号，烙上印子，死后也得讲。

每天做事，要独行，或是搭班？要做事，绝不搭任何班。不能自以为走得正、行得正，有无知自然之险、人为之险？

坎卦，怎么出坎？坎一定险，但位不同，如有所求，只有"小得"。曼德拉坐牢，求修养、德，成为南非国父。"小得"完，出来即大得。要知己之位，在险中求，犹有"小得"。知位很重要，什么环境都可用，乘势。

我讨厌人家说风凉话——龙蛇杂处。人不理你，没有反应，不以你为对象。人说话要特别有修养，一言以为智，一言以为不智。你不说，谁知你有多少斤两！言行，荣辱之枢机。

"九二"阳居阴位。在危险环境中，阳刚之士而以柔用事，"忍"之重要，不能忍就不能成事。小苗初长，无一直的，经百般痛苦才长出的，屯。为天下服务，必无欲，以柔应天下事。一刺激就发脾气，成不了事；仍笑者最可怕，真厉害，不发疯，还朝着你笑。

未出险中，不清楚。中道，中国人的标准。未出规范，做事中规中矩，就成功了。

六三。来之（往）坎坎，险且枕，入于坎窞，勿用。

枕，躺下，"险且枕"，以险为安身之处，随遇而安。

"来往坎坎"，"六三"阴居阳位，乘"九二"之刚，处于两坎之中，"坎坎"，坎而又坎，来也坎，往也坎，此一环境多可怕！"来之坎坎"，坎中坎，险中险，中间一点空隙都没有。

一个字的意境差得很多,一刹那一停顿即决定胜负,人事、国家大事即如此。

"险且枕":一、"枕",躺下,以险为安身之处,在险境中,还自以为依安枕,在胜负关键时刻,稍一停顿,坎窞就来了;二、在险中必找到一个依靠,此一依靠还得是个枕,不是木砖。枕,是帮助头的,此时身子不是站着的。要知怎么躲险,必须有一可助你头的枕头,身子得卧着。"卧如弓",不可如尸。找砖,没用;枕,才能助你脱险出坎窞。

人脱险,得用什么方式才可?细腻处。做完事,没有牺牲,才是真的成功。

遇事,不可人云亦云,必须有自己的看法、说法。《易》之智,智周万物,类万物之情。

"入于坎窞",不能出坎,处之又无安,往来于坎险中;"勿用",柔弱无能为,"终无功也"。不能做事,怎会有功?处险,求出险之道,以出险为功。何以堂堂一个人,险都不知,如何应付?大家看热闹,每天都有笑话。

《象》曰:来之坎坎,终无功也。

"来之坎坎",两个"坎",本身无法摆平,第二个环境又摆不平,时也?命也?人在两个环境中生存不易,即使不动都不易。

"六三"病入膏肓,反而自我陶醉,粉饰太平,不知求出险之道,"终无功也"。在坎险中,知险才能脱险,如不知险最可怕,出坏事没想到。

环境在乎自己怎么利用,就看时与位,殷忧启圣,时势造英雄。同一个时，有人正逢其时；因位不同，有人倒楣，有人不倒楣。岳飞死，秦桧正升官，骂名千载，同日月。郑成功收复台湾，永有荣誉，真是"开台圣王"！最公平的是评。

"终无功"，反之为"往有功"，因"行有尚"也。在此环境，也不能都上吊。

不要以为自己无用，全世界就都无用。做好事，才有人批评，因你阻碍了他。证严仍有人批评或嫉妒。社会非你做好事，大家都说好。

人能渡险最难！我一生尽在险中混，一天福都没有享过。看用什么脑子看。每天说话，都得有分寸，才能同住三十年。

对事了悟深浅，通；对事不通，乃乱。《易》首要通，"通天下之志"；其次能分类，"类万物之情"，不能错了类。做事没有成就，乃不通。

想像个"人"，真不易；人上加个字，成贤人、圣人、大人，更是不容易！骂人"不是人"，多大的教训。评"人也"（《论语·宪问》），可不得了！评"君子哉，若人"（《论语·公冶长》）更不得了！没有人格，完了！

释迦体悟到"人生是苦"，对了，要度苦，无论谁都得苦。

我到乡下，专到一对老夫妇自家卖饭菜处用餐。出门，每餐一定喝一瓶啤酒，在日本学会的。求之不得时，对一东西才有真体悟，感到真有滋味。但实际上，这老两口时常拌嘴，这叫情。

对事没有通，就不能入圣。要察微，懂微妙处。旁观者与身体者，绝对不同。通情达理，即通、类。

人生就这么麻烦，所以说人最苦。有肉身，苦就多，尽生闲气。有苦，往苦里钻。过午不食，吃流质的。人生就在矛盾中生存，没办法度苦，死了就不苦。极乐，创教者，有想法。《道德经》，中国人的宗教不得了。

"一画开天地"，崇拜"一"。孔子得"一"了，说"吾道一以贯之"；孟子亦得"一"，说"定于一""不嗜杀人者，能一之"。《易经》不说"一"，说"元"；《春秋》亦讲"元"，"唯圣人能属万物于一，而系之以元也"。《易》与《春秋》讲孔氏之学。思想是进步的，从"一画开天地"，到"演一"，到"元"。要深求，可以写一本书。

思想如何进步？奉元，创造一个时代奉元行事，得有理论基础，要立说，融会贯通。成说，亦得第三代。找出许多根据，往前演。《乾坤衍》即衍元，第一代。不冒牌，称奉元，承认元思想，然后奉元行事。不能欺师灭祖，亦非儿戏。绝非空话，得下功夫。要你们立未来之功。你们的成功，即我的成功。天天骂，正因你们进步得慢。

六四。樽酒，簋贰，用缶。纳约自牖，终无咎。

从下卦到上卦，"乾道乃革"，革即变，就不同了。从三到四，从内卦到外卦，坎道乃革，变了。到第四爻，坎道乃革，抓住机会，虽无成就，亦可无咎。

打开天窗说亮话，不自欺欺人。昔一切行仪皆有一定，但处艰难时，就不要讲究那么多的礼，一切以简约为原则。

"樽酒"，不知里头装什么。昔装酒用木器，装米用竹器。一樽之酒。

"簋贰"，"贰"，一、副也；二、两个。贰簋可用享，祭器。

"用缶"，缶，泥做的瓦器，可以节乐，如今击瓯，亦可盛酒，即瓦盆。

"纳约自牖","约",简约,简是简,但也不能失际;"牖",墙眼,今窗户,受明之处。在成败之交,必善养俭德,讲自约之道,自窗户递进缶。当险难之时,燕享之礼,以简约为尚,虽寒酸,终无咎。

"无咎"自哪儿来?自"坎道乃革"来的,"六四""樽酒,簋贰,用缶。纳约自牖,终无咎"。早晚有天保持现状,要抓住机会,可别以为是"逐鹿中原"的机会。没能出险,但还能保持小安。

天天为你们捏把冷汗。真有了不起的才能,也必须看环境,有所保留,不可以忽略别人的存在。施设(**设备**)很好,不必回报。设备俱全,要回报。

"六四"当位,阴居阴位,重臣之位,陪的是当位之君。两人都是正牌货,怎么做事?大环境坎陷,君臣如何配合?"柔顺得正"四字表达这一爻。柔,阴之性;顺,阴之德。如此做,即得正。正,贞夫一者也。最可贵在能发挥己之性德,无论在何时皆要发挥性德。必真正深入。

《象》曰:樽酒簋贰,刚柔际也。

"刚柔际也",相比。既是刚柔,无论怎么近、怎么相交,中间仍必有际。交际、国际、边际,即胜负的关键。丝怎么粘,仍有间。社会上好像一个,结果不是一个,因中间有分际,必须守分际。人与人的分际,与"节"相近,必注意细节处。"刚柔际也",在刚柔之际,不谈小事,没守际,就出问题。不可失序,要知"际"的重要。

在成败之际、盛衰之交，必须善养自约之道，守分际。到处花钱，最后扯到连裤子都没了。无论什么环境，必有缓冲机会，即际。把持不住，死无日矣！

乾隆帝下江南，专门玩票。康熙帝假观水利之名，实际想看南方服否。

今天最怕的就是"刚柔际也"。一个环境，内部问题多于外部，就没办法。到敌人都一拍即合了，怎么动也没用。

学东西，当智慧用，也不必急功近利。不悟到一个境界，绝不停止。读书，书是书、你是你，没用。得学而时习之，到悦己之得的地步，才能停。独一处，好在"独"，慎独，发独。

没守际，出问题。怎么亲密，也要守分际。师生关系，犹父犹子，弟子师父，一失序，就完了！逆伦，许多不应发生的事发生了，毛病究竟出在哪儿？问题必得深究、面对。

现有初中生打老师嘴巴，真是曾几何时。刚来台时，生活苦，但绝对各守分际。许多问题，何以不严格限制？风气开放，试问如是自己的儿女，可让他们如此做？多么不面对现实！歌颂者没有人性，何不使自己的儿女率先躬行？对青年人有坏的影响，即使可以收多少税，也不可以开放。下一代是宝，可以自欺乎？

五伦、人伦，中国文化讲伦的关系。"事父母几谏"（《论语·里仁》），"几谏"，孝也，此谏，有特别的礼貌，有伦。"见志不从，又敬不违"，违，就乱伦，故"劳而不怨"。此伦理之深情，内中充满了亲情。

有伦，谏亦必合乎伦，不可以公开互咬，而乱了政伦。乱伦，社会焉能不乱？古时尸谏。

《孔子家语·困誓》："未有若史鱼死而尸谏，忠感其君者也，不可谓直乎！"

中国人讲：是人，就得守礼。乱了，即失伦，不失伦不叫乱，故曰乱伦。

佛教有界，法界。奉元文化能"融天下界际而为一"，故曰"天下一家"。倡奉元文化的终极目的是什么？天下一家。倡天下一家，怎么成天下一家？人类都想求得和平。本是同元生，相煎何太急？要懂得入手处，好好立说。"天下为公，天下一家"，见《礼记·礼运》，达安仁的境界，"安仁者，天下一人"，没有分别心。

《易》有三"易"——《连山》《归藏》《周易》。现在读的是《周易》。孔子至汉朝，已经三百多年了。孔子删订六经，六经大致已定。殷墟甲骨是卜辞。熊十力以《周易》唯乾、坤两象辞为真，余皆遭窜改了。

一个奉元文化，可以写好几部书。必须通经，才能致用，并能实行。必须懂得行。哀莫大于心死！

九五。坎不盈，祗既平，无咎。

"九五"，当家的，中正，在坎险时的领导人。

"坎不盈"，未能济险，大显于时。虽具备中德，但未大显，就无法出险。

"祗既平"，"祗"，来子注："水中小渚也。"水中的小沙滩。《诗经·秦风·蒹葭》云："溯游从之，宛在水中坻（高地）。"水不满，才显出坻，否则为水漫（大水），即看不出。坻，河中小沙滩，早晚有平的时机。

习坎卦第二十九

要往远处看，不要只看近处就做决定。人只要有良知，早晚有希望，就怕心死了。过，始终不改，永远是过。不贰过，改了就不是过，"知过能改，善莫大焉"。如全天下剩你一个，就快了！

坎，孟子称科，"盈科而后进"。称科，显不出险。人心最险，"人心惟危，道心惟微"，危与险有别。戏目，怎么唱又是一回事。

教书者总想有点成绩，但教了五十年，够格的学生又有几个？太难了！成就事业者，最低限度得有守，有守才能有为。我相信因果，因果最可怕，本身必报，种什么因得什么果，唯有业随身。

《象》曰：坎不盈，中未大也。

"坎不盈"，水未流也。因水必盈科而后进。水流时，都得盈。不淌，只进一半，故不盈。"中未大也"，虽是中正，未大也。

时很重要，时没到没用。新很不易，今天是新，后天可能是旧，孔子是圣之时者。有人有道德、学问，但一辈子未遇到时。

上六。系（缚）用徽纆，置于丛棘，三岁不得，凶。

"系"，捆绑，"徽纆"，牢固的捆绳。"系用徽纆"，用牢固的捆绳捆绑。

"置于丛棘"，棘，长小刺的小树，东北有很多棘，但怕火攻。放在一堆棘中，能够舒服？

"三岁不得，凶"，很久不能脱丛棘，环境还在丛棘之中，怎能不凶？三，虚数，见汪中《述学》。

来子注："上六，以阴居险之极，所陷益深，终无出险之期。"集团分赃，时代进步的障碍。来子注："死亡之祸，不能免矣！"古今升升沉沉者，有很多是无贞节的，阴险、自私！

每个人都受捆绑，最大的捆绑即"伪"的绳子。伪君子用"伪"捆绑自己，无法表现真面目。人的情，就是个"伪"字。伪，即"徽纆"。伦，为人之首。

《象》曰：上六失道，凶三岁也。

"上六"位极又失道，失刚明出险之道；"凶三岁"，在险陷中，时间太久，则凶。

本是阴柔之士，守在险之极，终身之凶，即因失了性德。以阴居险之极，所陷更险，不得解脱，业力未尽。死不能免矣！

道者，济险之道。阴柔，失济险之道。失道，失了性德。小孩懂得"风吹"，伪了。赤子之心，洗澡时抱着裤子到处跑。

现在用脑，谁都有办法出主意。有孤儿寡妇存在，所以要设福利社。你们的福利，应自己求。吃素，是为了戒杀，杀是犯戒。

现在缺中国传统文化，而造成很多年轻人没有人性，没有"道德"观念。我活一天讲一天，叫你知"不孝者下地狱"。人最难的是说真话，不管喜欢听与否。既是"愿与我主相亲，与主日近"，何以死还哭得如此厉害？人必须有德行。看《礼记》，人必得做人的事。我愈来愈与上帝接近。

老祖宗有智慧，从人性出发。将人性丢了，应该拾回，现最缺少的是人性，陋！我还要再修书院，好好下功夫。

大陆在旧文化圈长大，走到哪儿都可看到中国文化。庙如同公司，又如何感动人？手戴念珠，不知为何要戴。如要躲过劫，必自"正人心"开始。

"行有尚"，得做，不可以光作秀。"有它，吝"（大过卦"九四"），别有所图不行。"乃以刚中也"，不是小孩，必被人主宰、支配，应主宰自己的生命。养胆识，有胆即勇，必有勇有识。

习坎，重坎。"坎，习坎"，有此一说。"习坎，有孚，维心亨，行有尚"，这卦今天都可以用上，必须好好下功夫。

"成事不说，遂事不谏"（《论语·八佾》），现在说，已经来不及了。没有双赢，只有一家赢。

"性相近，习相远"，习并非好话，习性。何以人相差如此多？因为"习相远"，完全不懂如何训练自己，完全是习性。"学而时习之"，要习所学的。

八卦中，有七卦讲"吉"德，唯坎卦讲"凶"。坎，本身无罪孽。坎为水。

老子之学，五千言能传世，影响人类。何以成家？即以水为师，称"上善若水"（《老子·第八章》）。孔子亦屡次赞美水之德，称"逝者如斯夫，不舍昼夜""智者乐水"（《论语·雍也》）。可见水本身无病，但如戏水，就没顶了，习不当也。习水，习，戏也，戏水不行，应"以水为师"。说人"习性坏"，即习气不好。

水可以载舟，亦可以覆舟。

习坎不好，如何渡习坎之危？许多皆作文，根本不知所云。习坎，即戏水，不行，有灭顶之忧，如何解此忧？

八八六十四卦，就坎卦一个"心"字："有孚，维心亨，行有尚。"孔门四教"文、行、忠、信"，可见"行"的重要。"行有尚"，"尚"，配也，行得有配，行为必有所匹配。一般称"配偶"，娶公主的称"尚主"，亦即配主。

天下无一人可以成事，必须有群德。失败，是累积很多错误的。《大学》要人有容，能容多大，则成就多大事。能忍才能当皇后。慈安说她别无所长，就是能忍。有德，有容乃大。怎么耍术，那是自欺。"水清无大鱼"，看什么都不对，就剩你自己了。"不痴不聋，不作阿家翁"，就是看到，也要装作没看见，才能处在一起。

人要做事，必须有配手，唱戏也需要配角。戏是给每个人看的，得热闹，所以必须有丑角、配角，花好也要绿叶扶。

想行事，先把配角找好，"行有尚"。以三步："有孚""维心亨""行有尚"，解"习坎"之危。如习得好，还可以得金牌；习不好，则有灭顶之灾。

"有孚"，即有诚信，不诚无物，心不诚，和谁联系？藏娇，还必须有金屋。有金屋才能藏娇。

"维心亨"，有钱也不能买心，必维系住心才能亨。领导人无诚信，能维系人心？"行有尚"，还得找好配角，得有承乘应与，穿一条裤子的，才可以破"习坎"之危。

坐着慢慢读，求智慧。得一智慧，就能应方圆（规矩）。必心如明镜，才能映万物，过而不留，迎而不将。都听你的，总有一天不听。"来者不拒，去者不追"。

《孟子·尽心下》："往者不追，来者不拒。"《春秋公羊传·隐公二年》"公会戎于潜"，何注："来者勿拒，去者勿追。"

六祖大字不识，能成一个学派。看你生活，就知你有没有。

中国怎么估德？"大人者，与天地合其德"，表现全德，外王之德。"大人者，不失其赤子之心"，内圣的境界，守住"不失赤子之心"，即无人为之伪。人绝不能失分寸。

人生是苦海，无论谁都得苦。佛家讲"苦、集、灭、道"，要度苦，求"到彼岸"的智慧。般若波罗蜜之"般若"，佛家释为"妙智慧"，意即有别于一般的智慧。"波罗蜜"，佛家释为"到彼岸"，然究竟是何意？俗云"到家了"，即指做一事到家了，亦即到一境界了。因为有了妙智慧以后，做事才能到一个境界。

在坎中，要知位，什么环境都可以用，能乘势；其次要识时，或正逢其时，春风得意，或流年不利，时运不佳，有人倒楣，有人得意。能渡险最难，对事了悟，通；不通，乃乱。能通，才能下"类"的功夫。做事不成功，乃不通所致。通天地之德，通情达理，政通人和，四通八达。对事没通，就不能入圣。

离卦第三十

（离为火　离上离下）

离（☲），一阴附丽于上下之阳。离卦，讲出离之道，亦为脱坎险之卦。丽也，附丽，任何事没有附丽，则没有本源。中国人的观念："万物附于地，日月附于天。"任何事无所谓，则无本源。人事不能没有丽。丽，是承，失其所承，则失其大用，不能现其用。

丽，不是跟随，而是相继之义，继明，生生不息，"苟日新，日日新，又日新"，继新之义，邵子所谓"火用以薪传"，不可忽略别人点缀自己的重要性。

《序卦》："坎者，陷也。陷必有所丽，故受之以离。"

坎，必陷。走平路，陷到泥中，可见社会事之不易！做事不能净看私利。私利最为迷人，乃陷之初步，最后良知都没了。

没比陷再险的了，故曰险陷。

想不陷，必有所附丽，不可以忽略了别人点缀自己的重要性。无论在什么环境中，必看什么东西是自己附丽的。做事，任何环境都有危险，先看出路；遇有险陷，如有附丽，就能脱险、脱困。知险，才能找附丽之物济险，以脱险。附丽，即借助物、依靠物。

到任何环境要想自保，都得借附丽之物脱险。依靠什么不受陷害，能够脱困？"自由、自由，多少罪孽假汝之名以行？"附丽，得守正，有"柔中"的修养，此得识机、识时。

《杂卦》："离上而坎下也。"

离上坎下，出离之道，亦为脱坎险之卦。

在这块土上，现在最大的危险是什么？要附丽什么才能脱险？明白坎、离二卦，得脱险的药方，否则白听了。想出险，就得有所借助。附丽，不可以走邪门，得利于居正。给人扯一阵子，什么也没得到，惹了一身骚。

离，利贞，亨。畜牝牛，吉。

刚明、中正，离之全德。因其性，居其位，正，"其心三月不违仁"。德行得利于正，"利贞"，守住正，才能亨。附丽，得按正固之道，结果当然亨。

"牝牛"，柔中柔。离卦，不失所丽，守正固之道，柔中柔的修养，是柔顺，不是懦弱，而是外圆内方。顺，为群德之首，少数服从多数。人要养顺德，但非奴德。

得识机、识时，才不被利用。聪明过度即傻子，最愚。

《彖》曰：离，丽也。日月丽乎天，百谷草木丽乎土，重明以丽乎正，乃化成天下。柔丽乎中正，故亨，是以畜牝牛（喻顺德）**吉也。**

"丽"，有如事之母，可以发光作盐。

"日月丽乎天，百谷草木丽乎土"，启发人：要有量，有量才能容。

"重明"，火炎上，明而又明，旦复旦兮，比别人聪明。"重明以丽乎正"，重明得丽乎正，"蒙以养正，圣功也"。"正"，止于至善。守正道，就能化成天下。

以柔为中，化戾气为祥和，得养成柔中柔，才吉。

"畜牝牛吉"，以柔顺之德，化刚过之戾。人虽不能超凡入圣，但也不能老是平凡。不能丽乎天，光照天下，还影响不大；如人云亦云，则危害众生，使天下因此而黑暗，即助人为恶。

《象》曰：明两作（起）**，离。大人以继明照于四方。**

"明两作"，作了又作。"大明终始"，道出明之德，终而复始。

不能照着作，要接着作。"继明"，继绝学，继志述事，父作子述，永远无穷，接着才有进步。

继明，舜继尧，传于贤，国之辅亦举贤以自代。传贤、举贤以自代，才能继明。"重明"的境界，不如"继明"，重只在己身，而继则无穷。

读书，必自根上读，喝茶，慢慢想、慢慢读，才能通，读书贵乎明理。一年可以把《易经》背熟。非不能也，是不为也。

专一经，将来必有大成。必须立志，自己用功，要努力。有状元徒弟，没有状元师傅。女孩，诗词歌赋，选一个。有人读八年，还是桶饭。是否学人，在自己努力。

必得有成，胆小的讲学，胆大的做元帅。立了志，彼此勉励。自己努力最有用，谁也剥夺不了你。真的成就，没有时，"言为世法，行为世表"。大陆前阵子学曾文正，现在学康熙帝。有真功夫，不必争。必先立德，才能谈其他。以德为本，否则不承认是我的学生。

初九。履（行）错然（语助词），敬之，无咎。

每天做事，才了解事之难。"错然"，错综复杂的环境，所以难行也。要有"理错"的智慧，才能"履错"。下"敬之"的功夫，才能"无咎"，多么细微！何等缜密！

履错而能然，慎重其事则无咎，具备胆、量、识，则可以居高位而不危。社会没有"不错"之地，天下没有"安宁"之所，在于自己能否"履错然"。

乱，乃无"理错"的智慧，缺少"敬之"功夫。敬事、敬业，敬己、恭己，主敬立人极，不懈于位，尽己责任，在"错然"的环境，"敬之"都无咎。

《象》曰：履错之敬，以辟（避）咎也。

此戒人：明不足恃。不要聪明反被聪明误。

何以要如此谨慎小心？要躲避咎，何况过乎？多么细微、缜密！

六二。黄离，元吉。

"六二"中正。"黄"，中色。未失其所丽，择其主而事，能发挥大用。

柔居柔位，无过与不及，中行。得中道，由中行来。以中道附丽，"元吉"，吉而尽善，善吉。

懂，必用于行事，见之于行事，深切著明。用事时，知己之所短，必须慢慢地一一克服。一个人不能做事，有成就不易。

《象》曰：黄离元吉，得中道也。

柔居柔位，无过与不及，得中正，以中行达中德。

"不得中行而与之"，中行多不易！"必也狂狷乎"，狂者进取，有此心力，才能成事；狷者有所不为，有守才足以有为。

"善教者，使人继其志"，继圣志，"志在《春秋》，行在《孝经》"。"夫孝，德之本也，教之所由生也"，怎么生教？"修道之谓教"。人必得修道。

九三。日昃（zè）之离，不鼓缶而歌，则大耋（dié，老年）之嗟，凶。

日中则昃，日过午，好景不长，即将日落西山，日暮途穷。

"九三"居下卦之上，前明将尽，后明当继，日落西山之时，此大自然法则，新陈代谢，谁也无法改变。识时，随遇而安，安常自乐。"鼓缶而歌"，乐天之道，乾卦"九三""终日乾乾，夕惕若，厉无咎"。

"鼓缶而歌"不适合老年人，应"鼓腹而歌"。人到老年，犹不知适应环境，净感慨，就白活。随着年龄，才懂七十、八十、九十的心理，如不健康，则苦恼多多！我吃最普通（的食物），也最合卫生要求，尽合《长寿素食之法》书中的饮食之法。

我看书圈点，举手之劳，给别人方便。总想在走之后，给你们留一条路。你们应知现在要做什么。一个人做事，没有人推动，也要做。其次，要有始有卒。

有些人走上绝路，还自以为是幸福之路，究竟是荣？是辱？修己，了解自己的短，不要净修理别人。

《象》曰：日昃之离，何可久也？

一般人以为"明"好，其实，有明才麻烦，"夕阳无限好，只是近黄昏！"岂能久也？

不知重明，不找继承人，不懂继明之道。

九四。突如（语助词）其来如，焚如，死如，弃如。

"九四"，"或跃在渊"。

"突如其来如"，未做准备，不举贤自代，权臣、弄臣，不知收敛；"焚如，死如，弃如"，自惹祸烧身。如为阳刚之人，又不修德，就坏！

"九四"完蛋，不可救药！攀龙附凤，攀得不对，就焚如，死如，弃如，最后一文不值！

《象》曰：突如其来如，无所容也。

"无所容也"，天地虽大，无所容其身。大失败者，都是自以为聪明者。

前明将尽，后明当继。"九四"继明之地、之时，然缺乏继明之事、之行。突如其来，失柔顺、善承之道，此器识如火焚身，为人适足以自祸且祸天下。

圣人公天下之心，继明以顺承为主；圣人安天下之心也，养柔顺之德。

六五。出涕沱若（忧惧征于色），**戚嗟若**（忧惧发于声），**吉。**

"六五"阴居阳位，非正位，处于二刚之中、忧危之地。出险容易，出明反而难！

"出涕沱若，戚嗟若"，忧惧之现于色、发于声，将一个领袖描绘得淋漓尽致，多么写实！

居安思危，不能自是其是。忧时虑世，敬慎其事，戒慎恐惧，知有所戒惧还吉，可以有挽救的机会。

《象》曰：六五之吉，离王公也。

必有所丽，要丽王公才吉，王之公，"上九"。

"六五""上九"阴阳相知，各有优点，证明有自知之明。懂得流泪，犹有自知之明。知丽王公，亦得有知人之智。生病了，得知何以致病，才能对症下药。

才难！今天找得到王公？

上九。王用出征，有嘉。折首，获匪（非）**其丑**（类）**，无咎。**

"上九"以阳刚之才，又当至明之极，居高位不可无德，代王出征。

离卦第三十

"征"，正也，正其不正；"有嘉"，"亨者，嘉之会也"。

"折首"，只处分首，除乱制之首。除乱制之首，擒贼先擒王。

"获匪其丑"，要善待俘虏，因有的是受胁迫的。除殷纣，不诛其民，无咎。

《象》曰：王用出征，以正邦也。

出征的目的，在正不正之人，寇贼乱邦，征除天下之害，则首从者不正而自正。不可以权力太过，拿鸡毛当令箭。"人心惟危，道心惟微。惟精惟一，允执厥中"，厥中，危与微之中。

治时，怎么对付时？拨乱反正。治时，对这个时，得有所认识，得有丰富的知识。不满意，自己找麻烦，对付之。"圣之时者"并非空话。人不能脱时，否则格格不入。

已身临其境了，不可以再当笑话！到底要怎么做？早上上班，就挨一刀，从后面。动刀的，绝不是小孩。"突如其来如"，没办法，最后烧成灰，丢掉。要正视问题怎么解决。

为政者之最要在高瞻远瞩，更上一层楼，自高处往下看，何用到处设办事处？事情要弄清，必自高处往下看，往远处看。有人短视，光知近利。

冷静想，冷静看。大家都在不知不觉之中。今天有多少人知我们现在的环境、未来的危险？

"六五之吉，离王公也"，就吉于自知自觉。一天不知不觉，一开口就是笑话。不怕失败，就怕不知何以失败、如何处理失败。有事时，要知谁能帮上忙，其次要知怎么去找人帮忙。

政治贵乎有力，是力行，非靠理论。何以没有人才？不懂自育。必自己教育自己、造就自己。要学一辈子，非得博士学位即结束。

在家乡如都没有影响力，加入一团体就有用？你能干什么？社会并非养老院，要问：在这大环境中，你能干什么？要有方向，懂自己缺什么，要自育。

人无能，做事无步骤、计划，既无高瞻的胆量，亦无远瞩的视力。本身有无此两种力量？培己，首先要自知，缺什么就买什么。许多主妇周日上百货公司乱买东西，根本不懂用的价值。其次，问自己能干什么。能教书，必买教书的工具，工欲善其事，必先利其器。天天要训练自己，今天外国语不好，除非不出乡。看看史上成才者是如何成才的。

团体的终极目的，在切磋琢磨。老鼠再多也没有用，来一只猫就完了，是异类。储备人才，各有所长。要修养能容，有容乃大。看别人净看不好，妒忌不能成事。读《大学》，要学大，"人之有技，若己有之；人之彦圣，其心好之"，能容，有容乃大。"唯天为大"，天容、天德、天行。大学，天学，学天，尧则天，以天为则。学完《大学》了，能容？

一个人必有一点能，此外要有力，才能实践，故曰"这个人很有能力"。要能思能想，不可以净讲空话。实际东西，拿出即能行。

先培养自知，人各有所知。画画，也要画文人画，不是乱画，皆修养功夫。字中有画，书圣的字看起来舒服，可以使人生潜移默化的力量。无功夫，净写怪字，看起来刺眼。学什么，都有一定的规格，这是修养。今天根本索隐行怪！索，曲求也。求东西，可不容易，得天天求，分寸不可差，失之毫厘，差以千里。如何找自己所缺的？如求婚，都不知要发几次"昏"，才敢说出。

要懂什么是有用之学、什么是学术之学。你们要研究致用之学，学以致用。头脑清晰，才不会徒劳无功。不学无术，连术都没有，还谈其他？为政以德，得有为政的成绩，政德。政争，最低级的斗。

"日知其所亡"，没有功夫就如今天。"月无忘其所能"，时习之。立志，好好学。曲求，如程门立雪。今皆空的，连一封信都写不明白。为学要深思熟虑，有自知之能，就日知己所无，拼命学；还得"学而时习之"，能用上，月无忘己所能。不知自己要干什么，每天无所事事，就混日子。不用脑子都得到了，就到今天，既无方略亦无大纲。任何事都得有一定的办法、有对象，知怎么做事，即有对策。

读书要有目标，才不会浪费自己的精力，喜欢的，钻研之。有些大学，有几个学生下课往图书馆跑？

脑子无问题，怎么发掘问题？都没培养"问问题"的能力。为学，就得认真，要求自己所不知的。孙子说："老师没说那么多！"答："那也应多想些，爷爷十三岁就到了日本。"问："谁陪去的？"今天十三岁，还当娃子养。环境弄得人无所措手足。

中国书无一不谈政，有好好读过一本？中国人无不谈政。中国政术，人类中无一超过者。"半部《论语》可以治天下"，其实一句即足，"为政以德"。先选一主题，喜哪一部书，以此为主研究之，其他为辅。自己立一个督学的标准。昔人皆有专学，读书家庭，女子也有专学。每个人必须有专学，才能把这块土造成有文化。

研究学术，必立得宽些。做学问不容易，在自动自发。学问没有高低，不一定研究经书。夏学，只要中国产的皆接受。

《素书》是神话，绝非一个学人写的，特别低，但仍值得看。

《素书》，又名《钤经》《玉钤经》，是一部类似语录体的书，流传甚广，影响很大。全书一百三十二句，共六章："原始""五道""求人之志""本德宗道""遵义"和"安礼"。相传为秦末黄石公所作，民间视其为奇书、天书。传说黄石公三试张良，而后把此书授予张良。张良凭借此书，助刘邦定江山。

《素书》为以道家思想为宗旨，集儒、法、兵的中国传统哲学思想为一体，发挥道的作用及功能，同时以道、德、仁、义、礼为立身治国的根本揆度宇宙万物自然运化的理数，以认识事物、对应事物、处理事物的智慧之作。

高低，是你们的程度。要下功夫，没有深究，不能用。《淮南鸿烈》为杂家，仍有境界。淮南王刘安养士。

刘安和众门客著成《淮南子》（又名《淮南鸿烈》）。《淮南子》有《内篇》二十一篇、《外篇》三十三篇、《道训》二篇，约二十余万字，内容涉及政治学、哲学、伦理学、史学、文学、经济学、物理、化学、天文、地理、农业水利、医学养生等领域，包罗万象。这些著作集中体现了道家思想。

《老子》的境界，绝不亚于《论语》。墨子，自以为是大禹的传人，自苦。中国最难读的两部书《老子》《墨辩》，讲神话。

离卦第三十

"谷神不死，是谓玄牝"（《老子·第六章》），多少名流都不懂。可能老子自己命名的，如我自命"原父能"，别人怎么明白？

《墨辩》，不是篇名，是指《墨子》书中《经上》《经下》《经说上》《经说下》《大取》《小取》六篇文献，是《墨经》逻辑的基本推理程式。对于《墨辩》与墨子、墨家的关系，众说纷纭，莫衷一是。

无法了解古人，因未生在古人的时代。《论语》还了解，讲人话，易懂。

我在台五十年，虽不能开一代学风，但也不可丢掉中国学问之所宗。要深入，还要讲；必深入，才能有成。十年工夫，思想定写不完。

为子孙计，不能不为子孙谋。混，也得有实力。天以下的东西，都是中国人要负的责任。中国思想，以天下为界，天下平，大一统。

读《易》，以来知德《周易集注》作入门。《船山易传》详尽，作学术研究，《船山易传》配王弼《周易注》、程颐《周易程氏传》，可知《易经》到底是什么玩意儿。终极境界，则视个人智慧，可以接着。我的《易》，离经叛道，完全不同。今已无顾虑，必说真话。

详看熊十力的东西，但熊先生的立说，难为多数人接受。《乾坤衍》确是好书，要常看。熊子以乾、坤两象辞表达自己的思想。

读书，是苦事，得用忍。一个民族的伟大，在文化基础的深浅。蒙古人以《易经》"大哉乾元"立朝代，称元朝。修元大都，完全用《易经》八卦，城门命名自《易经》。

元大都各城门的命名，都与《周易》卦象相关。

南垣正中为"丽正门"，取"日月丽乎天"之意；东为"文明门"，取"文明以健""其德刚健而文明"之意；西为"顺承门"，取"至哉坤元，万物资生，乃顺承天"之意。

东垣正中为"崇仁门"，取东方属春、属仁之义；南为"齐化门"，取"齐乎巽，巽东南也"之意；北为"光熙门"，取"艮，止也……其道光明"之意。

西垣正中为"和义门"，取"和顺于道德而理于义"之意；南为"平则门"，北为"肃清门"。

北垣东为"安贞门"，取"安贞吉，应地无疆"之意；西为"健德门"，取"乾者健也，刚阳之德吉"之意。

我在台五十年，在屋中读"大易"与《春秋》。做学问，应有自己的看法。想天下平，必须好好研究中国的政术学。我绝不叫孙子学政治，太苦，绝无成功。搞政治，得有大智慧，还得真有德行。

许多事叫你们知道，不一定叫别人知道，但你们不懂守口如瓶。许多事有时间性，过时就不值钱，能说？卖东西的祖传秘方绝不传。猪脚与熊掌同一养分，我喜吃万峦猪脚，皮脆。

一个民族都有长短，不可以好说。如文化太浅，不好好打基础，不知要耽误几代。

超凡入圣，接受的是凡品，超过的即入圣。有所立，可不容易，"三十而立"，看孔子的履历表。我天天琢磨，当然有不同的看法。想钻研一东西，就不要太分心，求有所立。公羊学"欲趋时也"，跟着时代走，故我来个"原父能"，引申。

词有词的境界，至少要不错，尉素秋（任卓宣先生之夫人）不错。其侄尉天聪说："第一次看毓老，就那么凶！"有错，马上告诉你，又不用交学费，真圣人也！

中国学问必有所承，师承，承说，有《汉学师承记》一书。

《汉学师承记》，本名《国朝汉学师承记》，清江藩撰，八卷。阐述清代学者的学术思想、师承关系，列为传记。作者是吴派惠栋的后学，故所列人物，除首先记载阎若璩、胡渭，最后附录明末清初学者黄宗羲、顾炎武外，主要是乾嘉学派的著名学者，亦即吴派、皖派的师承传记及其与东汉古文经学派的历史学术渊源关系。至于常州学派的主要人物如庄存与、刘逢禄等，则未列专传。

阮元序云："江君所纂《汉学师承记》八卷，嘉庆二十三年，居元广州节院时刻之，读此可知汉世儒林家法之承受、国朝学者经学之渊源，大义微言，不乖不绝。"

看完一本书，再和老师谈，要谈问题。不说你没学问，连问问题的资格都没有。将相本无种，男儿当自强。做学问，要快快努力，欲及时也。

清代"公羊学"是流水账，谈不上思想。"公羊学"无师承，就不行。廖平，号六易，研究"公羊学"，思想改变六次。中国东西有秘方，得不到窍门，不得滋味。中国一切文化发于西安，今北京集大成。那时不读书的，也跟老师学过。讲学有一套的。

有人书读一辈子，亦未必真懂。我主张实用，不要空谈，于生活上用上。读书的目的，在变化器质，如无受影响，读什么？学生，学生活。

以"大易"与《春秋》为主经，尽可能设书院。不一定得什么人才能做。孔子不想将其子孙造成废物，说"世卿，非礼也"。曾国藩封一等毅勇侯，又授世袭罔替，谥文正。不要认为孔子最顽固，其实他有革命性的思想，历代帝王利用他，将他塑造成最顽固的形象。

愈有文化的愈有术，文化的素养太久了，自然而然多术。妓女在古代犹纳税，对她们只有同情，不可以看轻，在人间失去一切尊严，还向官家纳税。有良知，做官真正是背十字架，而非荣宠。

知识分子得"有我观"。道教三清观，台湾用"宫"。宫与观，因时代不同，用语也不同。道教传说与历史是两回事，图腾是象征图形。现年轻人的脑子有多少图腾？象，是在观天下，使年轻人观摩、学习，见贤思齐。参观，不一定学。经书、夏学，都是要观天下，尊重前人所写的书。

大多数人看的书是浏览之书。人生特别有限，年轻要早立志，此即知止，知道自己要干什么，好好研究五十年。我在台五十年，就读两部书，不应酬，不接访客，不攀龙附凤，然仍一无所成。

有人一有成就就不进步了。有阶段性的成就后，应干一辈子，无止境。书呆子不了解社会，政治上有成就者，微乎其微！包拯何以被称赞？当官要能解决问题，得立志，不怕牺牲。

人一举一动，分际、道德，修养有别，评价亦不同。人不进则退，知止，才有达于至善的境界。

无论学什么，今天学国际语言很重要。如学得不怎么样，已去掉一条腿。"工欲善其事，必先利其器。"学，要学到一个境界。中国人行有余力，必须懂外文。

有非凡的成就不易，必须有非常之智。人必得"日知其所亡，月无忘其所能"，能精进，在无忘己之所能。智慧之言，永远有用。古人智慧的结晶，要好好接受，用以启发自己的智慧。不要学现在的学风，一开始就学会抄书，亦即集锦。耽误成就，莫此为甚！

人最要在发挥自己的思想。人都崇拜过去，看留下后，有无人接受？孔子时代，显学并非孔子。孟子时代，"不入于杨，则入于墨"。汉以后，孔子被利用，成为显学。现在孔学，犹有余波，将来则不知。孔子当家，是政治力量，主客观环境会变。《程氏易传》影响宋、明两朝。《船山易传》优于《程氏易传》。

你们读得泛，环境使然，应慢慢吸收，日久即知对否。得吃过饺子，才知饺子好吃。要实际玩味，才知好坏。

贵乎立志，哪个时代没有诱惑？在乎己志坚不坚。惑，或心，二其心。立志，初念一立。志近于妄想，投机！孔子"十有五而志于学"，以其才智之高，还干十五年，才立于志，"三十而立"。今人没有十五年，即想成名，自欺！大学四年、研究生……有无孔子之用功？我在屋中坐五十年，没有出过一本书，也没有写过一篇文章歌功颂德。最要为知己，知己就不自欺。

环境能影响凡人，非常人则不受环境影响。中国的世纪，必是中国思想的时代。21世纪的中国思想，拿什么普照于世界？以中国的思维程序处理世界问题，才不成为老二。任何文化都不简单。

做任何事，都要认真，要全力以赴。这块土上的人，很多人就不知道自己不懂。必为子孙计。你们不学，什么也不学。要日知己所无，才能努力去学。

一个人不知时，还能成功？一寸光阴一寸金。真学，一天都整理不出一点东西。整天不拿笔，还想惊天动地？

要做非常人，得有非常之智，实干，真干。你们回去不看书，不受用，器质没有改变。

讲有层次。明明德，尊生；新民，卫生；止于至善，荣生。活得有价值，其生也荣；《哀荣录》，其死也哀，哀其生之荣。哀荣，哀也是荣，不等于荣荣。共荣——人人皆有士君子之行，人人皆可以为尧舜。同元共荣，所以互不侵害。

要深思熟虑，依经解经，不可以臆说。我没看过几个人能读懂书。你们不想，我天天想。学过了，必须知其所以然。一个人如不能自管、自律，还能有希望？

你们似懂非懂，应稍加点功夫就懂，每件事要知其所以。知所先后，就不得了，则近道矣！智慧无古今，只要有人性，永远有用。开始自基本了解自己。真知太难，知己不易，知人岂不更难？什么事拿过来就论断，不真知即盲从。

发心，尚志，切磋琢磨，才能有一境界。很多人没有真正下功夫，巧得之名，开会完全不知所云。言中无物，所谈皆马路常识。一个学人净谈马路文化？乡土文化有其界说。自己本身不真知，所讲皆常识。谈文化，得真有文化之物再谈。

船山有思想，品德亦好，以行动反清，我喜他。人皆有所思，即我见。说信佛是"了生死"，与中国思想"尊生"格格不入。不用了生死，自然就了生死。但既活着，就不能虐待自己。

我现在所讲，绝对纯中国文化。昔日注解，完全是钦命的注解。不真知，可为人师乎？自《汉学师承记》，可知中国学术是怎么来的。宋儒受禅宗的影响。

薪火相传，薪是什么？我传什么？"学习"与"传习"，有何不同？得真传。跑接力，我想的一段，你们接着，就不浪费。读子书，必反过来读。

懂得道理，去领导群众，故曰"惠而不费"，能把国家的钱用得恰当。真会做事，用所当用，发挥作用了。

练习分析能力，如演算数学般单纯。世事如一盘棋。下棋，得读棋谱，每天绝不可放过国际局势。不读棋谱，如何求战胜利？

见其实者，不任其文。不任其文，然后可与适道矣。智者再往前努力，即成仁者，"智者利仁，仁者安仁"。智者反应快，无所不用其极，见缝就下蛆，无入而不自得。

《孙子》首《始计》，《易》"谋始"（讼卦"君子以作事谋始"），第一招怎么下手？实学也。

《易》讲理与势，天下之理得、势得，而成位乎其中矣。

"有朋自远方来，不亦乐乎？"同门曰朋，亦曰友。"德不孤，必有邻。"知己责任之所在，其次自知，即认识自己。再问自己，能干什么？培元，第一步守分，久经时日，则根深叶茂。培己之元，即养浩然之气，要"直养而无害"（《孟子·公孙丑上》）。嗜欲深，元渐耗。

中国的道，简言之即"大至之要道"。奉元是开始，希望"德合元"，无尽期，没有世、没有代。《春秋》讲大一统，称"元经"，重视根，本是同根生。

中国学问完全有系统，诗词歌赋有个规格。学一切，但必讲中国学问，知道自己努力的方向，必有专门讲中国学问的地方。今后中国唯有以学问争胜。

基本问题解决了，才能立说。自正面认识怎么解决问题。什么都得合计合计。夫妇以义合，不可以乱交。皆欲也，如何解决？

现在从头做起，是要解决问题，"首出庶物，万国咸宁"。孙、吴又如何？商、韩也没有解决问题。今天应怎么解决问题？要造就思想家，必识源，才知如何遏止、疏导。以此一原则、公式，我要你们识本，不要你们背后再男盗女娼。欲，明白了，疏通好，社会就上轨道。纵欲，虽快乐，但是有后遗症。性，很多方面，含孝、慈、义。何以要伪装？两性在一起，那个美，即义。人之生也直，直人就是真。

我希望你们做真人，不要做假人。善恶，皆是人立的名词，人为即伪。人天天在欲中活，所以要讲欲。人的欲望无穷，但寿命有尽。要从元开始。色包含一切，形形色色。

有私，德就衰。有公之德，就位三公。"至禹而德衰"，开家天下之局，传子不传贤。要脱离至禹而德衰的病根，之所以德衰，乃衰于私。调整私，自真实想。圣人都想出妻，有苦。

我天天念念不忘师母，因为没碰过一个比她好的，否则别恋了。今后不求真，问题永远解决不了。哪家都不愿意有战争，何以不面对？那问题岂不就没了？

维持生活，什么都可以做。有群德，合作。"能以美利利天下"，"美利"集团，专门助人，回馈社会。去伪存真，人之生也直。道家讲性，讲得最美！孺子不懂性，但"小鸡"常立起来。

《老子·第五十五章》："含德之厚，比于赤子。毒虫不螫，猛兽不据，攫鸟不搏。骨弱筋柔而握固，未知牝牡之合而朘作，精之至也。"

必自人性入手，能解决问题。人人喜和平、生活完整，自此奋斗。对影响我们幸福者，要除之。德智体群美，要用"群"对付"独裁"。但好独裁者，绝不讲群，怕被对付。孔子"群而不党"，用群的力量对付独裁。行有余力就想，目标要弄准确。从小就要培养群德。钦定不许讲群德，不许别人有智慧。

可欲之谓善，当其可，适可而止。我也英雄过，现不敢英雄了。喝酒，得有酒菜。

昔日辟雍，讲帝王之学。今后再立说，不可"子曰"。中国人不讲"原罪"，民皆天民。克己复礼，节制。给小孩观念，不必告诉他不可。新，时；时，合乎新。

结婚，要彼此相得益彰。恋爱，要有理智。人贵乎有志，要过智慧生活。伪道德，造成一切都是伪。可，相对于不可；不可，就不好。

什么都要用理智，不可以感情用事。人必有所思，看任何东西，思之。到任何环境，马上就懂得用智慧。时不同，环境不同。

修意很难，心猿意马，所以要诚意。意诚，则志意修。没看，怎知有怪女人？一点也"不可"，必率性，许多皆自经验得来的。刚结婚，不懂"可"，而有新婚病。中国旧规矩叫你"可"，限制多，怕不可。性与欲，两方面。喜怒哀乐之未发，中，性；发了，欲、情，发而皆中节，和。不必给性贴标签——善或恶。好好细想，没有解决不了的问题。《内经》是谁作的不管，把人体想得多透彻！

《内经》又称《黄帝内经》，分《灵枢》《素问》两部分，是中国最早的医学典籍，为传统医学四大经典著作之一。在理论上建立了中医学上的阴阳五行学说、藏象学说、病因学说、养生学说、药物治疗学说、经络治疗学说等，从整体观论述医学，呈现了自然—生物—心理—社会"整体医学模式"，是中国影响最大的一部医学著作，被称为"医之始祖"。

《黄帝内经》并非黄帝所作，属后人伪托。正如《淮南子·修务训》所指，冠以"黄帝"名，意在溯源崇本，借以说明中国医药文化发祥之早。

训练非用嘴，所学必须用得上，好好努力。泥巴就是泥巴，井底之蛙就是井底之蛙，不是那个料，没有办法。在什么环境要用什么办法，"等"字最难以把持。

我在台五十年，以造就人才为专业，感触特别深。造就领袖，可真不易！我检讨，可能路子走错，自最基层造就起，愈是不能愈嫉妒，愈是大才愈找才。低贱，才嫉妒。不要一登上台，就忘了自己是谁。接受某一职务，必受其约束。一方水土一方人，改变很不容易。再胡搞，绝不能自顾。

《资治通鉴》讲术，我的"通鉴"是跟郑太傅学的。郑孝胥的字，已经自成一体。

郑孝胥，清光绪八年（1882）举人，历任广西边防大臣、安徽广东按察使、湖南布政使等，辛亥革命后以遗老自居。善楷书，取径欧阳询及苏轼，得力于北魏碑，所作苍劲朴茂，为诗坛"同光体"宣导者之一。

据《胡适日记》记载："郑孝胥生活非常规律，早睡早起，每天晚上9点睡觉，早晨4点起床，写一早晨的字。身体健壮，70岁时看上去还像50岁的人。"胡适很欣赏郑孝胥，尤其是他的字。1928年，郑应胡适之邀，为胡适父亲胡传题写了墓碑。胡适还多次和朋友去看郑孝胥写字。当时许多新文学家都模仿郑孝胥的字，胡适、徐志摩、林语堂都学过郑孝胥的字。（文／林建刚，刊载于《凤凰周刊》）

字必天天写，但也得有点天才。

我十年没在床上睡过觉，吃得普通，却这么精神。吃豆腐、豆子、豆芽，一个源，但经过有别，营养就不同。豆子泡好，和豆腐一同煮，再下豆芽。陈立夫的长寿之道，即在每天必动。养生有一定的规则，必持之以恒。我上午喝浓茶，下午喝淡茶。人的生活有一个规矩，代表其程度。绝不可以常吃肉，因人非肉食动物。我很少感冒，开过一次刀。

人要掌握自己的精神，如自己都掌握不了，还能控制别人？一美遮百丑，就怕你丑一辈子，感情得发而皆中节。人的成就绝非白捡的，"大人者，与天地合其德"，最高的境界，即"与天地参矣"。

文明古国，是祖宗的光华史，我们应是今日华夏。长白又一村，再十年就定形。百岁方知九九非，平生计谋尽成灰。你们到时就荒腔走板，想也要有目标。造谣生事并不能治天下。

对中国学生、外国学生，没有好好教明白一个。如对"四书"都没下过功夫，能不惭愧？一个人必得自己真知。脚踏实地读书，基础不稳，没办法谈学问。印顺对佛学有点基础。我重视英文，孙子从懂事起就学英文。你们落伍，并不代表中国落伍。

好好正视自己，不可以欺之以良知。做学问，必须好好下功夫。谈学问，从头至尾好好谈。自基本了解问题。你们永远不会自根上想问题，凡民也。根本未走入学术之途。《说文解字》有九千多字，形声字有多少？了解自己没有学问，才会去读书，如开杂货店，知道要进什么货。

讲学问，先问自己：学问在哪儿？书看得多，但没用上。随时下真功夫，读书人必头脑清晰，绝不人云亦云。连入门东西都没有，学术何在？必能应世，才叫学术。有学术，就能解决社会问题。骄妻妾，假冒者。你们要恳切深思，然后才能为学。

怎可因私情而残害生灵？大丈夫不在成功与否，出发点必须正确。中华民族精神，历史乃民族精神之所系。台湾地区如

离卦第三十

追求"独立",最后必毁灭。

作文,必自"识字"始,要求实,读《千字文》,至少认识准确一千个字。有老师告诉你们怎么写东西?书信,怎么开始怎么结尾?必须严格训练。

自己不认识自己,能做什么?任何人说句话,马上从基本想,自根上想问题。有没有教明白一个人?真金不怕火炼。任何一个民族的文化,绝非三五年能弄懂的。程派唱腔,有阳刚之气。张君秋,修正梅派,成张派。忠厚绝对是成功之母,忠厚练达聪明。失败者绝大多数是聪明过火。

熊十力的书仔细读,不必完全信从,大前提说对了。

时学很重要。乌云都要过去了,太阳永远是太阳。有才无识,也不成。必须有识,知时,人必须有真智慧,才能捷足先登。懂得重视一文钱,才能成为王永庆。

好好检讨,才知怎么活下去。必做有用的,学了就有术。轻浮,不学无术。国家真想好,政治家必是哲学家。

文会之精神常存,可不必鹅湖。

宋淳熙二年(1175)六月,吕祖谦为了调和朱熹理学和陆九渊心学之间的理论分歧,使两人的哲学观点会归于一,于是出面邀请陆九龄、陆九渊兄弟前来与朱熹见面。六月初,陆氏兄弟应约来到鹅湖寺,双方就各自的哲学观点展开了激烈的辩论。双方连续三日激辩,陆九渊略占上风,但最后未明定胜败结果,陆朱两方各自萧然离去。这就是著名的"鹅湖之会"。

圣之时者,到什么时候都得靠拢。学术,不是宗教,修道之谓教。凡与非凡，两者不同。无所适从，杂乱无章，在此环境下，应怎么做事？

学术讲师承，学术要相承，必须找正宗。

实事求是，找一有用的，什么问题都解决了。术，不是空说的，见什么人用什么术。到哪个地方，都没有盘算好，去做什么？谁有用？该怎么说？丑，也得像个正丑。破饺子永在边上，到不了核心。没有明白病根所在就下刀，岂不白动刀了？

"久仰！久仰！""我五十年没回来了。"无上甚深微妙法。名片（骗），双关语。自根上认识，要知怎么说话。说话要有智慧。不在抢先，而在给他结论。

同学中有些人每天学智慧，何以还傻呆呆？"久仰！""岂敢！"就完了！我自母腹就受训，胎教。人生就是奋斗。夫妇感情就是磨合来的，要过智慧的生活。

随机应变，看表情说话，竞智。斗智，议事，满足欲。眼前事要怎么处理才能一百分？必合乎利益。学术，学了，就有术。练习怎么反应。到什么环境，马上有新的事干。大才之人，专知要做的事，知道怎么用事。

我每天摆东西，有目的，看你们怎么动。唯有察微者，才能做大事。解决问题的是人，不是人如何解决问题？

不知病源，怎么治病？要懂得怎么清理垃圾。必须按层次想，百事非才莫举。没有深思，怎么会有智慧？天天训练，日久熟练。怎么来，就懂怎么对付，灵机，随事而来。怎样用灵机？灵机一动。能胜利，完全在于平时的训练。什么都不怕，其实什么都怕。到哪儿去买扫把？怎么扫？什么时候扫才不致耽误上班？斗下去，必有吃亏的。

离卦第三十

必须练习会想事、做事。当政，看不见的能做？自小事可知，见微知著。试验你们的智慧。屋中事都不会整理，遇事不会用脑，我特别替你们担心。

以一公式，可以推演许多事。不懂得推演就没有办法。一个人必须有所守，有守必有为。

《尚书》都是假的，否则那台戏就唱不下去了。《甘誓》，有扈氏第一个反对家天下，今文犹留"为义而亡"几个字。《尚书》是帝王的专典，历代帝王专学为戒的。《尚书》是一部政书。看中国政统的演变，从《大禹谟》到《周书》之完整。《尚书》以《秦誓》终，有深意，要琢磨。

要另辟天地。写董仲舒远孙的传，可知钦定的错误，恢复学术的良知。前四史：《史记》是始祖，史例。《后汉书》体与例。读《后汉书》，不必读《汉书》。史书的《食货志》跟着时代变迁，历代演变有一轨道可循。《儒林传》《艺文志》，多半奴儒，可取的材料有数。

我们求真正的"正论"，"正"的标准是什么？"率性之谓道"，最大的标准，自"各正性命"来的。依经解经，自各正性命就可以立说。熊十力的书必须好好看。非要标新立异，中国思想自"性命"来。凡是乱的都得拨，拨乱反正。《尚书》的《甘誓》应做成专书，最发挥思想之处，改很多，但至少保存一些真的。"二典"中矛盾多，但大体仍显出选贤举能。

一个人没有思想就完了！我在台五十年，没有人比我能察微。宋美龄能活逾百龄，不易！能活高龄，必懂养生。

根据一个问题，要想很多问题。解决问题是用智慧。必练习懂得怎么读书。同学们平常想不想事情？每天的思想行为如何？太笨！太笨！太可怕！我为你们深谋远虑，但你们配合不上。许多人拿你们换他的前途。

奉元，追本溯元。钦定之说，一时的点缀。想问题，要用智慧，自本源，要根深叶茂，必须损枝叶，遇有雨水，就可以复苏。培元，元培；正心，心正。"小德川流，大德敦化"，"万物并育而不相害，道并行而不悖"。

圣庙应环保，再整理整理。没有思想的文章，没有价值。成形了，改变很不易。学术是思想，一个时代没有思想，做事不会上轨道。

小事就是大事。你们偶一不慎，就光了！要和平，必须为子孙忧。年轻不学，什么时候学？没有一点牺牲能吗？苦，能比玄奘取经苦？如一出手就低，不足道也。人与动物，卫生的方法不同，其求生一也。

自你一进门，我就知你的行动，知你属于哪一类。用急智测知，随机应变。以你们的智慧，能去谈判？能办事？谈判，得有急智。小康之家必须有群德。

眼界宽了，才懂得怎么做事，范围扩大，"舟车所至，人力所通"，如把中国古代思想归入正途，贡献该有多大。孔明还忠主——阿斗，何处超人？哪本书读明白了？把天下民命孤注一掷，就为了报私恩，实是元凶。孔明受伪文化影响，中毒深矣！尊崇文天祥、史可法、王夫之。据此想法，再读夏学。有判例，对历史人物判死刑。练达智慧，恢复祖宗天生的智能。

庄子判断儒家为"内圣外王之学"（《庄子·天下》），说"其耆（嗜）欲深者，其天机浅"（《庄子·大宗师》），又说"六合之外，圣人存而不论；六合之内，圣人论而不议。《春秋》经世，先王之志，圣人议而不辩"(《庄子·齐物论》)，证明孔子"知之为知之，不知为不知，是知也"(《论语·为政》)。"论"与"议"有何区别？看庄子多会用心，对儒家的几个评语，后儒必引用。

《内经》多么脚踏实地！一不小心，就叫你死翘翘。人愈是懒散，愈痛苦。问自己：每天做了什么？用事之术不同，其德一也，不能缺德。要知怎么用心，遇事细心、留心，开智慧。

你们练习怎么去跑腿，当军机处行走。也得有做主人的智慧，做老板不能因人废言。要做划时代的人物。"致中和"，发了就是欲，必得中节，谓之和。何以要把正大光明的事伪装？恋爱是神圣的事，何以要变得有罪恶感？大大方方恋爱就是中节，性与欲平衡，"穷理尽性以至于命"，因天命之谓性，"致中和，天地位焉，万物育焉"。

识微、察微最重要！忠厚有余，智慧不及！必须有责任感。若无素养，又如何披挂上阵？要有平素的修养。必须多接触，不要主观。要拨乱反正。

熊十力的东西必多看，自其中可得许多启示。闭门造车，非为学之道。《乾坤衍》《原儒》《体用论》要看。熊十力于《读经示要》赞美董子，其后则骂董子，是他进步了，出"郁郁乎文哉，吾从周"的境界。董子为达"儒家独尊"，只好讨好当权者。思想家的思想，是进步的。

夏学都是肥料，可以培植我们的思想，使之开花结果。什么书都值得看？要博学之，挑出各家的真言，还中国文化本来的面目。

知例子，读书，根据公式，做卡片，把思想还原了。我整理"大易"与《春秋》，《原元》可能比熊十力又迈前一步。好好把中国文化洗得干干净净。每句话，都得有根据，博学之。年轻好好读书，头脑清楚，根据公式作准，"《易》与天地准"，才能弥纶天地之道，金科玉律可以衡量一切。自实际思考，无一浪费。

每一时代有其所为、所虑、所期。社会事，有一定的步骤可循，以此，可以前知，可以预言。

必平心静气坐着慢慢读书，不可以每天不知为何而忙。开始读书，头脑必要清楚。读完，必是非判然。读书、培智、归元，绝不盲目读。不出三代，我们的做法，人人得承认。学术，就是真理。集大成，将天下肥料集在一起，将自己的种子培育好，又开花结果。我现在接熊十力，也要集大成。学术之演变，前人有之。有抱负，应好好下功夫。

"大道之行也，天下为公"，"见群龙无首"。到群龙无首，往下，如何将宇宙事确定？立说，得有根据，绝不造谣。"夷狄进至于爵，远近大小若一"，"安仁者，天下一人"，"天下一家，中国一人"。

"子不语怪力乱神"，净讲怪力乱神，如何接班？瞪眼维护不义，到底能赚多少？能叫人天天挂齿的，究竟是哪种人？一个人必须有思想。我四十岁答复太师母"长白又一村"，二十几岁即号"安仁居士"。

要想正经事，不要只为了权势、地位。徽、钦二宗为金人作乐，秧歌舞；宣统，则连徽、钦二宗都比不上。大小事，都有报应。失德，绝对报在子孙。失德与否，自己知道。

人生短暂，没工夫扯闲，如乱跑，什么也成不了。我五十年不出屋，功夫在此。走马路，想一卦。天天思想、修改。船山有《周易大象解》，熊十力解乾、坤两个象辞，我现在解六十二个象辞。

中智之人，不要再好骛远。人要培智，第一步不要太分心，嗜欲深，天机就浅，嗜欲包含太多。不要将有用的智慧，浪费于无用之地，应见贤思齐，有叫后人可以谈的，不要净是巧取豪夺。想玩，就放浪于形骸之外，否则，就下精一的功夫。精一，学一样手艺，学至精的境界，就不用要饭。必自己能读书才行。你们写的论文，于国计民生何益？知时、用时太重要！读书，要特别仔细才能立说。

"夏，中国之人也"，意义很深，有别于夷狄。中，喜怒哀乐之未发；和，发而皆中节。夏，善于涵养性情之人，修至"致中和，天地位焉，万物育焉"的境界。

"入中国则中国之"，中国是"天下观"，没有际与界。诸夏，像中国人。华夏，远近大小若一，都是中国人。夏→诸夏→华夏，天下一人，人人皆有士君子之行。安仁，没有纷争。

想留名，"求为可知也"，求，主动的。想留名，得天天往高处爬。五十年，我今叫你们看"真孔"。

姑息绝对养奸，其人相貌绝非善类。对什么事，绝不可以道听途说。必须练习做事。人能做事，才是真智慧。但做事的人，必须有所守，无论说话、做事，绝不可以超自己本分之外。

现在大陆讲熊十力学的也不少，你们绝不孤独。一个人做事，得左右逢源。我都为你们预备了，就看你们有无智慧。我无论怎么热诚，也不会替你们读书。你们不太容易找到如我讲书的，虽不能说透彻，但绝不骗你们。我现在亦集大成，中国思想可完全没有乌云了！今天好好努力，绝对超过前人。一个人天天在智慧中过生活，多美！深入，可以解决一切的苦。书好好琢磨，马上就发生作用。"时乘六龙以御天"，六龙包含终始、生生不息。

我将中国东西系统化，"大易"与《春秋》弄通，中国思想绝对左右逢源。

中华民族有五千年文化，知耻近乎勇，拼命努力。要干，知耻近乎勇。可以有专学，研究自己究竟出了什么毛病，"舍故取新"必须有勇，既要救国又要救民。奋斗的目标，谁也不能毁谁，则知如何取胜，而非投降。

看子书怎么立说？知道正，才知怎么正；无标准，如何拨乱？肯用心，有智慧，还要下功夫。许多人不一定不懂，但为了求得欲，就跟钦定混。想做先锋，得有绝对高的智慧。有智慧，坚持到底，才能成功。

要做，为所当为。懂得准（正），才能拨。以那个时，衡量那个人。要深思熟虑，没有政治胆量，必有学术耐力。人要有点成就，太难！智慧、耐力、正见。为往圣继绝学，岂是空的？

畜生，只讲利与欲。拨乱反正的责任可太重了！好好努力，"正义"就是一线曙光。中国思想到底是什么？工欲善其事，必先利其器。工具不完整，千万不能做。

书院要供人祖——八卦祖师，采中国旧体制的书院，全盘的中国文化，消除迷信。我每个步骤都有意义，无一个是盲目的。我寻善良做继承人。没给亲孙子一分钱，不败坏他们。爱新觉罗，帝系，没人了，当皇帝，断子绝孙了。我这支，还不错，绝对循规蹈矩。

离卦第三十

脑子必须活。可以在一个人没有光明时，给他光，发光作盐。光有无尽的欲，脑子用在何处？能分析什么？有多少国计民生问题？这百余年怎么成长？为子孙忧，叫后人不再重蹈覆辙。百余年，我之所见、所闻。任何问题，我与一般人的看法，绝对不同。必对得起后生，绝不叫后人凌虐。

必须把你们的精神，用在有用之地。做学问，最低负时代责任。"苟日新"，圣之时者；"日日新，又日新"，华夏的民族精神。"周虽旧邦，其命维新"，有光彩又有壮志。文明古国，祖师的光彩；今日华夏，其命维新。为了大同、华夏。

"革命尚未成功，同志仍须努力"，做大事业以造就接班人为第一要义，有德有能就可，不管谁造就。一般人争争抢抢，而今安在哉？应将私放得远远的。有什么都不重要，有德最重要。要注重德，肃顺（1816—1861，咸丰帝临终前指派的顾命八大臣之一，"辛酉政变"中被斩首于菜市口）临终喊："鬼子六，叫你代代不得好死！"恭亲王子孙临死前，无一善终。种什么因，得什么果。要率性，不做亏心事。唯德长存。

回去，要好好琢磨，智慧得开窍，否则，什么也应付不了。

何以《易》上经终于坎、离？水、火，一天也缺不了，但于人有利亦有害，可置人于死地，险中之险。

人活着，得习于险陷，才能渡险。人生下来了就苦，习于享福，是愚人；习于坎，才是智者，任何环境都可以适应。长寿，就吃青菜豆腐；都吃好吃的，才易得病。《论语》谓"卫公子善居室"，从始有、稍有到富有，即"习坎"。"习福"，早晚得跳河。

离，继明也。要能继明，"日月光华，旦复旦兮"，旦旦之谓易，易即日月，亦即继明，"生生之谓易"，《孝经》所谓"续莫大焉"！

"吾道一以贯之"，必抓住要点。要继明，所以要习坎。此为活着的责任。